utb 6036

Eine Arbeitsgemeinschaft der Verlage

Brill | Schöningh – Fink · Paderborn
Brill | Vandenhoeck & Ruprecht · Göttingen – Böhlau · Wien · Köln
Verlag Barbara Budrich · Opladen · Toronto
facultas · Wien
Haupt Verlag · Bern
Verlag Julius Klinkhardt · Bad Heilbrunn
Mohr Siebeck · Tübingen
Narr Francke Attempto Verlag – expert verlag · Tübingen
Psychiatrie Verlag · Köln
Ernst Reinhardt Verlag · München
transcript Verlag · Bielefeld
Verlag Eugen Ulmer · Stuttgart
UVK Verlag · München
Waxmann · Münster · New York
wbv Publikation · Bielefeld
Wochenschau Verlag · Frankfurt am Main

Damien Tricoire

Die Aufklärung

BÖHLAU VERLAG KÖLN WIEN

Damien Tricoire hat die Professur für Geschichte der Frühen Neuzeit an der Universität Trier inne.

Bibliografische Information der Deutschen Bibliothek:

Die Deutsche Nationalbibliothek verzeichnet diese Publikation in der Deutschen Nationalbibliografie; detaillierte bibliografische Daten sind im Internet über https://dnb.de abrufbar.

Online-Angebote oder elektronische Ausgaben sind erhältlich unter www.utb.de.

Umschlagabbildung:
Französische Erklärung der Menschen- und Bürgerrechte 1789
Creative Commons CC0 1.0 Universal Public Domain Dedication

Korrektorat: Anja Borkam, Jena
Umschlaggestaltung: siegel konzeption | gestaltung, Stuttgart
Satz: büro mn, Bielefeld
Druck und Bindung: Plump Druck & Medien GmbH, Rheinbreitbach
Printed in the EU

Vandenhoeck & Ruprecht Verlage | www.vandenhoeck-ruprecht-verlage.com

UTB-Band-Nr. 6036 | ISBN 978-3-8252-6036-1 | eISBN 978-3-8385-6036-6

Inhaltsverzeichnis

Vorwort

Als man mich vor einigen Jahren fragte, welches Handbuch ich Studierenden als Einführung in die Geschichte und Kultur des 18. Jahrhunderts zu lesen gebe, war ich etwas ratlos, denn ich greife in der Lehre selten auf Einführungsliteratur zurück. Der Grund ist eine gewisse Skepsis gegenüber dem Lehrbuch, wie es klassischerweise konzipiert wird: als geglättetes Kompendium von Fakten, aus dem die Unsicherheiten und Debatten der Forschung weitgehend ausgeklammert sind. Wenn man das Studium an der Universität vor allem als eine Auseinandersetzung mit der Entstehung von Wissen versteht, sind Handbücher, wie ich sie im Grundstudium las, nur bedingt hilfreich.

Das vorliegende Buch ist sicherlich nicht die erste Einführung in die Geschichte und Kultur des 18. Jahrhunderts, die Einblicke in die Forschung gibt. Dennoch glaube ich, dass es sich von den anderen Überblicksdarstellungen unterscheidet, weil es in einem besonderen Maße einen Spagat wagt: Das Buch versteht sich einerseits als eine Einleitung in die Geschichte und Ideenwelt der Aufklärung für Studierende, die – wie viele andere Einführungen auch – die meisten berühmten Protagonisten der Aufklärung und ihre Werke präsentiert. Andererseits durchziehen dieses Buch manche Thesen, die nicht zum Standardrepertoire in der universitären Lehre gehören und in der Forschung zum Teil umstritten sind. So wird man mir vielleicht mit einigem Recht vorwerfen können, dass ich mir in einem Lehrbuch die Freiheit genommen habe, jene Thesen zu verteidigen, die ich überzeugend finde. Meines Erachtens ist dies jedoch unausweichlich: Diesem Buch liegt die tiefe Überzeugung zugrunde, dass es so etwas wie eine neutrale Erzählung der Aufklärungsgeschichte nicht geben kann, das heißt, dass jede historiographische Erzählung zu diesem Thema zwangsweise eine Stellungnahme in Debatten impliziert. Die Aufklärungsforschung ist dafür allzu sehr mit erinnerungspolitischen Kontroversen verflochten. Um Studierenden und Nichtspezialisten eine Orientierung zu bieten, habe ich mich jedoch bemüht, meine Thesen immer als solche zu kennzeichnen und anderweitige Meinungen darzustellen.

Viele Kapitel sind durch meine eigene, mittlerweile mehr als zehnjährige Forschung zur Aufklärung geprägt. Während die Aufklärung meistens als historische Zäsur, als Neuanfang, als Ursprung vieler heutiger Ideen und Werte verstanden wird, plädiere ich für ein komplexeres Verhältnis zwischen Neuem und Altem. Für ein besseres Verständnis der Aufklärung scheint es mir geboten zu sein, stets zu bedenken, wie stark die Aufklärung von vormodernen sozialen Strukturen und Diskursen geprägt war. Deshalb richtet sich das vorliegende Buch nicht nur an Studierende, sondern es möchte auch dem Fachpublikum einen neuen Zugang zur Geschichte der Aufklärung vorstellen.

Dieser Ansatz – der eigentlich unter dem Begriff der Historisierung zu den Grundlagen historischen Arbeitens gehört – wird immer wieder mit einer Aufklärungskritik verwechselt. So hat der wissenschaftliche Essay *Falsche Freunde*, den ich zusammen mit Andreas Pečar verfasst habe, teils heftigen Protest sowohl im Fach als auch in der breiteren Öffentlichkeit hervorgerufen: Unser Plädoyer für eine weitergehende Historisierung und enge Kontextualisierung der Aufklärung, die eine Distanzierung sowohl gegenüber dem liberaldemokratischen Erinnerungsort „Aufklärung" als auch gegenüber der postmodernen Aufklärungskritik impliziert, ist teilweise als gegenaufklärerisches Manifest missverstanden worden. Ich möchte an dieser Stelle betonen: Wenn ich zeige, wie Voltaire oder Diderot im Dienste von Höflingen arbeiteten oder wie Kant rassistische Ideen entwickelte, bezwecke ich *keine* Kritik der Aufklärung. Auch wenn der persönliche Wertehorizont – in meinem Fall der liberaldemokratische – niemals vollkommen ausgeblendet werden kann, habe ich mich bemüht, die Logiken hinter dem Denken und Handeln der Protagonisten der Aufklärung zu verstehen. Ich möchte ihre Hoffnungen und Befürchtungen nachvollziehbar machen und ihr großes Projekt eines moralischen Fortschritts, ihre Angst vor dem Versagen sowie die enormen Zwänge, mit denen sie konfrontiert waren, darstellen.

Es ist Zeit, dem Schlachtfeld, auf dem sich Freunde und Feinde der Aufklärung bekämpfen, den Rücken zu kehren. Der Philosoph Michel Foucault sprach von der „Erpressung der Aufklärung" („chantage des Lumières"), das heißt von der bereits von Aufklärungsphilosophen vorgebrachten Forderung, man solle für oder gegen die Aufklärung Stellung nehmen und könne sich einer Positionierung nicht entziehen. Manche führenden Stimmen im Fach – etwa Antoine Lilti – glauben, die Geschichtswissenschaft könne dem Ping-Pong-Spiel zwischen Anklage und Apologetik nicht entkommen. Das Konzept der Aufklärung sei derart normativ aufgeladen, dass deren konsequente Historisierung zum Scheitern verurteilt sei. Das Beste, was man machen könne, sei, sich des eigenen normativen Bias bewusst zu werden. Folgt man diesem Ansatz, so bleibt nichts anderes übrig, als eine Bilanz der „Erbes der Aufklärung" zu ziehen, in der positive Seiten den negativen gegenüberstehen.[1] Meines Erachtens ist ein solcher Ansatz jedoch zu defätistisch und – in letzter Konsequenz –

1 Antoine Lilti, L'héritage des Lumières. Ambivalences de la modernité, Paris 2019.

vielleicht sogar bedenklich. Die Geschichtswissenschaft sollte nicht das Ziel aufgeben, konsequent zu historisieren und anachronistische Interpretationen zu widerlegen. Das Produkt eines solchen Unternehmens wird zwar stets standort- und zeitgebunden sein, doch das Streben nach adäquaten Beschreibungen der Vergangenheit, das mit dem Historisierungsversuch einhergeht, bleibt ein wichtiges Regulativ jedweder Geschichtsschreibung; es ermöglicht wissenschaftliche Bewertungskriterien und also eine wissenschaftliche Diskussion.

Ich sehe zwei Möglichkeiten, der „Erpressung der Aufklärung" zumindest ein Stück weit zu entkommen: erstens, indem man die Aussagen von Aufklärern eng kontextualisiert, das heißt, ihre Bedeutung im Rahmen der damaligen Gesellschaft zeigt – eine Bedeutung, die sich vielfach von derjenigen unterscheidet, die wir rückblickend hineinprojizieren. Zweitens kann man Kontinuitäten zwischen aufklärerischem Denken und älteren Traditionslinien thematisieren und sich dadurch der Distanz zu unserem modernen Denken bewusst werden. Diesem doppelten Ansatz bin ich hier gefolgt; und so hoffe ich, manche Denkanstöße zu geben, die zukünftig helfen können, eine konsequentere Historisierung der Aufklärung herbeizuführen.

Dieser Historisierungsversuch erklärt, weshalb ich *keine* Bilanz der Aufklärung ziehen möchte und nicht versuchen werde, positive und negative Seiten der Aufklärung auszumachen. Dies impliziert auch, dass ich nicht nach einem „Erbe" der Aufklärung suchen werde. Da dies von vielen sicherlich erwartet wird, möchte ich meine Gründe klarstellen.

Ein „Erbe" auszumachen heißt, das Feld der Geschichte des 18. Jahrhunderts zu verlassen. Es bedeutet, sich am Aufbau eines kollektiven Gedächtnisses zu beteiligen, anstatt Geschichtsforschung zu betreiben. Es ist meine feste Überzeugung, dass ein solches Unterfangen das Verständnis der Kultur und Gesellschaft des 18. Jahrhunderts massiv erschwert hat und weiterhin erschwert. Zwar konnten Menschen aus späteren Epochen an bestimmte Ideen, die in der Aufklärung formuliert worden waren, anknüpfen. Man denke zum Beispiel an die Menschenrechte, an das Postulat einer Hierarchie zwischen „Menschenrassen", an die Personalisierung und Sakralisierung der Natur, an die Betonung des natürlichen Moralsinns oder auch an die Vorstellung, dass Wissen von Erfahrungen herrühre, die durch der menschlichen Natur inhärente Wahrnehmungsstrukturen Formen annehmen. Doch die Anknüpfung an ältere Ideen bedeutet stets eine kreative Aneignung, die Begriffen eine neue Bedeutung verleiht und zur Formulierung neuer Gedanken führt. Man kann zwar Ursprünge heutiger Denkmuster in der Vergangenheit ausmachen, genauso wie man Ursprünge aufklärerischer Ideen in der Antike oder im Mittelalter erkennen kann. Diese Ursprünge sind aber nichts anderes als Vorbedingungen von etwas Neuem. Es ist wichtig, sich bewusst zu werden, dass wir nicht das Gleiche denken wie Menschen im 18. Jahrhundert, ja dass wir vermutlich den Menschen der Aufklärungszeit nicht näher stehen, als diese dem Mittelalter nahestanden.

Auch kann man solche Ursprünge der Moderne in jedem Jahrhundert erblicken. Historisch forschende Wissenschaftler und Wissenschaftlerinnen tendieren teils aus Begeisterung für ihren Forschungsgegenstand, teils aus Marketingüberlegungen dazu, in „ihrem" Jahrhundert die „Erfindung von …" und die entscheidende historische Zäsur zu verorten. Diese Neigung ist in der Forschung zum 18. Jahrhundert besonders ausgeprägt. Eine solche Logik dient jedoch selten einem besseren Verständnis des eigenen Forschungsobjekts. Es gibt meines Erachtens keinen Grund anzunehmen, dass das 18. Jahrhundert in einem besonderen Maße das Fundament der Moderne – was auch immer darunter zu verstehen sei – gelegt hat. Das 16., das 17., das 19. oder auch das 20. Jahrhundert wären genauso gute Kandidaten. Wie ich zeigen werde, brachen zum Beispiel die Gelehrten des 17. Jahrhunderts in mancher Hinsicht stärker mit dem mittelalterlichen Denken als die Aufklärer des 18. Jahrhunderts, die oft an die Scholastik anknüpften. Auch in der Geschichte der Öffentlichkeit lassen sich im 17. und im 19. Jahrhundert genauso tiefgreifende Veränderungen ausmachen wie im Aufklärungszeitalter. Dementsprechend betrachte ich die Aufklärungszeit wie jede andere historische Epoche als abgeschlossen. Der Ausblick am Ende dieses Buches benennt einige Gründe, weshalb in meinen Augen zwischen den 1790er und den 1860er Jahren eine weitgehende Verabschiedung von der aufklärerischen Weltsicht stattfand.

Die vorliegende Einführung in die Geschichte und Ideenwelt der Aufklärung unterscheidet sich auch durch das abgedeckte Themenspektrum von anderen Handbüchern. Ohne die klassischen Forschungsfelder zu vernachlässigen, greift sie auch Themen auf, die heutzutage eine besondere politische Relevanz besitzen wie die Geschichte des Rassismus oder der Männlichkeit. Sie ist auch interdisziplinär konzipiert und gewährt Einblicke in die Geschichte der Literatur, der Kunst, der politischen Ideen, der Theologie und der Philosophie. Philosophisch Interessierte werden vielleicht eine ausführliche Darlegung der skeptizistischen Philosophie Humes oder der kritischen Philosophie Kants vermissen; ich habe mich dagegen entschieden, eine solche zu liefern, da diese Philosophien zwar sehr originell waren, doch im 18. Jahrhundert jenseits des Fachpublikums einen eher begrenzten Einfluss hatten. Dagegen werden manche dieses Buch vielleicht als zu sehr ideenhistorisch ausgerichtet wahrnehmen. Jedenfalls habe ich mich bemüht, Brücken zwischen Ideen und Praktiken (zum Beispiel in Umgangsformen, Kunst oder Politik) zu schlagen.

In der Genese dieses Buches haben Begegnungen mit Kolleginnen und Kollegen eine entscheidende Rolle gespielt. Es ist in erster Linie sehr stark von der engen

Zusammenarbeit mit Andreas Pečar geprägt; manche der Ausführungen gehen unmittelbar auf seine Anregungen und kreativen Einfälle zurück. Andreas hat mich nicht nur auf meiner wissenschaftlichen Laufbahn unterstützt, sondern war in all den Jahren auch mein wichtigster Gesprächspartner und hat meine Sicht auf das 18. Jahrhundert stark beeinflusst. An der Universität Halle kamen viele Forschende zusammen, die das Interesse für die Aufklärung verband und denen ich wichtige Impulse zu verdanken habe. Allen voran seien hier Moritz Baumstark, Miriam Franchina, Karsten Holste, Benjamin Marschke und Mathias Sonnleithner genannt. Die Schriften von und die Gespräche mit Jeremy Popkin und Simon Burrows waren wichtige Inspirationsquellen für mich. Mein tiefer Dank geht an diejenigen, die sich die Mühe gemacht haben, das Manuskript zu lesen und zu kommentieren: David Bell, Simon Dagenais, Miriam Franchina, Simon Karstens, Stephan Laux, Matthew McDonald, Immo Meenken, Jeremy Popkin und Mathias Sonnleithner. Sarah Wieland und Ian Wolff danke ich für die Unterstützung der Buchproduktion. Ein ganz besonderer Dank gilt meiner Ehefrau Daria Sambuk, die mit ihrer stets schonungslosen, zutreffenden und anregenden Kritik erheblich zur Verbesserung des Manuskripts beigetragen hat.

Ich habe mich bemüht, die Geschichte nüchtern zu erzählen. Ich hoffe, dass dabei ein Buch herausgekommen ist, das Einblick in die Kultur und die Gesellschaften Europas (und wenigstens punktuell darüber hinaus) im 18. Jahrhundert gewährt, das Neue und das Traditionelle am Aufklärungszeitalter zeigt, die Vielfalt und die Kohärenz der Aufklärung herausarbeitet und von erinnerungspolitischen Agenden Abschied nimmt – in Debatten nie neutral, aber *sine ira et studio*.

La Croix-Valmer, August 2021

Einleitung: Neun Fragen zur Aufklärung

1. Warum Aufklärung?

Im Oktober 2021 wurde während der Amtszeit des Bundespräsidenten Frank-Walter Steinmeier die Sammlung des Schlosses Bellevue umgestaltet, um „die Aussagekraft von Schloss Bellevue als Repräsentationsort der Demokratie noch deutlicher herauszustellen", wie es auf der offiziellen Webseite heißt. Damit führte das Bundespräsidialamt die heutige deutsche Demokratie auf das Erbe der Aufklärung und insbesondere von Voltaire (1694–1778) zurück:

> Der bisher sogenannte Gartensalon ist ab heute der Epoche der Aufklärung gewidmet und heißt jetzt Salon Voltaire. Friedrich II. von Preußen bekommt hier nun wieder die Gesellschaft seines Korrespondenzpartners und zeitweiligen Gastes, des französischen Philosophen Voltaire. Seine Büste erinnert an einen der einflussreichsten Vordenker der Aufklärung, Gegner des Feudalismus und des Absolutismus, beißender Kritiker aller Arten von Aberglauben – wir würden heute sagen: von Verschwörungstheorien –, von Unterwürfigkeit, Willkür und Herrschsucht.[1]

Dieses Stück Erinnerungspolitik zeigt, dass Aufklärung ein sogenannter Erinnerungsort ist,[2] das heißt ein Schlagwort, dem gemeinschaftsstiftende Geschichtsbilder anhaften. Wie jeder Erinnerungsort erfüllt Aufklärung gesellschaftliche und politische Funktionen und geht mit der Produktion von Identität einher. Daher spielt die Aufklärung im Geschichtsunterricht in der Schule eine wichtige Rolle: Ein Ziel des Geschichtsunterrichts ist es, Geschichtsbilder zu vermitteln, die es den Bürgern und Bürgerinnen ermöglichen sollen, sich in politischen Debatten zu orientieren. Da politische Diskurse oft Bezug auf die Aufklärung nehmen, wird diese Epoche im Schulunterricht behandelt. Dabei bekommen Schüler und Schülerinnen nicht selten Stereotype vermittelt.

---

1 Vgl. https://www.bundespraesident.de/SharedDocs/Reden/DE/Frank-Walter-Steinmeier/Reden/2021/10/211015-Neuakzente-Kunstausstattung.html (zuletzt besucht am 05. 11. 2021).

2 Diesen Begriff prägte Pierre Nora (Hg.), Les Lieux de mémoire, Paris 1984.

Die Umgestaltung von Schloss Bellevue weist darauf hin, dass Aufklärung in Europa und Nordamerika vor allem ein zentraler Erinnerungsort der liberalen Demokratie ist, das heißt des politischen Systems, das freie Wahlen mit der Freiheit des Individuums, dem Schutz von Minderheiten, der Unabhängigkeit der Justiz und der Medien sowie der Rechtsstaatlichkeit kombiniert. Aufklärung gilt als die geistige Bewegung, die die ideellen Grundlagen für die heutige liberale Demokratie gelegt hat. Deshalb beschwören Politiker in ihren Reden häufig die Ideale der Aufklärung herauf, wie zum Beispiel der französische Präsident Emmanuel Macron, der sich gern auf den „Geist der Aufklärung" („esprit des Lumières") beruft.

Die Liste der liberaldemokratischen Ideen und Werte, die die Aufklärung hervorgebracht haben soll, ist lang. Man kann die etwas emphatische Zusammenfassung des berühmten französischen Aufklärungsforschers Jean Mondot zitieren: „Kritik. Toleranz. Meinungsfreiheit. Pressefreiheit. Öffentlichkeit. Menschenrechte. Menschenwürde. Rechtsgleichheit. Chancengleichheit. Glück. Republik. Kosmopolitismus. Weltbürgertum. Universalismus. Brüderlichkeit."[3] Aufklärung wird oft eher unkonkret mit Rationalität und Fortschritt assoziiert, wie zum Beispiel in Steven Pinkers vielbeachtetem Buch *Enlightenment Now*, in dem der US-amerikanische Psychologe die Fortschritte in den unterschiedlichen Bereichen seit 200 Jahren auf die Aufklärung zurückführt und zu dem Schluss kommt: „The Enlightenment has worked".[4] Und natürlich wird gerade im Schulunterricht immer wieder aus Immanuel Kants Schrift *Beantwortung der Frage: Was ist Aufklärung?* zitiert: „Aufklärung ist der Ausgang des Menschen aus seiner selbst verschuldeten Unmündigkeit",[5] womit ein Zusammenhang zwischen moderner Freiheit und Aufklärung suggeriert wird.

Die Aufklärung ist heute aber auch ein umstrittener Erinnerungsort. Sie gilt nicht mehr einhellig als ein Hort des Fortschritts. Dies ist zwar an sich kein neues Phänomen, denn sie war spätestens seit der Französischen Revolution umstritten. Neu ist jedoch, dass die Aufklärung vermehrt aus dem liberaldemokratischen Wertehorizont heraus kritisiert wird. Seit einigen Jahren ist in Teilen der Öffentlichkeit die Erkenntnis angekommen, dass viele Aufklärer Ideen vertraten, die keineswegs mit dem liberal-

3 Jean Mondot, Aufklärung, in: Pim den Boer/Heinz Duchhardt/Georg Kreis/Wolfgang Schmale (Hg.), Europäische Erinnerungsorte, Bd. 1: Mythen und Grundbegriffe des europäischen Selbstverständnisses, München 2012, S. 147–161, hier 160.

4 Steven Pinker, Enlightenment Now. The Case for Reason, Science, Humanism and Progress, New York 2018, S. 6.

5 Immanuel Kant, Beantwortung der Frage: Was ist Aufklärung?, in: Berlinische Monatsschrift (1784), Bd. 2, S. 481–494.

demokratischen Ideal der Gleichheit unter den Menschen kompatibel sind. So wird vermehrt auf sexistische und rassistische Zitate von berühmten Aufklärern hingewiesen, zum Beispiel im Gefolge der Black-Lives-Matter-Bewegung bis in die eher konservative *Frankfurter Allgemeine Zeitung* hinein.[6] Da die liberale Demokratie aber zugleich Angriffen ausgesetzt ist und es also ein ungebrochenes Bedürfnis gibt, nach geistigen Gründungsfiguren unseres politischen Systems zu suchen, wird die Aufklärung voraussichtlich auch künftig ein zentraler Erinnerungsort der liberalen Demokratie bleiben.

2. Ist Voltaire an der Revolution schuld?

Die heutige Aufklärungskritik unterscheidet sich von ihren früheren Formen, doch werden Aufklärungsbilder seit Langem politisiert. Die Aufklärung wurde von Anfang an als ein Erinnerungsort aufgebaut, um bestimmte politische Programme und Ereignisse zu rechtfertigen, allen voran die liberalen und republikanischen Revolutionen.

Im Roman *Die Elenden* (*Les Misérables*, 1862) lässt Victor Hugo (1802–1885) einen Straßenjungen namens Gavroche, der 1832 die republikanischen Revolutionäre im gescheiterten Aufstand gegen die französische Monarchie unterstützt, ein Lied singen, während die Soldaten auf ihn schießen. In Gavroches Lied kommen immer wieder folgende Worte vor: „C'est la faute à Voltaire […]. C'est la faute à Rousseau" („Es ist die Schuld von Voltaire […]. Es ist die Schuld von Rousseau"). Diese einfachen Verse, die im Französischen zu einem geflügelten Wort geworden sind, spielen auf den Anspruch der französischen Revolutionäre von 1789 bis 1802 an, die Erben der Aufklärungsphilosophen zu sein. Die französische Nationalversammlung ließ 1791 die Überreste von Voltaire (und 1794 auch von Rousseau) in eine Kirche überführen, die sie kurz zuvor zu einem nationalen Ehrentempel umfunktioniert hatte: das Panthéon in Paris. Die Revolutionäre beriefen sich auf Voltaire als Vorkämpfer gegen den Aberglauben und den religiösen Fanatismus und auf Jean-Jacques Rousseau (1712–1778) als geistigen Urvater der Republik und der moralischen Erneuerung, die die Revolution eingeleitet habe.

Auch wenn Voltaire und Rousseau in religiösen und moralischen Fragen tatsächlich einen großen Einfluss entfalteten: Der Anspruch der Revolutionäre auf dieses „Erbe" war dabei alles andere als selbstverständlich. Das politische System, das die Revolution

6 Marcus Willaschek, Kant war sehr wohl Rassist, FAZ vom 15.07.2020, https://www.faz.net/aktuell/feuilleton/debatten/warum-kant-sehr-wohl-ein-rassist-gewesen-ist-16860444.html (zuletzt besucht am 18.05.2022).

eingeleitet hatte, hatte wenig mit Voltaires oder auch Rousseaus Vorstellungen von guten politischen Institutionen gemein. Voltaire war – entgegen dem, was das deutsche Bundespräsidialamt annimmt – ein Anhänger der absoluten Monarchie gewesen, und Rousseau hatte der politischen Repräsentation – Parlamenten und somit der Nationalversammlung – kritisch gegenübergestanden. Dennoch war dieser Genealogie großer Erfolg beschieden. Anhänger wie Gegner der Revolution begannen sofort, die politischen Umstürze im Frankreich des ausgehenden 18. und etwas später die Revolutionen des 19. Jahrhunderts auf die Aufklärungsphilosophie zurückzuführen. Konservative und Katholiken warfen den französischen Philosophen des 18. Jahrhunderts vielfach vor, jegliche staatliche und kirchliche Autorität sowie die Fundamente der gesellschaftlichen Ordnung untergraben zu haben. Somit hatte die Aufklärung in konservativen Kreisen in Europa bis weit ins 20. Jahrhundert hinein eine schlechte Presse.[7] Dagegen berief sich die Dritte Französische Republik (1870–1940) auf die Französische Revolution und folglich auch auf die Aufklärung. Nicht nur wurde die aus der Revolution stammende Trikolore zur Nationalfahne und der 14. Juli (der Tag des Sturms auf die Bastille) zum Nationalfeiertag erklärt; das zwischenzeitlich wieder als Kirche genutzte Panthéon wurde erneut zu einer säkularen Ruhmeshalle für die „großen Männer" umfunktioniert.

Diese Politisierung des Erinnerungsorts „Aufklärung" hatte auch Konsequenzen für die wissenschaftliche Beschäftigung mit dieser Epoche. Erinnerung (*mémoire*) und Historie (*histoire*) sind zweierlei Sachen[8] – oder sie sollten es zumindest sein, denn im Falle der Aufklärungsstudien vermischen sich die beiden bisweilen. Während das soziale Gedächtnis zu befürwortende oder abzulehnende Werte sowie Identitätsmuster definiert, geht es in der Geschichtswissenschaft und in benachbarten historisch arbeitenden Disziplinen um eine kritische Auseinandersetzung mit Erinnerungsorten und Geschichtsbildern. Dass die Aufklärung in der Öffentlichkeit immer umstritten war, hat die Forschung jedoch oft dazu veranlasst, für oder gegen sie Partei zu ergreifen. Angesichts der Aufklärungsfeindlichkeit der Konservativen und Rechten war die frühe wissenschaftliche Beschäftigung mit der Aufklärung maßgeblich ein apologetisches Unterfangen, das heißt, sie zielte darauf, die Aufklärung vor der Kritik von rechts in Schutz zu nehmen. Die frühen Aufklärungsstudien hatten somit eine erinnerungspolitische Dimension, auch wenn sich ihre Leistungen nicht darin erschöpften. Intellektuelle der Dritten Französischen Republik definierten im frühen 20. Jahrhundert

7 Darrin McMahon, Enemies of the Enlightenment. The French Counter-Enlightenment and the Making of Modernity, New York/Oxford 2001.

8 Jacques Le Goff, Histoire et Mémoire, Paris 1988.

einen Kanon von vier *philosophes* – in der Forschung wird dieser französische Begriff gern als Synonym für die Aufklärungsphilosophen benutzt –, die das Ancien Régime infrage gestellt hätten und deren Erbe die französische Republik um 1900 weiterführe: Voltaire stand für die Religionstoleranz, Rousseau für die Volksherrschaft, Montesquieu für die Gewaltenteilung und Diderot für die Popularisierung von Philosophie in der *Encyclopédie*.[9] Für die republikanischen Intellektuellen des frühen 20. Jahrhunderts hatten diese Aufklärungsphilosophen einen geistigen Fortschritt eingeleitet und die Ideale formuliert, die die Patrioten von 1789 hätten verwirklichen wollen, bevor die Revolution unter dem Eindruck der Gegenrevolution und der ausländischen Invasion 1793/1794 „entgleist" und in Gewalt ausgeartet sei.

3. Leitete die Aufklärung eine Säkularisierung ein?

Auch in den folgenden Jahrzehnten blieb eine Parteiergreifung für oder gegen die Aufklärung und die Französische Revolution ein Kennzeichen der Forschung. Die ersten großen Klassiker der Aufklärungsstudien wurden in der Zwischenkriegszeit verfasst und waren stark von dem geistigen Klima dieser Jahre geprägt. In den 1920er und 1930er Jahren entfaltete der Kampf zwischen Liberalismus und Totalitarismus in Europa eine ungeheure Heftigkeit. Namhafte Forscher verteidigten die Aufklärung als Ursprung von Demokratie und Liberalismus und verstanden sie deshalb als einen Motor des Fortschritts. Dabei sahen sie die Leistung der Aufklärung vor allem in einer Abkehr von der ihrer Meinung nach fortschrittshemmenden religiösen Dogmatik begründet. In seiner Monographie *Die Krise des europäischen Geistes* (*La Crise de la conscience européenne*, 1935) beschrieb der französische Historiker Paul Hazard, wie um 1700 alte Gewissheiten ins Wanken geraten seien. In dieser Zeit seien religiöse

9 Diego VENTURINO, L'historiographie révolutionnaire française et les Lumières, de Paul Buchez à Albert Sorel. Suivi d'un appendice sur les usages de l'expression „siècle des Lumières" (XVIIIe–XXe siècles), in: Giuseppe RICUPERATI (Hg.), Historiographie et usages des Lumières, Berlin 2002, S. 21–84; Claudio ROSSO, Inventing „illuminismo" (and „enlightenment"): The Emergence of a Word and of a Concept, in: ebd., S. 123–132; James SCHMIDT, Inventing the Enlightenments. Anti-Jacobins, British Hegelians, and the Oxford English Dictionary, in: Journal of the History of Ideas 64 (2003), S. 421–443; John LOUGH, Reflections on ‚Enlightenment' and ‚Lumières', in: L'Età dei Lumi. Studi storici sul settecento europeo in onore di Franco Venturi, Bd. 1, Neapel 1985, S. 35–56; Jean-Pierre SCHANDELER, Les Interprétations de Condorcet. Symboles et concepts, Oxford 2000, S. 224.

Glaubenssätze und konfessionelle Lehrgebäude hinterfragt worden und neue Normen wie das Naturrecht, die natürliche Religion, das Streben nach Glück im Diesseits, die Wissenschaftlichkeit und die Fortschrittsidee aufgekommen.[10] Auch der deutsche Philosoph Ernst Cassirer glaubte in der Zwischenkriegszeit, die Aufklärer hätten die Philosophie von der vorherrschenden Dogmatik und vom Geist der Systeme – das heißt der Tendenz, abstrakte und lebensferne philosophische Systeme aufzubauen – befreit. Zwar habe die Aufklärung nur wenige neue Gedanken eingeführt, aber sie habe der Philosophie einen praktischeren Charakter verliehen und somit die Grundlage für gesellschaftlichen Fortschritt gelegt.[11]

Zur selben Zeit meldete jedoch der US-amerikanische Historiker Carl Lotus Becker Zweifel an den Darstellungen der Aufklärung als einer Epoche an, in der mit älteren Weltbildern radikal gebrochen worden sei. Becker zufolge hätten die *philosophes* eine im Christentum fest verankerte Weltsicht vertreten – selbst diejenigen, die das Christentum ablehnten.[12] Ebenfalls in den 1930er Jahren entwarf ein weiterer US-amerikanischer Historiker, Robert Palmer, ein differenzierteres Bild des 18. Jahrhunderts. Ihm zufolge hätten nicht nur die *philosophes* alte Glaubenssätze hinterfragt, sondern auch katholische Kleriker. Der „Unglaube" selbst habe somit „religiöse Ursprünge", und die gemeinhin bekannten Aufklärer seien nicht die einzigen Vertreter neuer Ideen gewesen.[13]

Palmers oder Beckers Ziel war es nicht, gegen die Aufklärer zu polemisieren. Gleichwohl schockierten sie zahlreiche Anhänger der Aufklärung. Die Überwindung christlicher Deutungen von Natur und Gesellschaft galt als ein Kernphänomen der Modernisierung durch die Rationalisierung und die „Entzauberung der Welt" (Max Weber). Aus dieser Perspektive beruhten die Fortschritte der Moderne auf einem Säkularisierungsprozess, das heißt einer zunehmenden Trennung zwischen der Religion einerseits und der Politik, dem Recht und der Wissenschaft andererseits. Die Aufklärung habe entschieden zu diesem Fortschritt beigetragen, so die gängige Meinung. Vor dem Hintergrund dieser Grundauffassung empörten Beckers Thesen viele Forscher, darunter Peter Gay, der von Cassirer beeinflusst war und sich zu dem wohl berühmtesten Aufklärungsforscher seiner Generation entwickelte. Gay – der ursprünglich Peter Fröhlich

---

10 Paul Hazard, La Crise de la conscience européenne, Paris 1961 (dt. Übersetzung: Die Krise des europäischen Geistes, 1680–1715, Hamburg 1939).

11 Ernst Cassirer, Die Philosophie der Aufklärung, Tübingen ³1973.

12 Carl L. Becker, The Heavenly City of Eighteenth-Century Philosophers, New Haven 1932 (dt. Übersetzung: Carl L. Becker, Der Gottesstaat der Philosophen des 18. Jahrhunderts, Würzburg 1946).

13 Robert Palmer, Catholics and Unbelievers in Eighteenth-Century France, Princeton 1938.

hieß und zur Zeit des Nationalsozialismus in die USA emigrieren musste – schrieb in den 1960er Jahren die erste umfassende Darstellung der Aufklärungsgeschichte: *The Enlightenment – an Interpretation* (zwei Bände, 1966–1969). Gays Argumentation im ersten Band lief den Thesen Beckers und Palmers diametral entgegen: Die Aufklärung sei „ein moderner Paganismus" gewesen, das heißt eine durch die Rezeption antiker, „heidnischer" Texte verursachte radikale Abkehr von christlichen Glaubensinhalten und Weltbildern. Genauer gesagt: Aufklärung war laut Gay ein Zusammentreffen der klassischen Kultur mit der modernen Wissenschaft. Dies habe es den Aufklärern ermöglicht, eine *science of society* zu entwickeln, die die Verbesserung diesseitiger Zustände zum Ziel gehabt und den Fortschritt vorangetrieben habe.[14]

In der Folgezeit setzte sich Gays These weitgehend durch: Die Aufklärung blieb nicht nur in der breiten Öffentlichkeit, sondern auch in der Forschung mit Säkularisierung im Sinne einer Abkehr vom Christentum und von religiösen Deutungen von Natur und Gesellschaft eng verbunden. Dennoch knüpften manche Forscher und Forscherinnen im späten 20. Jahrhundert an die Thesen Beckers und Palmers an, um den Beitrag der sogenannten Jansenisten zur Geistesgeschichte hervorzuheben. Jansenisten waren Katholiken, denen zufolge der Mensch durch die Erbsünde derart verdorben sei, dass er nicht aus eigenen Kräften zu Moral und Seelenheil gelangen könne. Der Mensch sei dafür zu sehr von seinen „Leidenschaften" und der „Selbstliebe" – das heißt der Verfolgung seines Eigeninteresses – geleitet. In dieser Idee erkannten Teile der Forschung die Ursprünge des modernen Wirtschaftsdenkens etwa Adam Smiths, das davon ausgeht, dass das Individuum stets seinen Profit zu maximieren suche. Somit betont diese Forschungsrichtung, manche zentralen Ideen der Aufklärungszeit hätten religiöse Wurzeln.[15]

Die jüngere Aufklärungsforschung hat den Fokus erneut verschoben: Unter Schlagwörtern wie „religiöse Aufklärung", „jüdische Aufklärung" oder „katholische Aufklärung" werden seit dem späten 20. Jahrhundert vermehrt die Verbindungen zwischen der Aufklärung und den etablierten Konfessionen bzw. Religionen untersucht. Die Aufklärung gilt den meisten Forschern und Forscherinnen nicht mehr als eine Abkehr

---

14 Peter GAY, The Enlightenment: An Interpretation, 2 Bde., New York 1966–1969. Zu Gay: Paola BIANCHI, Peter Gay and the Enlightenment, in: Giuseppe RICUPERATI (Hg.), Historiographie et usages des Lumières, Berlin 2002, S. 213–228.

15 Dale K. VAN KLEY, The Religious Origins of the French Revolution, New Haven/London 1996; Monique COTTRET, Jansénisme et Lumières. Pour un autre XVIIIe siècle, Paris 1998; Pierre FORCE, Self-Interest before Adam Smith. A Genealogy of Economic Science, Cambridge 2003.

von den Offenbarungsreligionen, sondern als ein facettenreiches Phänomen, das auch religiös moderate Spielarten aufweise.[16]

Dennoch ist die Säkularisierungsthese keineswegs passé: Der kanadische Philosoph Charles Taylor etwa sieht die Aufklärung als den Ausgangspunkt einer Pluralisierung und Entdogmatisierung der Religion, die er als Säkularisierung versteht.[17] Die US-amerikanische Historikerin Margaret Jacob hat 2019 die These vertreten, die Menschen in der Aufklärung hätten aufgehört, ständig an Gott zu denken, und sich immer stärker dem Diesseits und dem irdischen Glück zugewandt.[18] Die Säkularisierungsthese dürfte also auch zukünftig für Kontroversen sorgen. Ob und in welchem Sinne die Aufklärung eine Säkularisierung einleitete, bleibt eine der relevantesten Fragen der Aufklärungsstudien.

4. Wurde in der Aufklärung die bürgerliche Gesellschaft geboren?

Die Säkularisierung galt im 20. Jahrhundert nicht nur in liberalen Milieus, sondern auch im linken Spektrum als ein Kennzeichen der Modernisierung. Die liberalen und die linken Vorstellungen des Modernisierungsprozesses waren aber nicht deckungsgleich. Über weite Strecken des 20. Jahrhunderts diskutierten Sozial- und Geisteswissenschaftler sowie die breitere Öffentlichkeit kontrovers über die Ursprünge und Ursachen von Modernisierung und Fortschritt.

Die linke, marxistische oder marxistisch inspirierte Fortschrittstheorie entfaltete vor allem in der Zeit des Kalten Krieges einen ungeheuren Einfluss. Diese als Historischer Materialismus bekannte Theorie klassifizierte Gesellschaften nach ihren dominanten Produktionsverhältnissen, das heißt anhand der Frage, welche Klasse die Produktionsmittel besaß und welche sozialen Gruppen ausgebeutet wurden. Menschen wurden

---

16 David Sorkin, The Religious Enlightenment. Protestants, Jews, and Catholics from London to Vienna, Princeton 2008; Harm Klueting (Hg.), Katholische Aufklärung – Aufklärung im katholischen Deutschland, Hamburg 1990; Ulrich L. Lehner, The Catholic Enlightenment. The Forgotten History of a Global Movement, New York 2016; Ulrich L. Lehner/Michael Printy (Hg.), A Companion to the Catholic Enlightenment in Europe, Leiden/Boston 2010; Shmuel Feiner, Haskala – Jüdische Aufklärung. Geschichte einer kulturellen Revolution, Hildesheim u. a. 2007; Shmuel Feiner/David Sorkin (Hg.), New Perspectives on the Haskalah, Oxford 2001.

17 Charles Taylor, A Secular Age, Cambridge, Mass. 2007.

18 Margaret C. Jacob, The Secular Enlightenment, Princeton 2019.

je nach ihrer gesellschaftlichen Position als Inhaber von Produktionsmitteln oder als Ausgebeutete in soziale Klassen eingruppiert. In dieser Theorie waren wirtschaftliche Entwicklungen die Grundlage des Fortschritts: Eine Änderung der Produktionsverhältnisse führe zu einer Änderung im Klassengefüge und zeitversetzt zu einer Verschiebung der Machtverhältnisse nicht nur in der Wirtschaft, sondern auch in der Politik und Kultur. Ideen und Kultur wurden dabei vor allem als Ausdruck entweder der etablierten Machtverhältnisse oder ihrer Herausforderung durch den Aufstieg einer neuen Klasse verstanden. Sie hatten entweder die Funktion, die Herrschaft der dominanten Klasse zu legitimieren, oder aber waren Instrumente in der Hand von Herausforderern, die gern die Position der herrschenden Klasse einnehmen wollten.

Der Historische Materialismus beeinflusste den Blick auf das 18. Jahrhundert: Die Aufklärung galt als eine bürgerliche (in der marxistischen Terminologie: eine „bourgeoise“) Bewegung. Damit war sowohl gemeint, dass das Bürgertum eine führende Rolle in der Aufklärung gespielt habe, als auch, dass es danach getrachtet habe, eine bürgerliche (eine „bourgeoise“) Gesellschaft durchzusetzen, in der die Dominanz der feudalen herrschenden Klasse, des Adels, gebrochen sein werde. Manche Anhänger des Historischen Materialismus wie zum Beispiel der französische Historiker Albert Soboul betonten die aufklärerische Kritik an den Privilegien von Adel und Kirche und begründeten dadurch den Zusammenhang zwischen Aufklärung und Französischer Revolution auf eine neue Weise.[19] Andere wie Lucien Goldmann sahen eine tiefe Affinität zwischen Marktwirtschaft einerseits und Rationalismus und Empirismus andererseits, die sie für Kennzeichen aufklärerischen Denkens hielten. Die Aufklärung verstanden sie als das Produkt einer Gesellschaft, in der der entgeltliche Tausch von Gütern und Dienstleistungen eine zentrale Stellung in der Distribution von Ressourcen einnahm.[20]

Besondere Impulse bekam die Suche nach den Ursprüngen der bürgerlichen bzw. bourgeoisen Gesellschaft von der deutschen Forschung. Den größten internationalen Einfluss entwickelte in der zweiten Hälfte des 20. Jahrhunderts Jürgen Habermas' Monographie *Strukturwandel der Öffentlichkeit* (1962). Habermas verteidigte darin die These, im 18. Jahrhundert sei eine neue „bürgerliche Öffentlichkeit“ neben der älteren „repräsentativen Öffentlichkeit“ entstanden. Mit dem Begriff „repräsentative Öffentlichkeit“ bezeichnete Habermas eine weitgehend höfische Öffentlichkeit, in der es um die Repräsentation von Rang und Herrschaft gegangen sei. Die „bürgerliche

19 Albert SOBOUL (mit Walter MARKOV), 1789. Die Große Revolution der Franzosen, Berlin 1973.

20 Lucien GOLDMANN, La pensée des „Lumières“, in: Annales. Économies, sociétés, civilisations 22, 4 (1967), S. 752–779.

Öffentlichkeit“ sei dagegen ein Ort der Ausübung der Vernunft und der Kritik an der Gesellschaft des Ancien Régime gewesen. Sie habe sich dank neuartiger sozialer Orte wie der Kaffeehäuser, der Sozietäten, der Salons und der Freimaurerlogen entwickelt, wo sich eine relativ egalitäre und sachlich orientierte Konversationskultur fernab von höfischem Zeremoniell entfaltet habe.[21] Habermas formulierte damit die Theorie der Aufklärung als Ursprung der bürgerlichen Gesellschaft und der Kritik am Feudalismus neu; entscheidend waren nicht mehr die „großen Autoren“, sondern die neuen sozialen Strukturen, die eine Entfaltung neuer Ideen überhaupt erst ermöglichten. Diese These ist bis weit ins 21. Jahrhundert hinein breit rezipiert worden.[22] Sie inspirierte unter anderem die in Deutschland besonders aktive Sozietätsforschung, die das Vereinswesen im 18. Jahrhundert als die Kernstruktur einer neuen bürgerlichen Öffentlichkeit interpretierte.[23]

Dieser Forschungsrichtung zufolge war das Aufkommen einer kritischen Öffentlichkeit eine zentrale Ursache der Französischen Revolution. Diese Idee modifizierte im späten 20. Jahrhundert Robert Darnton. Im Unterschied zu Habermas betrachtete Darnton nicht die gesamte aufklärerische Öffentlichkeit als kritisch oder egalitär. Er betonte, dass die etablierten Aufklärer sich in sozialen Strukturen des Ancien Régime bewegt hätten. Nicht die berühmten *philosophes* hätten das Ancien Régime destabilisiert, sondern weniger erfolgreiche Autoren der „Untergrundliteratur“ (auch „Grub-Street“-Literatur genannt). Diese Autoren hätten es im Gegensatz zu den berühmten *philosophes* nicht geschafft, Protektion von Höflingen zu erlangen. Während das philosophische Establishment bei allem Reformeifer tendenziell konservativ gewesen sei, hätten die Autoren des Untergrunds radikalere Texte verfasst. Von Ärger und Frust angetrieben, hätten sie Pamphlete veröffentlicht, um die Korruption der höfischen Eliten bloßzustellen. Darnton lenkte damit den Blick auf Schriften, die in ihrer Zeit große Beachtung gefunden, aber keinen Platz im Kanon der Aufklärungsgeschichte erlangt hatten: Er

21 Jürgen Habermas, Strukturwandel der Öffentlichkeit. Untersuchungen zu einer Kategorie der bürgerlichen Gesellschaft, Neuwied 1976.

22 Zum Beispiel kann Timothy Blannings Erzählung der Öffentlichkeitsgeschichte als eine geschichtswissenschaftlich fundierte Ausführung der habermasschen These gelten: Timothy Blanning, The Culture of Power and the Power of Culture, Oxford 2002.

23 Etwas älterer Überblick über die Forschungsrichtung: Richard Van Dülmen, Die Gesellschaft der Aufklärer. Zur bürgerlichen Emanzipation und aufklärerischen Kultur in Deutschland, Frankfurt a. M. 1986. Siehe auch Holger Zaunstöck, Gelehrte Gesellschaften im Jahrhundert der Aufklärung. Strukturuntersuchungen zum mitteldeutschen Raum, Stuttgart 2002; Holger Zaunstöck/Markus Meumann (Hg.), Sozietäten, Netzwerke, Kommunikation. Neue Forschungen zur Vergesellschaftung im Jahrhundert der Aufklärung, Tübingen 2003.

legte einen besonderen Akzent auf die „pornographische" Literatur, die Hofmitglieder, den Klerus oder religiöse Glaubenssätze angriff. Durch eine Analyse der Bestellungen an einen Schweizer Verlag, die Société Typographique de Neufchâtel, kam er zu der Annahme, solche vernachlässigten Pamphlete und pornographischen Schriften hätten zu den meistverkauften Büchern gezählt.[24] Damit lieferte er ein neues Bild der Entstehung einer kritischen Öffentlichkeit in der zweiten Hälfte des 18. Jahrhunderts.

In der neueren Forschung sind jedoch die Thesen Habermas' in die Kritik geraten. Manche Forschenden, wie Joan Landes, betonen den Ausschluss der Frauen aus der neuen bürgerlichen Öffentlichkeit[25] oder unterstreichen, wie Arlette Farge, dass die neue politische Öffentlichkeit keineswegs ausschließlich „bürgerlich" gewesen sei, sondern auch die unteren Schichten involviert habe.[26] Andere wiederum verteidigen die These, die Öffentlichkeit sei lange vor dem 18. Jahrhundert entstanden.[27] Eine weitere Kritik besagt, die Orte der Öffentlichkeit hätten im 18. Jahrhundert keinen so neuartigen Charakter aufgewiesen, wie von Habermas behauptet. Kaffeehäuser hätten sich nicht radikal von Schenken unterschieden,[28] und die Freimaurerlogen oder die Salons seien stärker als angenommen von den traditionellen Hierarchien geprägt gewesen; der Hochadel habe diese Soziabilitätsorte dominiert.[29]

---

24 Robert DARNTON, The Grub Street Style of Revolution. J.-P. Brissot, Police Spy, in: The Journal of Modern History 40, 3 (1968), S. 302–327; DERS., The High Enlightenment and the Low-Life of Literature in Pre-Revolutionary France, in: Past & Present 51 (1971), S. 81–115; DERS., The Forbidden Bestsellers of Pre-Revolutionary France, New York 1994.

25 Joan B. LANDES, Women and the Public Sphere in the Age of the French Revolution, Ithaca 1988.

26 Arlette FARGE, Dire et mal dire. L'opinion publique au XVIIIe siècle, Paris 1992.

27 Jeffrey K. SAWYER, Printed Poison. Pamphlet Propaganda, Faction Politics and the Public Sphere in Early Seventeenth-Century France, Berkeley 1990; Bernard GUENÉE, L'Opinion publique à la fin du Moyen Âge, Paris 2002; Hélène DUCINI, Faire voir, faire croire. L'opinion publique sous Louis XIII, Seyssel 2003; Claude GAUVARD, Qu'est-ce que l'opinion avant l'invention de l'imprimerie ?, in: Claude GAUVARD/Alain CORBIN/Christian DELPORTE/Jean-François SIRINELLI (Hg.), L'opinion. Information, rumeur, propagande par ou avec les images, Nantes 2008, S. 21–59; Crédic MICHON, Du bon usage de l'anachronisme en histoire. L'opinion publique à la Renaissance, in: Lucien BÉLY (Hg.), L'opinion publique en Europe (1600–1800), Paris 2011, S. 39–67.

28 Craig KOSLOFSKY, Parisian Cafés in European Perspective: Contexts of Consumption, 1600–1730, in: French History 31, 1 (2017), S. 39–62.

29 Yves BEAUREPAIRE, L'Espace des Francs-maçons. Une sociabilité européenne au XVIIIe siècle, Rennes 2003; Antoine LILTI, Le Monde des salons. Sociabilité et mondanité à Paris au XVIIIe

Auch Darntons Thesen sind teilweise einer Revision unterzogen worden. Zwar ist unbestritten, dass die namhaften Autoren der französischen Aufklärung in aller Regel gut in den Eliten ihrer Zeit integriert waren und deshalb die soziale und politische Ordnung nur selten radikal infrage stellten. Höfische Patronage (das heißt Protektion) übte einen gewaltigen Einfluss auf den Inhalt zahlreicher aufklärerischer Texte aus, denn berühmte Aufklärer wie Voltaire richteten ihre Äußerungen vielfach nach dem, was bestimmte Höflinge gedruckt sehen wollten.[30] Doch stellt sich die Frage, inwieweit der Fall der Pamphletisten wirklich anders gelagert war. Der US-amerikanische Historiker Jeremy Popkin hat betont, viele Pamphletisten seien mitnichten politische Outsider, sondern erfolgreiche Unternehmer gewesen, die Protektion von zumindest einzelnen Höflingen genossen hätten.[31] Die Pamphletautoren agierten nicht außerhalb des Systems, sie bezogen nur selten gegen den gesamten Hof Stellung, sondern nahmen in der Regel an innerhöfischen Kämpfen teil. Schließlich gibt es erhebliche Zweifel in der Frage, ob manche besonders aggressiven Pamphlete, die der Forschung zufolge maßgeblich zur Destabilisierung des Ancien Régime und somit zum Ausbruch der Französischen Revolution beigetragen hätten, überhaupt Verbreitung fanden. So dürften etwa die berühmten pornographischen Schriften gegen Marie-Antoinette vor 1789 nur einigen wenigen Zeitgenossen zu Gesicht gekommen sein.[32] Neue, systematischere Analysen des Buchmarkts im 18. Jahrhundert zeigen, dass Franzosen und Französinnen viel mehr traditionelle Literatur kauften, als lange angenommen worden ist. Der Stellenwert der von Darnton identifizierten „Bestseller" für den Buchmarkt war viel kleiner, als die Analyse der Bestellungen an die Société Typographique de Neufchâtel es vermuten ließ.[33] Somit kann die These, im 18. Jahrhundert sei eine neuartige, bürgerliche und kritische Öffentlichkeit entstanden, nur eingeschränkt gelten.

---

siècle, Paris 2005 (engl. Übersetzung: The World of the Salons. Sociability and Worldliness in Eighteenth-Century Paris, New York 2015).

30 Damien Tricoire, Eine Staatsangelegenheit. Patronage und Voltaires politische Stellungnahmen, in: Norbert Campagna/Rüdiger Voigt (Hg.), Das Jahrhundert Voltaires. Vordenker der europäischen Aufklärung, Baden-Baden 2020, S. 159–189.

31 Jeremy Popkin, Pamphlet Journalism at the End of the Old Regime, in: Eighteenth Century Studies 22, 3 (1989), S. 351–367.

32 Simon Burrows, Blackmail, Scandal, and Revolution. London's French libellistes, 1758–1792, Manchester 2006, S. 14.

33 Simon Burrows, Enlightenment Bestsellers, London 2018.

5. Hatte die Aufklärung eine Schattenseite?

Die Forschung zur Säkularisierung oder zur Öffentlichkeit ging im 20. Jahrhundert in der Regel von der Prämisse aus, die Aufklärung habe einen geistigen Fortschritt eingeleitet. Sowohl aus der liberalen als auch aus der marxistischen oder marxistisch inspirierten Perspektive galt die Aufklärung als eine fortschrittliche Bewegung. Der Tenor der Forschung war damit in beiden großen Lagern des Kalten Krieges tendenziell apologetisch. Dennoch gab es auch Stimmen von links, die sich kritisch mit der Aufklärung auseinandersetzten. Dies war zunächst vor allem in der Philosophie der Fall.

Bereits während des Zweiten Weltkrieges verfassten die im Exil weilenden deutschen Philosophen Theodor W. Adorno und Max Horkheimer unter dem Titel *Dialektik der Aufklärung* eine marxistisch inspirierte Aufklärungskritik, deren Ziel es war, den Zusammenbruch der Zivilisation im 20. Jahrhundert zu erklären. Adorno und Horkheimer hatten ein sehr abstraktes Verständnis von Aufklärung, die sie mit der „Entzauberung der Welt" weitgehend gleichsetzten, oder präziser: mit der Idee, dass der Verstand über den Aberglauben siegen und der Mensch über die entzauberte Natur herrschen könne und solle. Das 18. Jahrhundert sahen sie lediglich als eine Etappe in einem großen Rationalisierungsprozess, der zum Triumph des Menschen über die Natur geführt habe. Der Glaube an die Berechenbarkeit der Natur habe im 18. Jahrhundert eine emanzipatorische Dimension gehabt, sich aber in den folgenden Jahrhunderten in den Dienst der Mächtigen gestellt. Der Faschismus sei konsequenterweise ein Kind der Aufklärung.[34]

Obwohl sie den berühmten Aufklärern emanzipatorische Absichten unterstellten, waren Adorno und Horkheimer von ursprünglich eher konservativen, aufklärungskritischen Bildern aus dem 19. Jahrhundert beeinflusst, die in der Philosophie des 18. Jahrhunderts vor allem eine – aus religiöser Sicht gefährliche – Behauptung der Vernunft gegen den Glauben sahen. Diese Gleichsetzung von Aufklärung mit Rationalismus, das heißt der Überzeugung, dass die Vernunft der Moral und der Gesellschaft als eine Richtschnur dienen solle, inspirierte in der zweiten Hälfte des 20. Jahrhunderts zunehmend eine Kritik, die weder marxistisch noch konservativ war. Das vermeintlich aufklärerische Vertrauen in die Vernunft kam in Teilen der Moralphilosophie in Verruf. Ähnlich wie Adorno und Horkheimer sah zum Beispiel der schottisch-amerikanische Moralphilosoph Alasdair MacIntyre in der Aufklärung eine Bewegung, die die Idee der Tugend zugunsten eines kaltherzigen Rationalismus aufgegeben habe.[35]

---

34 Theodor W. Adorno/Max Horkheimer, Dialektik der Aufklärung. Philosophische Fragmente, Frankfurt a. M. 1969.

35 Alasdair MacIntyre, After Virtue. A Study in Moral Theory, Notre Dame, Ind. 1980.

Diese moralphilosophische Kritik beeinflusste in einem stärkeren Maße als Adornos und Horkheimers sehr abstrakte *Dialektik der Aufklärung* die Geschichtsschreibung. Einer der berühmtesten Ideenhistoriker des späten 20. und frühen 21. Jahrhunderts, Quentin Skinner, schloss sich dieser Aufklärungskritik an. Skinner hat einen bedeutenden Teil seiner Karriere der Erforschung des „klassischen Republikanismus" in der Frühen Neuzeit gewidmet, der lange Zeit in der Forschung vernachlässigt worden war. Unter diesem Begriff wird eine auf antike römische Autoren zurückgehende Denktradition verstanden, die – anders als im später entstandenen Liberalismus – das Gemeinwohl und die Bürgertugend über das persönliche Interesse und die individuelle Freiheit stellte. Skinner assoziierte die Aufklärung dagegen mit dem Aufkommen des liberalen Denkens und diagnostizierte wie MacIntyre einen dadurch verursachten Niedergang des Tugendideals.[36] Dieser These ist entgegnet worden, dass die meisten Aufklärer durchaus am republikanischen Gedankengut festgehalten hätten.[37]

Das Bild der Aufklärung als einer rationalistischen Geistesbewegung prägte die Forschung der sogenannten Postmoderne, das heißt der geisteshistorischen Epoche, die in den 1970er Jahren die kritische Auseinandersetzung mit der Moderne und Modernisierungstheorien einleitete. In der Postmoderne wurden vielleicht stärker als je zuvor die Schattenseiten der Aufklärung ausgeleuchtet. Diese Denkströmung, die heute einflussreicher denn je ist, sieht in modernen Ideen und Institutionen vielfach Herrschaftsinstrumente von dominanten sozialen Gruppen: Männern, Heterosexuellen, „Weißen" oder auch westlichen Nationen. Die Aufklärung steht als (vermeintliche) Ursprungsepoche modernen Denkens stark unter Beschuss. Ihr wird insbesondere vorgeworfen, unter der Maske der Vernunft angeblich universale Normen aufzustellen, die die kulturelle Vielfalt negierten und die westliche Zivilisation zur einzig fortschrittlichen erklärten. So sieht der englische Philosoph John Gray im seiner Meinung nach rationalistischen „Enlightenment project" einen „homogenisierenden und totalitären Diskurs", eine „abstrakte und imperialistische Fiktion" und einen Willen, gegen die Vielfalt der Welt vorzugehen. Gray behauptet, dass bei allen Unterschieden in ihrem Denken die Aufklärer das „Kernprojekt" verteidigt hätten, die lokalen, traditionalen und religiösen Normen, Glaubenssätze und Identitäten durch eine kritische, vernunftbasierte Moral zu ersetzen, die als Grundlage einer universalen Zivilisation dienen sollte.[38]

---

36 Quentin SKINNER, Liberty before Liberalism, Cambridge 1988, S. x, 84, 92–93, 119.

37 Andreas KALYVAS/Ira KATZELSON, Liberal Beginnings. Making a Republic for the Moderns, Cambridge 2008, insb. S. 4.

38 John GRAY, After the New Liberalism, in: DERS., Enlightenment's Wake. Politics and Culture at the Close of the Modern Age, London/New York 1995, S. 120–131, hier 120–124.

Diese postmoderne Aufklärungskritik ist stark von zwei politischen Bewegungen geprägt: dem Feminismus und dem Postkolonialismus, die ab den 1970er Jahren einen enormen Einfluss entfalteten. Diese Strömungen gaben auch der Aufklärungsforschung wichtige Impulse. Die feministisch beeinflusste Forschung arbeitete heraus, dass zahlreiche Aufklärer Frauen für weniger rational gehalten und ihnen vorgeworfen hätten, die öffentliche Tugend zu korrumpieren. Der „natürliche" Platz der Frauen war diesen Aufklärern zufolge der Haushalt.[39] Die postkolonialen Aufklärungsstudien bilden entgegen dem, was der vielfach benutzte Begriff „postkoloniale Theorie" suggeriert, keine kohärente Denkströmung. Vielmehr sind unter diesem Schlagwort verschiedene Ansätze vereint, die sich durch eine Sensibilität für die subkutane Produktion von kolonialen und rassistischen Machtansprüchen in aufklärerischen Texten auszeichnen.

Einer der wichtigsten Klassiker der postkolonialen Studien ist *Orientalismus* (1978) des palästinensisch-amerikanischen Literaturwissenschaftlers Edward Said. Darin zeigte Said, wie Beschreibungen des „Orients" bereits vor der europäischen Kolonialexpansion in diese Region von einem kolonialen Blick geprägt waren. Die westlichen Orientwissenschaftler und Publizisten hätten den „Orient" als eine rückständige Region konstruiert, die der europäischen Leitung bedurft habe, um sich zu modernisieren. Sie hätten dabei nichtwestliche Stimmen marginalisiert und die islamische Welt zuerst geistig und schließlich auch politisch unterworfen. Said – genauso wie der französische Philosoph Michel Foucault, an den er methodologisch anknüpfte – sah die Anfänge dieses geistigen Unterwerfungsprozesses erst um 1800, also gegen Ende der Aufklärungszeit. In seiner Monographie kritisierte er das koloniale Denken, nicht die Aufklärung.[40] Dennoch übertrugen andere Forscher und Forscherinnen diese These bald auf das 18. Jahrhundert: Der aufklärerische Anspruch, an der Spitze des

39 Zum Beispiel in Dominique GODINEAU, Die Frau der Aufklärung, in: Michel VOVELLE (Hg.), Der Mensch der Aufklärung, Frankfurt a. M. 1996, S. 321–358, hier 326–328; Jane RENDALL, The Origins of the Scottish Enlightenment, London 1978, S. 31–32; Inge BAXMANN, Von der Egalité im Salon zur Citoyenne. Einige Aspekte der Genese des bürgerlichen Frauenbildes, in: Annette KUHN/Jörn RÜSEN (Hg.), Frauen in der Geschichte, Bd. 3, Düsseldorf 1983, S. 109–137, hier 123–126; Wolfram Malte FUES, Das Geschlecht der Vernunft. „Raison" und „Esprit" im Denken der Aufklärung, in: Claudia OPITZ/Ulrike WECKEL/Elke KLEINAU (Hg.), Tugend, Vernunft und Gefühl. Geschlechterdiskurse der Aufklärung und weibliche Lebenswelten, Münster 2000, S. 173–193; Bärbel CÖPPICUS-WEX, Der Verlust der Alternative. Zur Disqualifizierung weiblicher Bildungsideale im letzten Drittel des 18. Jahrhunderts am Beispiel zweier Ausgaben des *Nutzbaren, galanten und curiösen Frauenzimmer-Lexicons*, in: ebd., S. 271–285.

40 Edward W. SAID, Orientalismus, Frankfurt a. M. 1981 (eng. Original: Orientalism, 1978).

Fortschritts zu stehen, habe eine Abwertung anderer Kulturen und Völker mit sich gebracht, so eine gängige Kritik.[41] Viele Aufklärer hätten rassistisches Gedankengut vertreten.[42] Angesichts dieser Erkenntnisse ist es heute schwierig, Aufklärung einfach mit Fortschritt zu assoziieren.

6. Kann man einen Gegensatz zwischen einer radikalen und einer moderaten Aufklärung ausmachen?

Obwohl sich die Forschung heute der Schattenseiten der Aufklärung bewusster ist als früher, zeichnen sich viele Fachbeiträge weiterhin durch ein positives Aufklärungsbild aus. Auf die im späten 20. Jahrhundert laut werdende postkoloniale und feministische Aufklärungskritik antworteten Teile der Aufklärungsforschung mit einer erneuten Apologetik. Der führende deutsche China- und Globalhistoriker Jürgen Osterhammel entgegnete der postkolonialen Kritik, die Aufklärer seien in einen wahrhaftigen Dialog auf Augenhöhe mit asiatischen Zivilisationen getreten.[43] Darnton verteidigte in seinem vielbeachteten Essay *George Washingtons falsche Zähne* (*George Washington's False Teeth*, 1997) das etablierte Bild der Aufklärung als liberale und fortschrittliche Bewegung. Die *philosophes* hätten Anstrengungen unternommen, das Los fremder Völker zu verbessern; sie seien keine Imperialisten und keine Rassisten gewesen. Sie hätten schließlich für die Emanzipation der Sklaven und der Frauen gekämpft.[44] Noch heute bemühen sich einzelne Forscher, möglichst viel von diesem Bild zu retten: Zum Beispiel glaubt der Ideenhistoriker Anthony Pagden, die Aufklärung habe den Kosmopolitismus verbreitet.[45]

Solche Verallgemeinerungen sind angesichts neuerer Erkenntnisse immer schwieriger zu halten. Daher wählen moderne Apologeten oft eine andere Strategie: Sie

---

41 Siehe z. B. Nicholas B. Dirks, Colonialism and Culture, Ann Arbor 1992, S. 7.

42 Bahnbrechende Studien über den aufklärerischen Rassismus: George L. Mosse, Toward the Final Solution. A History of European Racism, New York 1978, S. 1–34; Richard H. Popkin, The Philosophical Basis of Eighteenth-Century Racism, in: Studies in Eighteenth-Century Culture 3 (1974), S. 245–262.

43 Jürgen Osterhammel, Die Entzauberung Asiens. Europa und die asiatischen Reiche im 18. Jahrhundert, München 1998.

44 Robert Darnton, George Washingtons falsche Zähne oder noch einmal: Was ist Aufklärung, München 1996.

45 Anthony Pagden, The Enlightenment, and Why It Still Matters, Oxford 2013.

antworten auf die postmoderne Kritik, indem sie zwischen einer moderaten und einer radikalen Aufklärung differenzieren. Den Begriff „radikale Aufklärung" hat die US-amerikanische Historikerin Margaret Jacob in den 1970er Jahren geprägt, um religiös heterodoxe Strömungen zu bezeichnen, die ihrer Meinung nach meist zugleich demokratische Ideale vertraten.[46] Im Kontext der postkolonialen Aufklärungskritik gewann er eine neue Relevanz. Die neuen Verteidiger der Aufklärung stimmen zwar mit den Kritikern darin überein, dass ein Großteil der Aufklärer sexistisch, imperialistisch oder rassistisch eingestellt gewesen sei. Jedoch behaupten sie gleichzeitig, eine Minderheit unter ihnen, die Radikalen, habe tatsächlich für die Gleichheit aller Menschen gekämpft.

Am öffentlichkeitswirksamsten hat diese These der britische Historiker Jonathan Israel vertreten, der von 2001 bis 2019 fünf voluminöse Monographien zur Aufklärung veröffentlicht hat. Israel unterscheidet zwischen zwei Strömungen, der moderaten und der radikalen Aufklärung. Er unterstellt beiden eine große Divergenz entlang der entscheidenden politischen und religiösen Fragen. Die radikale Aufklärung sei atheistisch (oder zumindest pantheistisch), religiös tolerant und prodemokratisch gewesen. Sie sei für die Gleichheit zwischen den Geschlechtern, zwischen den Völkern und den „Rassen" eingetreten. Die Moderaten hätten dagegen Kompromisse mit der vorherrschenden Ordnung geschlossen und seien deswegen oft monarchistisch und nur begrenzt religiös tolerant eingestellt gewesen. Sie hätten gegen die Gleichheit zwischen den Geschlechtern, gegen die Abschaffung der Sklaverei und für die koloniale Expansion plädiert sowie rassistische Ideen vertreten. Langfristig habe die radikale Aufklärung die Oberhand gewonnen und die liberale Moderne hervorgebracht.[47]

Jonathan Israels Thesen haben eine Welle von Kritik hervorgerufen. Bemängelt wurden unter anderem die allzu starre und künstliche Zweiteilung der Aufklärung, die sinnentstellende unzureichende Kontextualisierung aufklärerischer Texte, die Vernachlässigung der Rezeption und Verbreitung der Schriften sowie der beinahe religiöse

46 Margaret Jacob, The Radical Enlightenment. Pantheists, Freemasons, and Republicans, London/Boston 1981.

47 Jonathan I. Israel, Radical Enlightenment. Philosophy and the Making of Modernity, 1650–1750, Oxford 2001; ders., Enlightenment Contested. Philosophy, Modernity, and the Emancipation of Man, 1670–1752, Oxford 2006; ders., Democratic Enlightenment. Philosophy, Revolution, and Human Rights 1750–1790, Oxford 2011; ders., Revolutionary Ideas. An Intellectual History of the French Revolution from The Rights of Man to Robespierre, Oxford 2014; ders., The Enlightenment That Failed. Ideas, Revolution, and Democratic Defeat, 1748–1830, Oxford 2019.

Glaube an die Notwendigkeit eines Sieges der liberaldemokratischen Werte.[48] Dennoch: Auch wenn sich neuere Studien von Israels steifem Schema lösen – geblieben ist die Unterscheidung zwischen radikaler und moderater Aufklärung.[49] Obwohl diese Begriffe suggerieren, es habe zwei kohärente Bewegungen gegeben – was sicherlich irreführend ist –, haben sie immerhin den Vorteil, die Diversität von Positionen in religiösen, sozialen und politischen Angelegenheiten zu unterstreichen und daran zu erinnern, dass die meisten Aufklärer (die „Moderaten") keinen Umsturz der Verhältnisse anstrebten.

7. Wo hat sich die Aufklärung entwickelt?

Mit den Debatten um Einheit und Vielfalt der Aufklärung waren oft Diskussionen über das Ursprungsland und die nationalen Spielarten der Aufklärung verbunden.[50] Da die Aufklärung bereits im späten 18. Jahrhundert als die Epoche konstruiert wurde, die die geistigen Grundlagen für die Französische Revolution gelegt habe, ist die Aufklärungsforschung traditionell sehr frankreichzentriert – zumindest wenn man von philosophiehistorischen Untersuchungen absieht, die sich mit den Denksystemen herausragender Philosophen wie David Hume (1711–1776) und Immanuel Kant (1724–1804) auseinandersetzen. Hazard, Becker, Palmer, Gay oder auch Darnton interessierten sich in erster Linie für französische Autoren und Schriften. Israel verortet zwar den Ursprung der Radikalaufklärung in den Niederlanden – genauer: in den Schriften Baruch Spinozas –, geht jedoch davon aus, dass sich radikalaufklärerische Ideen anschließend vor allem in Frankreich entwickelt hätten.

---

48 Harvey CHISICK, Interpreting the Enlightenment, in: The European Legacy 13, 1 (2008), S. 35–57; Samuel MOYN, Mind the Enlightenment, in: The Nation, 31. Mai 2010, https://www.thenation.com/article/archive/mind-enlightenment/ (zuletzt besucht am 18.05.2022); Antoine LILTI, Comment écrit-on l'histoire intellectuelle des Lumieres ? Spinozisme, radicalisme et philosophie, in: Annales Histoire Sciences Sociales 64,1 (2009), S. 171–206; Andreas PEČAR/Damien TRICOIRE, Falsche Freunde, oder: War die Aufklärung wirklich die Geburtsstunde der Moderne?, Frankfurt a. M. 2015, S. 16–20.

49 Siehe z. B. Maximilian LÄSSIG, Radikale Aufklärung in Deutschland. Karl von Knoblauch, Andreas Riem und Johann Christian Schmohl, Berlin 2020.

50 Nationale Aufklärungen: Roy PORTER/Mikuláš TEICH (Hg.), The Enlightenment in National Context, Cambridge 1981. Für die Kohärenz der Aufklärung in Europa: John ROBERTSON, The Case for the Enlightenment. Scotland and Naples, 1680–1760, Cambridge 2005.

Nichtsdestotrotz erfuhr die Aufklärungsgeschichte in unterschiedlichen europäischen Ländern in der zweiten Hälfte des 20. Jahrhunderts eine immer größere Aufmerksamkeit. Eine entscheidende Rolle spielte dabei der italienische Historiker Franco Venturi, der im Laufe seiner Karriere seinen Interessenschwerpunkt von einer Erforschung der französischen hin zu einer Untersuchung der italienischen Aufklärung verlagerte. Venturi verfasste von 1969 bis 1990 in sechs Bänden die erste umfassende Darstellung der aufklärerischen Ideen und Reformen auf der Apenninhalbinsel.[51] Etwa zeitgleich bekam die Erforschung der Aufklärung in Spanien Aufwind, die lange durch das aufklärungsfeindliche rechte Franco-Regime gehemmt worden war. Während sich anfangs die Frage stellte, ob es überhaupt eine Aufklärung in Spanien gegeben habe – vor allem ausländische Forscher gaben eine positive Antwort auf diese Frage –, verflogen bald diese Zweifel weitgehend, als die reiche Geschichte des aufklärerischen Denkens auf der Iberischen Halbinsel zutage gefördert wurde.[52] Auf beiden südeuropäischen Halbinseln, betonen die Forscher, hätten aufgeklärte Machthaber ab den 1740er Jahren wichtige Impulse zur Modernisierung ihres jeweiligen Landes (und ihrer Kolonien) gegeben. Dieses Streben nach Modernisierung habe das Aufkommen und die Entfaltung moderater Spielarten der Aufklärung begünstigt.

Die sich zur selben Zeit rasant entwickelnde Forschung zur schottischen Aufklärung setzte etwas andere Akzente. Im 18. Jahrhundert wurden in Schottland im Gegensatz etwa zu Spanien keine weitgehenden Reformen in Angriff genommen. Dagegen formulierte eine Reihe von meist an Universitäten lehrenden Autoren wie Adam Smith originelle Theorien zur historischen Entwicklung von Gesellschaften. Die Forscher interessierten sich deshalb vor allem für die moralphilosophischen Systeme und Gesellschaftstheorien dieser Philosophen – so sehr, dass Schottland seit der zweiten Hälfte des 20. Jahrhunderts neben Frankreich zum zweiten geographischen Schwerpunkt der Aufklärungsstudien wurde.[53]

Auch die Erforschung der deutschen Aufklärung entwickelte sich stark: Die Anzahl der Untersuchungen zum Werk der Hallenser Christian Thomasius, Christian Wolff

51 Franco Venturi, Settecento riformatore, 6 Bde., Turin 1969–1990.

52 Bahnbrechende Studien: Richard Herr, The Eighteenth-Century Revolution in Spain, Princeton 1958; Jean Sarrailh, L'Espagne éclairée de la seconde moitié du XVIIIe siècle, Paris 1954; Werner Krauss, Die Aufklärung in Spanien, Portugal und Lateinamerika, München 1973.

53 Zum Beispiel Fania Oz-Salzberger, Translating the Enlightenment. Scottish Civic Discourse in Eighteenth-century Germany, Oxford 1995; Christopher Berry, The Social Theory of the Scottish Enlightenment, Edinburgh 1997; Silvia Sebastiani, The Scottish Enlightenment. Race, Gender, and the Limits of Progress, New York 2013.

und Siegmund Jakob Baumgarten, der Berliner Moses Mendelssohn und Christian Wilhelm von Dohm, der Göttinger Johann Christoph Gatterer und Christoph Meiners oder auch der Wiener Johann Heinrich Gottlob von Justi und Joseph von Sonnenfels wuchs rasant.[54] Im Kontext der liberalen Demokratie interessierten sich Forschung und Öffentlichkeit gleichermaßen für demokratische Autoren wie Georg Forster.[55] Im 21. Jahrhundert galt die Aufmerksamkeit der Forschung auch weniger bekannten Figuren, die gemeinhin zur radikalen Aufklärung gezählt werden.[56]

Die Spezialisten der italienischen, spanischen oder deutschen Aufklärungsgeschichte streben in der Regel nicht danach, den zentralen Stellenwert der französischen Aufklärung anzuzweifeln. Kritik an dem Narrativ, das die französische Aufklärung zum Ursprung der Moderne erklärt, kam vor allem aus England. Roy Porter verteidigte im Jahr 2000 die These, die französischen Autoren des 18. Jahrhunderts seien nur deshalb so radikal gewesen, weil Frankreich gesellschaftlich und kulturell rückständig gewesen sei. Den französischen *philosophes* sei es vor allem darum gegangen, in Frankreich Zustände wie in England einzuführen. Die moderne Welt – die religiöse Toleranz, die politische Freiheit, die moderne Wissenschaft – sei vor allem eine britische Erfindung. Die Briten des 18. Jahrhunderts hätten mit sich selbst zu Recht zufrieden sein können

54 Einige Beispiele: Frank GRUNERT, Normbegründung und politische Legitimität. Zur Rechts- und Staatsphilosophie der deutschen Frühaufklärung, Tübingen 2000; Ian HUNTER, The Secularization of the Confessional State. The Political Thought of Christian Thomasius, Cambridge 2007; Thomas AHNERT, Religion and the Origins of the German Enlightenment. Faith and the Reform of Learning in the Thought of Christian Thomasius, Rochester, NY 2006; Robert THEIS/Alexander AICHELE (Hg.), Handbuch Christian Wolff, Wiesbaden 2018; David SORKIN, Moses Mendelssohn und die theologische Aufklärung, Wien 1999; DERS., The Religious Enlightenment, S. 113–163; Horst Walter BLANKE/Jörn RÜSEN (Hg.), Von der Aufklärung zum Historismus. Zum Strukturwandel des historischen Denkens, Paderborn 1984; Daniel FULDA, Wissenschaft aus Kunst. Die Entstehung der modernen deutschen Geschichtsschreibung 1760–1860, Berlin/New York 1996; Rudolf VIERHAUS (Hg.), Wissenschaften im Zeitalter der Aufklärung, Göttingen 1985; Justus NIPPERDEY, Die Erfindung der Bevölkerungspolitik. Staat, politische Theorie und Population in der Frühen Neuzeit, Göttingen 2012; Simon KARSTENS, Lehrer, Schriftsteller, Staatsreformer: Die Karriere des Joseph von Sonnenfels (1733–1817), Wien 2011; Thomas NUTZ, „Varietäten des Menschengeschlechts". Die Wissenschaft vom Menschen in der Zeit der Aufklärung, Köln 2009.

55 Es wurde sogar 1997 eine Zeitschrift namens *Georg-Forster-Studien* gegründet.

56 Martin MULSOW, Moderne aus dem Untergrund. Radikale Frühaufklärung in Deutschland, 1680–1720, Hamburg 2002; DERS. (Hg.), Radikale Spätaufklärung in Deutschland. Einzelschicksale, Konstellationen, Netzwerke, Hamburg 2012; LÄSSIG, Radikale Aufklärung.

und deshalb keine radikalen Umwälzungsphantasien gebraucht. Während die Forschung im 20. Jahrhundert daran zweifelte, ob man überhaupt von einer englischen Aufklärung sprechen könne, rückte Porter die englischen Autoren des 18. Jahrhunderts ganz ins Zentrum des Geschehens.[57] Darauf antwortete der Romanist und Ideenhistoriker Dan Edelstein, dass die französischen Autoren zwar wenig neue Ideen, jedoch eine neue Erzählung über den Fortschritt durch die neue Philosophie erfunden hätten.[58]

Die jüngere Forschung zeichnet sich außerdem dadurch aus, dass sie ein lebhaftes Interesse für die Aufklärung in Südost- und Osteuropa[59] sowie außerhalb Europas hervorgebracht hat. Unter dem Stichwort „koloniale Aufklärung" werden in der jüngeren Literatur die Schriften von Autoren untersucht, die in Überseeterritorien europäischer Imperien tätig waren.[60] Die deutschsprachige Islamwissenschaft hat zudem im späten 20. Jahrhundert sehr kontrovers diskutiert, ob es eine muslimische Aufklärung gegeben habe. Reinhard Schulze vertrat die These, in der islamischen Welt seien im 18. Jahrhundert sowohl islamische rationalistische Traditionen als auch westliches aufklärerisches Gedankengut rezipiert worden. Dieser Befund wich stark von der damals dominanten Forschungsmeinung ab, die islamische Welt und das christliche Europa seien in der Vormoderne zwei weitgehend getrennte Kulturregionen gewesen. Schulzes Kontrahent Bernd Radtke warf ihm allerdings unsaubere philologische Arbeit vor.[61] Obwohl Radtke in Detailfragen Recht gehabt haben mag, bestätigt die neuere Forschung Schulzes These, Europa und die islamische Welt seien viel enger miteinander

57 Roy PORTER, Enlightenment. Britain and the Creation of the Modern World, London 2000. Das Argument, England sei dank der Glorious Revolution eine spätere radikale Revolution erspart geblieben, weist eine sehr lange Tradition auf: Thomas Babington MACAULAY, History of England, Complete Works, Bd. III, Philadelphia 1998, S. 279–288, Zitat S. 288: „It is because we had a preserving revolution in the seventeenth century that we have not had a destroying revolution in the nineteenth."

58 Dan EDELSTEIN, The Enlightenment: A Genealogy, Chicago 2010.

59 Michael SCHIPPAN, Die Aufklärung in Russland im 18. Jahrhundert, Wiesbaden 2012; Paschalis M. KITROMILDES (Hg.), Enlightenment and Religion in the Orthodox World, Oxford 2016.

60 Siehe Überblick in Damien TRICOIRE, Que furent les Lumières coloniales ?, in: Ralph LUDWIG (Hg.), L'actualité des Lumières dans les Caraïbes (erscheint demnächst).

61 Reinhard SCHULZE, Was ist islamische Aufklärung?, in: Die Welt des Islams 36 (1996), S. 276–325; Bernd RADTKE, Erleuchtung und Aufklärung. Islamische Mystik und europäischer Rationalismus, in: Die Welt des Islams 34 (1994), S. 48–66; Gottfried HAGEN/Tilman SEIDENSTICKER, Reinhard Schulzes Hypothese einer islamischen Aufklärung. Kritik einer historiographischen Kritik, in: Zeitschrift der Deutschen Morgenländischen Gesellschaft 148, 1 (1998), S. 83–110.

verbunden gewesen als lange Zeit angenommen.[62] Manche Forscherinnen und Forscher streben sogar danach, den Konnex zwischen Europa und Aufklärung gänzlich aufzulösen: Die Rationalisierung der Welt habe Wurzeln auf unterschiedlichen Kontinenten und sei ein Ergebnis der Interaktionen zwischen Weltteilen.[63]

Die Aufklärung hat somit in den letzten Jahrzehnten ihr Zentrum, Paris, verloren. Dennoch bleibt unbestritten, dass die meisten berühmten *philosophes* im 18. Jahrhundert Franzosen waren und die Bestseller der Aufklärung beinahe alle in französischer Sprache verfasst wurden.

8. Gab es *die* Aufklärung?

Die Definition von säkularen oder religiösen, liberalen oder republikanischen, moderaten oder radikalen sowie nationalen Spielarten der Aufklärung hat Teile der Forschung dazu animiert, die Vorstellung, es habe *die* Aufklärung gegeben, anzuzweifeln. Sie sprechen nur noch von Aufklärung*en* im Plural oder, mit den Worten des berühmten britischen Ideenhistorikers John Pocock: Es habe „enlightenments", nicht „the Enlightenment" gegeben (man achte auf die Kleinschreibung und die Pluralform anstelle der sonst üblichen Großschreibung im Singular samt bestimmtem Artikel).[64] Alles andere sei eine Missachtung der großen Vielfalt aufklärerischer Ideen, so Pocock.

Die Betonung der Vielfalt aufklärerischer Ideen hat sicherlich unser Bild des 18. Jahrhunderts sehr bereichert. Daraus ergibt sich allerdings die Frage, was uns dazu berechtigt, den Begriff Aufklärung – sei es im Singular oder im Plural – überhaupt zu benutzen. Hierfür bieten die Studien einen Ausweg, die sich mit dem Geschichtsverständnis der Intellektuellen des 18. Jahrhunderts beschäftigen. Bereits Foucault hat in seinem Klassiker *Die Ordnung der Dinge* (1966) die These vertreten, das letzte Viertel des 18. Jahrhunderts habe eine Historisierung des Denkens hervorgebracht.

---

62 Christoph Herzog, Aufklärung und Osmanisches Reich. Annäherung an ein historisches Problem, in: Geschichte und Gesellschaft, Sonderheft, 23 (2010), S. 291–321; Samer Akkach, 'Abd al-Ghani al-Nabulusi: Islam and the Enlightenment, Oxford 2007.

63 Sebastian Conrad, Enlightenment in Global History. A Historiographical Critique, in: American Historical Review 117, 4 (2012), S. 999–1027.

64 John Pocock, Historiography and Enlightenment. A View of their History, in: Modern Intellectual History 5, 1 (2008) S. 83–96. Zur Pluralität der Aufklärungen siehe auch Dale K. Van Kley, Conclusion: The Varieties of Enlightened Experience, in: William J. Bulman/Robert G. Ingram (Hg.), God in the Enlightenment, Oxford 2016, S. 278–316.

In den sich damals formierenden Wissenschaften Biologie, Volkswirtschaftslehre und Linguistik sei es nun um die Frage gegangen, wie Leben, Reichtum bzw. Sprachen *entstehen*.[65] Der deutsche Historiker Reinhart Koselleck sah in der Mitte des 18. Jahrhunderts eine einsetzende Dynamisierung und „Verzeitlichung" der „Erfahrungswelt". Der Ist-Zustand der Welt sei ab etwa 1750 nicht mehr als zeitlos und permanent aufgefasst worden, sondern als ein vorübergehendes Ergebnis von fortdauernden Entwicklungen. Die Geschichte sei von nun an als etwas verstanden worden, das stets Neues hervorbringe. Die Menschen hätten angefangen, sich die Zukunft als etwas weitgehend Unbekanntes vorzustellen. Daraus sei ein Gefühl der Beschleunigung entstanden, verbunden mit der Aufgabe, die Zukunft – die nun als „offen" wahrgenommen worden sei – zu gestalten.[66] In der Forschung bleibt umstritten, wann sich die Vorstellung der „offenen Zukunft" durchsetzte. Während zum Beispiel der Literaturwissenschaftler Daniel Fulda erste Ansätze einer solchen Historisierung bereits im späten 17. Jahrhundert sieht, meint der Historiker Andreas Pečar, eine Vorstellung der „offenen Zukunft" lasse sich in der Aufklärung nicht belegen.[67] Die Lösung dieser Frage könnte darin liegen, dass in der Tat bereits im späten 17. Jahrhundert eine Verzeitlichung des Denkens einsetzte, diese jedoch bei fortschrittsgläubigen Autoren nur bedingt zu der Vorstellung führte, die Zukunft sei unbekannt.

Dass das 18. Jahrhundert eine Historisierung des Denkens einleitete, dürfte im Großen und Ganzen Konsens sein.[68] Gerade das Konzept eines „Jahrhunderts der Aufklärung" („Siècle des Lumières"), das der Sekretär der französischen Akademie der Wissenschaften Bernard Fontenelle (1657–1757) in der ersten Hälfte des 18. Jahrhunderts formulierte, weist darauf hin, dass Intellektuelle vermehrt glaubten, ihre Zeit bringe Neues hervor, nämlich Fortschritt durch „Philosophie". Diese Idee stellen manche ins Zentrum ihrer Aufklärungsdefinition: So vertritt Dan Edelstein die These, die Aufklärung sei nichts anderes als eine in Frankreich erfundene Erzählung über den

65 Michel Foucault, Die Ordnung der Dinge. Eine Archäologie der Humanwissenschaften, Frankfurt a. M. 1971 (frz. Originalausgabe 1966).

66 Reinhart Koselleck, Historia magistra vitae. Über die Auflösung des Topos im Kontext neuzeitlich bewegter Geschichte, in: ders., Vergangene Zukunft, Frankfurt a. M. 1979, S. 38–66; ders., ‚Neuzeit'. Zur Semantik moderner Begriffsgeschichte, in: ebd., S. 300–348.

67 Daniel Fulda, Wann begann die offene Zukunft?, in: Wolfgang Breul/Jan Carsten Schnurr (Hg.), Geschichtsbewusstsein und Zukunftserwartung in Pietismus und Erweckungsbewegung, Göttingen 2013, S. 141–172; Pečar/Tricoire, Falsche Freunde, S. 46–50.

68 Moritz Baumstark u. a. (Hg.), Historisierung. Begriff, Geschichte, Praxisfelder, Stuttgart 2016.

Fortschritt der Menschheit durch neues Wissen.[69] Andere wie Andreas Pečar und ich selbst haben die auf der Grundlage dieses Narrativs formulierte Selbstinszenierung der Autoren des 18. Jahrhunderts als fortschrittsbringende *philosophes* zu einem zentralen Phänomen der Aufklärung erklärt.[70]

Diese Definitionen lassen sich noch erweitern und präzisieren: **Aufklärung war der Anspruch, durch Philosophie am sozialen und politischen Fortschritt mitzuwirken, sowie damit verknüpfte Ideen, Symbole und soziale Praktiken.** Eine solche Definition hat den Vorteil, dass sie das verbindende Element zwischen den Aufklärern hervorhebt und somit das Forschungsobjekt „Aufklärung" nicht auseinanderfallen lässt, ohne auf die Vielfalt der aufklärerischen Ideen zu verzichten. Dieses Buch wird ihr deshalb folgen.

9. Wie soll man aufklärerische Texte lesen?

Die Aufklärungsstudien sind ein interdisziplinäres Forschungsfeld, das die Literatur- und die Geschichtswissenschaft mit der Philosophie, der Theologie, der Politologie, der Soziologie und der Kunstgeschichte zusammenbringt. Diese Disziplinen haben nicht immer das gleiche Erkenntnisinteresse und wenden teilweise unterschiedliche Methoden an. Während für die Geschichtswissenschaft meist vergangene soziale und politische Phänomene im Vordergrund stehen, interessieren sich Politikwissenschaft und Philosophie häufig für Denksysteme an sich. Im politikwissenschaftlichen Fach Politische Theorie und in der Systematischen Philosophie geht es in der Regel darum, die Ideen herausragender Geister zu analysieren und deren Relevanz für die heutige Welt herauszuarbeiten. Aufklärerische Texte werden dann thematisiert, wenn sie einen theoretischen Beitrag leisten. Die Forschenden vergleichen sie mit anderen Texten, um die Entwicklung, die Kohärenz oder die Originalität von Denksystemen herauszuarbeiten. Die Wirkungsabsichten der Autoren, der genaue Kontext, in dem sie ihre Schriften verfassten, deren Beziehung zu ideenhistorisch weniger markanten Texten sowie ihre Rezeption durch die Zeitgenossen stehen dagegen weniger im Fokus.

Ein gutes Beispiel für diese Herangehensweise ist folgendes Urteil über Rousseau, das der einflussreiche britische Philosoph Bertrand Russell Mitte des 20. Jahrhundert fällte:

69 Edelstein, The Enlightenment.

70 Pečar/Tricoire, Falsche Freunde, S. 32.

> [Rousseau] ist [...] der Erfinder der politischen Philosophie pseudo-demokratischer Diktaturen im Gegensatz zur traditionellen Monarchie. Seither haben die Menschen, die sich für Reformatoren hielten, stets zwei unterschiedlichen Gruppen angehört: Die einen folgten Rousseau, die anderen Locke. [...] In unserer Zeit ist Hitler eine Folgeerscheinung Rousseaus; hinter Roosevelt und Churchill steht der Geist Lockes.[71]

Russell präsentiert hier die Ideengeschichte implizit als eine Geschichte großer Geister; er vergleicht ihre Denksysteme und arbeitet ihre Originalität heraus; er schreibt ihnen eine enorme historische Wirkung zu, ohne die Rezeption ihrer Werke detailliert zu untersuchen; er beachtet weder den genauen Entstehungskontext dieser Schriften noch die mit ihnen verbundenen Wirkungsabsichten. Auf diese Weise wird Rousseaus Werk *Vom Gesellschaftsvertrag* (*Du Contrat social*, 1762) zu einer Quelle des Nationalsozialismus.

Da dieser Ansatz leicht zu Anachronismen führen kann – laut Lucien Fèbvre eine „Todsünde" für Historiker –, ist er für die Geschichtswissenschaft problematisch. Für die Geschichtsschreibung (und teilweise die Literaturwissenschaft) sind vor allem die folgenden drei Ansätze relevant:

1. Die **Diskursgeschichte** geht auf Michel Foucault zurück. Sie nimmt den *discours* (frz. für Rede, nicht für Diskussion) in den Blick. Diskurse sind etablierte Arten und Weisen, sich über einen Gegenstand zu äußern. Diese stehen, so eine geläufige Annahme im postmodernen Denken, in einem engen Zusammenhang mit den Machtstrukturen einer Gesellschaft. Die Macht manifestiere sich im Kleinen, in alltäglichen Interaktionen (*micropouvoirs*, wörtlich: Mikromächte). Sprache und Wissen seien somit von der Macht (oder zumindest von Machtansprüchen) untrennbar. Zum Beispiel sei die Art und Weise, wie über Sexualität oder Krankheit gesprochen werde, eng mit den Machtansprüchen bestimmter Gruppen wie heterosexuelle Männer oder Ärzte verbunden. Die Wissenschaft habe die Aufgabe, diesen Zusammenhang zum Vorschein zu bringen (was Foucault eine „Archäologie des Wissens" nannte). Diesem Ansatz zufolge sind also aufklärerische Texte insofern relevant, als sie gesellschaftliche Machtverhältnisse widerspiegeln, bestätigen oder hervorbringen. Nicht der originelle Gedanke eines Genies oder die künstlerische Qualität eines Werkes stehen im Vordergrund des Erkenntnisinteresses, sondern das geradezu Typische an den Texten. Nicht nur qualitätsvolle Schriften, die großen Klassiker, sind für die Analyse von Bedeutung, sondern auch diejenigen, die es nicht in den Kanon geschafft haben.[72]

---

71 Bertrand RUSSELL, Philosophie des Abendlandes, München 2004, S. 693.

72 Michel FOUCAULT, Wahnsinn und Gesellschaft. Eine Geschichte des Wahns im Zeitalter der Vernunft, Frankfurt a. M. 1969; DERS., Überwachen und Strafen. Die Geburt des Gefängnisses,

2. Die **Geschichte politischer Sprachen** ist ein Ansatz, den vor allem der britische Historiker John Pocock geprägt hat, einer der beiden Begründer der Cambridge School of Intellectual History. Wie die Diskursgeschichte sucht die Geschichte politischer Sprachen in Texten nicht nach originellen Gedanken, sondern nach Textbausteinen, auf die andere Autoren ebenfalls zurückgreifen. Die zentrale Annahme ist, dass „politische Sprachen" Denkfiguren, Argumente, Feindbilder, Stereotype, Wertvorstellungen und Autoritätsquellen transportierten, derer sich Autoren bedienten, um etwas zu erreichen. So hat die Cambridge School den andauernden Einfluss des klassischen Republikanismus als eine politische Sprache über Jahrhunderte hinweg nachgewiesen.[73]

3. Die geschichtswissenschaftliche Anwendung der **Sprechakttheorie** geht vornehmlich auf den zweiten Begründer der Cambridge School zurück, Quentin Skinner. Die Sprechakttheorie besagt, man solle Texte nicht lediglich als Beiträge zur Theoriebildung betrachten, sondern neben der „lokutionären Sinnebene" – also den Aussagen selbst, die in der klassischen Ideengeschichte beschrieben würden – auch die „illokutionäre Sinnebene" berücksichtigen, das heißt: die mit den Aussagen implizit verbundenen Aufforderungen zum Handeln. Autoren möchten diesem Ansatz zufolge mit ihren Texten nicht nur der Welt interessante Gedanken mitteilen, sondern auch in einem bestimmten Kontext politisch und gesellschaftlich wirken. Mit aufklärerischen Schriften seien somit mehr oder weniger implizit bleibende Wirkungsabsichten verbunden, die die Forschung zu entziffern habe.[74]

Thesen und Gliederung

Im Folgenden wird es, den drei zusammengefassten Ansätzen entsprechend, weniger darum gehen, die Feinheiten philosophischer Systeme herauszuarbeiten. Vielmehr soll dargelegt werden, welche Vorstellungen, Ideen, Debatten, Institutionen, Praktiken und

---

Frankfurt a. M. 1976; DERS., Die Geburt der Klinik. Eine Archäologie des ärztlichen Blicks, Frankfurt a. M. 1976; DERS., L'ordre du discours. Leçon inaugurale au Collège de France prononcé le 2 décembre 1970, Paris 1970; DERS., Die Geburt der Biopolitik. Vorlesung am Collège de France 1978–1979, Frankfurt a. M. 2004; DERS., Geschichte der Gouvernementalität, 2 Bde., Frankfurt a. M. 2006; DERS., Archäologie des Wissens, Frankfurt a. M. 1969.

73 John POCOCK, Politics, Language, and Time. Essays on Political Thought and History, Chicago 1989; DERS., Political Thought and History. Essays on Theory and Method, Cambridge 2009.

74 Quentin SKINNER, Social Meaning and the Explanation of Social Action, in: James TULLY (Hg.), Meaning and Context. Quentin Skinner and his Critics, Cambridge 1982, S. 79–97.

Strategien sich im 18. Jahrhundert im Zusammenhang mit der Aufklärung etablierten. Durch Historisierung soll dabei das uns am 18. Jahrhundert fremd Gewordene hervorgehoben und verständlich gemacht werden. In diesem Buch wird die Aufklärung weder als Gründungsperiode der liberalen Demokratie verstanden, noch gelten ihre Ideen als Quelle der Schattenseiten der Moderne. Vielmehr werden die folgenden sieben Thesen vertreten:

1. Die Aufklärung gründete auf einer Erzählung über den moralischen Fortschritt durch Philosophie, der Aufklärungserzählung.
2. Die Aufklärung war nicht bloß rationalistisch. Aufklärer suchten vielfach, den moralischen Fortschritt durch ein Zusammenwirken von Herz und Vernunft herbeizuführen.
3. Obwohl die Aufklärer Fortschritte einleiten wollten, waren sie in der Regel nicht fortschrittsgläubig; ihre Schriften sind oft von Verunsicherung und Ängsten vor dem Scheitern des Projekts einer moralischen Besserung durchzogen.
4. Die Aufklärung war divers, aber ihre Hauptströmungen wiesen dennoch eine Kohärenz auf. Aufklärer vertraten oft gegensätzliche Visionen von Politik, Gesellschaft, Moral, Religion oder Kunst. Doch in aller Regel bauten sie diese divergierenden, teils widersprüchlichen Ideen auf einem ähnlichen Weltbild auf.
5. Dieses Weltbild war nicht säkular. Die Aufklärung leitete keinen Niedergang religiöser Weltbilder oder ihrer gesellschaftlichen und politischen Relevanz ein. Sie ließ im Gegenteil in vielen Kontexten die Bedeutung religiöser Weltbilder wachsen. Die einflussreichsten Denkschulen der Aufklärung gingen von der Prämisse aus, Gott habe das Universum wohlgeordnet. Sie folgten einer teleologischen Weltanschauung, das heißt der Vorstellung, die einzelnen Elemente der Natur (darunter der Mensch) erfüllten einen Zweck. Der Mensch solle mittels der Philosophie seine fehlgeleiteten, unnatürlichen Vorstellungen abschütteln sowie dank seiner Vernunft und seines Herzens die gottgewollte natürliche Ordnung erkennen und den natürlichen Normen folgen.
6. Die Aufklärung kann man nicht als Bruch mit dem mittelalterlichen Denken verstehen. Ihre Hauptströmungen hatten ideenhistorische Ursprünge in der aristotelisch-scholastischen Philosophie des 13. Jahrhunderts. Genauer gesagt stellte eine Mischung aus hochmittelalterlichen scholastischen und spätmittelalterlichen humanistischen Vorstellungen das ideenhistorische Fundament der Aufklärung dar. Der aufklärerische Mainstream leitete eine Abkehr von innovativen Theorien und Deutungen aus dem 17. Jahrhundert und eine Rückkehr zu älteren Weltanschauungen ein. Dies heißt nicht, dass Aufklärer keine neuen Ideen, Vorstellungen und Praktiken entwickelt hätten, sondern dass sie diese vielfach auf der Grundlage eines althergebrachten Weltbilds erfanden.

7. Die Aufklärung war auf der Ebene der Ideen und Praktiken stark von den vormodernen sozialen Hierarchien geprägt. In der Aufklärung wurden zwar neue Rollenbilder, neue Soziabilitätsformen oder auch neue Konsumpraktiken entwickelt. Aber die meisten Aufklärer bewegten sich in einer ständischen Gesellschaft, die vom Hofadel dominiert war, und dies wirkte sich auf ihre Karrieren und Werke auf vielfältige Weise aus.

Die beiden ersten Kapitel geben Einblicke in die sozialhistorischen Phänomene und Bedingungen der Aufklärungszeit. Im ersten Kapitel werden das soziale Rollenbild des *philosophe* und die damit einhergehenden Ansprüche, Selbstinszenierungsstrategien, Kommunikations- und Soziabilitätsformen dargestellt. Ich gehe darauf ein, wie Autoren und Autorinnen eine Führungsrolle für sich beanspruchten, wie manche Fürsten und Aristokraten diesen neuen Anspruch von Autoren und Autorinnen akzeptierten und warum sie es taten. Das zweite Kapitel weist auf den Graben zwischen dem Anspruch und den Lebensbedingungen der *philosophes* hin: Als Klienten von Aristokraten und Ministern waren sie bei Weitem nicht so unabhängig, wie sie es glauben machen wollten. Im Kapitel wird zudem nach den sozialen Bedingungen des Aufkommens von heterodoxem Denken gefragt und erklärt, weshalb radikale Ideen in Frankreich blühten. Hier wird auch von den Hürden die Rede sein, die Frauen und Afrikaner überwinden mussten, um sich als Intellektuelle zu betätigen.

Das dritte Kapitel geht in der Zeit zurück und erzählt die Geschichte der Erfindung der Aufklärung. Hier wird die These verteidigt, dass das Aufkommen der Aufklärung weniger eine Reaktion auf Konflikte zwischen den christlichen Konfessionen war als vielmehr eine Antwort auf moraltheologische Kontroversen, die *innerhalb* der christlichen Konfessionen tobten. Die Aufklärung antwortete auf die Frage, wie man eine moralische Gesellschaft aufbauen könnte. Philosophiehistorisch war sie im Wesentlichen eine Abwendung vom Platonismus und Augustinismus und eine Hinwendung zu einem zugleich aristotelisch-scholastischen und humanistischen Welt- und Menschenbild – so eine zentrale These in diesem Buch.

Das vierte und fünfte Kapitel widmen sich aufklärerischen Kernideen. Hier wird die Kohärenz zwischen den Hauptströmungen aufklärerischen Denkens herausgearbeitet, ohne die Vielfalt der Denkansätze zu negieren. Das vierte Kapitel gibt Einblicke in die Verbreitung von Ängsten vor einer moralischen Dekadenz, die Zivilisationstheorien, die Suche nach alter Weisheit und die Debatten um die Rückständigkeit im 18. Jahrhundert. Das fünfte Kapitel zeigt, dass Fortschritt vor allem als eine Anwendung natürlicher Normen galt. Deshalb waren Moral, Religion, Politik, Ästhetik und Naturwissenschaften im 18. Jahrhundert auf das Engste miteinander verwoben.

Die Naturphilosophie, die ästhetische und touristische Entdeckung der Natur sind ebenso Themen des Kapitels wie der Neuklassizismus und der empfindsame Roman.

Die restlichen Kapitel des Buches bieten ein breites Panorama, das zeigt, wie auf der Grundlage von Vorstellungen über Fortschritt und Natur auf den unterschiedlichsten Feldern neue Visionen entwickelt, neue Debatten geführt, Praktiken etabliert und Reformen durchgesetzt wurden. Das sechste Kapitel untersucht die politische Kultur, die politischen Theorien und die politischen Reformen im Zusammenhang mit der Aufklärung. Die Kameralistik, die Physiokratie, der Reformkatholizismus, der Patriotismus und der Republikanismus stehen besonders im Fokus. Hier wird insbesondere die Zentralität des humanistischen Erbes für die Aufklärung unterstrichen. Das siebte Kapitel taucht in die Geschichte von Geschlechtervorstellungen und der damit einhergehenden Praktiken, Kontroversen und Kämpfe ein. Es geht vor allem auf die doppelte Angst vor dem Mann und vor seiner Verweiblichung, die Misogynie sowie den Kampf um die Gleichberechtigung von Frauen und Männern ein.

Die drei folgenden Kapitel behandeln die Debatten auf den Feldern Religion und Moral. Das achte Kapitel führt in die unterschiedlichen Vorstellungen der Beziehungen zwischen offenbarter und natürlicher Religion ein, indem es die christliche Aufklärungstheologie, die jüdische Aufklärung, die Debatte um die islamische Aufklärung und den Deismus – einschließlich der Etablierung deistischer Kultgemeinschaften – in den Blick nimmt. Auch die weniger einflussreichen Strömungen des Pantheismus und Materialismus werden darin behandelt. Das neunte Kapitel lotet die Reichweite und Neuartigkeit der aufklärerischen Religionstoleranz in Theorie und Politik aus. Das Ergebnis fällt nüchterner als in zahlreichen anderen Darstellungen zur Aufklärungszeit aus. Es wird unterstrichen, dass Toleranzkonzepte meist Teil von religiösen Kontroversen und oft ein Instrument zur Förderung der Interessen von religiösen Gruppen waren. Im zehnten Kapitel stehen die Einstellungen zur körperlichen Lust und zum Sex im Fokus. Es nuanciert die These einer sexuellen Befreiung und betont die moralische Dimension der libertinischen Literatur. Das Kapitel nimmt auch die Zusammenhänge zwischen Pornographie und Philosophie in den Blick.

Im Mittelpunkt des elften Kapitels steht der aufklärerische Rassismus. Es behandelt die Geburt eines neuartigen Antisemitismus und zeigt den Konnex zwischen Rassentheorien, christlicher Weltanschauung und religiösen Kontroversen. Die rassistische Abwertung mancher europäischer, nationaler und sozialer Gruppen und die Entstehung der Eugenik nehmen den letzten Teil des Kapitels ein. Schließlich bietet das zwölfte Kapitel Einblicke in die kolonialpolitischen Debatten, Reformen und Umstürze. Der Einfluss der Physiokratie auf die politische Programmatik wird mit einem besonderen Augenmerk auf der Zivilisierungspolitik und dem Abolitionismus herausgearbeitet.

Es wird auch gezeigt, dass man trotz Sklavereikritik nicht von einem Antikolonialismus in der Aufklärung sprechen kann. Der letzte Abschnitt des Kapitels skizziert die Geschichte der Haitianischen Revolution, die in einem Zusammenspiel zwischen aufständischen Sklaven und französischen revolutionären Eliten zur ersten Abschaffung der Sklaverei in der Weltgeschichte geführt hat.

Der Ausblick fasst einige wichtige Ergebnisse zusammen, um kursorisch zu betrachten, was sich im 19. Jahrhundert änderte. Hier wird darauf hingewiesen, dass das aristotelisch-scholastische Menschen- und Weltbild, das in der Aufklärung dominant geblieben war, in der Zeit der Romantik, des Liberalismus, des Marxismus, des Darwinismus, des Nationalismus und des Sozialdarwinismus einen Niedergang erlebte.

Anstatt ein Bruch mit der Vergangenheit zu sein, war die Aufklärung vielleicht eher ein Bruch mit der Gegenwart: Sie beschwor Einheit und Harmonie gegen die einsetzende Differenzierung der Interessen, Lebenswelten und gesellschaftlichen Teilsysteme herauf. Sie sehnte sich nach einer einfachen Gesellschaft und nach moralischen Menschen, die sich dem Gemeinwohl verschrieben. Sie war ein Aufbäumen eines alten religiösen Weltbilds, das bereits vor Jahrhunderten die Einheit der Menschen mit Gott zur obersten Norm erklärt hatte.

1 Das Genie im Morgenrock

Der *philosophe* sitzt am Schreibtisch, in einen Morgenrock gekleidet, die Feder in der Hand. Um seinen Kopf ist ein Tuch gewickelt. Mit unerschrockenem Blick schaut er dem Leser unmittelbar in die Augen. Sein männliches, quadratisches Gesicht steht halb im Schatten und drückt Ernsthaftigkeit aus. So ließ sich der französische Aufklärer Guillaume-Thomas Raynal (1713–1796) in der dritten Ausgabe seines Werkes *Philosophische und politische Geschichte der Niederlassungen und der Handlung der Europäer in beiden Indien* (*Histoire philosophique et politique des établissements et du commerce des européens dans les deux Indes*, 1780; kurz *Geschichte beider Indien*) porträtieren (Abb. 1).

Dieses Porträt löste einen Skandal aus. Es veranlasste manche Aufklärer wie den Deutschen Friedrich Melchior Grimm (1723–1807), sich öffentlich von Raynal zu distanzieren.[1] Der Grund war, dass es sich bei der *Geschichte beider Indien* um ein verbotenes Werk handelte. Zwar konnten die Autoren solcher Bücher im Frankreich des 18. Jahrhunderts Verfolgungen entkommen und sogar Karriere machen. Doch ging es nur so lange, wie sie höfische Protektion genossen und ihre Bücher anonym oder unter einem Pseudonym drucken ließen. Voltaire veröffentlichte deshalb alle seine religiös heterodoxen Schriften unter diversen Pseudonymen. Es ging ihm nicht darum, die Polizei und die Justiz in die Irre zu führen – schließlich war es meist allgemein bekannt, welche Bücher aus Voltaires Feder stammten (die Polizei war sogar über die handschriftlichen Texte wenig bekannter Autoren sehr gut im Bilde). Wenn Voltaire sich aber öffentlich von seinen heiklen Texten distanzierte und seine Unschuld beteuerte, konnte die Patronage von Höflingen Wirkung zeigen und ihn vor einer Verfolgung schützen, denn die frühneuzeitlichen Gesellschaften kannten keine strikte Durchsetzung des Gesetzes.[2] Es war am wichtigsten, Religion nicht öffentlich infrage zu stellen und keinen Skandal zu verursachen. Raynal wich also vom Usus unter Aufklärungsphilosophen ab, wenn er solch ein polemisches Werk nicht nur unter seinem

1 ISRAEL, Democratic Enlightenment, S. 439–440.

2 Jürgen SCHLUMBOHM, Gesetze, die nicht durchgesetzt werden – ein Strukturmerkmal des frühneuzeitlichen Staates?, in: Geschichte und Gesellschaft, 23, 4 (1997), S. 647–663.

Abb. 1 Porträt von Guillaume-Thomas Raynal, Kupferstich in: Guillaume-Thomas Raynal, Histoire philosophique et politique du commerce et des établissements des européens dans les deux Indes. Bd. 1, Genève 1780 (Quelle: Wikipedia; gemeinfrei)

richtigen Namen veröffentlichte, sondern darin sogar sein eigenes Porträt drucken ließ. Dies konnte als eine Provokation aufgefasst werden. Hinzu kam, dass Raynals Patron (das heißt Schutzherr) am französischen Hof, der Finanzminister Jacques Necker (1732–1804), zu diesem Zeitpunkt stark unter Beschuss geriet. Im Mai 1781 verlor Necker den Rückhalt des Königs und musste den Ministerposten räumen. Raynal, der somit für die Justiz angreifbar wurde, ging ins Exil.

Auch die für das Porträt gewählte Symbolsprache brach alle Normen: Raynal zeigte sich der Öffentlichkeit im Hausrock und nicht im Habit, mit einem Tuch statt der Perücke auf dem Kopf. Sein Blick drückte Furchtlosigkeit und Überlegenheit aus. Die Botschaft war klar: Hier ist ein unkonventioneller Autor, der sich über Gepflogenheiten hinwegsetzt und mutig für die Wahrheit eintritt. Mit dieser Botschaft korrespondierten Aussagen im Text, die eine führende soziale und politische Rolle für *philosophes* beanspruchten. Für Raynal trat nun „die Vernunft auf, um den Nationen eine gewisse

Würde zu geben. Dies ist das Zeitalter der Philosophie."[3] Das Aufblühen politischer Gemeinwesen gehe auf die Philosophie zurück, so eine wichtige Botschaft. Raynal und sein Ghostwriter Denis Diderot (1713–1784) – der schätzungsweise zehn Prozent des Werkes von Raynal verfasste – erzählten, wie die Philosophie eine geistige Vorherrschaft erlangt habe: Sie sei in der Antike in Athen und Rom aufgeblüht, habe mit dem Ende des Römischen Reichs einen Niedergang erlebt und sei – trotz einzelner Leuchttürme wie dem Werk des englischen Franziskanermönchs Roger Bacon im 13. Jahrhundert – erst im 17. Jahrhundert dank Galileo Galilei, Pierre Gassendi und René Descartes zu einer neuen Blüte gelangt. Diese Autoren, denen laut Raynal und Diderot bald auch Gottfried Wilhelm Leibniz (1646–1716) und Isaac Newton (1643–1726) folgten, hätten die Europäer von der Scholastik (das heißt der mittelalterlichen Universitätsgelehrsamkeit, die von Aristoteles beeinflusst war) befreit: „Zehn Jahrhunderte hatte Aristoteles in allen europäischen Schulen [das heißt Universitäten] geherrscht [...]. Ja, lange Zeit waren sie in den Fußstapfen dieses Philosophen irre gegangen [...]."[4]

In diesem 1780 veröffentlichten Text präsentierten Raynal und Diderot eine komprimierte Version der bereits seit Jahrzehnten etablierten Aufklärungserzählung. Mit diesem Narrativ verbanden sie den Geltungsanspruch der Aufklärer, den sie auf eine besonders offensive Weise formulierten:

> Weise dieser Erde, Philosophen aus allen Völkern, euch kommt es allein zu, Gesetze zu machen, indem ihr euren Mitbürgern anzeiget, was für welche zu machen seyen! Seyd muthig genug, euren Brüdern ein Licht aufzustecken, und seyd versichert, daß wenn die Wahrheit zwar sich langsamer ausbreitet und festsetzt, als der Irrthum, selbige auch unerschütterlicher seyn und länger dauern wird. Die Irrthümer verschwinden, die Wahrheit aber bleibt.[5]

Diesem aufklärerischen Anspruch zufolge gebe es nur die eine Wahrheit, von der staatliche Gesetze einfach abzuleiten seien. Gute Gesetze könnten deshalb nicht der Ausdruck des Volkswillens (wie in der Demokratie) oder das Ergebnis von Verhandlungen zwischen gesellschaftlichen Gruppen (wie in einem liberalen System) sein. Es sei die Aufgabe einer kleinen Gruppe von Intellektuellen, die Gesetze zu finden, die die Politik durchzusetzen habe. Die Philosophie sollte die Lehrmeisterin aller Gesell-

3 Guillaume-Thomas François Raynal, Philosophische und politische Geschichte der Besitzungen und Handlung der Europäer in beyden Indien, 10 Bde., Kempten 1783–1788, Bd. 10, S. 355.

4 Ebd., Bd. 10, S. 363.

5 Ebd., Bd. 1, S. 101.

schaften sein; nur sie könne den Menschen moralisch bessern und somit Fortschritt bringen. Mit dieser Forderung beanspruchten Raynal und Diderot als *philosophes* eine führende soziale Stellung für sich, die keine Rücksicht auf etablierte Hierarchien nahm.

1.1 Die *philosophe*-Persona

Der Anspruch von Intellektuellen des 18. Jahrhunderts, die Gesetze quasi zu bestimmen, fußte auf einer neuen Persona, das heißt einem neuen sozialen Rollenbild: der *philosophe*-Persona. In *Wir alle spielen Theater* (1959) hat der kanadische Soziologe Erving Goffman gezeigt, dass alle Menschen diverse Personae in unterschiedlichen Kommunikationszusammenhängen einnähmen.[6] Die *philosophe*-Persona wurde von Autoren am französischen Königshof im späten 17. Jahrhundert entwickelt.[7] Sie fußte auf der Vorstellung des Homme de lettre als Tugendlehrer, die sich im spätmittelalterlichen italienischen Humanismus etabliert hatte.[8] Ihr Kern bestand darin, dass der Philosoph eine wichtige Rolle in der Hinführung des Menschen zur Tugend zu spielen habe. Die aufklärerische Philosophie war deshalb hochgradig eine praktische Philosophie, und man kann die Aufklärung sogar als ein Moralisierungsunternehmen begreifen.

„Moral" wurde im 17. und 18. Jahrhundert breiter verstanden als heute: Dieser Begriff bezeichnete den gesamten Bereich der zwischenmenschlichen Beziehungen und umschloss damit alles, was wir heutzutage unter „Gesellschaft" und „Politik" fassen. Alle nichtnatürlichen Phänomene wurden als „moralisch" bezeichnet. Anders als in der heutigen Zeit unterschieden die Menschen im 18. Jahrhundert nur unscharf zwischen der individuellen Moral und den gesellschaftlichen Strukturen; die Erforschung gesellschaftlicher Strukturen wurde deshalb eine „moralische Wissenschaft" (*science morale, moral science*) genannt. Die Verbesserung der Gesellschaft konzipierte man vornehmlich als eine moralische Läuterung, die zum Abschied vom individuellen Egoismus und zur Unterordnung der individuellen „Leidenschaften", also Wünsche, Vorlieben und Interessen, unter das Gemeinwohl führen sollte. Diese Vorstellung weist

6 Erving GOFFMAN, Wir alle spielen Theater. Die Selbstdarstellung im Alltag, München 1973 (engl. Original: The Presentation of Self in Everyday Life, New York 1959).

7 Damien TRICOIRE, The Fabrication of the Philosophe. Catholicism, Court Culture, and the Origins of Enlightenment Moralism in France, in: Eighteenth-century studies 51, 4 (2018), S. 453–478.

8 James HANKINS, Virtue Politics. Soulcraft and Statecraft in Renaissance Italy, Cambridge, Mass. 2019.

deutliche Unterschiede zu den Grundkonzepten heutiger Sozialwissenschaften auf. Zwar beschäftigt auch heutzutage die Frage, wie man das Allgemeinwohl garantieren könne, die Theoretiker in Sozialwissenschaften wie der Politologie oder der Volkswirtschaftslehre. Doch wird dabei in aller Regel keine moralische Läuterung als Lösung vorgeschlagen, sondern die Schaffung von Anreizsystemen, die nicht unbedingt zu einer charakterlichen Veränderung des Individuums führen sollen.[9]

Die Persona des Aufklärungsphilosophen war mit bestimmten Vorstellungen verbunden, wie eine solche moralische Verbesserung der Gesellschaft durch Philosophie zu erreichen sei. Der *philosophe* hatte keine abstrakten Systeme zu entwerfen. Diese galten als „pedantisch". Stattdessen sollte der *philosophe* den Regeln des Geschmacks und des Benehmens in der guten Gesellschaft folgen, in Voltaires Worten: „Man soll ein Mann von Welt sein[...]."[10] Wenn sich jemand als Aufklärungsphilosoph präsentierte, dann trat er nicht als Gelehrter, sondern als ein Intellektueller auf. Anders als ein Mitglied der Gelehrtenrepublik (der *République des lettres*), das heißt des imaginären Zusammenschlusses der Gelehrten, sollte der Aufklärer die Philosophie auch in einer nichtgelehrten Öffentlichkeit verbreiten, um den Menschen moralisch zu läutern und die Gesellschaft zu verbessern. Der Persona des Aufklärungsphilosophen entsprechend sollte der *philosophe* auch nicht um des Geldes willen schreiben, sondern um der Wahrheit und dem Fortschritt zu dienen. Der Aufklärungsphilosoph war dem Anspruch nach ein moralisch geläuterter Mensch, der gegenüber dem Leid seiner Mitmenschen sensibel war, was eben mit „Menschlichkeit" gleichgesetzt wurde. Er wurde als ein nützliches Mitglied der Gesellschaft imaginiert, das sich sowohl für das Gemeinwohl engagieren als auch ein guter Ehemann und Familienvater (der *philosophe* war in der allgemeinen Vorstellung ein Mann, was manche weibliche Ausnahmen nicht ausschloss) sein sollte.[11] Er sollte dabei eine aktive Rolle in der Gesellschaft einnehmen (*vita activa*), statt ein kontemplatives Leben (*vita contemplativa*) zu führen. Er sollte wie der antik-römische Anwalt, Schriftsteller und Redner Cicero (106–43 vor unserer Zeit) Ungerechtigkeiten anprangern. Aufgrund seines moralischen Auftrags sollte der *philosophe* von Fürsten und Aristokraten unabhängig sein.

9 Ein gutes Beispiel für diese Vorgehensweise stellt das Werk des Nobelpreisträgers für Wirtschaftswissenschaften Jean Tirol dar, siehe insbesondere L'Économie du bien commun, Paris 2016.

10 „Il faut être un homme du monde" (Zitat in Lilti, L'Héritage, S. 175).

11 Meghan K. Roberts, Sentimental Savants. Philosophical Families in Enlightenment France, Chicago 2016.

Die Rolle des Ermahners konnte bisweilen sogar eine gewisse Ähnlichkeit zur Prophetenpersona aufweisen. Für Diderot war das Genie gerade durch seinen „prophetischen Geist“ gekennzeichnet.[12] Manche Passagen, die er für die *Geschichte beider Indien* verfasste, lesen sich wie wahrhaftige Prophezeiungen, etwa seine berühmte Ankündigung, ein „schwarzer Spartakus“ werde kommen, um die Sklaven der Neuen Welt zu befreien und zu rächen.[13] Der Anspruch auf eine prophetenähnliche Rolle konnte auch beinhalten, dass sich der *philosophe* über Konventionen hinwegsetzte und sich außerhalb der ständischen Gesellschaft bewegte, was das ungewöhnliche Auftreten mancher französischer *philosophes* zumindest auf den Porträts wie dem von Raynal erklärt. Genau diese prophetenähnliche Rolle zeigt auch, dass die *philosophe*-Persona nicht mit der des Gelehrten zu verwechseln ist. Aufklärungsphilosophen konnten zwar auch Universitätsprofessoren sein und gelehrte Schriften vorlegen. Doch wenn sie als Aufklärer agierten, verließen sie die soziale Rolle, die für Professoren gewöhnlich vorgesehen war. Hochschullehrer gehörten nämlich dem Gelehrtenstand an; sie waren in der ständischen Gesellschaft weit unter dem Hofadel zu verorten und konnten keine politisch führende Rolle für sich reklamieren. Der *philosophe* sollte der Aufklärungserzählung zufolge dagegen nicht standesgemäß behandelt werden, sondern auf Augenhöhe mit den Aristokraten, Ministern und gar gekrönten Häuptern Europas diskutieren können, um sie zur Moral und Wahrheit zu führen.

1.2 Rousseaus Hund: Der *philosophe* als Berühmtheit

Die Persona des *philosophe* war freilich nur ein soziales Rollenbild. Die *philosophes* versäumten es in der Regel keineswegs, sich um die Maximierung ihres finanziellen, sozialen und symbolischen Kapitals zu kümmern, und waren mitnichten – wie im nächsten Kapitel zu zeigen sein wird – unabhängig von höfischen Eliten. Doch wenn es einem Autor gelang, diese Persona glaubhaft zu verkörpern, hatte dies weitreichende Vorzüge für seinen sozialen Status.

Das 18. Jahrhundert gilt als eine Epoche der „Krönung des Schriftstellers“ (*sacre de l’écrivain*), als eine Zeit, in der Autoren durch die Emanzipation der Philosophie von der

12 Denis Diderot, Sur le génie, in: ders., Œuvres esthétiques, Paul Vernière (Hg.), Paris 1968, S. 19–20, hier 20.

13 Guillaume-Thomas Raynal, Histoire philosophique et politique du commerce et des établissements des Européens dans les deux Indes, 7 Bde., Maestricht 1774–1775, Bd. 4, S. 168.

Religion eine besondere Autorität erlangt hätten.[14] Für diese Deutung spricht einiges: Die *philosophes* genossen ein neuartiges Prestige. So wurde beispielsweise Voltaires Büste in der Comédie-Française 1778 in Anwesenheit dieses gefeierten *philosophe* gekrönt, was enormes Aufsehen unter den Zeitgenossen erregte. Das Genie der *philosophes* wurde zu einem beliebten Thema in der Kunst. Insbesondere die Büsten Jean-Antoine Houdons (1741–1828) zogen eine große Aufmerksamkeit auf sich: Houdon konzentrierte seine Skulpturen ganz auf den Blick der *philosophes*, um durch diesen „Spiegel der Seele" ihr Genie erfahrbar werden zu lassen.[15] In der zweiten Hälfte des 18. Jahrhunderts erschienen außerdem vermehrt Biographien großer Autoren: Der Schotte James Boswell (1740–1795) hatte zum Beispiel mit seiner Biographie des damals berühmten englischen Literaturkritikers Samuel Johnson (meist schlicht „Dr. Johnson" genannt) einen beachtlichen Erfolg.[16] Zu nennen sind auch Sammlungen von Nachrichten aus der literarischen Welt wie die *Gelehrten Memoiren aus der Gelehrtenrepublik* (*Mémoires secrets de la république des lettres*, 1777–1789), die sich zum Ziel setzten, für ein großes Publikum eine Chronik der Fortschritte der Philosophie zu zeichnen.[17]

Das neuartige Prestige der *philosophes* war nicht zuletzt eine Folge der Aufklärungserzählung und somit das Werk der *philosophes* selbst. Da die Aufklärungserzählung ein Narrativ über den moralisch-sozialen Fortschritt durch die Philosophie war, konnten die *philosophes* selbst diejenigen unter ihresgleichen bestimmen, die den öffentlichen Ruhm verdient hatten und gefeiert werden sollten.[18] In diesem Geist regte Diderot an, man solle für Isaac Newton ein grandioses Kenotaph bauen. Solche Ideen stießen auf eine große Resonanz: Der Architekt Étienne-Louis Boullée (1728–1799) folgte Diderots Aufruf und entwarf ein Gebäude, das – wäre es errichtet worden – in seiner Monumentalität die Pyramiden der Pharaonen weit übertroffen hätte (Abb. 2 und 3).[19]

---

14 Paul BÉNICHOU, Le Sacre de l'écrivain, 1750–1830, Paris 1973.

15 Willibald SAUERLÄNDER, Ein Versuch über die Gesichter Houdons, München 2002.

16 Antoine LILTI, Figures publiques. L'invention de la célébrité, Paris 2014, S. 108–111.

17 Mémoires secrets de la République des lettres, 36 Bde., London [vermutlich Paris] 1777–1789. Über diese Quelle: Jeremy POPKIN (Hg.), The Mémoires Secrets and the Culture of Publicity in Eighteenth-Century France, Oxford 1998; Damien TRICOIRE, „Hey France, your coffee is f***ing off!" or How to Interpret Unauthorized Literature in Late Ancien Régime France? Courtly Patronage and the So-Called „Mairobert Corpus" (1774–1777), in: Thomas BISKUP u. a. (Hg.), Enlightenment at Court. Courtiers, *Philosophes* and Reformers in Eighteenth-Century Europe, Liverpool 2022, S. 97–133.

18 LILTI, Figures publiques, S. 124.

19 Philippe MADEC, Étienne-Louis Boullée, Paris 1989, S. 60–63.

Abb. 2 Étienne-Louis Boullée, Perspektivische Ansicht vom Kenotaph für Isaac Newton, Kupferstich, 1784 (Quelle: Bibliothèque nationale de France)

Abb. 3 Étienne-Louis Boullée, Schnitt vom Kenotaph für Isaac Newton, mit künstlicher Sonne, Kupferstich, 1784 (Quelle: Bibliothèque nationale de France)

Das Besondere am Zeitalter der Aufklärung ist jedoch nicht etwa, dass manche Autoren zu großem Ruhm gelangten, denn schließlich hatte eine ganze Reihe von Schriftstellern bereits seit der Renaissance einen solchen Status erlangt (man denke an Petrarca), sondern dass sie zu Stars wurden, zu Berühmtheiten, für die man sich interessierte, schlicht weil sie berühmt waren, und zwar selbst dann, wenn man für ihr Werk nichts übrig hatte. In der Presse zirkulierten triviale Nachrichten aus dem Leben der Hommes de Lettres, die wenig mit ihrem Schaffen zu tun und nichts Ruhmreiches in sich hatten. Als Rousseau seinen Hund verlor, war dies der englischen Presse ebenso einen Artikel wert wie die Rückkehr des treuen Haustiers. Neben klassischen Biographien, die einen Autor als einen großen Mann zelebrierten, erschienen andere, die zum Ziel hatten, Privates aus seinem Leben zu offenbaren: Selbst wenn der Autor der *Vie privée de Buffon* (1788) angab, den damals hochberühmten Naturhistoriker George-Louis Leclerc de Buffon (1707–1788) feiern zu wollen, ging sein Buch auch auf Buffons Gewohnheiten nach dem Aufstehen oder auf seine Vorliebe für besonders junge Prostituierte ein.[20]

Das öffentliche Interesse für die *philosophes* drückte sich ebenfalls in einer bislang nie gekannten Verbreitung von Porträts von Persönlichkeiten aus dem literarischen Leben aus. Diese Bilder wichen oft von den Konventionen ab, wie man Gelehrte oder Schriftsteller darzustellen habe. Das Porträt von Raynal im Morgenrock ist hierfür symptomatisch: Es verspricht einen Blick in die Privatsphäre des Genies. Jean Huber (1721–1786) gelangte zu Berühmtheit, als er eine Serie von Gemälden anfertigte, die Voltaire im Alltag zeigten, zum Beispiel in einer höchst instabilen und recht unvorteilhaften Pose beim Anziehen (Abb. 4). Gingen diese Bilder ursprünglich auf einen Auftrag der Kaiserin Katharina II. von Russland (Herrschaft 1762–1796) zurück, so machten Verleger schnell Kupferstiche daraus, die weite Verbreitung fanden. Es entstand ein wahrhaftiges Geschäft um die Aufklärung: Die Porträts von *philosophes* wurden nicht nur als Bilder, sondern auch in Form von Porzellanbüsten, Terrakotta- oder Porzellanmedaillons, Emailminiaturen oder Wachsfiguren (in den ersten Wachskabinetten) vertrieben. Viele Anhänger entwickelten tatsächlich enge innere Beziehungen zu ihrem Lieblingsphilosophen: Vor allem Rousseau – oder eher: „Jean-Jacques“, wie seine Fans ihn nannten – rief die größten Begeisterungsbekundungen hervor. Zahlreiche Leser und Leserinnen gaben an, eine Art Erweckungserlebnis beim Lesen seiner Schriften gehabt zu haben, ihr Leben nach seinen Prinzipien ausrichten zu wollen und im Alltag stets an ihn zu denken.[21]

20 Lilti, Figures publiques, S. 118, 156.

21 Ebd., S. 164–165.

Abb. 4 Jean Huber, Voltaire diktiert beim Anziehen seinem Sekretär einen Brief, Öl auf Leinwand, c. 1772 (Quelle: Wikipedia; gemeinfrei)

Viele Hommes de Lettres – und manche Frauen auch – strebten nach einem solchen Starstatus, doch nur wenige gestanden es ein. Zu den Letzteren gehörte etwa der englisch-irische Erfolgsautor Laurence Sterne (1713–1768), der einem Freund gegenüber zugab: „Ich habe nicht geschrieben, um satt zu werden, sondern um berühmt zu werden."[22] Voltaire zeigte sich seinerseits verächtlich gegenüber dem Ruhm und tat gleichzeitig alles, um in Frankreich und in Europa von sich reden zu machen. Diese Kritik an der Ruhmsucht lag in der *philosophe*-Persona begründet: Der Aufklärungsphilosoph sollte mit seinen Schriften nur das Gemeinwohl fördern, nicht der Eitelkeit frönen. Bereits seit der Antike war der Widerspruch zwischen der Berühmtheit zu Lebzeiten und dem wahren Ruhm, der erst posthum erlangt wird, ein etablierter

22 Übersetzung: D. T. „I wrote not [to] be fed, but to be famous": Christopher FANNING, Sterne and Print Culture, in: Thomas KEYMER (Hg.), The Cambridge Companion to Laurence Sterne, Cambridge 2009, S. 125–141 (Zitat S. 125).

Topos. Das widersprüchlichste Verhältnis zum Ruhm hatte vielleicht Rousseau, der just dafür berühmt wurde, dass er (angeblich) nicht berühmt werden wollte. Rousseau kritisierte die Ruhmsucht besonders harsch; er behauptete, ausschließlich nach seinen Prinzipien zu leben und nicht den Erwartungen der Zeitgenossen zu folgen. Zugleich gab er teilweise zu, dass diese Prinzipientreue für ihn ein Mittel war, um öffentliche Anerkennung zu erlangen.[23] Diese Ambiguität verfolgte ihn bis ins Grab: Rousseau wurde im Park von Schloss Ermenonville demonstrativ abseits von jeglicher menschlicher Gesellschaft auf einer mit Pappeln bepflanzten Insel beigesetzt, die sich aber schnell zu einem Wallfahrtsort für die Fans und zu einem beliebten Motiv auf kommerziellen Produkten entwickelte.

Der Starstatus mancher *philosophes* eröffnete zum Teil ein Spannungsverhältnis zu ihrer „Krönung" als große Männer. Nachrichten aus dem Leben der *philosophes* standen in der Presse neben Berichten über Schauspielerinnen, die im 18. Jahrhundert als zwielichtige Gestalten galten, ja sogar über prominente Kurtisanen. Dass sie Berühmtheiten in der trivialen Welt der Klatschpresse und des Kommerzes waren, kontrastierte mit dem weitreichenden Anspruch der *philosophes*, eine Art Propheten der Menschheit zu sein. Auch die oben erwähnte Krönung der Büste Voltaires war nicht frei von Ambiguität: Während der italienische Renaissancedichter Francesco Petrarca (1304–1374) auf dem Kapitol in Rom vom Gesandten des Königs von Neapel gekrönt wurde, erhielt Voltaire diese Ehrung aus der Hand einer Schauspielerin auf einer Theaterbühne. Dieser Akt konnte als eine karnevaleske Parodie einer Krönung interpretiert werden, und die Zeitgenossen waren uneins in der Frage, ob er Voltaire zur Ehre gereiche.[24]

1.3 Aufklärung zwischen Öffentlichkeit und Exklusivität

Neue Medien und „öffentliche Orte" spielten eine entscheidende Rolle beim Aufkommen des Starstatus, den zumindest manche Aufklärer genossen. Die ältere Forschung hat unter dem Einfluss der Thesen Jürgen Habermas' die Entwicklung einer neuartigen Öffentlichkeit im 18. Jahrhundert betont. Habermas sah in neuen Orten und Medien das Ideal einer kritischen und bürgerlichen Öffentlichkeit verwirklicht,

---

23 Lilti, Figures publiques, S. 153–219.

24 Lilti, Figures publiques, S. 25–37. Zur Krönung von Dichtern in der Renaissance siehe auch Albert Schirrmeister, Triumph des Dichters. Gekrönte Intellektuelle im 16. Jahrhundert, Köln/Weimar/Wien 2003.

die einen Raum der sozialen Gleichheit, der Vernunft und einen Gegenpol zum Hof gebildet habe.[25] Wie das zweischneidige Phänomen der Berühmtheit im 18. Jahrhundert nahelegt, idealisiert Habermas' These sicherlich die Kommunikationsvorgänge dieser Epoche. Doch auch ohne ein Ort des rationalen, kritischen Geistes zu sein, wies die Öffentlichkeit im 18. Jahrhundert neuartige Entwicklungen auf. Daran hatten die Aufklärer selbst Anteil. Der *philosophe*-Rolle entsprechend wollten die Aufklärer kein gelehrtes, sondern ein breites Publikum ansprechen, um ihre Mitbürger zu besseren Menschen zu machen. Dazu schrieben sie in der eigenen Muttersprache statt auf Latein und griffen auf vielfältige und teilweise innovative Genres zurück: Neben der klassischen Abhandlung veröffentlichten Aufklärungsphilosophen unter anderem Dialoge (Bernard Fontenelle, Diderot, Voltaire), Romane (Rousseau), Theaterstücke (Diderot), Geschichtsbücher (Voltaire), Wörterbücher (Diderot und d'Alembert, Voltaire), Märchen (Voltaire) und Reiseberichte (Pierre Poivre). Aufklärer trugen somit zur Entwicklung des Buchmarkts bei, ohne freilich darin eine dominante Stellung einzunehmen.[26]

Im 18. Jahrhundert entwickelte sich außerdem eine Publizistik, die sowohl den Ideen als auch dem Leben der *philosophes* ein neuartiges Echo verlieh. Im 17. Jahrhundert hatte die Erfindung der Periodika bereits einen qualitativen Schritt in der Nachrichtenverbreitung eingeleitet. Neben den staatlichen Zeitungen, die offizielle, politische und höfische Nachrichten verbreiteten, war schon in der zweiten Hälfte des 17. Jahrhunderts eine autonomere und vielfältigere Presse aufgekommen, die entweder politische Nachrichten übermittelte und deren Zuverlässigkeitsgrad einzustufen versuchte (*gazettes*) oder längere politische Kommentare bot (*mercures*).[27] Auch gelehrte Zeitschriften wie die *Proceedings of the Royal Society* oder das französische *Gelehrtenjournal* (*Le Journal des sçavans*) waren zusammen mit den Akademien entstanden. Im 18. Jahrhundert erhöhten sich die Anzahl der Periodika und die Auflagen stark: So gab es 93 deutschsprachige Zeitungen im Jahr 1750 und bereits 151 ein Vierteljahrhundert später, von denen die meisten zweimal die Woche erschienen. Es wird geschätzt, dass 300.000 Exemplare pro Woche gedruckt wurden, wobei jedes mehrere Leser hatte.[28]

---

25 Habermas, Strukturwandel der Öffentlichkeit.

26 Burrows, Enlightenment Bestsellers.

27 Marion Brétéché, Les Compagnons de Mercure. Journalisme et politique dans l'Europe de Louis XIV, Paris 2015.

28 Jeremy Popkin, News and Politics in the Age of Revolution. Jean Luzac's Gazette de Leyde, Ithaca/London 1989, S. 2–3.

Zudem differenzierte sich das Angebot an Blättern kräftig aus. Periodika, die über das Leben von Berühmtheiten, neue Theateraufführungen und literarische Neuigkeiten berichteten, erlebten einen Aufschwung. Zu nennen wären zum Beispiel die englischen Zeitungen *The Gentleman's Magazine* (ab 1731) und *The Town and Country Magazine* (ab 1769). Manche Zeitschriften setzten sich zum Ziel, moralisch-gesellschaftliche Probleme für ein breites Publikum essayistisch zu diskutieren, anstatt vor allem Nachrichten zu drucken. Genrebildend waren die sogenannten moralischen Wochenschriften aus England: Die dreimal wöchentlich erscheinende *The Tatler* (1709–1711) und die Tageszeitung *The Spectator* (1711/1712) von Joseph Addison and Richard Steele erfreuten sich dank ihrer gewitzten Sprache und feinen satirischen Kritik an zeitgenössischen „Sitten" eines großen Erfolgs. Diese zugleich unterhaltsamen und sittlich-lehrhaften Periodika fanden im Laufe des 18. Jahrhunderts viele Nachahmer nicht nur in England, sondern etwa auch in Deutschland, wo Johann Matthesons *Der Vernünfftler* (1713/1714) das Genre etablierte, in Frankreich, wo der Dramatiker Pierre de Marivaux (1688–1763) die Zeitschrift *Der französische Zuschauer* (*Spectateur français*, 1721–1724) lancierte, oder auch in Spanien, wo José Clavijo y Fayardos *Der Denker* (*El Pensador*, 1762/1763, 1767) Berühmtheit erlangte.[29] Darunter befanden sich ebenfalls Wochenschriften, die sich explizit an Frauen richteten, wie *The Female Tatler* (1709/1710), Eliza Haywoods *The Female Spectator* (1745/1746), die spanische *Die Denkerin aus Cadiz* (*La Pensadora gaditana*, 1763/1764), Joseph von Sonnenfels' *Theresie und Eleonore* in Wien (1767) und das Pariser *Damenjournal* (*Journal des Dames*, 1759–1779). Auch für Mitglieder der weniger gebildeten Stände gab es im 18. Jahrhundert immer mehr periodische Publikationen, die einen starken moralischen Diskurs führten, worunter vor allem die Almanache zu nennen wären, an denen teilweise namhafte Autoren wie Benjamin Franklin mitwirkten.[30] Manche Zeitschriften wie die *Berlinische Monatsschrift* schlugen dagegen einen gelehrten Ton an und dienten Aufklärern als Forum für intellektuelle

---

29 Wolfgang Martens, Die Botschaft der Tugend. Die Aufklärung im Spiegel der deutschen moralischen Wochenschriften, Stuttgart 1968; Klaus-Dieter Ertler, Moralische Wochenschriften in Spanien, Tübingen 2003.

30 Lodovica Braida, Les almanachs italiens du XVIIIe siècle : véhicules de „faux préjugés" ou „puissants moyens d'éducation" ?, in: Hans-Jürgen Lüsebrink (Hg.), Les lectures du peuple en Europe et dans les Amériques du XVIIe au XXe siècle, Brüssel 2003, S. 259–270; Hans-Jürgen Lüsebrink, Transferts culturels transatlantiques et circulation des savoirs dans les cultures populaires. Le cas des almanachs de Benjamin Franklin, in: Tangence 72 (2003), S. 27–40; Simon Dagenais, L'almanach de Mathieu Laensbergh. L'émergence d'une marque (XVIIe–XIXe siècles), Diss., Université du Québec à Montréal, 2016, https://oatd.org/oatd/record?record=oai%5C%3Aarchipel.uqam.ca%5C%3A9111 (zuletzt besucht am 18.05.2022).

Diskussionen. Darin wurde die berühmt gewordene Diskussion über die Frage „Was ist Aufklärung?" geführt, an der sich Kant und Moses Mendelssohn (1729–1786) beteiligten – ein Schlüsselmoment in der Selbstreflexion und Selbstdarstellung der Aufklärer.[31]

Eine weitere Entwicklung in der Öffentlichkeit des 18. Jahrhunderts war die Entstehung zahlreicher Sozietäten, die teils als Vorläufer des modernen Vereinswesens gelten können. Bereits im 17. Jahrhundert fand eine Multiplizierung der Akademien oder akademieähnlichen gelehrten Sozietäten statt, und dieser Trend wurde im folgenden Jahrhundert fortgesetzt: Die französischen königlichen Akademien entstanden zwischen 1635 und 1671, die Leopoldina 1652, die Royal Society 1660, die von Leibniz ins Leben gerufene Berliner Societät der Wissenschaften 1700, die Select Society in Edinburgh 1754, die französischen Provinzakademien im Laufe des 18. Jahrhunderts oder auch der Cercle des philadelphes in der französischen Kolonie Saint-Domingue (heute Haiti) 1784.[32] Hinzu kamen die von Johann Christoph Gottsched (1700–1766) inspirierten Deutschen Gesellschaften, die sich der Pflege der deutschen Sprache widmeten,[33] die patriotischen und ökonomischen Gesellschaften, die die Förderung des Allgemeinwohls zum Ziel hatten (ca. 60 Sozietäten im deutschsprachigen Raum),[34] oder auch die praktisch orientierten Lesegesellschaften, die Bibliotheken und Lesezirkel mit vornehmlich politisch-gesellschaftlichem Interesse umfassten (etwa 430 im Heiligen Römischen Reich).[35]

Eine außergewöhnliche Bedeutung kam dem zwischen 1717 und 1723 gegründeten Freimaurerorden zu, der eigentlich aus mehreren in Konkurrenz zueinander stehenden Bünden geheimer esoterischer Gesellschaften („Logen" genannt) bestand, die die moralische Besserung der Mitglieder und die Zelebrierung des Schöpfergottes fördern

---

31 Norbert HINSKE (Hg.), Was ist Aufklärung? Beiträge aus der Berlinischen Monatsschrift, Darmstadt 1973.

32 Daniel ROCHE, Le Siècle des Lumières en province. Académies et académiciens provinciaux, 1680–1789, Paris 1978; Iris FLESSENKÄMPER, Considerations – Encouragements – Improvements: Die *Select Society* in Edinburgh 1754–1764. Soziale Zusammensetzung und kommunikative Praxis einer schottischen Gelehrtengesellschaft zur Zeit der Aufklärung, Berlin 2010; James E. MCCLELLAN, Colonialism and Science, Baltimore 1992; VAN DÜLMEN, Die Gesellschaft der Aufklärer, S. 30–42.

33 Andreas ERB, Die Deutschen Gesellschaften des 18. Jahrhunderts, Habilitationsschrift, Martin-Luther-Universität Halle-Wittenberg, 2020.

34 VAN DÜLMEN, Die Gesellschaft der Aufklärer, S. 45–48, 66–80; Jesús ASTIGARRAGA, Economic Societies and the Politicisation of the Spanish Enlightenment, in: DERS. (Hg.), The Spanish Enlightenment Revisited, Oxford 2015, S. 63–81.

35 Überblick zu Deutschland: Horst MÖLLER, Vernunft und Kritik. Deutsche Aufklärung im 17. und 18. Jahrhundert, Frankfurt a. M. 1986, S. 213–268.

sollten. Die Freimaurer pflegten eine Rhetorik der Brüderlichkeit und Gleichheit. Allein in Deutschland entstanden Hunderte von Logen, die zeitweise um die 20.000 Mitglieder zählten – zumeist Männer, vereinzelt aber auch Frauen. In Frankreich waren am Ende des Ancien Régime etwa 900 Logen aktiv. Damit waren bedeutende Teile der Eliten zumindest kurzfristig Freimaurer(innen) gewesen.[36] Auf diesem Netzwerk baute der in Bayern gegründete und nach dem Vorbild der Jesuiten streng hierarchisch organisierte Illuminatenorden (ca. 600 Mitglieder um 1783) auf, der zum Ziel hatte, „den Menschen die Verbesserung ihres moralischen Charakters interessant und nothwendig zu machen; menschliche und gesellschaftliche Gesinnungen einzuflössen; [und] boshafte Absichten zu hindern".[37]

Das 18. Jahrhundert war auch von der Entstehung zahlreicher „öffentlicher Orte" gezeichnet, das heißt Orte, die man ohne Einladung – oft gegen Bezahlung – betreten durfte. Diese Orte gingen mit neuen Konsumpraktiken einher, die vor allem in Großbritannien von der Entwicklung hin zu einer Marktwirtschaft zeugten. Es wurde für Mitglieder der oberen urbanen Schichten Europas zum Standard, am Abend das Theater zu besuchen, bevor man zu einem Empfang ging (die Angehörigen dieser Stände gingen für unsere Verhältnisse gewöhnlich sehr spät ins Bett und standen dementsprechend erst am späten Vormittag auf). Auch in Provinzstädten und in den Kolonien wurden zahlreiche kommerzielle Theater gegründet.[38] Neben den Theatern sind auch die Vauxhalls zu nennen, von Unternehmern geführte Gärten mit Pavillons, in denen man spazieren, essen, Konzerten lauschen oder auch Kunstausstellungen ansehen konnte.[39] Die Kunstakademien organisierten zudem jährlich große öffentliche Ausstellungen, „Salons" genannt. In Paris fanden solche Schauen im Louvre statt und zogen Zehntausende von Besuchern an (1787 kamen beispielsweise um die 60.000 Besucher).[40] In London fanden die Ausstellungen im Somerset House am Strand statt und waren nicht weniger populär als in Paris.[41] Schließlich sind die in ganz Europa

---

36 Van Dülmen, Die Gesellschaft der Aufklärer, S. 55–66; Pierre-Yves Beaurepaire, L'Espace des Francs-maçons, S. 1–3.

37 Van Dülmen, Die Gesellschaft der Aufklärer, S. 100–112.

38 Lauren R. Clay, Stagestruck. The Business of Theater in Eighteenth-Century France and Its Colonies, Ithaca 2013.

39 Diese *public spaces* spielen eine große Rolle im Roman von Frances Burney, Evelina, or a Young Lady's Entrance into the World, London 1778.

40 Lilti, Figures publiques, S. 81.

41 John Brewer, The Pleasures of Imagination. English Culture in the Eighteenth Century, London 2013, S. 238–251.

beliebten Kaffeehäuser zu nennen, in denen die ältere Forschung Orte der ständeübergreifenden Interaktion und des Gedankenaustauschs gesehen hat. In den überall aus dem Boden schießenden Kaffeehäusern – so eine geläufige Meinung – habe anders als in Schenken keine seichte oder unanständige Unterhaltung stattgefunden; Alkohol sei dort verbannt gewesen. Im Vordergrund hätten Geschäfte, die Lektüre von Zeitungen und moralischen Wochenschriften oder auch Diskussionen über deren Inhalte gestanden, an denen sich Vertreter verschiedener Stände gleichermaßen beteiligt hätten.[42]

Allerdings weisen viele Soziabilitätsformen und Orte, die gemeinhin als Stätten einer neuartigen, erweiterten, bürgerlichen und kritischen Öffentlichkeit gelten, bei näherem Hinsehen trotz ihres teilweise kommerziellen Charakters größere Kontinuitäten zu höfischen und elitären Geselligkeitsformen auf. Dies betrifft in erster Linie die „literarischen Salons" wie zum Beispiel den Salon von Marie-Thérèse Geoffrin (1699–1777, geborene Rodet) in Paris. Salons, die sich mit Literatur beschäftigten, waren keine Erfindung der Aufklärungszeit, sondern bereits im 17. Jahrhundert beliebt. In den „literarischen Salons" der Aufklärungszeit vermutete man lange aufklärerische Abendgesellschaften, die sich um das Vortragen und die Besprechung von literarischen und philosophischen Texten gedreht hätten – eine Idealisierung, die nicht zuletzt auf die Memoiren von Schriftstellern zurückgeht, die sich und ihresgleichen ins Zentrum des Geschehens rückten. Neuere Untersuchungen zeigen dagegen, dass diese Salons in der Tradition der aristokratischen Empfänge standen. Philosophie und Literatur spielten an solchen Abenden meist eine geringere Rolle als das Essen und das Kartenspiel. Die Konversation war leichter und sollte keineswegs „pedantisch" (das heißt gelehrt) ausfallen. Autoren waren oft eher als Unterhalter denn als Unterweiser willkommen. Für die *philosophes* war der Hauptzweck des Besuchs im Salon – neben dem kostenlosen Genuss guter Speisen und Getränke – eher die Suche und Pflege von Patronagebeziehungen als der Gedankenaustausch. Bei näherem Hinsehen ist es gar schwierig, überhaupt „Salons" auszumachen, die sich von anderen Empfängen in der guten Gesellschaft unterschieden. Manche Forscher und Forscherinnen sehen deshalb in dem „Salon" der Frühen Neuzeit einen Mythos des 19. Jahrhunderts.[43]

---

42 Wolfgang SCHIVELBUSCH, Das Paradies, der Geschmack und die Vernunft. Eine Geschichte der Genussmittel. Frankfurt a. M. [5]2002, S. 59–81; Dorinda OUTRAM, The Enlightenment, Cambridge 1995, S. 11–27.

43 LILTI, Le Monde des salons. Lilti wirft etwa Dena Goodman eine Idealisierung der in Salons vorherrschenden sozialen Praxis vor: Dena GOODMAN, The Republic of Letters. A Cultural History of the French Enlightenment, Ithaca 1994. Nicolas Schapira geht noch weiter und bezweifelt, dass man überhaupt von „Salons" reden könne: Nicolas SCHAPIRA, Le „salon"

Nicht nur die Salons, sondern auch viele „öffentliche Orte" hatten bei näherem Hinsehen einen elitäreren und/oder traditionelleren Charakter, als lange angenommen worden ist. Es fand nur bedingt ein Austausch zwischen den Ständen statt. Die Theater trennten zwischen dem Parkett und den Logen; für die höheren Stände bestand ein Abend im Theater vor allem darin, dass man Bekannten in ihren Logen einen Besuch abstattete. Die Londoner Kaffeehäuser waren auf bestimmte Stände spezialisiert und die Pariser Cafés sogar meist der besseren Gesellschaft vorbehalten. Letztere hatten sich im 17. Jahrhundert aus den *limonadiers* entwickelt, also aus Orten, an denen teure und seltene Getränke wie besondere Liköre und Säfte konsumiert wurden. Sie boten einen Rahmen für neue Praktiken ostentativen Konsums, doch es gibt wenig Belege dafür, dass sie Orte einer neuartigen Öffentlichkeit waren. Die Abgrenzung zwischen Kaffeehaus und Schenke fällt zudem in vielen Fällen schwer: In den meisten Kaffeehäusern wurde neben Kaffee auch Alkohol ausgeschenkt. Außerdem gibt es viele Zeugnisse von einer starken Präsenz von Prostituierten.[44]

Auch das Sozietätswesen blieb im 18. Jahrhundert sehr deutlich von ständischen Strukturen geprägt. Die Freimaurerei zum Beispiel war in der Regel bewusst sozial exklusiv. Ihr moralisch-religiöses Programm war esoterisch und baute auf der Idee auf, dass das Volk nicht bereit sei, aufgeklärt zu werden. Entgegen dem, was in der Historiographie bis heute oft zu lesen ist,[45] waren die Protagonisten der Aufklärung nicht nur aus pragmatischen Gründen, sondern häufig auch von ihren Grundsätzen her elitistisch. Viele konzipierten die Propagierung der Philosophie in der Öffentlichkeit nur als ein Mittel der moralischen Verbesserung unter anderen.[46] So überrascht es nicht, dass die Freimaurerlogen nur sehr eingeschränkt zur Herausbildung der bürgerlichen oder gar demokratischen Gesellschaft beigetragen haben. Sie waren trotz aller Bruderschaftsrhetorik hierarchisch organisiert und folgten weitgehend der etablierten Rangordnung der Ständegesellschaft. Manche Logen hatten einen exklusiv höfischen Charakter. Die Freimauerei war ein mondänes Phänomen: Die Attraktivität der Logen beruhte darin, dass die Zugehörigkeit zum Orden ein Distinktionsmerkmal war und den Umgang mit Angehörigen der Elite – und somit auch mit tatsächlichen oder potentiellen Patronen – ermöglichte. Die Aktivitäten

---

écrit par les professionnels des lettres (France, XVIIe siècle), in: Papers on French Seventeenth-Century Literature 38, 75 (2011), S. 315–327.

44 Koslofsky, Parisian Cafés; Brian William Cowan, The Social Life of Coffee. The Emergence of the British Coffee House, New Haven 2005.

45 Vgl. Lilti, L'Héritage, S. 270–276.

46 Siehe dazu das sechste und achte Kapitel.

der Freimaurer waren dabei keineswegs ausschließlich auf die geheime Arbeit an der moralischen Besserung der Mitglieder beschränkt: Die Logen organisierten in Palästen Konzerte, Theateraufführungen, opulente Feiern mit reichlich Alkohol, Bällen und Feuerwerken. Sie verstanden sich als elitäre Ritterorden, in denen die gute Gesellschaft zwar ihre Manieren schliff, sich aber auch amüsierte. Entgegen dem offiziellen Geheimhaltungsprinzip verrichtete man gar Prozessionen, die den Glanz der Loge zur Schau stellten.[47] Um die Freimaurerei herum entwickelten sich geheime, exklusive höfische Zirkel, die Ritterlichkeit mit ausschweifenden Abendgesellschaften vereinigten, unter anderem der – Frauen wie Männer aufnehmende – Mops-Orden in Deutschland und Skandinavien oder auch die Gesellschaft der gutgelaunten Einsiedler (Société des hermites [sic] de bonne humeur) in Sachsen-Gotha, in der das Gebot der guten Laune bei mehr oder weniger geistvollem Amüsement herrschte. In solchen Gesellschaften war Französisch die Verkehrssprache, was ihren elitären Charakter unterstrich.[48]

Für die Geschichte der Aufklärung sind solche höfischen Geheimgesellschaften von großer Bedeutung. Zum einen nahmen einige Aufklärer wie Voltaire an solchen Treffen teil und sicherten sich dadurch Protektion hochrangiger Adliger und Fürsten. Zum anderen wurden manche aufklärerische Schriften für genau dieses Publikum verfasst, so zum Beispiel die gewagten und verspielten Texte Diderots, die in der *Literarischen Korrespondenz* (*Correspondance littéraire*) erschienen, einer handschriftlichen Zeitschrift, die nur per diplomatische Post verbreitet wurde und sich ausschließlich an ein auserlesenes höfisches Publikum richtete.[49] Gerade der elitäre Charakter dieser exklusiven Abendgesellschaften am Hof ermöglichte die Entfaltung unkonventioneller Philosophie, was zeigt, dass die Kontinuitäten zwischen Aufklärung und dem nichtöffentlichen Libertinismus des 17. Jahrhunderts größer waren als oft behauptet.[50] Diderot war dagegen in seinen – heute kaum noch gespielten – Theaterstücken, die

47 Beaurepaire, L'espace des Francs-maçons, Kapitel 3, https://books.openedition.org/pur/23628 (zuletzt besucht am 23. 11. 2021).

48 Bärbel Raschke, The Relationships of Androgynous Secret Orders With Freemasonry. Documents on the *Ordre des Hermites de bonne humeur* in Sachsen-Gotha, in: Alexandra Heidle/Joannes Augustinus Maria Snoek (Hg.), Women's Agency and Rituals in Mixed and Female Masonic Orders, Leiden/Boston 2008, 21–49; Beaurepaire, L'espace des Francs-maçons, Kapitel 3.

49 Kirill Abrosimov, Aufklärung jenseits der Öffentlichkeit. Friedrich Melchior Grimms *Correspondance littéraire* (1753–1773) zwischen der „république des lettres" und europäischen Fürstenhöfen, Paris 2014.

50 Antoine Lilti z. B. kontrastiert Aufklärung mit Libertinismus: Lilti, L'Héritage, S. 270.

sich an ein breites Publikum richteten, konventionell. Er wollte ein neues theatralisches Genre etablieren: das bürgerliche Theater, das an die Erfahrungen und moralischen Dilemmata der gewöhnlichen Leute anknüpfen und sie durch die Identifikation mit den Figuren zur Tugend erziehen sollte. Das Ergebnis waren moralistische Stücke, die sich damals einer mäßigen bis geringen Beliebtheit erfreuten.[51]

Aufklärerische Philosophie zu rezipieren, bedeutete für viele Zeitgenossen Diderots, Teil einer geistigen Elite zu sein. Aufklärerische Ideen waren oft ein Distinktionsmerkmal, zumindest wenn sie einen originellen Charakter aufwiesen. Dies mag zum Teil erklären, weshalb aufklärerische Eliten oft wenig darauf erpicht waren, ihre Gedanken unters Volk zu bringen, obwohl die Aufklärungserzählung dies nahelegte.[52] Voltaire etwa dachte nicht ernsthaft daran, die unteren Stände aufzuklären, die die große Mehrheit der Bevölkerung ausmachten, sondern wandte sich an die gebildeten Schichten des Kontinents. In manchen Texten nahm er sogar ganz entschieden gegen eine „Volksaufklärung" Stellung (auch wenn seine Aussagen dazu variierten). Die Mitglieder der Gesellschaft der Freunde der Aufklärung – besser bekannt unter dem Namen Berliner Mittwochsgesellschaft – diskutierten, welche Gefahren eine Aufklärung der Volksschichten mit sich bringe, und strebten nur eine „limitierte Aufklärung" an. Lediglich Gelehrte sollten sich der vorurteilsfreien Suche nach der Wahrheit verschreiben. Diese Berliner Aufklärer meinten, Aberglauben im Volk sei notwendig, um die soziale und politische Ordnung zu stabilisieren.[53]

Obwohl die *philosophe*-Persona den Impetus mit sich brachte, öffentlich zu wirken und die Öffentlichkeit zu beeinflussen, hatten die Aufklärer in der Regel Angst vor einer unkontrollierten Vermehrung von gedruckten Schriften. Sie schätzten meist die Fähigkeiten nicht nur der unteren Stände, sondern auch des Lesepublikums als gering ein und hatten kein Vertrauen darin, dass die Pressefreiheit zur Durchsetzung der Wahrheit beitragen werde. Sie forderten immer wieder eine Zensur schlechter Bücher, und viele französische Schriftsteller, darunter selbst Autoren illegal gedruckter

---

51 Denis DIDEROT, Le Drame bourgeois, Fictions II, Œuvres complètes, Bd. 10, édition critique et annotée, présentée par Jacques Chouillet et Anne-Marie Chouillet, Paris 1980.

52 Harvey CHISICK, The Limits of Reform in the Enlightenment. Attitudes toward the Education of the Lower Classes in Eighteenth-Century France, Princeton 1981.

53 Eckhart HELLMUTH, Naturrechtsphilosophie und bürokratischer Werthorizont. Studien zur preußischen Geistes- und Sozialgeschichte des 18. Jahrhunderts, Göttingen 1985; Ernst HABERKERN, Limitierte Aufklärung. Die protestantische Spätaufklärung in Preußen am Beispiel der Berliner Mittwochgesellschaft, Marburg 2005, insb. S. 215–238; LILTI, L'Héritage, S. 272–274.

Schriften wie Diderot und Matthieu-François Pidansat de Mairobert (1727–1779), arbeiteten offiziell oder inoffiziell für die königliche Zensurbehörde. Selbst Anhänger einer Aufklärung breiter Schichten wie Nicolas de Condorcet (1743–1794) oder Louis-Sébastien Mercier (1740–1814) träumten von einer Kontrolle der Öffentlichkeit durch eine geistige Elite oder gar von einer Reinigung der Bibliotheken von der überwältigenden Mehrheit der Bücher, die in ihren Augen schlecht, schädlich oder schlicht belanglos waren.[54]

Auch der Königsberger Philosophieprofessor Immanuel Kant war in der Frage der „Volksaufklärung" und der philosophischen Fähigkeiten des Lesepublikums vorsichtig. Zwar entwickelte er eine Moralphilosophie, die auf die Emanzipation des Individuums von Autoritäten und Aberglauben abzielte. In der *Kritik der praktischen Vernunft* (1788) stellte er das Ideal eines autonomen moralischen Subjekts auf, das heißt eines Individuums, das sich selbst moralische Maximen gibt. Kant formulierte eine Regel, die es Menschen ermöglichen sollte, selbstständig moralische Urteile zu fällen: „Handle nur nach derjenigen Maxime, durch die du zugleich wollen kannst, dass sie ein allgemeines Gesetz werde" (Kategorischer Imperativ). In seinem Essay *Beantwortung der Frage: Was ist Aufklärung?* (1784) forderte er die Menschen auf, eigenständig zu denken („sapere aude!") und sich von Autoritäten zu emanzipieren (sich von der „selbstverschuldeten Unmündigkeit" zu befreien).[55] Doch andererseits zeigt ebendieser Essay, dass der Universitätsprofessor Kant der Aufklärungsarbeit klare Grenzen auferlegte und hierarchische Verhältnisse nur bedingt infrage stellte: Ihm zufolge dürften nur Gelehrte, und zwar lediglich in Schriften, ihre Vernunft frei ausüben. Der Gebrauch der Vernunft dürfe dagegen „öfters sehr enge eingeschränkt sein", wenn eine Person im Amt sei. Diesem Modell zufolge dürften Beamte, Pfarrer, Lehrer oder auch Universitätsdozenten in ihren offiziellen Funktionen nicht als autonome Subjekte handeln und etwa die Religion oder Herrschaftsverhältnisse kritisieren. Kant schloss seine Schrift gar mit einer Lobrede auf den autoritären König Friedrich II. von Preußen (1712–1786, Herrschaft ab 1740): Man lebe im „Jahrhundert Friedrichs", einer Epoche des Fortschritts durch Philosophie. Kant bejahte in

---

54 Lilti, L'Héritage, S. 280–294; Pečar/Tricoire, Falsche Freunde, S. 12, 37–45. Zu den Schriftstellern als Zensoren: Raymond Birn, Royal Censorship of Books in Eighteenth-Century France, Stanford 2012. Zu Diderot als inoffiziellem Zensor: Pečar/Tricoire, Diderot the Courtier?, S. 58–60.

55 Zum Ideal der Autonomie von moralischen Subjekten bei Kant: Jerome B. Schneewind, The Invention of Autonomy. A History of Modern Moral Philosophy, Cambridge 1997, S. 508–555; ders., Moral Philosophy from Montaigne to Kant, Cambridge 1990, S. 651–662.

seiner Schrift *Beantwortung der Frage: Was ist Aufklärung?* den Grundsatz, den er dem König in den Mund legte: „Räsonniert, so viel ihr wollt, und worüber ihr wollt; aber gehorcht!“[56] Die Aufklärung konnte für Kant nur ein langfristiger Prozess sein, der von einer kleinen gelehrten Elite von Universitätsprofessoren vornehmlich der Philosophischen Fakultät angeführt werde.[57]

1.4 Philosophen und aufgeklärte Eliten

Kants Verbindung der Aufklärungserzählung mit einem Herrscherpanegyrikus ist ein Hinweis darauf, dass viele Aufklärungsphilosophen Anschluss an höfische Kreise suchten. Obwohl der revolutionäre Charakter der Geselligkeitsformen, Orte und Ideen der Aufklärungszeit nicht überbewertet werden sollte, brachten sie durchaus etwas Neues hervor: Sie ermöglichten es zumindest erfolgreichen Aufklärungsphilosophen, sich in die höfische Welt zu integrieren, wenn auch nicht auf Augenhöhe mit Hofadligen und Fürsten. Die Aufklärungserzählung und der damit einhergehende Starstatus der *philosophes* animierte Mitglieder der europäischen Eliten dazu, mit ihnen zu verkehren und wenigstens in diesem besonderen Kommunikationszusammenhang die Regeln der ständischen Gesellschaft außer Kraft zu setzen. Ein Vertreter eines höheren Stands, sofern er sich der Aufklärung verpflichtet zeigen wollte, sollte dem Philosophen mit einem besonderen Respekt begegnen, ja sogar eine Illusion der Gleichheit schaffen. Dadurch etablierten sich im 18. Jahrhundert Praktiken, die ein paar Jahrzehnte zuvor höcht ungewöhnlich gewesen waren: Aristokraten und sogar gekrönte Häupter korrespondierten mit Dichtern wie Voltaire und erlaubten sich mit ihnen bisweilen einen vertraulichen Ton. Selbstverständlich blieb der Standesunterschied bestehen und war allen Beteiligten bewusst. Höchst peinlich wäre es für einen Philosophen zu vergessen, dass die Höherstehenden ihm einen Gefallen taten, wenn sie sich auf sein Niveau herabließen.

Menschen höheren Standes sollten zum Wohle der Menschheit die Philosophen fördern, das heißt als ihre Patrone auftreten. In der Frühen Neuzeit wurden erhebliche Ressourcen über die höfische Aristokratie verteilt. Um standesgemäß oder schlicht in Sicherheit leben zu können, brauchte ein Autor einen Patron oder eine Patronin am Hof oder mit guten Beziehungen zum Hof. Zum Rollenbild des *philosophe* gehörte der moralische Anspruch, protegiert zu werden und zugleich dabei seine Unabhängigkeit

56 Kant, Beantwortung der Frage, S. 481–494.

57 Lilti, L'Héritage, S. 290–293; Tricoire/Pečar, Falsche Freunde, S. 32–33, 179–180.

zu bewahren. Umgekehrt bot die Aufklärungserzählung auch Rollenbilder für die Patrone: Der Aufklärung zugeneigte Eliten sollten den Philosophen zuhören, helfen und folgen. Als Amtsträger, Offiziere oder Fürsten hatten sie dem Allgemeinwohl – und nicht etwa den Interessen ihres Clans (das heißt ihres Familienverbands) – zu dienen. Ähnlich wie von den *philosophes* wurde auch von ihren Patronen erwartet, dass sie Tugenden wie Milde, Sanftmut, Ehrlichkeit, Natürlichkeit und Sensibilität verkörperten. Diese Eliten distanzierten sich deshalb symbolisch oft von dem höfischen Milieu und behaupteten, sie fühlten sich in dieser oberflächlichen und verdorbenen Welt voller Gelüste und Intrigen unwohl.[58]

Warum übernahmen manche Aristokraten, Minister und Fürsten dieses Rollenbild? Warum förderten sie Aufklärungsphilosophen und begaben sich auf eine Ebene mit ihnen? Warum korrespondierte zum Beispiel Friedrich II. von Preußen mit dem Dichter Voltaire? Friedrich hatte noch als Kronprinz über den französischen Botschafter in Berlin Kontakt mit Voltaire aufgenommen. Bald darauf wurde er König. Es folgte eine jahrzehntelange Brieffreundschaft, die nur für wenige Jahre unterbrochen wurde.[59] Friedrich zog einen Nutzen daraus, als aufgeklärter Fürst wahrgenommen zu werden. Dies war zunächst ein Alleinstellungsmerkmal, das ihm dabei half, Aufmerksamkeit in der Welt der europäischen Höfe zu erlangen. Die Könige von Preußen nahmen einen niedrigen Platz in der Rangfolge der europäischen Monarchen ein. Die Förderung von Aufklärungsphilosophen war ein Mittel, Prestige zu akkumulieren – so wie die Errichtung eines Palasts oder der Aufbau einer Kunstsammlung. Im Vergleich zu Architektur und Kunst war diese Investition zwar billig, was zunächst einen geringen Prestigewert vermuten lässt, denn nur hohe Ausgaben steigerten das Ansehen des Stifters und Gönners. Allerdings verursachte der Briefverkehr mit einer in der ständischen Gesellschaft weit unter dem König anzusiedelnden Person wie Voltaire hohe immaterielle Kosten: die bereits erwähnte Selbsterniedrigung des Fürsten.

---

58 Siehe die Beiträge in Thomas Biskup/Benjamin Marschke/Andreas Pečar/Damien Tricoire (Hg.), Enlightenment at Court. Patrons, Philosophes, and Reformers in Eighteenth-Century Europe, Liverpool 2022.

59 Standardwerk zur Korrespondenz zwischen Voltaire und Friedrich II.: Christiane Mervaud, Voltaire et Frédéric II. Une dramaturgie des lumières, 1736–1778, Oxford 1985.

1.5 Repräsentation als aufgeklärte Herrscher

Friedrich II. machte nicht nur als ein Korrespondent und Patron der *philosophes* von sich reden, sondern auch als ein König, der sich selbst zum *philosophe* stilisierte. Diese höchst ungewöhnliche und innovative Selbstinszenierung half, Aufklärungsphilosophen als Multiplikatoren für sich zu gewinnen. Sie war aber zugleich riskant – dies umso mehr, als Friedrich seine Bücher nicht anonym drucken ließ, sondern unter dem Pseudonym „Le philosophe de Sans-Souci" (nach seinem Schloss benannt), das freilich die Identität des Autors eher bestätigte denn kaschierte. Stets konnten Friedrichs Kritiker auf den Graben zwischen philosophischem Anspruch und königlicher Politik hinweisen. Zum Beispiel hatte Friedrich noch als Kronprinz eine Abhandlung mit dem Titel *Der Antimachiavell* (*L'Antimachiavell*, 1740) verfasst, in der er eine menschliche Politik forderte. Als König ließ er jedoch wenige Jahre später seine Truppen in Schlesien einmarschieren, ohne im Mindesten dazu genötigt worden zu sein. Seine Feinde unterließen es nicht, diesen Widerspruch anzuprangern.[60]

Trotz dieser imagepolitischen Gefahren machte Friedrichs Selbstinszenierungsstrategie bei einigen anderen Fürsten und Fürstinnen Schule, vor allem bei Katharina II. von Russland, einer aus Anhalt-Zerbst stammenden Kaiserin, die durch einen Staatsstreich an die Macht gekommen war und ihre Herrschaft dringend legitimieren musste. Während sich Elisabeth, ihre Vorgängerin auf dem russischen Thron, zur großen Enttäuschung Voltaires immer geweigert hatte, mit einem Dichter zu korrespondieren, nahm Katharina Mitte der 1760er Jahre Briefkontakt mit dem französischen Schriftsteller auf. Schnell avancierte sie zum wichtigsten Förderer Voltaires.[61] Sie selbst griff zur Feder und verfasste etwa Theaterstücke, die auch politische Botschaften vermittelten. Eines ihrer Dramen war der Milde gewidmet, um diese Tugend, die laut Montesquieu einen weisen Herrscher vom Despoten unterschied, implizit für sich zu reklamieren.[62]

Der Aufklärungserzählung zufolge sollten aufgeklärte Herrscher und Herrscherinnen wahre Landesväter und Landesmütter sein, die sich vor allem um das Wohl ihrer

---

60 Andreas Pečar, Die Masken des Königs. Friedrich II. von Preußen als Schriftsteller, Frankfurt a. M. 2016.

61 Über Voltaires Verhältnis zum russischen Hof unter Kaiserin Elisabeth und zu Beginn der Herrschaft von Katharina II. siehe u. a.: Voltaire, Correspondance, Theodor Besterman (Hg.), Paris 1964–1992, Bd. 4, S. 955–956, Bd. 5, S. 534, 873; Bd. 6, S. 41, 406–407; Bd. 7, S. 297.

62 Alexei Evstratov, Clemency in the Boudoir. Favoritism and Imperial Virtues at the Russian Court (1740s–1790s), in: Biskup u. a. (Hg.), Enlightenment at Court, S. 205–230.

Abb. 5 Bildnis Kaiser Joseph II. am Schreibtisch, Öl auf Kupfer, österreichische Schule der zweiten Hälfte des 18. Jahrhunderts (Quelle: Wikipedia; gemeinfrei)

Untertanen kümmerten. Viele Reformen des 18. Jahrhunderts wurden deshalb als ein Beitrag zur Aufklärung regelrecht inszeniert.[63] Katharina II. ließ die sogenannte Große Instruktion, die sie für die Gesetzgebende Kommission (1767) verfasste, europaweit öffentlichkeitswirksam verbreiten, unter anderem mit Hilfe von Diderot – obwohl sie so gut wie nichts von den proklamierten Grundsätzen umsetzte. Sie ließ auch ein prächtiges Buch über die von ihr gegründeten erzieherischen oder karitativen Anstalten veröffentlichen; an diesem Werbeband wirkte auch Diderot als inoffizieller Herausgeber mit.[64]

---

63 Paul Beckus, What Makes Enlightenment Princes Enlightened? The Representation of Franz of Anhalt-Dessau and Frederick August of Anhalt-Zerbst, in: Biskup u. a. (Hg.), Enlightenment at Court, S. 161–180.

64 Andreas Pečar/Damien Tricoire, Diderot the Courtier? Philosophers and the World of the Court in Enlightenment Europe, in: Biskup u. a. (Hg.), Enlightenment at Court, S. 33–68.

Abb. 6 Elisabeth Vigée-Lebrun, Porträt der Königin Marie-Antoinette, Öl auf Leinwand, nach 1785 (Quelle: Wikipedia; gemeinfrei)

Das Rollenbild des aufgeklärten Landesvaters bzw. der Landesmutter brachte auch neue Selbstinszenierungsstrategien in Gemälden mit sich. Anders als in den offiziellen Darstellungen Ludwigs XIV. von Frankreich, wo der König auf einem Ganzkörperporträt im Krönungsmantel und mit königlichen Insignien auf einem Kissen erschien, sollte nicht mehr die Majestät oder der militärische Ruhm, sondern das Pflichtbewusstsein im Vordergrund stehen. Der aufgeklärte König hatte – wie Friedrich II. von sich selbst behauptete – als „der erste Diener des Staates" aufzutreten. Daher zeigte sich Kaiser Joseph II. (1741–1790, Mitregent 1765–1780, Alleinherrschaft 1780–1790) auf Porträts bei der Arbeit am Schreibtisch (Abb. 5). Auch Marie-Antoinette (1755–1793), Königin von Frankreich, wählte für ihre Porträts eine sehr innovative Sprache. Sie ließ sich von Elisabeth Vigée-Lebrun (1755–1842) mit einem Gebetbuch kniend, in relativ einfacher Kleidung und ohne Herrschaftssymbole malen, wobei die Natürlichkeit ihrer Körperhaltung hervorgehoben wurde (Abb. 6). Auf einem anderen Bild zeigte sie sich in ihrer „natürlichen" Rolle als Mutter mit ihren Kindern. Der Thronfolger deutete

Abb. 7 Elisabeth Vigée-Lebrun, Königin Marie-Antoinette mit ihren Kindern, Öl auf Leinwand, 1787 (Quelle: Wikipedia; gemeinfrei)

auf ein leeres Kinderbett – ein Hinweis auf den Tod eines ihrer Kinder (Abb. 7). Die Botschaft lautete: Eine Mutter vergisst nie; sie wird stets von der mütterlichen Liebe für ihre Kinder und der Sorge um sie beherrscht. Die Königin verkörperte damit Tugenden, die als typisch weiblich galten.

Der Einfluss aufklärerischer Rollenbilder auf die Repräsentationspolitik beschränkte sich nicht auf Porträts, sondern betraf auch die Palast- und Gartenarchitektur. Marie-Antoinette ließ neben dem barocken Garten von Versailles einen Landschaftsgarten mit Getreidefeldern, einem Karpfenteich und einem idyllischen Dörfchen (dem „hameau de la reine") anlegen, wo sie mit ihren hofadligen Schutzbefohlenen frische Milch von dort gezüchteten Ziegen und Schafen trinken konnte.[65] Dieser Ort

65 Felix VOGEL, Aufklärung: Der *Hameau de la Reine* als inszenierter Rückzugsort im Ancien Régime, in: Architese 2 (2019), S. 68–69; DERS., Empfindsamkeitsarchitektur: der *Hameau*

suggerierte eine Nähe zur Natur, die sich in anderen Anlagen der zweiten Hälfte des 18. Jahrhunderts wiederfindet. In Wörlitz schuf Fürst Franz von Anhalt-Dessau (1740–1807, Herrschaft ab 1758) 1769–1773 den ersten Landschaftsgarten Deutschlands. Hier errichtete er auch den ersten neoklassischen Palastbau und den ersten neugotischen Bau Deutschlands, womit er sich von der angeblich verschwenderischen und verdorbenen Hofkultur symbolisch absetzte. Sein Ansinnen unterstrich Franz durch den Nachbau der Pappelinsel, auf der Rousseau in Ermenonville begraben lag.[66] Wilhelmine von Bayreuth (1709–1758), die Lieblingsschwester Friedrichs II. von Preußen, legte ihrerseits den Felsengarten von Sanspareil um eine mittelalterliche Burg herum an. Die bizarren Felsformationen und die Chinoiserien boten ebenfalls ein Kontrastprogramm zu barocken Schlossanlagen.[67] All diese neuen Schlösser und Gärten sollten die Fürsten als Menschen erscheinen lassen, die von der Korruption der höfischen Welt unberührt blieben. Sie waren Orte, wo das Hofzeremoniell nicht galt. Sie ermöglichten den Fürsten und Fürstinnen, sich als hoffern, naturnah und moralisch darzustellen (auf die Verbindung zwischen Natur und Moral wird im fünften Kapitel zurückzukommen sein) und zugleich bestimmten Günstlingen eine exklusive Geselligkeit anzubieten.

Diese Selbstinszenierung hatte einen sehr großen Einfluss auf Bilder der besagten Herrscher und Herrscherinnen in der Nachwelt. Die Fürsten und Fürstinnen, die als aufgeklärt auftraten, werden noch heute in der breiten Öffentlichkeit und der Historiographie vorrangig als aufgeklärt erinnert. Dabei unterschieden sich die Reformen, die sie anstießen, oft nur geringfügig von den Vorhaben jener Herrscher, die als unaufgeklärt gelten und kaum Nachruhm genießen. So verfolgten der „aufgeklärte" Fürst Franz von Anhalt-Dessau, der dank seines Gartens von Wörlitz und der Werke von berühmten Schriftstellern heute als Modellherrscher in Erinnerung bleibt, und sein Cousin August von Anhalt-Zerbst, der einen zweifelhaften Ruf genießt, im Großen und Ganzen dieselbe Politik.[68]

---

de la Reine in Versailles, Diss., Freiburg (Schweiz), 2017.

66 Hans-Jörg Küster/Ansgar Hoppe, Das Gartenreich Dessau-Wörlitz, Landschaft und Geschichte, München 2010; Andreas Pečar/Holger Zaunstöck (Hg.), Politische Gartenkunst? Landschaftsgestaltung und Herrschaftsrepräsentation des Fürsten Franz von Anhalt-Dessau in vergleichender Perspektive – Wörlitz, Sanssouci und Schwetzingen, Halle (Saale) 2015.

67 Louise Maslow, Enlightenment in Courtly Garden Art – Enlightenment Ideas and Anti-Court Sociability in the *Sanspareil* Rock Garden of Wilhelmine of Bayreuth, in: Biskup u. a. (Hg.), Enlightenment at Court, S. 181–203.

68 Beckus, What Makes Enlightenment Princes Enlightened?

1.6 Gab es eine Gegenaufklärung?

Die Forschung folgt bis heute in einem erstaunlichen Maße den Selbstinszenierungen aufklärerischer Eliten. Oft werden die Deutungen der *philosophes* unkritisch übernommen: nicht nur ihre Urteile über ihre Freunde und Patrone, sondern auch über ihre Rivalen und Kritiker. Diese gelten somit häufig nicht einfach als Kritiker von manchen Aufklärungsphilosophen, sondern als Feinde „der Aufklärung" und als Vertreter der „Gegenaufklärung". Letzterer Begriff ist in der neueren Forschung zu Recht kritisiert worden. Es finden sich im 18. Jahrhundert viele Debatten über die unterschiedlichen Ideen der *philosophes*, aber es ist fraglich, dass es ein geschlossenes antiphilosophisches Lager gab. Manche Forscher und Forscherinnen halten deshalb die „Gegenaufklärung" für eine Erfindung von Intellektuellen des 20. Jahrhunderts, die auf der Suche nach den ideellen Wurzeln illiberaler Bewegungen gewesen seien.[69]

Nehmen wir das Beispiel eines 1757 veröffentlichten satirischen Artikels von Jacob-Nicolas Moreau (1717–1803), der seinerzeit von sich reden machte. Moreau gab vor, über die „Cacouacs" zu berichten, ein angeblich neu entdecktes Volk, das nicht zu den Wilden zähle und die Tugend hochschätze:

> Was mich sehr überrascht hat, ist, dass dieses Volk die Wörter Wahrheit und Tugend unaufhörlich im Munde hat. Sie prahlen mit der Wahrheit und verbreiten überall Tugend. Es scheint, sie haben so viel davon, dass sie den Rest verkaufen. Ich habe einmal Cacouacs gesehen, die auf Holzböcke gestiegen waren und in die Menge schrien, bis sie heiser wurden: „Tugend aus China! Tugend aus Indien! Tugend aus Spanien! Wahrheiten aus Mexiko! Wahrheiten aus dem Tartarenland!"[70]

Die Cacouacs beanspruchten laut Moreau, moralisch geläutert zu sein. Sie sprächen stets in einem enthusiastischen Ton. Sie behaupteten, unaufhörlich die Natur zu erforschen und sich nach ihr zu richten. Moreau schrieb den Cacouacs einen missionarischen

69 Robert Edward NORTON, The Myth of the Counter-Enlightenment, in: Journal of the History of Ideas 68, 4 (2007), S. 635–658; Jeremy L. CARADONNA, There Was no Counter-Enlightenment, in: Eighteenth-Century Studies, 49, 1 (2015), S. 51–70; James SCHMIDT, „Inventing a Counter-Enlightenment. Liberalism, Nihilism, and Totalitarianism", Vortrag auf der Tagung der American Historical Association, Boston, 6. Januar 2011, http://people.bu.edu/jschmidt/James_Schmidt/Welcome_files/CounterE%28AHA%29.pdf (zuletzt besucht am 18. 05. 2022).

70 Jacob Nicolas MOREAU, Nouveau mémoire sur les Cacouacs, Amsterdam 1757, S. 9–10 (Übersetzung: D.T).

Eifer zu, alle Völker der Erde zu Cacouacs zu machen. Dieses Ziel versuchten sie mit Schmeicheleien zu erreichen. Wer dafür unempfänglich sei und den Cacouacs abweisend begegne, an dem rächten sie sich grausam. Mit Blick auf ihre „sanftmütige" Einstellung sei es nicht verwunderlich, dass die Cacouacs des Öfteren Krieg führten. Bis vor Kurzem seien ihre Feinde verzweifelt gewesen, da sie nicht gewusst hätten, wie dieses Volk zu besiegen sei. Doch nun hätten sie ein unfehlbares Mittel gefunden: Sie pfiffen auf dem Schlachtfeld.[71] Die Cacouacs, so die Anspielung, ertrügen es nicht, lächerlich gemacht zu werden.

Die Cacouacs waren natürlich kein neu entdecktes Volk, sondern eine Karikatur der *philosophes*. Was Moreau verhöhnte, waren jedoch nicht ihre Reformideen. Er belustigte sich über ihren Führungsanspruch, ihre Anmaßung, als Einzige die Wahrheit zu kennen, die natürlichen Prinzipien entdeckt zu haben und die Tugend zu verkörpern. Er verurteilte ihre Selbstherrlichkeit und verwies auf den Graben zwischen Anspruch und Wirklichkeit. Sie gäben vor, tugendhafte Kämpfer für die Wahrheit zu sein, und doch schmeichelten sie vor allem den Granden (das heißt den höfischen Eliten).

Moreaus Angriff leitete eine neue Phase in der Polemik gegen diejenigen ein, die sich als Aufklärer in der Öffentlichkeit profilierten. Im Zentrum der Kritik standen ihre Selbstinszenierung und der damit verbundene Geltungsanspruch. Im selben Jahr, 1757, veröffentlichte Charles Palissot de Montenoy (1730–1814) eine Schrift mit dem Titel *Kleine Briefe über große Philosophen* (*Petites Lettres sur de grands philosophes*), in der er die diskursive Praxis des Aufklärens angriff. Palissot störte sich am apodiktischen und emphatischen Stil der Aufklärer, der weder Widerrede noch Zweifel dulde. Für ihn verkörperten die Enzyklopädisten eine neue Spielart des Fanatismus, nicht unähnlich dem, den man bislang von Predigern gekannt habe:

> All diese Herren[, die an der *Encyclopédie* schreiben,] sagen von sich selbst, sie seien *philosophes*, und einige darunter sind es tatsächlich. Doch man muss zugeben, dass es selbst unter denen, denen man am meisten Talent zuerkennt, einige gibt, die durch ihre Schriften das Verdienst und die Vernunft hassenswert gemacht haben. Sie haben die Wahrheit – oder das, was sie für die Wahrheit halten – mit einem größeren Gepränge als je zuvor verkündet. Ihre philosophischen Texte sind in einem autoritären und entschiedenen Ton geschrieben, wie man ihn bislang nur von der Kanzel kannte. Sie benutzen in ihren Traktaten über die Moral oder die Metaphysik eine Sprache, die man überall sonst als fanatisch verurteilen würde. […] Dieser Ton, der bei den einen enthusiastisch und bei den anderen emphatisch ausfällt, ist

---

71 Ebd.

> so sehr von der zweifelnden Vernunft oder von der überzeugenden Wahrheit entfernt, dass er einige verständige Menschen empörte.[72]

Auch die Selbstinszenierung dieser Literaten als Weise, die weltlichen Dingen wie Ruhm und Ehre abgeneigt seien, und als Opfer einer Verschwörung der reaktionären Kräfte brachte Palissot auf. Denn die *philosophes* suchten nichts als Ruhm, duldeten keinen Widerspruch und benutzten ihre guten Beziehungen zum Königshof, um ihre Widersacher zum Schweigen zu bringen. Sie hätten so lange behauptet, sie würden verfolgt, bis sie selber verfolgen könnten:

> Man zeigte sich gegenüber dieser prächtigen Chimäre, die man Ruhm nennt, vollkommen gleichgültig; und währenddessen schrieb man, intrigierte, versuchte, sich interessant zu machen, indem man so tat, als ob man erwartete, verfolgt zu werden, obwohl die Verfolgung ausblieb. Wie angenehm ist es, den verdienstvollen Verfolgten zu spielen oder den, der bereit ist, verfolgt zu werden! [...] Man gab vor, den Ruhm zu verachten, und bildete doch Parteien [...]. Und während man vorgab, auf die Kritik zu pfeifen, ersuchte man Befehle [der Minister, D.T.], um die erfolgreichsten Kritiker zum Schweigen zu bringen.[73]

Vor allem zeichneten sich Palissot zufolge die *philosophes* durch eine grenzenlose Selbstliebe aus. Sie strebten danach, für sich selbst „eine Art literarischen Thron" zu errichten.[74] Die Öffentlichkeit sollte dazu gebracht werden, sich vor diesem Thron zu verneigen und den *philosophes* angemessen zu huldigen.[75]

Mit dieser Kritik an den Aufklärern legte Palissot den Finger in die Wunde. Zur Rolle des *philosophe* gehörte es zwar, sich Angriffen auszusetzen. Jeder Aufenthalt in der Bastille war unter diesen Vorzeichen ein Qualitätssiegel und eine wichtige Etappe auf dem Weg zu Prominenz und öffentlicher Anerkennung. Doch der Lächerlichkeit preisgegeben zu werden, war etwas anderes. Die Verlogenheit der Aufklärer als selbsternannte geistige Elite sollte deutlich werden, indem man sie als größenwahnsinnige Fanatiker darstellte, die mit großem Pomp sich selbst Denkmäler errichteten. Als Palissot in seiner Komödie *Die modernen Philosophen* (*Les philosophes modernes*, 1761) die Aufklärer als selbstverliebte, zynische, intrigante Speichellecker und Pedanten

72 [Charles Palissot de Montenoy] Petites lettres sur de grands philosophes, Paris 1757, S. 2–3 (Übersetzung: D.T., Hervorhebung: D.T.).

73 Ebd., S. 5–6.

74 Ebd., S. 7–8.

75 Ebd., S. 7–14.

verspottete,[76] war deren Empörung groß. André Morellet (1727–1819) und Diderot entgegneten Palissot mit aggressiven Pamphleten und sorgten für einen Ausschluss des Dramaturgen aus vielen Salons. Diese Kampagne kostete ihn vorerst die Karriere und zwang ihn, Paris zu verlassen.[77] Die Aufklärungserzählung und das Rollenbild des *philosophe* waren fest etabliert; die Kampagne gegen den weitreichenden Anspruch dieser Schriftsteller war im Endeffekt zum Scheitern verurteilt.

---

76 Charles Palissot de Montenoy, Les Philosophes. Comédie en trois actes, en vers, présentée pour la première fois par les Comédiens français [...] le 2 mai 1760, Paris 1760.

77 Guy Chaussinand-Nogaret, Choiseul. Naissance de la gauche, Paris 1998, S. 124–128; Walter E. Rex, Two Scenes from the Neveu de Rameau, in: Diderot Studies 20 (1981), S. 245–266, hier 260; Gregory S. Brown, A Field of Honor: Writers, Court Culture and Public Theatre in French Literary Life from Racine to the Revolution, New York 2005, S. 168.

2 Der Philosoph in der ständischen Gesellschaft

Wenn Diderot und andere Aufklärer so sensibel auf die Kritik eines Moreau und Palissot reagierten, dann weil in deren Karikaturen mehr als ein Funken Wahrheit steckte. Die Aufklärer stilisierten sich zu einer unabhängigen moralischen Instanz, die nur von der Liebe zur Wahrheit und nicht von persönlichen Interessen geleitet sei, und reklamierten für sich auf dieser Grundlage die Deutungshoheit über Gesellschaft, Politik und Religion. Doch waren zumindest die erfolgreichen unter ihnen Teil der Eliten des Ancien Régime, wirkten an Herrschaft ausübenden Institutionen mit und waren wie andere Autoren auch Klienten von Ministern, Hochadligen und Herrschern. Die *philosophe*-Persona bot einen Kontrast zu den sozialen Rahmenbedingungen, in denen sich die Aufklärung entwickelte.

2.1 Staat, Hof und der langsame Aufstieg der *gens de lettres*

So neu die *philosophe*-Persona auch sein mochte: Sie war eher die Krönung eines langsamen Aufstiegs der *gens de lettres* seit dem Spätmittelalter denn ein Bruch mit den Vorstellungen und Praktiken voriger Jahrhunderte. Im Italien des 14. Jahrhunderts hatten der Dichter Petrarca und andere *literati* eine Persona entworfen, an die Aufklärungsphilosophen drei Jahrhunderte später anknüpfen sollten. Sie verstanden sich als Menschen, die sich durch die Beschäftigung mit der altrömischen (und wenig später auch der altgriechischen) Philosophie und Literatur eine moralische Erläuterung erfahren hätten. So präsentierten sie sich als moralische Autoritäten, die die politischen Entscheidungsträger und andere Eliten zur Tugend führten. Ebenso wie die Aufklärungsphilosophen 300 Jahre später setzten sie sich dabei von den als pedantisch verschrienen Universitätsphilosophen (den „Scholastikern“) ab, die sich in spitzfindigen Fachdebatten verlören, anstatt die Gesellschaft zu verbessern. Diese Selbstinszenierung war zumindest teilweise von großem Erfolg gekrönt: Manche der „Humanisten“ erlangten großen Ruhm, allen voran Petrarca.[1] Im 17. Jahrhundert

1 Hankins, Virtue Politics, S. 1–62.

gewann der Homme de Lettres auch in Frankreich an Prestige und ein Dichter und Dramaturg wie Pierre Corneille wurde zum festen Bestandteil aristokratischer Empfänge (der „Salons“).[2]

Das neue Ansehen des *literati* fand in der Renaissance eine Institutionalisierung in der Gründung von Akademien, die den neuen Status der *gens de lettres* in der ständischen Gesellschaft außerhalb von geistlichen Institutionen wie den Universitäten und in Verbindung mit Hof und Staat verankerten.[3] Akademien etablierten eine intellektuelle und künstlerische Elite unter der Patronage von regierenden Eliten. Sie verliehen den arrivierten *gens de lettres* die Macht, philosophische und ästhetische Normen zu definieren sowie andere Autoren aufzunehmen oder auszuschließen. In Frankreich übten viele *literati* der Akademien oder auch der Comédie-Française ab dem 17. Jahrhundert das Amt des königlichen Zensors aus. Autoren schickten der Zensurbehörde oder auch der Comédie-Française ihre Manuskripte, um von ihnen eine Art Gütesiegel zu erhalten und somit offiziell in den Kreis der *gens de lettres* aufgenommen zu werden. Im 18. Jahrhundert leitete sich literarisches Prestige kaum vom Erfolg beim Publikum (von dem kommerziellen Erfolg) ab, sondern von der Anerkennung durch Autoritäten. Die kommerzielle Drucklegung wurde vielfach noch mit Argwohn betrachtet, und die Vorworte von Büchern wimmelten weiterhin von Bekundungen, man habe eigentlich das Manuskript gar nicht veröffentlichen wollen, sei aber dazu quasi gezwungen worden. Ein Theaterstück an der Comédie-Française vorbei zu publizieren, konnte verheerende Folgen haben, selbst wenn die Veröffentlichung an sich legal war: Dies konnte das Ende einer literarischen Karriere bedeuten.[4]

Diese prestigereiche und mächtige Stellung der Akademiemitglieder war eine Voraussetzung für die Entwicklung der *philosophe*-Persona im Frankreich des späten 17. Jahrhunderts. Die Autoren, die anfingen, sich als *philosophes* zu bezeichnen und eine moralische Autorität für sich zu reklamieren, waren Akademiker, die am Versailler Hof versammelt waren.[5]

---

2 Alain Viala, Naissance de l’écrivain. Sociologie de la littérature à l’âge classique, Paris 1985, S. 132–135.

3 Jane E. Everson/Denis Reidy/Lisa Sampson (Hg.), The Italian Academies, 1525–1700. Networks of Culture, Innovation and Dissent, London 2016.

4 Brown, A Field of Honor.

5 Tricoire, The Fabrication of the Philosophe.

2.2 Sprachrohre der Granden

Der Aufstieg der Hommes de Lettres und ihre Wirkung außerhalb von klerikalen Institutionen wie den Universitäten war seit der Renaissance eng mit der Patronage von regierenden Eliten verbunden. So erstaunt es kaum, dass Autoren des 18. Jahrhunderts wie Intellektuelle voriger Jahrhunderte auch in aller Regel Klienten von Höflingen waren, was den Zeitgenossen sehr viel mehr als der Nachwelt bewusst war. Raynal galt zum Beispiel als das Sprachrohr von Necker („le timballier de Necker", wörtlich: der Paukist von Necker), das heißt als der Oberpropagandist des Finanzministers.[6] Auch blieb es dem Publikum nicht verborgen, dass Voltaire für seine Patrone regelrecht warb, woran seine Leser manchmal Anstoß nahmen.[7] Obwohl Historiker wie Robert Darnton schon vor Jahrzehnten auf die Integration berühmter *philosophes* in elitäre Netzwerke verwiesen haben, sind diese Patronagebeziehungen und ihr Einfluss auf die Werke der *philosophes* kaum untersucht worden. Auch in der neueren Forschung sind Tendenzen spürbar, die Aufklärung auf sozialen Wandel statt auf die Institutionen und Machtverhältnisse im Ancien Régime zurückzuführen: Während ein Historiker wie David Bell durchaus die Rolle der ständischen und höfischen Strukturen anerkennt, legt er den Akzent auf die Geburt einer modernen kapitalistischen Gesellschaft, in der Standeszugehörigkeit weniger zähle, für den Markt geschrieben werde und das Kaufen und Lesen aufklärerischer Bücher eine Konsumpraxis sei.[8]

Die Aufklärer lebten in Gesellschaften, die von extremer sozialer Ungleichheit gekennzeichnet waren. In den meisten europäischen Ländern waren Reichtum und Macht in einer kleinen Elite konzentriert, die am Hof versammelt war (Großbritannien und die Vereinigten Provinzen war diesbezüglich die größten Ausnahmen). In einer funktionierenden liberalen Demokratie kann man sich frei auf eine Stelle in einer

---

6 Kenta Ohji, Raynal, Necker et la Compagnie des Indes. Quelques aspects inconnus de la genèse et de l'évolution de l'*Histoire des deux Indes*, in: Gilles Bancare (Hg.), Raynal et ses réseaux, Paris 2011, S. 105–182.

7 Beispielsweise zeigte sich die Herzogin von Choiseul über Voltaires Propaganda für Katharina II. empört: Voltaire, Brief der Duchesse de Choiseul an Mme du Deffand, 14. Juni 1767, in: ders., Correspondance, Théodore Besterman (Hg.), Paris 1980, Bd. 64, S. 28–34.

8 David A. Bell, For a New Social History of the Enlightenment: Authors, Readers, and Commercial Capitalism, in: Modern Intellectual History (2022), S. 1–25, basierend auf William H. Sewell, Capitalism and the Emergence of Civic Equality in Eighteenth-Century France, Chicago 2021.

Behörde bewerben, einen Gerichtsprozess führen und dabei erwarten, dass der Minister sich nicht einschaltet, oder auch ein Buch veröffentlichen, ohne dass es zuvor von der Regierung zensiert und zugelassen werden muss. Dies alles war in der Frühen Neuzeit unmöglich. Alle diese Entscheidungen liefen über den Hof. Hinzu kam, dass man im 18. Jahrhundert von der eigenen Feder nicht standesgemäß leben konnte. Der Buchmarkt war im Vergleich zu heute winzig, und die Verlage zahlten, wenn überhaupt, nur sehr wenig Geld an die Autoren. Selbst Berühmtheiten wie Voltaire wurden nicht reich dadurch, dass sie Buchmanuskripte an Verlage verkauften.[9] Um sich und ihren Familien ein standesgemäßes Auskommen zu sichern, mussten sich die Autoren vielmehr in den Dienst von Herrschern, Hochadligen und Ministern stellen. Dies hieß aber auch, dass Patronagebeziehungen ihr Werk prägten.

Raynals *Geschichte beider Indien* wird heute zumeist als die erste große antikolonialistische Schrift erinnert. Sehr viel seltener sind sich Forschende aber bewusst, dass Raynal mit diesem Buch auch für die Kolonialpolitik seiner Patrone warb. Er erhielt dafür eine Pension vom französischen Marineministerium und bezog sie weiter, selbst nachdem das höchste Gericht, das Parlement de Paris, seine Schrift verboten hatte.[10] Raynal arbeitete in den 1760er Jahren als Propagandist für den einflussreichsten Minister, den Herzog von Choiseul (1719–1785). Alles deutet darauf hin, dass die *Geschichte beider Indien* ein inoffizieller Auftrag Choiseuls war, der sich besonders in der Kolonialpolitik engagierte – einem Gebiet, das Raynal ursprünglich fernlag. Choiseul und sein Cousin Praslin trieben mehrere Vorhaben voran, die eine „aufgeklärte" Kolonialexpansion einleiten sollten. Diese und ähnliche Projekte pries die *Geschichte beider Indien*, die zwar die spanische Eroberung Amerikas und die Sklaverei kritisierte, aber sich doch patriotisch zeigte, wenn es um die französische Expansionspolitik ging. Nach Choiseuls Fall Ende 1770 unterstützten Raynal und sein Ghostwriter Diderot mit der *Geschichte beider Indien* vor allem Necker, der unter Ludwig XVI. dreimal Finanzminister wurde.[11] Freilich sollte der Inhalt der *Geschichte beider Indien* nicht auf die Werbung für mächtige Patrone reduziert werden. Auch stimmt es, dass Raynals Werk in mancher Hinsicht sehr gewagt war. Dennoch stellten Patronagebeziehungen einen wichtigen Impetus für die kritische Beschäftigung mit der bisherigen Kolonialgeschichte und die Befürwortung alternativer Formen des Kolonialismus dar.

---

9 Tricoire, Eine Staatsangelegenheit.

10 Michèle Duchet, Anthropologie et Histoire au siècle des Lumières, Paris 1971, S. 129.

11 Damien Tricoire, Raynal's and Diderot's Patriotic History of the Two Indies, or The Problem of Anti-Colonialism in the Eighteenth Century, in: The Eighteenth Century. Theory and Interpretation 59, 4 (2018), S. 428–448.

Eine ähnliche Parteinahme für Patrone kann man Voltaires großem Geschichtswerk, dem *Versuch einer Schilderung der Sitten und des Geistes der Nationen* (*Essai sur les mœurs et l'esprit des nations*, kurz *Essai sur les mœurs*) nachweisen. Voltaire ist ein guter Testfall für die Bedeutung von Patronagebeziehungen in der Ideengeschichte, gerade weil er kein Durchschnittsautor war. Wenn selbst Voltaire seine politischen Äußerungen an die Erwartungen von Granden anpassen musste, dann kann man davon ausgehen, dass es für andere Autoren umso mehr galt. Denn Voltaire war ab der Jahrhundertmitte nicht nur äußerst reich: Sein Prestige war so groß, dass mehrere französische Aristokraten, regierende Fürsten des Heiligen Römischen Reichs, ein König und eine Kaiserin ihn unter ihre Fittiche nahmen oder nehmen wollten. Voltaire konnte somit einen (potentiellen) Beschützer gegen den anderen ausspielen oder schlicht den Patron wechseln, wenn es ihm günstig erschien. Voltaires gehobene Stellung ermöglichte es ihm, Patronagebeziehungen flexibler auszulegen als die meisten Hommes de Lettres. Er war deshalb seinen Gönnern oft untreu. Da ihm jedoch nicht jeder (potentielle) Patron das Gleiche bieten konnte, war Voltaire auf manche Persönlichkeiten angewiesen, um bestimmte Ziele zu erreichen. Er diente folglich nicht weniger als andere Autoren einzelnen Hofadligen und Fürsten. Deshalb hinterließen Patronagebeziehungen ungeachtet von Voltaires relativer Autonomie tiefe Spuren in seinem literarischen wie politischen Werk. Seine Schriften waren in mehrfacher Hinsicht von seinen Beziehungen zu Hochadligen und Herrschern geprägt: Er wählte bestimmte Gattungen und lancierte Themen, um seinen Patronen zu gefallen. Er verteidigte ihre politische Linie und förderte ihr Ansehen in seinen gedruckten Texten. Seine Patrone schrieben sogar bisweilen an seinen Werken mit, sodass viele Zeilen aus einer anderen Feder stammen dürften.

Bereits die erste Fassung des *Essai sur les mœurs* (Ende 1756 – Anfang 1757 erschienen) war von den Interessen verschiedener Persönlichkeiten des französischen Hofs stark beeinflusst worden. Verglichen mit der barocken panegyrischen Literatur ist Voltaires Stil zwar zurückhaltend. Dennoch ist Voltaire weit von seinem öffentlich vorgetragenen Anspruch entfernt, allein der Wahrheit zu huldigen, ohne Rücksicht auf die Mächtigen zu nehmen. Als Voltaire sich entschloss, eine offizielle Fassung des *Essai sur les mœurs* zu veröffentlichen, befand er sich in einer schwierigen Situation. Er hatte aufgrund eines Konfliktes mit einem Rivalen und fragwürdiger finanzieller Spekulationen den Hof Friedrichs II. fluchtartig verlassen und hielt sich im Elsass auf. Dort wartete er auf die Erlaubnis des französischen Königs, nach Paris und Versailles zurückzukehren. In der Hoffnung auf diese Erlaubnis korrespondierte Voltaire mit der königlichen Mätresse Mme de Pompadour (1721–1764); doch die Erlaubnis kam nie. Wenig später ließ er sich deshalb in Genf nieder und lebte fortan teils in Genf, teils auf französischem Gebiet. Dort, in Ferney, baute er sich ein prächtiges Schloss.

Die erste Fassung des *Essai sur les mœurs* war darauf ausgelegt, die Gunst des französischen Hofs wiederzuerlangen. Voltaire stilisierte Ludwig XV. zum Retter Frankreichs im Österreichischen Erbfolgekrieg. Die militärischen Erfolge in den Niederlanden rechnete er dem Monarchen persönlich zu. Ganz im Sinne der offiziellen Propaganda, die er als königlicher Historiograph entfaltet hatte, suggerierte Voltaire, die Untertanen empfänden eine überbordende Liebe für ihren König. Die Herrschaft Ludwigs XV. erklärte Voltaire kurzerhand zum Höhepunkt der französischen Geschichte. Auch die Propaganda für seinen langjährigen Patron, den Marschall-Herzog von Richelieu (1696–1788), stach besonders hervor. Wie bereits in seiner Geschichte des Österreichischen Krieges führte Voltaire den glänzendsten Sieg der Herrschaft Ludwigs XV., den Sieg bei Fontenoy (1745), auf den Rat Richelieus zurück.[12] Er beendete seine Erzählung mit der Einnahme von Menorca durch den Herzog von Richelieu: „Diese Tat brachte d[ies]em General und der Nation einen großen Ruhm ein. Mit ihr schließen wir diese leichte Skizze eines allgemeinen Gemäldes Europas seit dem Tod Ludwigs XIV.“[13]

Die erste Fassung des *Essai sur les mœurs* von Ende 1756 hofierte also Ludwig XV. und Richelieu. Doch neue Patronagebeziehungen zwangen Voltaire bald, den Text zu überarbeiten. 1758 gewann Voltaire einen neuen Patron, den Herzog von Choiseul, der zum einflussreichsten Minister aufgestiegen war. Choiseul verlieh Voltaire unter anderem feudale Privilegien für seine Güter und so überarbeitete Voltaire den *Essai*, um die unmittelbaren Interessen der Choiseuls zu fördern. In der Ausgabe von 1763 lehnte Voltaire seine Erzählung über die gerade abgeschlossenen Friedensverhandlungen mit England, für die Choiseul verantwortlich gewesen war, deutlich an dessen Propagandaschrift *Historische Denkschrift über die Verhandlungen* (*Mémoire historique sur les négociations*) an. In der Neuauflage des *Essai sur les mœurs* verteidigte Voltaire den Außenminister, der aufgrund des für Frankreich katastrophalen Friedens von Paris (1763), der den Siebenjährigen Krieg beendet hatte, stark in die Kritik geraten war. Voltaire behauptete, dass der für Frankreich ungünstige Verlauf des Krieges nicht etwa auf Fehlentscheidungen der Regierung zurückzuführen sei, sondern auf

---

12 Tricoire, Eine Staatsangelegenheit.

13 „Cette action donna une grande gloire au General & à la Nation. Ce sera celle par laquelle nous finirons la légère esquisse du Tableau général de l'Europe depuis la mort de Louis XIV“: Voltaire, Essay sur l'histoire générale, et sur les mœurs et l'esprit des nations, depuis Charlemagne jusqu'à nos jours, o. O. 1757, S. 84–85 (Übersetzung hier und im Folgenden D.T.).

den alles beherrschenden Zufall. Er stilisierte ganz im Gegenteil Choiseul zum Retter Frankreichs, indem er ihn als einen „Mann mit einem unternehmerischen und kühnen Geist [génie]" bezeichnete, dem mit dem Bündnis mit Spanien „der wohl größte politische Coup der Geschichte" gelungen sei.[14] Schließlich rückte Voltaire den Pariser Frieden indirekt in ein günstigeres Licht. Da Frankreich im Pariser Frieden Kanada, Louisiana und seine militärischen Stützpunkte in Indien verloren hatte, galt es, die Schwere dieser Verluste kleinzureden. In den neu verfassten Kapiteln über die Kolonien in Amerika erklärte er das verlorene Kanada zu einer Kolonie, die niemals irgendeinen Nutzen abgeworfen habe, während er Guyana in den höchsten Tönen lobte. Gerade Guyana sollte nach Choiseuls Plan zu einem Ersatz für Kanada werden, was Voltaire sehr wohl bekannt war, weil der Hauptminister ihm dies brieflich mitgeteilt hatte. Somit versuchte Voltaire, die verheerende Bilanz der französischen Außen- und Kriegspolitik im Allgemeinen und der Choiseuls im Besonderen in ein besseres Licht zu rücken.[15]

Diese Beispiele zeigen, wie wichtig es ist, nicht auf die Selbstinszenierung der Aufklärer hereinzufallen. Die Aufklärer waren nicht so frei, wie sie behaupteten, auch nicht die radikalen unter ihnen. Auch zeigen diese Beispiele, dass man die Texte der *philosophes* nicht als Abbild ihrer innersten Überzeugungen wahrnehmen sollte. Die Ideen, die sie in ihren Texten entfalteten, wurden von sehr verschiedenen Faktoren geprägt und konnten auf die Interessen des jeweiligen Patrons zugeschnitten sein. Man sollte deshalb die These, wonach im 18. Jahrhundert ein unabhängiger literarischer Betrieb entstanden sei und die Autoren unabhängiger als zuvor gewesen seien, mit Vorsicht genießen.[16] Die Aufklärung war eher eine Zeit, in der Autoren und ihre Patrone aufeinander angewiesen waren – Erstere freilich in einem stärken Maße auf Letztere als umgekehrt.

Patronage bedeutete jedoch keineswegs nur eine Einschränkung der Freiheit der Autoren: Obwohl die Aufklärer oft genug Sprachrohre der Granden waren, ermöglichten

14 „Les affaires étaient dans cet état déplorable sur terre et sur mer, lorsqu'il s'est trouvé un homme d'un génie actif & hardi, qui a entrepris de tout rétablir": VOLTAIRE, Additions à l'Essai sur l'histoire générale, et sur l'esprit et les mœurs des nations depuis Charlemagne jusqu'à nos jours. Tirées de l'édition augmentée de 1761–1763 imprimée en VII volumes. Pour servir de supplément à l'édition de 1757 en VII volumes, Genève 1764, S. 375.

15 TRICOIRE, Eine Staatsangelegenheit, S. 159–189.

16 Pierre Bourdieu betont, dass ein autonomes literarisches Feld erst im späten 19. Jahrhundert entstanden sei: Pierre BOURDIEU, Les Règles de l'art. Genèse et structure du champ littéraire, Paris 1992, S. 193.

ihnen Patronagebeziehungen, ihre gewagten Ideen in die Welt zu setzen. Voltaire hätte zum Beispiel ohne die Protektion von Höflingen – zum Beispiel durch den Hauptminister Choiseul in den 1760er Jahren – niemals die Glaubwürdigkeit des Alten Testaments scharf angreifen können. Die asymmetrische Abhängigkeitsbeziehung zwischen Patronen und Klienten gab für die Entstehung und Gestaltung von aufklärerischen Werken oft entscheidende Impulse, stellte für die *philosophes* jedoch auch die Grundlage für die Verwirklichung ureigener Anliegen dar.

2.3 Warum Frankreich?

1766 malte Allan Ramsay die Philosophen David Hume und Jean-Jacques Rousseau, die zu diesem Zeitpunkt noch Freunde waren. Vergleicht man beide Porträts, fallen große Unterschiede auf (Abb. 8 und 9). Der Schotte Hume zeigt sich in einem Habit, der für einen Hochadligen bei Hofe nicht unangemessen wäre, während sich Rousseau in armenischer Tracht darstellen ließ. Hiermit verkündete der schweizerisch-französische Philosoph im Gegensatz zum Schotten seine Distanz zur Oberschicht, ja sogar zur europäischen Gesellschaft insgesamt. In Rousseaus Vorstellung waren die Armenier ein Bergvolk, das eins mit sich und der Natur war. Sie bildeten einen Gegenpol zur vermeintlich gekünstelten Gesellschaft an europäischen Höfen und in Großstädten. Diese Selbstinszenierung kontrastierte mit der Art und Weise, wie sich Gelehrte im Europa des 18. Jahrhunderts darstellen ließen. Ähnlich wie Hume zeigte sich zum Beispiel der hallische Aufklärungstheologe Siegmund Jakob Baumgarten in standesgemäßer Aufmachung (Abb. 10).

Die Frage, warum man außerhalb Frankreichs nur wenige unkonventionelle Porträts von Aufklärern findet, ist nicht nur von kunsthistorischem Interesse. Die Selbstinszenierung als unkonventioneller Philosoph ging mit einem offensiven aufklärerischen Anspruch einher. Sie war vielfach auch Ausdruck von Ideen, die dem Autor ernsthafte Probleme einbringen, seine Karriere beeinträchtigen oder ihn sogar ins Gefängnis oder ins Exil führen konnten, wie der Fall Raynals zeigt. Aufklärer nahmen oft gewaltige Risiken in Kauf, um ihre Ideen zu verbreiten. Zugleich führen die Lebensläufe von berühmten französischen Autoren skandalträchtiger Schriften wie Voltaire und Diderot vor Augen, dass diese trotz gelegentlicher Schicksalsschläge häufig eine glänzende Karriere machten. Herrschten also in Frankreich besondere Bedingungen für die Propagierung von radikalen und heterodoxen Ideen, das heißt von Gedankengut, das kirchliche Dogmen oder die politische Ordnung infrage stellte?

Abb. 8 Allan Ramsay, Porträt von David Hume, Öl auf Leinwand, 1766 (Quelle: Wikipedia; gemeinfrei)

Aufklärer und Aufklärerinnen gehörten unterschiedlichen Ständen an und übten diverse Tätigkeiten aus. Gemein war ihnen, dass die schriftstellerische Tätigkeit in aller Regel nicht signifikant zu ihrem Auskommen beitrug – zumindest nicht direkt – und ihre soziale Stellung wenig vom Buchmarkt abhing. Manche (wie Paul Henri Thiry d'Holbach, Edward Gibbon, der Marquis de Mirabeau, Aleksandr Nikolaevič Radiščev, Jan Potocki oder der Prince de Lignes) waren Privatiers und lebten von ererbten landwirtschaftlichen Gütern. Autorinnen wie Émilie du Châtelet, Sophie de Condorcet, geborene de Grouchy, Félicité de Genlis und Germaine de Staël waren Ehefrauen von Adligen, die deren schriftstellerische Tätigkeit tolerierten oder sogar förderten. Einige Autorinnen waren Mätressen von Mitgliedern der höfischen und staatlichen Eliten. Die Feministin und Abolitionistin Olympe de Gouges gewann eine gewisse Unabhängigkeit als Kurtisane, was ihr ermöglichte, gewagte Ideen in der Öffentlichkeit zu verteidigen.

Die meisten Autoren genossen allerdings keine solche Freiheit und waren auf Pensionen und andere Geld- oder Sachleistungen angewiesen oder mussten einen Beruf

Abb. 9 Allan Ramsay, Porträt von Jean-Jacques Rousseau, Öl auf Leinwand, 1766 (Quelle: Wikipedia; gemeinfrei)

ausüben. Hierfür bot sich grundsätzlich eine große Vielzahl von Tätigkeiten und Ämtern an; doch waren nicht alle gleich gut geeignet, um als *philosophe* in Erscheinung zu treten und vor allem heterodoxe Schriften in die Welt zu setzen. Es musste also ein Pool an adäquaten potentiellen Stellen, Ämtern und Pensionen vorhanden sein, damit sich in einem Land die Aufklärungsphilosophie, vor allem in ihrer heterodoxen Ausprägung, entwickeln konnte. Ebenfalls von großer Bedeutung für das Gedeihen der *philosophes* waren die Art und Weise, wie diese Ämter und Pensionen vergeben wurden, und die Aussichten auf einen gewissen Schutz vor Verfolgungen.

Ämter, die Gelehrten und Literaten ein Auskommen sichern konnten, gab es in Frankreich verhältnismäßig viele. Die Monarchie hatte eine Reihe von administrativen und wissenschaftlichen Einrichtungen geschaffen und sich kirchliche Institutionen beinahe dienstbar gemacht. Manche *philosophes* waren königliche Verwalter (Anne Robert Turgot, Pierre Poivre, Pierre-Paul Le Mercier de La Rivière), hatten ein Amt im Königlichen Botanischen Garten, Observatorium, Physik- oder Astronomiekabinett inne (George-Louis Leclerc de Buffon, Alexis-Marie de Rochon) oder waren in

Abb. 10 Porträt von Siegmund Jakob Baumgarten, Kupferstich, 18. Jahrhundert (Quelle: Wikipedia; gemeinfrei)

der Königlichen Münze tätig (Nicolas de Condorcet, Rochon). Andere leiteten eine Hofzeitung (Raynal) oder arbeiteten für die königliche Zensurbehörde (Mairobert). Die königlichen Akademien brachten den Mitgliedern Pensionen und Prestige ein; sie hatten auch den Posten des Akademiesekretärs zu vergeben (Bernard Fontenelle, Condorcet, Jean d'Alembert, Jean-François Marmontel), der bei den Aufklärern beliebt war. Es gab auch Ämter, die am Hof angesiedelt waren: François Quesnay (1694–1774) war Hofarzt in Versailles, Voltaire arbeitete eine Zeit lang als Hofhistoriograph und gar als Unterkämmerer. Zudem verteilte der König Pensionen, für die keine Gegenleistung erwartet wurde (so im Falle von Voltaire oder auch André Morellet). Eine Besonderheit der französischen Kirche bestand darin, dass der König über die Einkünfte von zahlreichen Abteien verfügen konnte: Viele Abteien wurden als reine Sinekuren vergeben; der damit ernannte „Abt“ (Abbé), der oft kein Priester war, hatte wenig bis keinerlei Pflichten in der Abtei. Von diesem System profitierten Autoren wie Charles-Irénée de Saint-Pierre (1658–1743), Raynal, Antoine-François Prévost (1697–1763), Gabriel Bonnot de Mably (1709–1785), Morellet, Nicolas Baudeau (1730–1792), Pierre-Joseph-André Roubaud (1730–1792) oder auch Emmanuel-Joseph Sieyès (1748–1836). Auch boten die Steuerpacht und Armeelieferung Möglichkeiten für Aufklärer, sich zu bereichern. Claude-Adrien Helvétius und Antoine-Laurent de Lavoisier bauten sich als Generalsteuerpächter ein großes Vermögen auf, und Voltaire verdankte seinen Wohlstand unter anderem seiner Beteiligung an einem Armeelieferantenunternehmen. Schließlich konnten Stellen als Sekretäre von Aristokraten für ein komfortables Auskommen sorgen, wie die Fälle von Mairobert oder Jacques-Pierre Brissot (1754–1793) zeigen. Vielfach sorgten Aufklärer dafür, dass auch Familienmitglieder Ämter oder Privilegien erhielten: So schaffte es Diderot, seinem Schwiegersohn ein wichtiges Monopol zu sichern, was den Aufstieg der Familie in den höchsten Adel innerhalb von drei Generationen ermöglichte.[17] All diese Ämter, Sinekuren, Pensionen, Monopole und sonstigen Privilegien hatten etwas gemeinsam: Man konnte sie nicht ohne die Patronage von Ministern oder Hochadligen erlangen.

Auch wenn Frankreich im europäischen Vergleich besonders viele Stellen und Ämter aufwies, die von Gelehrten und Literaten besetzt werden konnten, boten auch andere Monarchien vielfältige Beschäftigungsmöglichkeiten. Im politisch stark zersplitterten Heiligen Römischen Reich gab es an Höfen von kleineren Territorien zahlreiche Ämter für Gelehrte und Literaten. Der Unterschied zwischen dem Heiligen Römischen Reich und Frankreich lag darin, welche Ämter vergeben wurden, und vor allem, wer sie vergab. Auffällig ist, dass in Deutschland (etwa Christian Wolff, Baumgarten, Kant, Johann Friedrich Blumenbach, Christoph Meiners oder auch Joseph von Sonnenfels) und Schottland (wie etwa Francis Hutcheson und Adam Smith) die meisten Aufklärer Universitätsprofessoren waren, während kaum ein bekannter französischer *philosophe* an einer Universität lehrte. Unter den namhaften schottischen Aufklärern hatte einzig David Hume keinen Lehrstuhl (und er hatte sich mehrmals darum bemüht). Auch außerhalb des Heiligen Römischen Reichs und Schottlands waren viele Aufklärungsphilosophen mindestens eine Zeit lang als Universitätsprofessoren angestellt: etwa Benito Jerónimo Feijoo (1676–1764) in Spanien; Georg Forster (1754–1794), Hugo Kołłątaj (1750–1812), Stanisław Staszic (1755–1826) in Polen-Litauen; Cesare Beccaria (1738–1794) in Mailand.

---

17 Pečar/Tricoire, Diderot the Courtier?, S. 55.

Manche Autoren – teilweise sogar dieselben – waren als Beamte (Christian Wilhelm von Dohm in Brandenburg-Preußen, Joseph Valentin Eybel in Österreich, Tadeusz Czacki und Hugo Kołłątaj in Polen-Litauen, Cesare Beccaria in Mailand, Joseph von Sonnenfels in Österreich) oder als Bibliothekare (Lodovico Antonio Muratori in Modena, Georg Forster in Mainz) beschäftigt. Die wohl berühmtesten spanischen Aufklärer waren Juristen – Pedro Rodríguez de Campomanes (1723–1802) war Anwalt, Gaspar Melchor de Jovellanos (1744–1811) Richter –, ebenso Gaetano Filangieri (1752–1788) in Neapel und Charles Bonnet (1720–1793) in Genf. Eine große Rolle in aufklärerischen Kreisen spielten zudem Kleriker, die nicht wie die meisten französischen „Äbte" nur dem Namen nach der Kirche dienten: Wie der Spanier Feijoo waren zahlreiche Benediktinermönche als Gelehrte tätig; Kołłątaj, Joseph Priestley (1733–1804) und William Robertson (1721–1793) fungierten in ihrer jeweiligen Kirche als Pfarrer.

Unter diesen Bedingungen konnte sich die Aufklärung auch außerhalb Frankreichs entfalten. Doch anders als in Frankreich besaßen nur wenige Autoren aufgrund ihrer Ämter die nötige Freiheit, Heterodoxes und Radikales zu veröffentlichen. Dies lag an ihrer Abhängigkeit von einer Körperschaft oder unmittelbar vom Herrscher. In der ständischen Gesellschaft der Frühen Neuzeit ging die Mitgliedschaft in einer Körperschaft mit der Verpflichtung einher, nichts zu unternehmen, was für die Körperschaft ehrenrührig war. Universitäten zum Beispiel waren vom „Flor", dem Ruf der Einrichtung, stark abhängig. Wenn eine Hochschule den Ruf erlangte, Heterodoxie zu tolerieren, verlor sie schnell ihre Studenten.[18] So war es für heterodoxe Autoren beinahe unmöglich, eine Professur zu bekommen. Abweichler, die bereits Universitätsmitglieder waren, konnten mit einer Strafe seitens der Korporation rechnen. Dies schränkte die Möglichkeit für Gelehrte, heterodoxe Gedanken zu veröffentlichen, enorm ein. Da die Aufklärung in Deutschland und Schottland im Wesentlichen eine Sache von Universitätsprofessoren war, hatte sie überwiegend einen moderaten Charakter. Solche Einschränkungen galten ebenso für Beamte, Richter und Kleriker wie die berühmten Vertreter der spanischen Aufklärung oder die Mitglieder der Berliner Mittwochsgesellschaft.

Viele dieser Amtsträger waren unmittelbar vom regierenden Fürsten abhängig. Die Berliner Aufklärung der 1750er bis 1770er Jahre war in einem bedeutenden Maße eine Schöpfung Friedrichs II., der Pierre Louis Moreau de Maupertuis (1698–1759) an der Akademie, Voltaire als Kämmerer, Julien Offray de La Mettrie (1709–1751) als Hofarzt und Dohm als Beamten beschäftigte. Alle diese Autoren hingen unmittelbar von ihm ab. Da Herrscher Verantwortung für die Verwaltung oder die jeweilige Landeskirche

18 Marianne Taatz-Jacobi/Andreas Pečar, Die Universität Halle und der Berliner Hof. Eine höfisch-akademische Beziehungsgeschichte, Stuttgart 2021 (Kapitel 4).

trugen, konnten sie sich aber nur in einem eingeschränkten Rahmen erlauben, heterodoxe Autoren zu fördern.

Rechtlich gesehen war die Situation in Frankreich zwar nicht anders als im Heiligen Römischen Reich. Auch in Frankreich gelangte man an zahlreiche Ämter und Pensionen formell durch die Gunst des Königs. Doch praktisch spielte bei der Vergabe der königlichen Gunst eine Reihe von hofadligen Clans die entscheidende Rolle. Die französische Aristokratie hatte eine besonders stabile Stellung inne: Seit Ludwig XIV. hatten die Monarchen darauf verzichtet, Ämter nach eigenem Gutdünken zu verteilen; vor allem Hofämter waren faktisch beinahe erblich geworden.[19] Hofadlige konnten es sich deshalb tendenziell eher als in anderen Ländern leisten, unbequeme Autoren zu protegieren. Hinzu kam, dass mehrere *philosophes* durch ausländische – vor allem mittel- und osteuropäische – Fürsten und Fürstinnen geschützt und gefördert wurden. Dies gab den jeweiligen Autoren eine größere Unabhängigkeit von französischen Eliten und somit größere Spielräume, ihre publizistischen Aktivitäten so zu gestalten, wie sie es wollten. Voltaire, Maupertuis, Diderot, Raynal, Simon Nicolas Henri Linguet (1736–1794), Baudeau und Rousseau konnten (in unterschiedlichem Maße und auf verschiedene Weise) davon profitieren.[20]

Ein weiterer Faktor, der die Entfaltung von heterodoxem Denken in Frankreich begünstigte, war die faktische – aber keineswegs rechtliche – Lockerung der königlichen Zensur unter Ludwig XV. Nur Bücher, für deren Inhalt und Qualität der König bürgte, waren legal. Doch führte man für zahlreiche Drucke, die wegen ihres Inhalts, des Copyrights, der Frivolität oder der mangelnden Qualität nicht legal sein konnten, das System der „stillschweigenden Erlaubnisse" (*permissions tacites*) ein. Die Minister tolerierten zudem oft auf eine inoffizielle Weise heterodoxe und politisch gewagte Schriften. Sie versuchten nicht mehr, das Monopol der politischen Information innezuhaben, sondern vielmehr die Information indirekt zu lenken. Minister arbeiteten dafür mit ausländischen Verlagen und Zeitungen zusammen. Das neue System schuf Spielräume für Hofadlige und Minister, die sich nun dafür einsetzen konnten, dass die Schriften ihrer Klienten in einem gewissen Rahmen toleriert würden.[21] Sie konnten

---

19 Leonhard Horowski, Die Belagerung des Thrones. Machtstrukturen und Karrieremechanismen am Hof von Frankreich 1661–1789, Ostfildern 2012.

20 Zum Beispiel wurde Baudeau vom polnischen Hof gefördert, wohin er 1768 reiste: Pernille Røge, Economistes and the Reinvention of Empire. France in the Americas and Africa, c. 1750–1802, Cambridge 2019, S. 86.

21 Simon Burrows, French Censorship on the Eve of the Revolution, in: Nicole Mooere (Hg.), Censorship and the Limits of the Literary, New York 2015, S. 13–31; ders., Police

Pamphlete verbreiten lassen, um Rivalen zu diskreditieren, solange sie gewisse Grenzen nicht überschritten: So durften der herrschende König und die Königin unter keinen Umständen angetastet werden. Im Gegensatz dazu hatte etwa Großbritannien die Vorzensur im späten 17. Jahrhundert zwar weitgehend abgeschafft – im 18. Jahrhundert galt sie lediglich für Theaterstücke –, wies dafür aber ein Justizsystem auf, das Autoren von Pamphleten gegen Personen (*libels*) und die Religion (*blasphemy*) effektiv verfolgte. Obwohl Großbritannien ein liberaleres politisches System als Frankreich hatte, war es unter diesen Bedingungen schwieriger, frontal das Christentum oder auch hochrangige Persönlichkeiten anzugreifen. Aus diesem Grund wurden in Großbritannien heftige Kontroversen um die Pressefreiheit geführt, die aus Sicht zahlreicher Zeitgenossen auf skandalöse Weise eingeschränkt war.[22]

2.4 Lebenswege radikaler Aufklärer

Es gab auch außerhalb Frankreichs Menschen, die Heterodoxes dachten. Diejenigen, die es wagten, solche Gedanken der Öffentlichkeit im Druck mitzuteilen, hatten jedoch selten ein einfaches Leben. Ihre Geschichte konnte anderen Freidenkern nur eine Warnung sein. David Hume verbaute sich die universitäre Karriere dadurch, dass er in moralphilosophischen Fragen eine skeptizistische Haltung einnahm und somit von der aufklärerischen Moralphilosophie abwich, die an schottischen Universitäten dominant war (die Moral-Sense-Philosophie Hutchesons und Shaftesburys).[23] Es ging für ihn verhältnismäßig glimpflich aus, da er zwar auf die akademische Laufbahn verzichten musste, aber dafür die Protektion von Hochadligen erhielt und ein komfortables

---

and Political Pamphleteering in Pre-Revolutionary France. The Testimony of J.-P. Lenoir, Lieutenant-Général of Police, in: David Adams/Adrian Armstrong (Hg.), Print and Power in France and England, Aldershot 2006, S. 99–112; Birn, Royal Censorship; Louise Seaward, Censorship through Cooperation. The Société Typographique de Neuchâtel (STN) and the French Government, 1769–89, in: French History 28, 1 (2014), S. 23–42; Louise Seaward, The Société Typographique de Neuchâtel and the Politics of the Book Trade in Late Eighteenth-Century Europe, 1769–1789, in: European History Quarterly 44, 3 (2014), S. 439–457.

22 Wendell Bird, Liberties of Press and Speech. ‚Evidence Does Not Exist To Contradict the … Blackstonian Sense' in Late 18th Century England?, in: Oxford Journal of Legal Studies 36, 1 (2015), S. 1–25.

23 James Moore, Hume and Hutcheson, in: M. A. Stewart/John P. Wright (Hg.), Hume and Hume's Connexions, Edinburgh 1994, S. 23–57.

Leben hatte. Im Heiligen Römischen Reich hatte Carl Friedrich Bahrdt (1740–1792) dagegen größere Probleme. Aufgrund seiner heterodoxen religiösen Ideen – aber teilweise auch aufgrund seines Lebenswandels – musste er immer wieder die Universität wechseln. Auf Geheiß König Friedrichs II. wurde er von den Professoren an der Universität Halle als Privatdozent eine Zeit lang toleriert. Mit dem Tod des Königs verlor er allerdings seine Stelle und verbrachte seinen Lebensabend als Gastwirt.[24] Viel tragischer verlief das Leben von Pietro Giannone (1676–1748), einem neapolitanischen Juristen, der die politischen Ansprüche des Papsttums angeprangert hatte. Vom örtlichen Klerus angefeindet, musste er Neapel verlassen und verbrachte seine letzten Lebensjahre in einem Gefängnis im Heiligen Römischen Reich.[25] Nicht besser erging es Radiščev, der unter Katharina II. nach Sibirien verbannt wurde, weil er es gewagt hatte, die Leibeigenschaft zu kritisieren. Seine hochadlige Abstammung vermochte ihn nicht vor dem Zorn der Kaiserin zu schützen.[26]

Dagegen erlebte Voltaire einen beeindruckenden sozialen Aufstieg. François-Marie Arouet – wie sein wahrer Name lautete – entstammte dem gehobenen Pariser Bürgertum und war somit zu Beginn seiner Karriere „nur" ein berühmter Dichter, dessen Familie von einem Aristokraten, dem Herzog von Richelieu, protegiert wurde. Sein sozialer Aufstieg begann um 1740 dadurch, dass Richelieu in die Gunst des Königs von Frankreich kam. Voltaire wurde Mitglied der Académie française, Hofhistoriograph und Unterkämmerer. Dank seiner höfischen Beziehungen konnte er darüber hinaus als Armeelieferant ein beträchtliches Vermögen anhäufen. Dennoch verließ Voltaire 1750 Frankreich Richtung Berlin, weil er hoffte, am Hof Friedrichs II. eine noch glänzendere Karriere zu machen; er wurde dort Kämmerer. Nachdem er 1753 aufgrund seiner Angriffe gegen einen anderen *philosophe* – den vom König persönlich protegierten Maupertuis – beinahe fluchtartig Brandenburg-Preußen hatte verlassen müssen, fand er sich zwar in einer schwierigen Situation wieder, denn er hatte durch seinen Dienst in Preußen seine Protektionen am französischen Hof verloren. Nichtsdestotrotz gewann Voltaire innerhalb weniger Jahre die Patronage führender Hofpersönlichkeiten zurück, was ihm in den 1760er Jahren die nötige Freiheit verschaffte, um religiös heterodoxe

---

24 Siehe Bahrdts Autobiographie: Carl Friedrich BAHRDT, Carl Friedrich Bahrdts Geschichte seines Lebens, seiner Meinungen und Schicksale, Berlin 1791. Siehe auch Andrew MCKENZIE-MCHARG, Überlegungen zur Radikalaufklärung am Beispiel von Carl Friedrich Bahrdt, in: Aufklärung 24 (2012), S. 207–240.

25 Gisela SCHLÜTER, San Gennaro oder die Ohnmacht der Vernunft. Zum Fall Pietro Giannone, in: Romanische Studien 108, 1–2 (1996), S. 50–88.

26 SCHIPPAN, Die Aufklärung, S. 138–142.

Schriften in die Welt zu setzen. Ab der Mitte der 1760er Jahre genoss er zudem die Patronage der Kaiserin Katharina II. von Russland, die wie Friedrich II. ganz vertraut mit ihm korrespondierte.[27] Somit hatte sich Voltaire mit einem Netz hochrangiger Patrone umgeben, das ihn auch dann vor einem Sturz bewahrte, wenn ein Faden riss.

Diderots Geschichte ist ebenfalls die eines steilen sozialen Aufstiegs, auch wenn sie selten so erzählt wird. Diderot entstammte dem Provinzbürgertum. Dank der Protektion, die er von Katharina II. erhielt, konnte er ein komfortables Leben führen. Der Preis dafür waren zahlreiche Dienste für seine Patronin, die von den Biographen des Aufklärers meistens unterschätzt werden: Diderot war Katharinas Kunstmakler und Oberpropagandist in Paris und verstand seine Rolle als komplementär zu der des russischen Botschafters. Weitgehend verschwiegen wird in den gängigen Biographien, dass Diderot auch für Mitglieder des französischen Hofs arbeitete: Für den Polizeidirektor und Oberzensor Antoine de Sartine war Diderot mindestens gelegentlich ein inoffizieller Mitarbeiter der königlichen Zensur; für den Außenminister Aiguillon war er als inoffizieller Diplomat in Petersburg tätig; hinzu kamen Dienste für den Finanzminister Necker. Dank dieser Beziehungen konnte er seine Tochter vorteilhaft verheiraten und für seinen Schwager das überaus einträchtige Monopol der Holzlieferung für den Hafen von Toulon sichern. Sein Enkelsohn wurde unter der Restauration (1815–1830) Pair de France und gehörte somit dem höchsten Rang des französischen Adels an.[28]

Der aufklärerische Anspruch, wie Raynal ihn vertrat, konnte also am offensivsten in Frankreich entwickelt werden, weil Autoren in diesem Königreich zahlreiche Protektionsmöglichkeiten offenstanden. Der Hof spielte eine große Rolle in der Geschichte der Aufklärung, was die Forschung unter dem Eindruck der Habermas'schen These von der bürgerlichen Öffentlichkeit lange Zeit vernachlässigt hat. Viele *philosophes*, auch Heterodoxe und politisch Radikale, konnten dank der Patronage von Höflingen Karriere machen. Wenn sie Literatur für ein breiteres Publikum und keine gelehrten – „pedantischen" – Texte verfassten, dann auch, weil sie von den Normen der höfischen Gesellschaft geprägt waren. Sie beeinflussten wiederum die höfische Kultur: Kommunikationsnormen, Soziabilitäten, Körpersprache und Repräsentationspolitik erhielten vielerorts einen aufklärerischen Charakter. Aufklärung und Hof waren durch zahlreiche Interdependenzen und gegenseitige Einflüsse verquickt.

---

27 Die grundlegende Biographie Voltaires, die allerdings Patronagebeziehungen stark vernachlässigt: René Pomeau u. a., Voltaire en son temps, 2 Bde., Oxford 1995.

28 Es gibt keine zufriedenstellende Biographie Diderots. Am besten bleibt Arthur M. Wilson, Diderot, New York 1972. Über Diderots Verhältnis zu Patronen: Tricoire und Pečar, Diderot the Courtier?

2.5 Aufklärerinnen

Als im Jahr 1782 die Gräfin Félicité de Genlis den Herzog von Chartres ins Theater begleitete, um einer Aufführung von Molières (1622–1673) *Die gelehrten Frauen* (*Les femmes savantes*, 1662 uraufgeführt) beizuwohnen, wurde sie gehörig ausgebuht. Molières Stück nahm die Frauen, die sich als Gelehrte profilieren wollten, ins Visier. Das Publikum bezog die satirischen Attacken auf Frauen als Autorinnen auf die Gräfin von Genlis, die sich gerade einen großen Namen mit *Adèle und Théodore* (*Adèle et Théodore*, 1782) gemacht hatte, einem Buch über die Erziehung, das auf Rousseaus *Émile* antwortete. Mme de Genlis, wie sie genannt wurde, war zu Lebzeiten zweifellos eine erfolgreiche Autorin von Abhandlungen und Romanen. Dennoch zeigt ihr Lebensweg, dass die Spielräume von Autoren im 18. Jahrhundert nicht nur durch die Notwendigkeit eingeengt waren, Patronen zu dienen, sondern auch durch Geschlechterrollen.

Im Vergleich zu früheren Epochen hatten die Frauen der höheren Stände im 17. und 18. Jahrhundert mehr Möglichkeiten, als Patroninnen, Salonièren (Gastgeberinnen im Rahmen eines Salons) und auch Autorinnen literarisch und philosophisch zu wirken.[29] Vor allem im 18. Jahrhundert waren deutlich mehr Frauen als Schriftstellerinnen erfolgreich und erreichten ein größeres Publikum als je zuvor. Sie beteiligten sich erfolgreich an akademischen Preissauschreibungen, in denen anonymisierte Schriften begutachtet wurden.[30] Die US-amerikanische Historikerin Dena Goodman sieht sie sogar als wahrhaftige Herrscherinnen über die Gelehrtenrepublik, weil sie als Salonièren die Konversation angeführt hätten.[31] Dennoch hatten Frauen weiterhin viel weniger Möglichkeiten als Männer, sich als Intellektuelle zu profilieren. Genauso wie der literarische Charakter der Salons überschätzt worden ist, ist die Rolle der Frauen als Anführerinnen der gelehrten Konversationskultur wohl übertrieben worden. Die Salonièren verließen niemals die Rolle der Hausfrau und Gastgeberin, die in erster Linie darauf achten sollte, dass eine angenehme Atmosphäre herrschte.[32] Vor allem war es für Frauen ungleich schwieriger, sich durch eigene Schriften zu profilieren, denn sie blieben stets als Frauen angreifbar und waren von Patronagenetzwerken weitgehend

29 Dena Goodman, Enlightenment Salons. The Convergence of Female and Philosophic Ambitions, in: Eighteenth-Century Studies 22, 3 (1989), S. 329–350.

30 Jeremy L. Caradonna, The Enlightenment in Practice. Academic Prize Contest and Intellectual Culture in France, 1670–1794, Ithaca/London 2012, insb. S. 229–232.

31 Goodman, The Republic of Letters, S. 90–135.

32 Lilti, Le Monde des salons.

und von prestigereichen Institutionen wie den Akademien vollkommen ausgeschlossen. Es ziemte sich für eine Frau nicht, gelehrt zu sein, wie Molières Satire *Die gelehrten Frauen* bereits im vorangegangenen Jahrhundert gezeigt hatte. Eine Frau von Stand sollte zwar durchaus eine gewisse Bildung genießen und zum Beispiel fähig sein, geistvolle Briefe zu verfassen oder eine interessante Konversation zu führen. Doch sollten Ton und Inhalt niemals allzu ernsthaft und gelehrt erscheinen; sonst konnte die Frau in den Ruf geraten, eine selbstverliebte Pedantin zu sein. Dies war ein schwerer Verstoß gegen das Bescheidenheitsgebot, das für das weibliche Geschlecht in einem sehr viel stärkeren Maße galt als für Männer. Öffentlich zur Feder zu greifen, erforderte somit viel Mut, und daran mangelte es Mme de Genlis gewiss nicht. Sie ließ sich nicht einschüchtern und veröffentlichte 1784 einen Roman, der sich eines großen Erfolgs beim Publikum erfreuen sollte. *Abendliche Zusammenkünfte im Schloss* (*Les Veillées du Château*, 1782) war ein Angriff auf die Männer, die glaubten, dass Frauen niemals Ruhm erlangen könnten.[33]

Der Hohn, der Mme de Genlis entgegengebracht wurde, zeigt, dass die Rolle der Frau den damals vorherrschenden Normen zufolge vornehmlich auf die häusliche Sphäre begrenzt sein sollte. Frauen waren willkommene Akteurinnen in der Aufklärung, aber vor allem als Gastgeberinnen in der Salonkultur. Sie waren da Meisterinnen der Höflichkeit und geistvolle Stichwortgeberinnen, aber nur selten Philosophinnen. Wenn sie sich philosophisch betätigen wollten, ohne gleich in Pamphleten attackiert zu werden, mussten sie ihre Gedanken unter dem Namen ihres Ehemanns veröffentlichen. Auf dieses Mittel griff zum Beispiel Sophie de Condorcet, geborene de Grouchy (1764–1822), zurück, die den vielbeachteten Mathematiker und Philosophen Condorcet 1786 geheiratet hatte: Teile seiner berühmten Schrift über die Errichtung eines öffentlichen Bildungswesens stammen vermutlich aus ihrer Feder.[34] Mme de Condorcet war damit kein Einzelfall: Nicht nur für sie bot die Ehe mit einem Aufklärungsphilosophen Spielräume, sich intellektuell zu betätigen. Da Familiensinn im 18. Jahrhundert als ein Merkmal der moralischen Läuterung galt, stellten sich manche Haushalte in der Öffentlichkeit gar als aufklärerische Familien dar. Die Zusammenarbeit zwischen dem *philosophe* und seiner Ehefrau war oft fruchtbar.[35]

---

33 Anne L. Schroder, Going Public against the Academy in 1784. Mme de Genlis Speaks Out on Gender Bias, Baltimore 1999.

34 Kathleen Theodora McCrudden, Fraternité, Liberté, Égalité. Sophie de Grouchy, Moral Republicanism, and the History of Liberalism, 1785–1815, PhD Diss., Yale University, New Haven 2021.

35 Roberts, Sentimental Savants.

Frauen, die ihre Werke drucken lassen wollten, widmeten sich meistens eher der Fiktion als der Philosophie. Eine Schriftstellerin entsprach eher den allgemeinen Erwartungen als eine Philosophin. Doch selbst Schriftstellerinnen sahen sich teilweise gezwungen, gar nicht als Autorinnen öffentlich aufzutreten. Mehrere Jahrzehnte vor Jane Austen (1775–1817) konnte die englische Schriftstellerin Frances Burney (1752–1840) zwar mit ihrem Roman *Evelina* (1778) einen großen Publikumserfolg erzielen. Um dieses Werk zu publizieren, musste sie jedoch ihren Bruder bitten, sich gegenüber dem Verleger für den Autor des Buches auszugeben. Immerhin brachte ihr dieser Roman im Nachhinein wahrhaftigen Ruhm ein und half ihr, ein Hofamt als Keeper of the Robes der Königin Charlotte zu erlangen. Ihre Geschichte zeugt zweifellos von der Emergenz der öffentlichen Figur der Schriftstellerin, aber eben nur halb: Genauso wichtig für die von ihr nie angestrebte höfische „Karriere“ war die musikhistorische Tätigkeit ihres Vaters.[36]

Verheiratete Frauen waren nicht immer frei, ihre literarischen oder gar philosophischen Aktivitäten öffentlich zu präsentieren. Da die Familienehre im Spiel war, brauchten Frauen die Zustimmung ihres Gatten, um sich publizistisch zu betätigen. Das enge Korsett der Geschlechterrollen hielt manche Frauen freilich nicht davon ab, als Autorinnen in Erscheinung zu treten. Einige hatten als Publizistinnen und Verfasserinnen von moralischen Wochenschriften an der Geschichte der Aufklärung Anteil, wie die Engländerin Eliza Haywood (1693–1756).[37] Andere waren wissenschaftlich tätig und wurden dabei als Gelehrte mehr oder weniger akzeptiert. Vereinzelt studierten im 18. Jahrhundert Frauen an Universitäten, wie Dorothea Christiane Erxleben (1715–1762) in Halle, die erste promovierte deutsche Ärztin. Laura Bassi (1711–1778) wurde sogar zur Professorin an der Universität Bologna ernannt. Ebenfalls Berühmtheit erlangte Émilie du Châtelet (1706–1749): Sie arbeitete sich weitgehend autodidaktisch in die Physik und Mathematik ein, nahm an der Preisausschreibung einer Akademie zum Thema Feuer teil, veröffentlichte eine kritische Besprechung der physikalischen Theorie ihres Liebhabers Voltaire in der Zeitschrift *Das Gelehrtenjournal* (*Le Journal des sçavans*) und legte selbst eine Zusammenfassung der physikalischen Lehre sowie einen Bibel-Kommentar vor. Émilie du Châtelet wurde für die Popularisierung von Newtons Arbeiten berühmt und international als Mitglied der Gelehrtenrepublik anerkannt, wie ihre Aufnahme in die Akademie von Bologna oder in biographische Überblicke berühmter Gelehrter bezeugt. Zudem übte Mme du Châtelet einen großen philosophischen

36 Clarissa Campbell-Orr, Celebrity, Status, and Gender at the Late Hanoverian Court. The Careers of Charles Burney (1726–1814) and Frances Burney (1752–1840), in: Biskup u.a. (Hg.), Enlightenment at Court, S. 69–95.

37 Kathryn R. King, A Political Biography of Eliza Haywood, London 2016.

Einfluss auf ihren Geliebten Voltaire aus und spielte somit auch indirekt eine wichtige Rolle in der Geistesgeschichte des 18. Jahrhunderts. Dennoch zeigt ihr Lebensweg, weshalb im 18. Jahrhundert nur wenige Frauen eine solche Karriere als Femmes de Lettres einschlugen: Sogar Émilie du Châtelet musste böse Satiren über sich ergehen lassen.[38]

2.6 Afrikanischstämmige Autoren im 18. Jahrhundert

Nicht nur Frauen mussten hohe Hürden überwinden, um sich als Autorinnen zu betätigen. Auch für Autoren nichteuropäischer Herkunft war es nicht leicht, sich als Hommes de Lettres zu etablieren. Dies traf vor allem auf afrikanischstämmige Intellektuelle zu, die als Sklaven in die europäisch dominierte Welt verschleppt wurden. In Deutschland ist der Fall Anton Wilhelm Amo bekannt, der von der sogenannten Sklavenküste, dem heutigen Ghana, stammte und als Kind von der niederländischen Westindischen Kompanie an den Fürsten Anton Ulrich von Braunschweig-Wolfenbüttel verschenkt wurde. Amo erhielt wie viele andere junge Afrikaner an deutschen Höfen eine Stellung als „Kammermohr“ und diente somit der Repräsentation des Fürsten und der Unterhaltung der hochadligen Elite. Untypisch war hingegen, dass seine Herren sich entschieden, ihm die Möglichkeit zu geben, sich geistig zu bilden. Er genoss in den 1720er Jahren eine höhere Bildung in Braunschweig-Wolfenbüttel – an welcher Einrichtung, ist unbekannt –, besuchte daraufhin die Universitäten Halle und Wittenberg und durchlief die vollständige akademische Bildung inklusive Promotion. Er lehrte anschließend als Privatdozent in Halle und kurze Zeit auch in Jena, was mit prekären Lebensverhältnissen einherging (Sicherheit und Annehmlichkeiten bot nur die ordentliche Professur). Über die letzten 43 Jahre seines Lebens ist wenig bekannt. Sicher ist, dass er an die „Sklavenküste“ zurückkehrte und im Fort Sankt-Sebastian der niederländischen Westindischen Kompanie lebte, die ihn als Kind gekauft und nach Europa gebracht hatte.[39] Da die Westindische Kompanie keine Wohlfahrtseinrichtung

38 Judith P. Zinsser/Julie Candler Hayes, The Marquise as Philosophe, in: dies. (Hg.), Emilie du Châtelet. Rewriting Enlightenment Philosophy and Science, Oxford 2006, S. 24–31; John R. Iverson, A Female Member of the Republic of Letters: Du Châtelet's Portrait in the Bilder-Sal […] berühmter Schrifftsteller, in: Zinsser/Hayes (Hg.), Emilie Du Châtelet, S. 35–64; Ulla Kölving/Olivier Courcelle (Hg.), Émilie Du Châtelet. Éclairages et documents nouveaux, Ferney-Voltaire 2008.

39 Ottmar Ette, Anton Wilhelm Amo. Philosophieren ohne festen Wohnsitz. Eine Philosophie der Aufklärung zwischen Europa und Afrika, Berlin 2014.

war, erscheint es plausibel, dass Amo für sie tätig war. Das hieße, dass er mit Sklavenhandel seinen Lebensunterhalt verdiente.

Merkwürdigerweise wird Amo heutzutage als „Vordenker des Antirassismus" erinnert.[40] Amo trat publizistisch nicht in Erscheinung, und über seine Ideen ist wenig bekannt. Seine erste Disputation behandelte die rechtliche Stellung der „Mohren", wie man die afrikanischstämmigen versklavten Menschen euphemistisch nannte. Der Text ist verschollen, aber nichts deutet darauf hin, dass Amo darin den Rassismus oder die Sklaverei angeprangert hätte.[41] Mit größerer Sicherheit kann man jedoch sagen, dass Amo sich im Heiligen Römischen Reich rassistischen Anfeindungen ausgesetzt sah. Rassistische Deutungen konnten gegen Afrikanischstämmige jederzeit benutzt werden, um sie zu diskreditieren. Im Jahre 1749 – also einige Jahre nach seiner Rückkehr nach Ghana – erschien ein Spottgedicht auf ihn und einen angeblichen, missglückten Heiratsantrag.[42] Die frühneuzeitlichen Gesellschaften achteten sehr auf die ständische Herkunft und definierten den Kreis potentieller Heiratspartner nach diesem Prinzip. Daher ist es sehr wahrscheinlich, dass Amo sich mit hohen Hürden konfrontiert sah, wenn es ihm darum ging, keine Kuriosität mehr zu sein, sondern ein „normales" Mitglied des Gelehrtenstandes zu werden, zu dem er beruflich und von seinen Qualifikationen her gehörte.

Mitte des 18. Jahrhunderts scheint die deutsche Öffentlichkeit einen „gelehrten Mohren" für ein Oxymoron und einen guten Stoff für Satire gehalten zu haben – genauso wie Molière im vorangegangenen Jahrhundert die „gelehrten Frauen" ins Lächerliche ziehen konnte. Erst in der zweiten Hälfte des 18. Jahrhunderts boten sich den afrikanischstämmigen Intellektuellen Spielräume, um sich als Autoren zu profilieren: Die abolitionistische Bewegung – das heißt die Strömung, die für eine Abschaffung von Sklavenhandel und Sklaverei kämpfte – schuf vor allem in Großbritannien zum ersten Mal ein Milieu, das „schwarze" Autoren willkommen hieß. Dieses Milieu war evangelikal, wie der Tenor der britischen abolitionistischen Bewegung. Olaudah Equiano (ca. 1745–1797), der nach eigenen Aussagen aus dem Benin (heute Nigeria)

40 Siehe die Bezeichnung auf der deutschen Wikipedia-Seite: https://de.wikipedia.org/wiki/Anton_Wilhelm_Amo (zuletzt besucht am 15.08.2021).

41 Siehe die knappe Zusammenfassung in: Wöchentliche Hallische Frage- und Anzeigungs-Nachrichten 18 (1729), Sp. 273.

42 Johann Ernst Philippi: III. Herrn M. Amo, Eines gelehrten Mohrens, galanter Liebes-Antrag An die Mademoiselle Astrine, eine schöne Brünette/IV. Der Mademoiselle Astrine Parodische Antwort auf vorstehendes Gedichte eines verliebten Mohrens, in: ders.: Belustigende Poetische Schaubühne, Frankfurt a. M. 1749, S. 10–19.

stammte, als Sklave in die Karibik verschleppt wurde und sich 1766 aus der Sklaverei freikaufen konnte, veröffentlichte in diesem Rahmen seine Autobiographie (wobei weite Teile seines darin geschilderten Lebensweges fiktional gewesen sein mögen).[43] Auch Ignatius Sancho (1729–1780) war mit der abolitionistischen Bewegung verbunden. Er wurde auf einem Sklavenschiff geboren und arbeitete als Kind und Jugendlicher als Haussklave in einer vornehmen Londoner Familie. Später lief er weg und stellte sich unter den Schutz des aristokratischen Geschlechts der Montagu, dessen Mitglieder ihn als Butler beschäftigten und ihm eine Bildung ermöglichten. Frei und ein bürgerliches Leben führend, engagierte Sancho sich für die Abschaffung von Sklavenhandel und Sklaverei. Er verkehrte und korrespondierte mit angesehenen *Men of letters*, ohne zu Lebzeiten etwas zu veröffentlichen. Seine Briefe entsprachen dem Empfindsamkeitsideal der Zeit. Sie erschienen kurz nach seinem Tod und wurden zu einem Publikumserfolg.[44]

Amos, Equianos und Sanchos Lebenswege zeigen, dass manche versklavten Afrikaner oder Afrikanischstämmige es trotz aller Widrigkeiten schafften, sich intellektuell und schriftstellerisch zu entfalten. Nichtsdestotrotz blieb den meisten diese Möglichkeit verwehrt. Waren schon „weiße" Männer durch die extremen Ungleichheiten der frühneuzeitlichen Ständegesellschaften in ihrer Freiheit stark eingeschränkt, so galt dies umso mehr für Frauen und Afrikaner und Afrikanerinnen. Die vormodernen Gesellschaften boten nur wenig Raum zur Selbstverwirklichung.

43 Olaudah Equiano, The Interesting Narrative of the Life of Olaudah Equiano, or Gustavus Vassa, the African, London 1789. Carretta has shown that Equiano was not born in Africa: Vincent Carretta, Equiano, the African. Biography of a Self-Made Man, Athens 2005.

44 Ignatius Sancho, Letters of the Late Ignatius Sancho, an African. To Which Are Prefixed Memoirs of his Life, 2 Bde., Cambridge 1782; Helena Woodard, African-British Writings in the Eighteenth Century. The Politics of Race and Reason, Westport 1999, S. 67–98.

3 Die Erfindung der Aufklärung

Wenn es um die Frage geht, wie die Aufklärung entstand, verweisen viele Forschungsbeiträge auf die traumatischen Erfahrungen der Religionskriege und insbesondere des Dreißigjährigen Kriegs. Die Erfahrung der zerstörerischen Kraft der Religion habe den Ruf nach Toleranz laut werden lassen.[1] Diese Erklärung bringt zwar wichtige Impulse für die Entstehung der aufklärerischen Gedankenwelt zur Geltung, greift jedoch insgesamt zu kurz. Im späten 17. Jahrhundert gehörten Religionskriege zwischen Protestanten und Katholiken größtenteils der Vergangenheit an und auch der Dreißigjährige Krieg war nur bedingt ein Religionskrieg gewesen. Der Westfälische Friede (1648) hatte das Heilige Römische Reich weitgehend stabilisiert: Die Konversion des sächsischen Kurfürsten August des Starken zum Katholizismus 1697 provozierte zum Beispiel keinen Krieg, weil die Regel, wonach Untertanen die Religion ihrer Fürsten anzunehmen hätten, 1648 abgeschafft worden war. Der Aufstand der Protestanten in den Cevennen in Mittelfrankreich (1685–1711) war wohl der letzte große Religionskrieg Europas gewesen. Vor allem aber hatten die frühen Vertreter der Religionstoleranz – wie das neunte Kapitel zeigen wird – meist nicht die Toleranz zwischen Protestanten und Katholiken im Blick. Das Aufkommen der Aufklärung war weniger eine Reaktion auf Konflikte zwischen den christlichen Konfessionen als vielmehr eine Antwort auf moraltheologische Kontroversen, die *innerhalb* der christlichen Konfessionen tobten. Um diese zu verstehen, ist ein Blick auf die Diskussionen über die Natur des Menschen und seine (Un-)Fähigkeit, sich moralisch zu verbessern, notwendig.

---

1 Zum Beispiel in Paul Hazard, La Crise de la conscience européenne, Paris 1961, S. 81–222; Gisela Schlüter, Toleranz, in: Heinz Thoma (Hg.), Handbuch Europäische Aufklärung. Begriffe, Konzepte, Wirkung, Stuttgart 2015, S. 497–505; Pagden, The Enlightenment, S. 26–30.

3.1 Ist der Mensch verdorben?

Sowohl im Calvinismus als auch im Katholizismus bekämpften sich im 17. Jahrhundert je zwei Parteien, die unterschiedliche Konzeptionen vom Menschen und seinen Beziehungen zu Gott hatten. Die einen sahen sich als treue Anhänger der Lehre des heiliggesprochenen Kirchenvaters Augustinus von Hippo (354–430), eines spätantiken nordafrikanischen Bischofs. Augustinus glaubte, der Mensch sei von Gott als gut erschaffen worden, doch der Sündenfall und die daraus folgende Erbsünde hätten ihn vollkommen verdorben. Frühneuzeitliche Augustinisten waren deshalb überzeugt, der Mensch könne nicht aus eigener Kraft an seinem Seelenheil mitwirken und zur Moral finden. Dafür brauche er die bedingungslos geschenkte göttliche Gnade. Gott spende zwar Menschen das Heil, weil der Opfertod Christi die Verletzung seiner Ehre durch den Sündenfall wiedergutgemacht habe (Satisfaktionslehre). Allerdings betreffe das nur einen auserwählten Teil der Menschheit. Der Mensch bleibe von seinen Leidenschaften (seiner „Selbstliebe“) so sehr beherrscht, dass Gesellschaft nur durch obrigkeitlichen Zwang entstehen und funktionieren könne.[2]

Die Gegner der Augustinisten werden manchmal als Semipelagianisten bezeichnet.[3] Sie gingen davon aus, dass der Mensch zwar der göttlichen Gnade bedürfe, um sich moralisch zu verhalten, doch trotz der Erbsünde frei bleibe, die göttliche Gnade anzunehmen oder abzulehnen. Ihnen zufolge könne der Mensch also selbst entscheiden, ob er den guten oder den schlechten Weg einschlägt. Sie glaubten nicht, dass der Mensch in allen Interaktionen mit seinen Mitmenschen von den eigenen Leidenschaften und der Selbstliebe getrieben sei. Auch wenn sie der Obrigkeit eine wichtige Rolle bei der Erhaltung der sozialen Ordnung zusprachen, meinten sie, der Mensch sei von Natur aus gesellig und von Gott mit einem Gewissen ausgestattet worden, um das Richtige zu erkennen und zu fühlen.[4]

Die Kirchen in ganz Europa waren von den Auseinandersetzungen zwischen diesen beiden Schulen geprägt. Die augustinische Lehre hatte sich in den protestantischen

2 Zur Einführung in die Geschichte des Augustinismus: „Augustin/Augustinismus“ in der Theologischen Realenzyklopädie (TRE).

3 Die Bezeichnung „Semipelagianisten“ nimmt auf Pelagius (ca. 350 – ca. 418) Bezug, der die Lehre des Augustinus bekämpfte und die Erbsündelehre ablehnte. Für ihn war der Mensch imstande, auch ohne göttliche Gnade den göttlichen Geboten zu gehorchen.

4 Über diese Strömung: Damien Tricoire, What Was the Catholic Reformation? Marian Piety and the Universalization of Divine Love, in: The Catholic Historical Review 103, 1 (2017), S. 20–49.

Reformationen des 16. Jahrhunderts durchgesetzt. Im Katholizismus war nach dem Konzil von Trient (1545–1563) hingegen die moderatere Lehre dominant geworden, die die Mitwirkung des Menschen an seinem Heil und seine Fähigkeit, das Richtige zu erkennen und zu entscheiden, behauptete. Im 17. Jahrhundert erlebte jedoch der Semipelagianismus im Reformiertentum ein Comeback, während im Katholizismus im Gegenteil der Augustinismus auf dem Vormarsch war. Dies führte zu heftigen binnenkonfessionellen Konflikten. Die Kontroverse brach im Reformiertentum an der Theologie des niederländischen Professors Jacobus Arminius (1560–1609) aus, die der Theologe Philipp van Limborch (1633–1712) in der zweiten Hälfte des 17. Jahrhunderts weiter radikalisierte. Auf dieser theologischen Grundlage formierte sich ein Milieu von Gegnern der augustinisch geprägten reformierten Orthodoxie, die in der Forschung entweder als Arminianer oder als Remonstranten bezeichnet werden. Die Remonstranten betonten den Beitrag des Menschen zu seinem Seelenheil und seiner moralischen Verbesserung.[5] Gleichzeitig verbreitete und radikalisierte sich im Katholizismus der Augustinismus, dessen Anhänger nach dem Löwener Theologen Cornelius Jansen (1585–1638) Jansenisten genannt wurden. Diese katholischen Augustinisten glaubten, dass der Mensch sich nicht aus eigener Kraft verbessern könne, sondern in Demut auf die göttliche Gnade hoffen müsse. Sie griffen ab der Mitte des 17. Jahrhunderts die Akkommodationsstrategie der Jesuiten – das heißt die bewusste Anpassung des Christentums an die Erwartungen von unterschiedlichen Ständen und Kulturen – und insbesondere deren Moraltheologie (den sogenannten Probabilismus) an, die eine gewisse Pluralität von Normen und viele etablierte Bräuche tolerierte.[6]

5 Über den Arminianismus und die Debatten über die göttliche Gnade und den Menschen im Reformiertentum: Theodoor Marius van Leeuwen (Hg.), Arminius, Arminianism, and Europe: Jacobus Arminius (1559/60–1609), Leiden 2009; Keith D. Stanglin/Thomas McCall, Jacob Arminius. Theologian of Grace, New York 2012; Jordan Joseph Ballor/Matthew T. Gaetano/David S. Sytsma (Hg.), Beyond Dordt and De Auxiliis. The Dynamics of Protestant and Catholic Soteriology in the Sixteenth and Seventeenth centuries, Leiden 2019; Dirk Pfeiffer, Arminianismus in England und den Niederlanden. Ein Beitrag zur Konfessionalisierungsdebatte?, in: Thomas Brockmann (Hg.), Das Konfessionalisierungsparadigma. Leistungen, Probleme, Grenzen, Münster 2013, S. 221–234; John Mark Hicks, Righteousness of Saving Faith – Arminian versus Remonstrant Grace, in: Evangelical Journal 9 (1991), S. 27–39.

6 Art. Cornelius Jansen/Jansenismus, in: Theologische Realenzyklopädie. Zur Einführung: Louis Cognet, Le Jansénisme, Paris 1961.

Tab. 1 Strömungen in Reformiertentum und Katholizismus (eigene Darstellung)

	Calvinismus	**Katholizismus**
Augustinismus	Reformierte Orthodoxie	Jansenismus
Semipelagianismus	Remonstrantentum (Arminianismus)	Katholischer Mainstream (Jesuiten)

Diese Kontroversen prägten das geistige Klima der zweiten Hälfte des 17. Jahrhunderts. Weder im Katholizismus noch im Reformiertentum gelang es einem der beiden Lager sich durchzusetzen. Der jesuitische Probabilismus und die Akkommodationsstrategie wurden vielfach für theoretisch schwach befunden und sahen sich dem beißenden Spott des jansenistischen Mathematikers und Philosophen Blaise Pascal (1623–1662) in seiner Satireschrift *Briefe aus der Provinz* (*Lettres provinciales*, 1656/1657) ausgesetzt.[7] Katholische Augustinisten wie Pascal fragten: Führt es nicht zu einer moralischen Beliebigkeit, wenn man die Gültigkeit von einander zuwiderlaufenden Normen verteidigt? Kann man so leichtfertig die absolute Priorität der Lehre Christi aufgeben und etablierte Bräuche tolerieren, die dem Evangelium widersprechen? Was sind die Offenbarung, die Fleischwerdung und der Opfertod Christi noch wert?

Doch die katholischen wie die protestantischen Gegner des Augustinismus hatten ebenfalls gute Argumente. In ihren Augen setzten die Augustinisten den barmherzigen Herrgott mit einer willkürlichen und grausamen Gottheit gleich. Sie nahmen an dem augustinischen Gedanken Anstoß, dass Gott nur wenige zu erretten gedenke. Wie könne Gott den größten Teil der Menschheit zur Sünde und zur Verdammnis bestimmen? Aus Sicht ihrer Gegner verlangten die Augustinisten zudem vom Menschen Unmögliches und liefen somit Gefahr, ihn zu entmutigen. Diese Fragen blieben ungelöst; es entstand kein Konsens in moraltheologischen Fragen.

Heftige theologische Auseinandersetzungen erschütterten auch die englische Kirche. Diese Kontroversen hatten weniger mit Fragen der Gnaden- und Moraltheologie als vielmehr mit auseinandergehenden Meinungen bezüglich der Kirchenlehre und der Liturgie zu tun. In der ersten Hälfte des 17. Jahrhunderts tobte ein Kampf zwischen den Anhängern des Erzbischofs von Canterbury William Laud (Laudianisten) und den sogenannten Puritanern. Die Laudianisten wollten die traditionellen Riten und die Kirchenstruktur beibehalten oder wiedereinführen, während die Puritaner, die unter dem Einfluss des Reformiertentums standen, die Kirche zur evangelischen „Reinheit" und Einfachheit zurückführen wollten. Dieser Konflikt trug maßgeblich

7 [Blaise Pascal,] Les Provinciales ou Les lettres écrites par Louis de Montalte à un provincial de ses amis, Paris 1656.

zum Ausbruch des Bürgerkrieges (1642–1651) bei, der mit der Hinrichtung König Karls I. (1600–1649, Herrschaft ab 1625) und der Errichtung des Protektorats von Oliver Cromwell (1599–1658, Regierung ab 1653) endete.[8]

In der zweiten Hälfte des 17. Jahrhunderts – nach der Restauration der englischen Monarchie 1660 – kam eine Strömung auf, die den Konflikt zwischen Laudianisten und Puritanern begraben wollte: Die Latitudinaristen hielten die kontroversen Aspekte des Ritus und der Kirchenorganisation für „Nebendinge" (Adiaphora), das heißt heilsirrelevante Fragen. Was für sie wirklich zählte, war die moralische Lebensführung. Sie schätzten dabei die Fähigkeit des Menschen zur Moral höher ein als die Anhänger eines strikten Augustinismus.[9] Sie traten für eine Integration der Puritaner in die englische Kirche ein, was die Zeitgenossen als *comprehension policy* bezeichneten. Sowohl unter dem Restaurationskönig Karl II. (Herrschaft 1660–1685) als auch nach der „Glorreichen Revolution" von 1688 wurden die Latitudinaristen vom König bzw. vom Königspaar gefördert und gewannen somit stark an Einfluss.

Im Luthertum gab es dagegen im 17. Jahrhundert keine nennenswerte Herausforderung des Augustinismus durch semipelagianische Vorstellungen. Kontrovers diskutiert wurde vor allem das Verhältnis gegenüber den Reformierten, also den Calvinisten. Die sogenannte lutherische Orthodoxie hielt an der „Konkordienformel" fest, einer Zusammenfassung der lutherischen Lehre aus dem Jahr 1577, die jede Annäherung an das Reformiertentum unmöglich machte. Zudem tobte ein Streit zwischen den lutherischen „Orthodoxen" und den „Pietisten". Letztere glaubten, der Mensch könne durch Einwirkung des Heiligen Geists „wiedergeboren" werden, das heißt eine moralische Vollkommenheit erreichen und das Reich Gottes auf Erden errichten. Die Pietisten – wie sie ihre Gegner nannten – schätzten die Möglichkeiten, eine gute moralische Ordnung mit anderen Mitteln als dem baren Zwang aufzubauen, eher optimistisch ein, weil sie Gottes Vorsehung vertrauten. Diese Hoffnung auf die göttliche Providenz gab 1698 den Anstoß für die Gründung der Schul- und Missionsstadt in Glaucha bei Halle an der Saale durch den Pfarrer und Universitätsprofessor August Hermann Francke (1663–1727), die heutzutage unter dem Namen Franckesche Stiftungen bekannt ist. In den Augen der Pietisten arbeitete der Mensch dennoch nicht aus eigener Kraft,

---

8 Zum Laudianismus und der Frage, inwiefern man von „Arminianismus" in England sprechen kann: Thomas Maynard PARKER, Arminianism and Laudianism in Seventeenth-Century England, in: Studies in Church History 1 (1964), S. 20–34; Nicholas TYACKE, Anti-Calvinists. The Rise of English Arminianism c. 1590–1640, Oxford 1987.

9 Martin I. J. GRIFFIN, Latitudinarianism in the Seventeenth-Century Church of England, Leiden/New York/Köln 1992.

sondern allein durch die Gnade, die Gott nach freiem Gutdünken gewähre, an den Verbesserungen im Diesseits. In der pietistischen Vision war der Mensch durch die Erbsünde ganz und gar korrumpiert; anders als das Remonstrantentum hielt der Pietismus an einem strikten augustinischen Menschenbild fest. Die Vorstellung von der Wiedergeburt des Menschen durch den Heiligen Geist sollte neben dem aufklärerischen Anspruch, durch Philosophie zu einer diesseitigen Verbesserung von Mensch und Gesellschaft beizutragen, zu einer Kernidee des 18. Jahrhunderts werden. In diesem Zeitalter der Perfektibilität entfalteten die beiden grundverschiedenen Konzeptionen der moralischen Verbesserung gleichermaßen eine große Wirkkraft.[10]

3.2 Kann Philosophie helfen?

Die konkurrierenden theologischen Lehren zeichneten sich durch ihr unterschiedliches Verhältnis zur Philosophie aus. Augustinisten gingen davon aus, die Vernunft und der Wille des Menschen seien durch die Erbsünde korrumpiert. Die Urteilskraft des Menschen sei getrübt, und der Mensch täusche sich selbst, weil seine Gedanken weitgehend von seiner Selbstliebe geleitet würden. Deshalb sei die göttliche Offenbarung, die ihren Niederschlag in der Bibel gefunden habe, notwendig, um ihm die richtigen Grundsätze zu zeigen. Doch selbst wenn der Mensch die moralischen und religiösen Prinzipien erkenne, könne er ohne äußeren Zwang – zu dem auch die göttliche Gnade zähle – nicht zur Moralität finden, da sein Wille seiner Selbstliebe gehorche.

Die Augustinisten lehnten die Philosophie zwar nicht grundsätzlich ab. Doch konnte diese nach ihrer Auffassung nur von begrenztem Nutzen sein und nicht signifikant zu einer Verbesserung gesellschaftlicher Verhältnisse beitragen. Unter den antiken philosophischen Schulen bot der verchristlichte Platonismus die meisten Anknüpfungspunkte für die Augustinisten. Stark vereinfacht gesagt ging Platon (428/427 v. u. Z.–348/347 v. u. Z.) davon aus, dass die Welt, die der Mensch sieht, nur ein unvollkommenes Abbild der Welt der „Ideen“ sei. Das Ziel des Philosophen sei es, jenseits der Vielfalt der Welt die ewigen Ideen zu erblicken. Diese Ideen seien dem Menschen angeboren (Innatismus), dieser habe sie aber im Moment seiner Geburt vergessen. Zu wissen heiße lediglich sich zu erinnern, die Wahrheit sei nicht menschengemacht. Platon unterschied außerdem zwischen der ordinären und der philosophischen Tugend. Erstere fuße ausschließlich auf der Angst vor der Strafe oder der Lust am Vergnügen

10 Johannes Wallmann, Der Pietismus, Stuttgart 2019.

und somit nur auf den Leidenschaften. Die philosophische Tugend entspringe dagegen der Kontemplation der Ideen und gehe mit einer Geringschätzung für den eigenen Körper einher. Der Weise beherrsche seine gesamte Seele mit ihren Leidenschaften und verachte das, was in der Gesellschaft geschätzt werde, zum Beispiel Ruhm und Geld.

Diese platonische Philosophie hatte Augustinus im 4. Jahrhundert an die christliche Lehre angepasst: Der von Platon gepriesene Weg zur Weisheit war für Augustinus derjenige, den die Vernunft aufzeige, die wiederum durch den Glauben und die Offenbarung geleitet sei.[11] Die Augustinisten der Frühen Neuzeit waren folglich nicht philosophiefeindlich: Französische Jansenisten wie Pascal und Pierre Nicole (1625–1695) waren als Philosophen tätig. Für Pascal verlieh die Fähigkeit, die göttlichen Ideen zu erkennen, dem Menschen eine besondere Würde: „Der Mensch ist nur ein Schilfrohr, das schwächste der Natur; aber er ist ein denkendes Schilfrohr", lautet einer seiner berühmtesten Sprüche.[12] Doch dies änderte für die Augustinisten nichts daran, dass der menschliche Wille zu schwach sei, um aus eigenen Kräften den göttlichen Wahrheiten zu folgen – der Mensch sei eben nur ein Schilfrohr, das vom Wind gebogen werde. Manche Augustinisten wie der Oratorianer Nicolas Malebranche (1638–1715) vertraten sogar die Ansicht, der Mensch könne nicht einmal aus eigenen Kräften seinen Körper bewegen; es sei Gott, der Arme oder Beine rege. Unsere Erfahrung sei nichts anderes als eine kontinuierliche göttliche Schöpfung. Liebe solle also nur Gott gelten: Die Menschen sollten ihre Nächsten lieben, aber nur weil sie Gott in ihnen liebten.[13]

Der Semipelagianismus dagegen gewährte der Philosophie größere Spielräume bei der Verbesserung von Mensch und Gesellschaft. Es war nach Auffassung der Semipelagianisten möglich, durch die Vernunft zu den natürlichen Prinzipien der Religion und der Moral zu gelangen, auch wenn dies die Offenbarung nicht überflüssig machte. Semipelagianisten des 17. Jahrhunderts knüpften deshalb oft an den Humanismus des Spätmittelalters an, der offensiv die Idee vertreten hatte, das Studium der antiken Philosophie sei nützlich, um eine moralische Verbesserung der Gesellschaft einzuläuten. Humanisten des 15. Jahrhunderts hatten in dieser Perspektive vor allem das Studium

---

11 Peter King, Augustine's Encounter with Neoplatonism, in: The Modern Schoolman 82, 3 (2005), S. 213–226.

12 „L'homme n'est qu'un roseau, le plus faible de la nature, mais c'est un *roseau pensant*." Blaise Pascal, Pensées (1660), in: ders., Œuvres complètes, Paris 1976, S. 1156–1157 (Übersetzung: D.T.).

13 Nicholas de Malebranche, Traité de morale, Paris 1882; Patrick Riley, Malebranche's Moral Philosophy, in: Steven Nadler (Hg.), The Cambridge Companion to Malebranche, Cambridge 2006, S. 288–304.

von Aristoteles, Cicero und Seneca empfohlen.[14] Unter dem Einfluss dieser inzwischen weit etablierten Ideen benutzten Jesuiten im 17. Jahrhundert philosophische Schriften, um ihre Zöglinge auf dem Weg der Tugend zu begleiten. Sie verbreiteten unter anderem die Vorstellung, der chinesische Philosoph Konfuzius habe mit Hilfe seines Verstandes die natürlichen Prinzipien der Religion und der Moral entdeckt und auf dieser Grundlage eine gute Gesellschaftsordnung geschaffen. Neben dem Konfuzianismus waren für Jesuiten vor allem der Aristotelismus und ein abgeschwächter Stoizismus attraktive Instrumente der Erziehung zur Tugend.[15] Aristoteles (384–322 vor unserer Zeit) hatte die platonische These von den angeborenen Ideen verworfen. Stattdessen behauptete er, der Mensch sei fähig, kraft seiner Vernunft zur Essenz der Dinge durchzudringen (Sensualismus). Obwohl Aristoteles und seine Schüler – die sogenannten Peripatetiker – das kontemplative Leben der Weisen wie Platon für das bessere hielten, setzten sie die ordinäre Tugend keineswegs herab. Sie glaubten nicht, der Mensch könne sich von seinen Leidenschaften befreien. Allerdings könne und solle er sein Verhalten kontrollieren. Der Mensch könne seine Affekte mäßigen und in tugendhaftes Verhalten münden lassen. Das Ideal der Peripatetiker war das maßvolle Leben.[16]

Stoiker, eine von Zenon von Kition (ca. 333–261 vor unserer Zeit) gegründete und mit den Peripatetikern konkurrierende philosophische Schule, hatten dagegen eine strengere Lehre vertreten: In Reinform besagte der Stoizismus, dass der Mensch sich der universellen, natürlichen, vernünftigen Ordnung fügen solle, auch wenn dies teilweise schmerzhaft erscheine. Er solle seine Leidenschaften nicht nur mäßigen, sondern sich von ihnen gänzlich befreien (Ataraxia) und sich allen Widrigkeiten standhaft widersetzen. Der Stoiker Seneca (1–65 unserer Zeit) behauptete sogar, gerade die Weisen müssten oft besonderen Kummer erleben und Unglück über sich ergehen lassen, da die Götter Gefallen daran fänden, deren Standhaftigkeit zu prüfen und dabei zuzusehen, wie diese sich als mutig erwiesen. Für den wahrhaftigen Weisen sei ein solches Leid aber kein Unglück, sondern Glück, denn damit zeige er seine Tugend.[17] Diese

14 Hankins, Virtue Politics.

15 Alison Simmons, Jesuit Aristotelian Education. The De anima Commentaries, in: John W. O'Malley/Gauvin Alexander Bailey/Steven J. Harris/T. Frank Kennedy (Hg.), The Jesuits. Culture, Learning and the Arts, 1540–1773, Toronto 1999, S. 522–357; Tricoire, The Fabrication of the Philosophe.

16 Aristoteles, Nikomachische Ethik, Otfried Höffe (Hg.), Berlin 2010.

17 Lucius Annaeus Seneca, Von der göttlichen Vorsehung. An Lucilius und ders., Von der Unerschütterlichkeit des Weisen, in: ders., Philosophische Schriften. Vollständige Studienausgabe, Wiesbaden 2004, S. 3–27 und 30–60.

Lehre schwächte Seneca jedoch in anderen Texten ab, in denen er unter anderem die Auffassung vertrat, Reichtum sei nicht unbedingt etwas moralisch Schlechtes; nur von dem vollkommenen Weisen könne man einen Verzicht auf Luxus erwarten.[18] Somit war Senecas abgemilderter Stoizismus eine Philosophie, an die Semipelagianisten gut anschließen konnten.

Ein weiterer, von den Semipelagianisten hochgeschätzter Philosoph war Cicero (106–43 vor unserer Zeit), der die Lehren der frühneuzeitlichen Jesuiten maßgeblich prägte.[19] Cicero hatte bei allem stoizistischen Einfluss deutlich niedrigere Erwartungen an den tugendhaften Menschen: Ihm zufolge seien Körper und Geist eng miteinander verbunden und die Menschennatur trachte danach, Schmerz und Leid zu vermeiden. Glück und Tugend seien nur möglich, wenn es dem Körper gut gehe. Gesundheit und körperliches Wohlbefinden seien wichtige Grundlagen für die Entfaltung des Menschen zu größerer Vollkommenheit. Diese finde stufenweise statt, vom tierischen Selbsterhaltungstrieb des Säuglings bis zur Vollkommenheit des Weisen, ohne dass die elementaren Bedürfnisse des Menschen überwunden werden könnten. Der Mensch solle danach streben, seine Leidenschaften zu mäßigen, nicht zu beseitigen. Diese Lehre war nah an der peripatetischen, auf die sich auch Cicero berief.[20]

Aristoteles und seine Schüler übten nicht nur auf Cicero, sondern auch auf die mittelalterliche Universitätsphilosophie, die sogenannte Scholastik, einen großen Einfluss aus. Auch wenn diese Philosophie auf den ersten Blick von der Aufklärung meilenweit entfernt zu sein scheint und in der Aufklärungsforschung weitgehend unbeachtet geblieben ist, entstammten Grundideen der Aufklärung – so eine These des vorliegenden Buches – genau dieser Denktradition. Der einflussreichste Scholastiker, der Dominikanermönch Thomas von Aquin (1225–1274), war der Auffassung, Gott habe ein „ewiges Gesetz" erschaffen, das seinem allgemeinen Willen entspreche und von dem das Naturrecht (die natürlichen Gesetze, Pflichten und Rechte) abgeleitet sei. Der Mensch könne dank seines „natürlichen Lichts", das heißt seines Verstandes, die natürlichen Gesetze und somit die Grundlagen von Religion und Moral erkennen. Diese bildeten Thomas von Aquin zufolge die „natürliche Religion". Diese Wahrheiten zu finden und sich dadurch moralisch und religiös zu vervollkommnen, sei der Endzweck, den Gott für den Menschen bestimmt habe. In dieser Annahme

18 Lucius Annaeus SENECA, Vom glücklichen Leben = De vita beata, Düsseldorf 1946.

19 Robert Aleksander MARYKS, Saint Cicero and the Jesuits. The Influence of the Liberal Arts on the Adoption of Moral Probabilism, Aldershot 2008.

20 Marcus Tullius CICERO, De finibus bonorum et malorum libri quinque, deutsch = Über das höchste Gut und das größte Übel, Stuttgart 1989.

folgte Thomas Aristoteles, für den jedes Wesen einen Endzweck, ein Telos, hatte. Der Mensch könne nicht anders, als nach der moralischen Vollkommenheit zu streben. Das „natürliche Licht" sei ihm dafür von Gott eingepflanzt worden, nicht aber die Ideen selbst. Der Mensch erkenne die Wahrheit durch ein Zusammenspiel zwischen seinen Sinnen und seinem Verstand (Sensualismus). Er könne das Gute erkennen und den Weg zur Moral finden, wenn er seinem Gewissen folge.

Zugleich habe Gott laut Thomas von Aquin dem Menschen die Selbstliebe gegeben. Diese Eigenschaft führe allerdings nicht nur zu Egoismus. Die Selbstliebe brachte in seinen Augen den Menschen ebenso dazu, nicht nur sich selbst, sondern auch andere und Gott zu lieben. Wie schon die Peripatetiker sah Thomas von Aquin das Benehmen des Menschen in der Gesellschaft sowohl in seiner natürlichen Soziabilität als auch in seiner Tendenz zur Selbstliebe begründet. Die von Aristoteles beeinflusste Scholastik verwarf nicht die Idee, der Mensch sei interessengeleitet, sondern nur die These, er sei ausschließlich von seinen Sinnen und seiner Selbstliebe beherrscht. Die aristotelisch-scholastische Tradition unterschied gewöhnlich zwischen einer positiven und einer negativen Selbstliebe.[21] Beim Lesen moralphilosophischer Schriften ist es wichtig, diese Unterscheidung im Sinne zu behalten, denn häufig führt die Ideengeschichte jegliche Philosophie, die davon ausgeht, dass die Menschen nach dem Vergnügen und den eigenen Interessen trachteten, fälschlicherweise auf den Einfluss des Epikureismus, des Jansenismus, von Thomas Hobbes (1588–1679) oder von Bernard Mandeville (1670–1733) zurück.[22] Ihre Lehren und Denksysteme spielten in der Ideengeschichte zwar eine wichtige Rolle, doch stand ihr Denken quer zu den Grundannahmen der Hauptströmungen aufklärerischer Philosophie.

Laut Thomas von Aquin war der Mensch von drei „natürlichen Neigungen" geleitet: erstens der Neigung zum eigenen Schutz und Wohlbefinden, zweitens der Neigung zur Reproduktion und dem Familienleben sowie drittens der Neigung zu Moral und Gerechtigkeit. Thomas schwankte zwischen zwei Definitionen des Gewissens: Einerseits betrachtete er das Gewissen als ein Werk des Verstandes; andererseits sah er im Gewissen auch eine intuitive und sentimentale Erfassung des Guten und des Bösen. Letzteren Aspekt betonten andere mittelalterliche Scholastiker wie der Franziskanermönch Bonaventura (1221–1274), der die Neigung des Menschen zur Gerechtigkeit

21 R. D. Lumb, The Scholastic Doctrine of Natural Law, in: Melbourne University Law Review 2 (1959), S. 205–221; Vernon J. Bourke, Is Thomas Aquinas a Natural Ethicist?, in: The Monist 58, 1 (1974), S. 52–66; David M. Gallagher, Thomas Aquinas on Self-Love as the Basis for Love of Others, in: Acta Philosophica 8, 1 (1999), S. 23–44.

22 Zum Beispiel in Robertson, The Case.

vor allem als einen emotionalen und spontanen „natürlichen Instinkt“ verstand. Diesen instinkthaften und affektiven Moralsinn nannte er „Synderesis“.[23] Bonaventura meinte, die Synderesis leite den Willen ohne Zutun des Verstandes. So seien Moralität und Liebe zu Gott ohne intellektuelle Operationen möglich und sogar dem Menschen natürlich. Diese Lehre war stark von der franziskanischen Mystik, also der Suche nach einer Vereinigung mit Gott, beeinflusst, und das Synderesis-Konzept half Bonaventura, die Möglichkeit einer reinen, nicht interessengeleiteten Union mit Gott zu plausibilisieren.[24]

Auf der thomistischen Grundlage entwickelte sich in der Frühen Neuzeit die spätscholastische Naturrechtslehre. Im 16. Jahrhundert leisteten spanische Dominikaner der Schule von Salamanca entscheidende Beiträge, ab dem Ende des Jahrhunderts zudem Jesuiten wie Luis de Molina (1535–1600) – der Jesuit, der den Semipelagianismus am offensivsten verteidigt hatte – und vor allem Francisco Suárez (1548–1617). Die katholischen Spätscholastiker verstanden unter den natürlichen Gesetzen anders als Thomas von Aquin nicht nur allgemeine Prinzipien, sondern auch präzisere Gebote (wie die Zehn Gebote), und betonten die Existenz natürlicher Rechte. Sie wandten das Naturrecht auf zahlreiche soziale, wirtschaftliche und politische Themen an, um Fragen zu beantworten wie die, ob Heiden wahrhaftige Besitzer ihres Landes seien oder ob ein Kaufmann das Unwissen von Kunden ausnutzen dürfe, um seine Ware überteuert zu verkaufen. (Die katholischen Spätscholastiker bejahten beide Fragen.)[25]

Die Spätscholastik konkurrierte in der Renaissance mit anderen Denkströmungen. Für das Verständnis der Aufklärung und ihrer ideellen Wurzeln ist eine weitere

---

23 Robert A. Greene, Instinct of Nature. Natural Law, Synderesis, and the Moral Sense, in: Journal of the History of Ideas 58, 2 (1997), S. 173–198.

24 John F. Quinn, The Moral Philosophy of St. Bonaventure, in: Robert W. Shahan (Hg.), Bonaventure and Aquinas. Enduring Philosophers, Norman 1976, S. 25–56; Marianne Schlosser, Cognitio et amor. Zum kognitiven und voluntativen Grund der Gotteserfahrung nach Bonaventura, Paderborn 1990; Hermann Baum, Das Licht des Gewissens. Zu Denkstrukturen Bonaventuras, Frankfurt a. M. u. a. 1990; Robert Glenn Davis, The Weight of Love. Affect, Ecstasy, and Union in the Theology of Bonaventure, New York 2016, S. 45–64.

25 Matthias Kaufmann, School of Salamanca, in: Stanford Encyclopedia of Philosophy, Stanford 2019, https://plato.stanford.edu/archives/spr2019/entries/school-salamanca/ (zuletzt besucht am 22. 08. 2022); ders. (Hg.), A Companion to Luis de Molina, Boston 2013; Thomas Duve/Losé Luis Egío/Christiane Birr (Hg.), The School of Salamanca. A Case of Global Knowledge Production, Leiden/Boston 2021; Oliver Bach/Norbert Brieskorn/Gideon Stiening (Hg.), Die Naturrechtslehre des Francisco Suárez, Berlin 2017; Christiane Birr/Wim Decock, Recht und Moral in der Scholastik der Frühen Neuzeit 1500–1750, Berlin/Boston 2016.

philosophische Schule von Bedeutung – in diesem Fall, weil sie in der Aufklärung im Allgemeinen verworfen wurde: der Skeptizismus. Angesichts der heftigen Debatten um die Gnadentheologie und Morallehre waren manche Intellektuelle wie Michel de Montaigne (1533–1592) oder Pierre Charron (1541–1603) grundsätzlich skeptisch geworden, ob man in moralischen Fragen überhaupt zu Gewissheiten gelangen könne. Sie fragten: Wenn die Menschen die Fähigkeit haben, mittels ihrer Vernunft die universalen Grundsätze der Moral zu finden, weshalb sind sie dann nicht alle zu denselben Schlussfolgerungen gekommen? Wieso gibt es Gesellschaften, die Kannibalismus und Menschenopfer gutheißen?[26] Manche Skeptizisten begannen sogar zu zweifeln, dass es moralische Grundsätze gebe, die unabhängig von Ort und Zeit oder gar von den Leidenschaften des Menschen seien. In England behauptete Thomas Hobbes, das Gute an sich – das heißt außerhalb von politischen Konventionen – gebe es gar nicht:

> [...] so wird derselbe Charakter [...] von den einen als gut, von den anderen als schlecht bezeichnet, und es werden ihm von dem einen Tugenden, von dem anderen Laster zugeschrieben. Daher kann man [...] auch sagen: „soviel Menschen, soviel verschiedene Regeln für Tugend und Laster". Dies ist indessen von den Menschen nur zu verstehen, insofern sie Menschen sind, nicht auch insofern sie Bürger sind. Denn der Mensch außerhalb des Staates ist nicht verpflichtet, einer fremden Vorschrift zu folgen; innerhalb des Staates dagegen sind die Menschen durch Verträge verpflichtet. Daraus ergibt sich, dass für den Menschen an sich und gleichsam außerhalb der bürgerlichen Gesellschaft eine Moralwissenschaft nicht entwickelt werden kann, da es an einem sicheren Maßstabe fehlt, nach dem Tugend und Laster zu messen und zu bestimmen wäre.[27]

Gut sei für den Menschen im Naturzustand nur das, was ihm zum Vorteil gereiche. Da der Mensch unfähig sei, sich für das Wohl anderer einzusetzen, müsse staatlicher Zwang dafür sorgen, dass nicht permanenter Bürgerkrieg herrsche.[28]

---

26 Richard H. POPKIN, The History of Scepticism from Erasmus to Spinoza, Berkeley/London 1979. Die Forschung diskutiert seit Langem, ob diese Verunsicherung wirklich zu einem moralischen Skeptizismus (auch Pyrrhonismus genannt) führte: Elaine LIMBRICK, Was Montaigne Really a Pyrrhonian? Genf 1977; William GRUEN, Montaigne, Sceptic or Apologist?, in: The Sewanee Review 46, 1 (1938), S. 70–73.

27 Thomas HOBBES, Vom Menschen, in: DERS., Vom Menschen – Vom Bürger, Günter GAWLICK (Hg.), Hamburg 1994, S. 1–56, hier 41 (Übersetzung: Max Frischeisen-Köhler).

28 Thomas HOBBES, Vom Bürger, in: DERS., Vom Menschen – Vom Bürger, Günter GAWLICK (Hg.), Hamburg 1994, S. 59–338; DERS., Leviathan (1656), London 1985.

Die meisten Philosophen des 17. Jahrhunderts verwarfen jedoch einen solchen Skeptizismus vehement. Für zahlreiche Autoren bot der Platonismus eine solide theoretische Grundlage für die Errichtung einer guten Ordnung, weil er ihnen besonders geeignet erschien, um die Verbindlichkeit der Vernunft zu legitimieren. In England glaubten manche einflussreiche Latitudinaristen – die nicht umsonst auch Cambridge Platonists genannt werden –, die Vernunft sei die „Kerze Gottes" im Menschen, der es zu folgen gelte. Sie begründeten die Verbindlichkeit der Vernunft mit der platonischen These von den angeborenen Ideen (Innatismus), die man nur wiederzuentdecken brauche; Gott habe diese Wahrheiten in den Menschen eingepflanzt. Die Vernunft zeige dabei, dass die ethische Lehre und die Praxis der Tugend den Kern des Christentums ausmachten.[29]

Der französische Philosoph und Mathematiker René Descartes (1596–1650) folgte ebenfalls dem platonischen Innatismus; auch für ihn waren die angeborenen Ideen göttlicher Herkunft. Dies bewies in seinen Augen die Objektivität von Naturphilosophie und moralischen Prinzipien und ermöglichte die Zurückerlangung des perfekten Wissens über die Natur und die moralischen Wahrheiten. Er erklärte somit die Wiedergewinnung des allumfassenden Wissens, das Adam und Eva vor dem Sündenfall gehabt hätten, zum Ziel der Philosophie.[30] Im Zentrum seiner Philosophie stand die Bestrebung, auf der Grundlage dieses göttlichen Wissens die Kontrolle des Menschen über die Welt zu ermöglichen. Die Moralphilosophie stand in seinem Werk jedoch nicht im Fokus und blieb eher konventionell. Wie Aristoteles empfahl Descartes nicht die Ausrottung der Leidenschaften, sondern ihre Mäßigung durch Selbstkontrolle.[31]

3.3 Vom Remonstrantentum zur Aufklärungstheologie

Die Aufklärung war ideenhistorisch gesehen im Wesentlichen eine Reaktion auf diese Debatten. Sie leitete eine Abwendung vom Platonismus und Augustinismus und eine Hinwendung zum humanistisch-semipelagianischen und aristotelisch-scholastischen

29 Sterling Lamprecht, Innate Ideas in the Cambridge Platonists, in: The Philosophical Review 35 (1926), S. 553–573.

30 Josiane Boulad-Ayoub, Les récurrences du platonisme chez Descartes, in: Philosophiques 23, 2 (1996), S. 405–415; Paul J. Bagley, On the Moral Philosophy of René Descartes or How Morals Are Derived from Method, in: Tijdschrift voor Filosofie 58, 4 (1996), S. 673–696, hier 678.

31 René Descartes, Les Passions de l'âme, Paris 1664.

Welt- und Menschenbild ein. Das ideenhistorische Fundament der Aufklärung war somit eine Synthese zwischen Humanismus und Scholastik – so eine zentrale These dieses Buches. Dies heißt nicht, dass die Aufklärer und Aufklärerinnen nichts erfunden hätten, sondern dass sie vielfach Neues auf althergebrachten Ideen aufbauten.

Wichtige Impulse kamen dabei aus den Vereinigten Provinzen der Niederlande. Im frühen 17. Jahrhundert adaptierte Hugo Grotius (1583–1645), ein führender Remonstrant, die bis dahin weitgehend katholische Naturrechtslehre scholastischer Herkunft. Das Naturrecht war zwar vorher der protestantischen Welt keineswegs fremd gewesen. Es galt in der protestantischen Theologie als das Gesetz, das Gott Adam und Eva im Garten Eden gegeben habe. Doch für die von Augustinus beeinflussten protestantischen Theologen hatte der Mensch durch die Erbsünde nur noch eine nebulöse Vorstellung vom Naturrecht, weshalb die übernatürliche göttliche Offenbarung nötig gewesen sei. Dagegen ging der Remonstrant Grotius davon aus, dass der Mensch durchaus imstande sei, auch ohne die Offenbarung das Naturrecht zu erkennen. Deshalb trug Grotius' Werk dazu bei, dass Vernunft und Philosophie – freilich neben, nicht anstelle der göttlichen Offenbarung – auch in der protestantischen Welt zunehmend als eine wichtige Quelle der sozialen Ordnung angesehen wurden. Dennoch sollte die Rolle, die Grotius bei der Entstehung der Aufklärung spielte, nicht überbetont werden. Grotius hatte ein minimalistisches Verständnis vom Naturrecht: Die mittels des natürlichen Lichts zu erkennenden moralischen Gesetze halfen seines Erachtens dem Menschen nur, Böses zu vermeiden. Allein die übernatürliche Offenbarung könne aber den Menschen zur moralischen Vervollkommnung führen.[32]

Es war vor allem der Theologe Jean Le Clerc (1657–1736), der die Kernideen der späteren Aufklärungstheologie entwickelte. Le Clerc war ein Hugenotte, das heißt ein französischer Reformierter, der als Professor am Remonstrantenkolleg in Amsterdam lehrte und stark an die thomistische Scholastik anknüpfte. Seiner Ansicht nach spielte die „natürliche Religion", die durch die Philosophie zu ergründen sei, eine zentrale Rolle bei der Feststellung der religiösen und moralischen Wahrheiten. Dies machte die göttliche Offenbarung für Le Clerc zwar nicht überflüssig. Das Studium der Bibel sollte weiterhin im Mittelpunkt der Theologie und des Lebens der gebildeten Christen stehen. Die Bibel sei aber auch mit Hilfe der Vernunft zu erschließen: Sie sei von Menschen geschrieben worden und müsse also mittels des natürlichen Lichts inter-

32 Hugo Grotius, De iure belli ac pacis libri tres, Paris 1625 (insb. Kapitel 1); Hans W. Blom, Styles of Heterodoxy and Intellectual Achievement: Grotius and Arminianism, in: Sarah Mortimer/John Robertson (Hg.), The Intellectual Consequences of Religious Heterodoxy 1600–1750, Leiden/Boston 2012, S. 47–73.

pretiert werden. Damit maß Le Clerc der Bibel-Kritik einen entscheidenden Stellenwert für die Etablierung religiöser Wahrheiten bei.[33]

Le Clercs Kollege Pierre Bayle (1647–1706), der im Gegensatz zu Le Clerc kein systematischer Denker war, schwankte seinerseits zwischen einem augustinischen und einem thomistischen Menschenbild. In seiner Schrift *Verschiedene Gedanken über den Kometen* (*Pensées diverses sur les comètes*, 1683), die damals als skandalös galt, hatte er zunächst auf einem augustinischen Menschenbild basierend die These verteidigt, eine Gesellschaft von Atheisten könne ebenso moralisch oder amoralisch wie eine Gesellschaft von Christen sein, da die Menschen ohnehin ihren Leidenschaften folgten. Etwas später formulierte er jedoch eine berühmt gewordene Gewissenstheorie, in der er wie Le Clerc an die Scholastik anknüpfte (siehe achtes Kapitel). Damit zog er freilich aus den scholastischen Theorien Konsequenzen, die Thomas von Aquin und seine Nachfolger nicht intendiert hatten.[34]

Eine entscheidende Rolle beim Aufkommen der Aufklärung spielte auch der Engländer John Locke (1632–1704), dessen religiöse Ansichten genauso wie jene Le Clercs vom Remonstrantentum geprägt waren. Locke folgte 1683 seinem Patron Lord Ashley, seit 1672 Erster Earl of Shaftesbury, ins niederländische Exil. In Holland freundete er sich mit Le Clerc sowie mit einem weiteren führenden remonstrantischen Theologen, Philipp van Limborch, an und übernahm deren religiöse Ansichten. Locke war – anders als etwa Bayle – ein systematischer Denker. Es gibt einen engen Zusammenhang zwischen seinen theologischen, moralphilosophischen, erkenntnisphilosophischen und politischen Ansichten, die er in drei wegweisenden Abhandlungen erläuterte: *Two Treatises of Government* (1689), *An Essay Concerning Human Understanding* (1690) und *The Reasonableness of Christianity* (1695).

Locke argumentierte gegen die augustinische Erbsünde- und Satisfaktionslehre. Er behauptete ähnlich wie Philipp van Limborch, der Mensch sei zwar ein Sünder, der seinen Leidenschaften folge, habe jedoch grundsätzlich die Wahl zwischen Gut und Böse (in der remonstrantischen Theologie hatte der Mensch die Fähigkeit, die göttliche

33 Maria-Christina PITASSI, Entre croire et savoir. Le problème de la méthode critique chez Jean Le Clerc, Leiden 1987; Karen COLLIS, Reading the Bible in the Early Enlightenment, in: Erudition and the Republic of Letters 1, 2 (2016), S. 121–150.

34 Kenneth R. WEINSTEIN, Atheism and Enlightenment in the political philosophy of Pierre Bayle, Cambridge 1992; Jean-Luc SOLÈRE, The Coherence of Bayle's Theory of Toleration, in: Journal of the History of Philosophy 54, 1 (2016), S. 21–46; Michael W. HICKSON, Pierre Bayle and the Secularization of Conscience, in: Journal of the History of Ideas 79, 2 (2018), S. 199–220.

Gnade anzunehmen oder abzulehnen). Den Opfertod Christi interpretierte Locke in remonstrantischer Manier als etwas Notwendiges für das Seelenheil, nicht aber als eine Wiedergutmachung für den Sündenfall (eine „Satisfaktion“).[35] Gott wolle, dass der Mensch nach seinem eigenen Glück strebt, und habe ihn mit der Vernunft ausgestattet, um die natürlichen Gesetze zu erkennen, die das Gemeinwohl garantierten. Doch diese Suche nach individuellem Glück führe auch schnell zu Konflikten und Ungerechtigkeit, weil Menschen eher ihren Leidenschaften als der Vernunft und den natürlichen Gesetzen folgten. Diese Schwäche des menschlichen Willens mache die Errichtung einer Regierung sowie die Perspektive einer Belohnung oder Strafe im Jenseits – und somit die christliche Vorstellung eines Lebens nach dem Tod – notwendig.[36] Um dieser Vorstellung zu einer allgemeinen Verbindlichkeit zu verhelfen, müsse die Vernunft zeigen, dass die Offenbarung plausibel sei – und genau diesen Beweis wollte Locke in *The Reasonableness of Christianity* erbringen. Die meisten Menschen seien aber im Gebrauch der Vernunft nicht so geübt, dass sie zu den Wahrheiten dringen könnten, weshalb die Offenbarung unentbehrlich sei. Die Bibel sei zudem auch notwendig, weil sie die Wahrheit in den Fragen offenbare, zu denen die Vernunft nur Aussagen über Wahrscheinlichkeiten treffen, aber nichts Sicheres sagen könne: zum Beispiel in der für das Christentum zentralen Lehre vom Leben nach dem Tod.[37]

Mit diesen Thesen eignete sich Locke Kernelemente des thomistischen Welt- und Menschenbildes an: eine durch die Vernunft erfassbare natürliche Ordnung (Naturrecht); ein menschliches Wesen, das Gott sowohl mit einer natürlichen Soziabilität als auch mit der ebenfalls natürlichen Neigung ausgestattet habe, das individuelle Glück zu suchen, und das der Vernunft ebenso wie den Leidenschaften folgen könne. Locke lag es ganz besonders daran, den ursprünglich aristotelisch-thomistischen Sensualismus gegen Angriffe aus den Reihen der Skeptizisten, Augustinisten und platonischen Innatisten zu verteidigen. In der Forschung gilt diese Haltung als typisch aufklärerisch

35 In der Forschung wird Locke oft als Antitrinitarier oder Deist dargestellt: Wioleta Polinska, John Locke and Latitudinarianism, in: Zeitschrift für Neuere Theologiegeschichte 6, 2 (1999), S. 173–194. Locke als Sozinianer: David Wootton, John Locke, Socinian or Natural Law Theorist, in: James E. Crimmins (Hg.), Religion, Secularization and Political Thought. Hobbes to J. S. Mill, London 1989, S. 39–67. Locke als Unitarier: Porter, Enlightenment, S. 30. Locke als Deist: Steven Forde, Natural Law, Theology, and Morality in Locke, in: American Journal of Political Science 45, 2 (2001), S. 396–409, hier 133.

36 John Locke, Two Treatises of Government […], London 1690; ders., An Essay Concerning Human Understanding, London 1690.

37 Locke, Essay Concerning Human Understanding; ders., The Reasonableness of Christianity as Delivered by Scriptures, London 1695.

und wird merkwürdigerweise immer wieder als Angriff auf die Scholastik dargestellt.[38] Eigentlich radikalisierte Locke den aristotelisch-scholastischen Sensualismus. Die aristotelisch-scholastische Philosophie unterschied zwischen einem passiven und einem aktiven Intellekt (dem *intellectus agens*): Der menschliche Verstand erhält dieser Theorie zufolge nicht passiv seine Ideen von den Sinnen, sondern formt und verarbeitet aktiv die sinnlichen Eindrücke. Die Ideen sind das Produkt dieser aktiven Verarbeitung. Locke dagegen glaubte, der Mensch erhalte einfache Ideen durch die Sinne; erst die Kombination solcher Grundideen zu komplexeren Konzepten erfordere eine aktive Leistung des menschlichen Verstands.

Dieser radikale Sensualismus hatte Konsequenzen auf dem Feld der Moralphilosophie. Nicht nur schätzte Locke wie remonstrantische Theologen die Fähigkeit des Menschen, der Vernunft statt den Leidenschaften zu folgen, pessimistisch ein. Er glaubte außerdem wie die antiken Epikureer, dass Ideen über Gut und Böse ihren Ursprung ausschließlich in der Erfahrung von Vergnügen und Schmerz hätten. Für den aristotelischen Spätscholastiker Suárez dagegen kamen moralische Ideen nicht allein von den Sinnen, sondern von einem Zusammenspiel zwischen der sinnlichen Erfahrung und natürlichen Neigungen im Menschen. Diese Neigungen bestanden für ihn a priori – das heißt: vor jeder Erfahrung – und involvierten das Herz ebenso wie die Vernunft: „Es steht fest, dass das Gewissen ein Wirken der Vernunft ist, dass es seinerseits Zeugnis ablegt und zeigt die verpflichtende Tätigkeit des Gesetzes auf, die in die Herzen der Menschen eingeschrieben ist.“[39] Laut der aristotelisch geprägten Scholastik war der Mensch also von Natur aus bestens ausgerüstet, um richtige moralische Ideen zu entwickeln. Lockes radikaler Sensualismus machte moralische Ideen dagegen rein von der Erfahrung abhängig. Genau dies erklärt, weshalb Locke – anders als etwa die spätscholastische Naturrechtslehre – dem Menschen wenig traute und der Offenbarung eine entscheidende Rolle in der Moralisierung des Menschen zusprach: Da die Menschen keinen natürlichen Hang zur Tugend hätten und den Weg zur Tugend nur durch den Intellekt finden könnten, ihr Verstand aber in der Regel kaum dazu imstande sei, brauche man die übernatürliche Botschaft Christi.

Zugleich ließ Lockes Theorie die Möglichkeit zu, den Menschen durch Erziehung zu verbessern. Man müsse dafür sorgen, dass Menschen die Tugend mit positiven

---

38 LOCKE, Essay Concerning Human Understanding. Locke als Antischolastiker: PAGDEN, The Enlightement, S. 64–65.

39 Zitiert nach Oliver BACH/Norbert BRIESKORN/Gideon STIENING, „Nam lex naturalis in homine est, quia non est in deo“. Das Naturrechtsdenken des Francisco Suárez, in: DIES. (Hg.), Die Naturrechtslehre des Francisco Suárez, S. 3–21, hier 8.

sinnlichen Erfahrungen assoziierten und das Laster mit negativen. In *Some Thoughts Concerning Education* (1693) entwarf er eine Erziehungsmethode, die den Menschen dazu bringen könne, Vergnügen zu empfinden, wenn er Gutes tue. Obwohl affektgetrieben, könne der Mensch also moralisch verbessert werden.[40]

3.4 Die Moral-Sense-Philosophie und die Rückkehr der scholastischen Moralphilosophie

Lockes Werk sollte in mehrfacher Hinsicht in der Aufklärung einflussreich werden. Sein Antiskeptizismus, also die Ansicht, es gebe das Gute und das Böse an sich, stieß im 18. Jahrhundert auf große Sympathie. Lockes Suche nach einer Pädagogik, die den von Leidenschaften dominierten Menschen verbessern könnte, indem sie die Freude an der Tugend wecke und den Hass auf das Laster stärke, sollte ein zentrales Merkmal der Aufklärung werden. Der Innatismus – die Lehre von den angeborenen Ideen – fand im 18. Jahrhundert außerhalb der deutschen Universitäten nur noch wenige Anhänger. Locke hatte maßgeblich daran mitgewirkt, diese Denkrichtung zu marginalisieren. Sein radikaler Sensualismus setzte sich jedoch nicht durch. Zunächst auf dem Feld der Moralphilosophie und dann in der Erkenntnisphilosophie fanden vielmehr Theorien, die einen Mittelweg zwischen Innatismus und radikalem Sensualismus propagierten, einen größeren Anklang.

Das Vertrauen auf eine moralische Verbesserung durch sinnliche Erfahrung von Vergnügen und Schmerz schien vielen Zeitgenossen Lockes ein allzu wackliges Fundament für die gesellschaftliche Ordnung zu sein. Das galt auch für seine Überzeugung, dass eine moralische Ordnung ohne Vorstellungen vom Jenseits und die Offenbarung nicht auskommen könne. Ausgerechnet sein Zögling, Anthony Ashley Cooper, Dritter Earl of Shaftesbury (1671–1713), war mit diesen beiden Elementen von Lockes Theorie unzufrieden. Er suchte nach einer solideren Grundlage für die Moral und fand sie in dem, was er in seinem Hauptwerk *An Inquiry Concerning Virtue* (1698) *moral sense* nannte: Shaftesbury zufolge hat der Mensch einen angeborenen Moralsinn, das heißt eine natürliche Neigung, sich angesichts der Tugend zu erfreuen und angesichts des Lasters trübselig zu sein. Unter dem Moralsinn verstand Shaftesbury eine sowohl affektive und instinktive als auch intellektuelle Fähigkeit, worin sich der Mensch vom Tier unterscheide. In der späteren Version seiner Theorie

40 John LOCKE, Some Thoughts Concerning Education, London 1693.

betonte Shaftesbury allerdings den intuitiven und sentimentalen Charakter des *moral sense*. Laut Shaftesbury bewirke der Moralsinn, dass tugendhafte Menschen – also Menschen, die ihrem Herzen folgen und nicht aus einem Kalkül heraus Gutes tun – glücklich seien. Es gebe zwar alle möglichen pervertierten Moralvorstellungen auf der Welt – zum Beispiel den kriegerischen Heroismus –, aber diese irreführenden Normen könnten niemals die Stimme des Moralsinns im Menschen ersticken. Religiöser Glaube sei somit keine Bedingung für moralisch gutes Verhalten, denn der Moralsinn sei jedem Menschen angeboren. Manche Religionen könnten sogar Schaden anrichten, indem sie den Menschen verblendeten. Atheismus schadete dagegen in Shaftesburys Augen weniger als irrgeleitete religiöse Vorstellungen, denn er begründe an sich keine irreführenden Normen.[41]

Diese Lehre Shaftesburys ist oft als Religionskritik und Shaftesbury als ein Autor verstanden worden, der die Moral säkularisiert habe und gegen das Christentum und die Offenbarung eingetreten sei.[42] Auch wenn der Lehre Shaftesburys durchaus ein Säkularisierungspotential innewohnen mag, liegt jedoch dieser Interpretation zum Teil ein Missverständnis zugrunde. Zwar implizierte seine Theorie eine gewisse Toleranz gegenüber Atheisten und konnte in modifizierter Form von diesen im apologetischen Sinne aufgegriffen werden. Doch behauptete Shaftesbury *nicht*, Atheismus sei moralisch neutral, sondern nur, er sei weniger schädlich als ein irrgeleiteter religiöser Glaube. Er betonte, Atheismus, worunter er den Glauben verstand, das Universum sei nicht durch ein überlegenes Wesen geordnet worden, habe durchaus negative Konsequenzen für moralisches Verhalten: Er führe zu Bitterkeit und Hass und raube dem Menschen den Trost eines ewigen Lebens nach dem Tod. Der Theismus, das heißt der Glaube an eine von einem höheren Geist verursachte Ordnung im Universum, sei eine Bedingung für die wahrhaftige Tugend, die der Liebe zur Tugend selbst entspringe. Das Verlangen, Gott in seiner Güte und Gerechtigkeit nachzuahmen, führe zu wahrer Tugend. Auch sei die „wahre" Religion für den von Leidenschaften geplagten Menschen durchaus nützlich: Die Angst vor der Strafe und die Hoffnung auf eine Belohnung im Jenseits helfe schwachen Menschen, das Böse zu meiden. Shaftesbury glaubte genauso wie Le Clerc und Locke an eine Übereinstimmung zwischen Vernunft und christlicher Offenbarung; er hatte im Übrigen von Locke eine enge Freundschaft mit Philipp van Limborch und Le Clerc geerbt. Shaftesbury griff keineswegs die Religion an, sondern

41 Anthony Ashley Cooper, Third Earl of SHAFTESBURY, Characteristicks of Men, Bd. 2: An Inquiry Concerning Virtue, or Merit, London 1714.

42 Zum Beispiel in Dorothy B. SCHLEGEL, Shaftesbury and the French Deists, Chapel Hill 1969, S. 3.

plädierte dafür, im ganzen Universum die Hand eines moralisch vollkommenen und allmächtigen Gottes zu sehen.[43]

Shaftesburys Moral-Sense-Philosophie leitete eine Abkehr von Lockes radikalem Sensualismus ein und wurde zu einem Kernelement aufklärerischen Denkens im 18. Jahrhundert. Shaftesbury beeinflusste unmittelbar Francis Hutcheson, den „Vater der schottischen Aufklärung", und damit die meisten schottischen Aufklärungsphilosophen.[44] Sein Werk prägte auch Diderot zutiefst, dessen philosophisches Debüt eine Übersetzung und Adaptation von Shaftesburys *Inquiry* war. Diderot übte wiederum einen Einfluss auf Rousseaus moralphilosophisches Denken. Voltaire schwankte seinerseits zwischen einer Übernahme von Shaftesburys Ideen und der Kritik, diese seien zu optimistisch.[45] Shaftesburys direkter, aber vor allem sein indirekter Einfluss ist kaum zu überschätzen: Seine Ideen formten weit über die Philosophie hinaus die Kultur des 18. Jahrhunderts.

Shaftesburys Moralphilosophie war wohl deshalb so erfolgreich, weil sie eine Antwort auf die Frage gab: Was garantiert, dass Menschen ihre Vernunft zu einem guten Zweck einsetzen, ihre Leidenschaften mäßigen und somit den Weg zur Moralität beschreiten können? Shaftesbury zufolge tendieren Menschen zum Guten, indem sie auf ihr innerstes Gefühl hören, das sie glücklich oder unglücklich macht. Shaftesburys *moral sense* verband Verstand und Gefühl: Während beide Fähigkeiten den Augustinisten als Gegensätze galten, bildeten sie laut Shaftesbury eine natürliche Einheit. Diese Moralphilosophie ebnete den Weg für die Entfaltung eines Kults des Gefühls und der Natur im 18. Jahrhundert, der deutlich macht, dass die Aufklärung mitnichten eine rationalistische und auf die Beherrschung der Natur ausgerichtete Bewegung war. Ein weiterer Grund für den Erfolg von Shaftesburys moralphilosophischer Theorie war die maßgebliche Rolle, die sie der Philosophie bei der Verbesserung des Menschen und der Gesellschaft zuwies. Wenn der Mensch sich vor allem auf sein natürliches Gewissen besinnen solle, um sich zu verbessern, komme der Philosophie die Aufgabe zu, jene Vorurteile zu zerstören, die das instinktive Wissen über Gut und Böse verdunkelten. Philosophie könne die Welt verändern, indem der Mensch zu seiner Natur zurückgeführt werde.

---

43 Shaftesbury, Inquiry, S. 53–81 (Book 1, Section III, Abschnitt III).

44 Michael B. Gill, Ethics and Sentiment. Shaftesbury and Hutcheson, in: John Skorupski (Hg.), The Routledge Companion to Ethics, London 2010, S. 111–121.

45 Denis Diderot, Principes de la philosophie morale, ou Essai de S*** sur le mérite et la vertu, Amsterdam 1745; Schlegel, Shaftesbury; Mark-Georg Dehrmann, Das „Orakel der Deisten". Shaftesbury und die deutsche Aufklärung, Göttingen 2008.

In der Forschung besteht keine Einigkeit in der Frage, inwiefern Shaftesburys Ideen originell waren. Während manche Forscher und Forscherinnen Shaftesbury im Fahrwasser der Latitudinaristen sehen, weisen andere darauf hin, dass sich seine Ideen maßgeblich von jenen der Cambridge-Philosophen unterschieden hätten: Die Latitudinaristen blieben der Orthodoxie der englischen Kirche treu und waren somit Augustinisten, wenn auch keine strengen. Dieser Befund brachte Philosophiehistoriker dazu, Shaftesbury eine große Originalität zu attestieren.[46] Jedoch ist eine wesentliche Tatsache in dieser Debatte untergegangen: Shaftesburys Theorie stand – sehr viel mehr als die von John Locke – bestimmten Strängen des scholastischen Denkens nahe. Die Ähnlichkeiten zwischen Shaftesburys Grundideen und manchen aristotelisch-scholastischen Konzepten sind allzu frappierend, als dass deren Entstehung unabhängig von der Scholastik plausibel wäre. Genauso wie Thomas von Aquin und viele Scholastiker nach ihm folgte Shaftesbury der Theorie, wonach der Mensch drei „natürliche Neigungen" habe: die Selbsterhaltung, die Reproduktion – inklusive der Liebe zu den eigenen Kindern – und das Leben in der Gesellschaft auf der Grundlage der Gerechtigkeit. Die Moral basiere auf der natürlichen Neigung zu Gerechtigkeit, die erst einmal gefühlt und dann durch den Intellekt reflektiert werde. Diese natürliche Tendenz, das Gute und das Böse zu fühlen, erscheint in der Scholastik franziskanischer Prägung unter dem Begriff Synderesis. Bonaventura zufolge handle es sich um eine Art instinktives Gewissen, auf dem das reflektierende Gewissen aufbaue. Shaftesburys Moralsinn kann somit als eine Adaptation des Synderesis-Konzepts gelten.[47]

Dass Shaftesburys *moral sense* auf einer Aneignung scholastischer Ideen beruhte, heißt freilich nicht, dass seine Lehre in keiner Weise innovativ gewesen wäre. Sein Plädoyer für einen perfekten Theismus bei gleichzeitiger (begrenzter) Relativierung des moralischen Übels des Atheismus stellte eine originelle Weiterentwicklung in der Religionsphilosophie dar. Dennoch ist es wichtig, sich der Ähnlichkeiten in der Weltanschauung von aristotelisch-scholastischen Philosophen und von Shaftesbury bewusst zu werden, um diesen und die von ihm beeinflussten Aufklärer ideenhistorisch zu

---

46 Shaftesbury als Schüler der Latitudinaristen: Ronald S. Crane, Suggestions Toward a Genealogy of the Man of Feeling, in: Journal of English Literary History 1, 3 (1934), S. 205–230; gegen diese These: Ernest Lee Tuveson, The Importance of Shaftesbury, in: Journal of English Literary History 20, 4 (1953), S. 267–299; Donald Greene, Latitudinarianism and Sensibility. The Genealogy of the „Man of Feeling" Reconsidered, in: Modern Philology. Critical and Historical Studies in Literature, Medieval through Contemporary 75, 2 (1977), S. 159–183.

47 Damien Tricoire/Hasse Hämäläinen, Sense and Sensibility. Scholastic Moral Philosophy and the Origins of the Enlightenment Man of Feeling (Manuskript).

verorten. Die Idee einer natürlichen Neigung zur Gerechtigkeit ermöglichte es den von Aristoteles inspirierten Scholastikern genauso wie Shaftesbury zu behaupten, dass Menschen in ihrem Innersten irgendwie immer das Gute und das Böse erkennten, selbst wenn sie von falschen moralischen Normen geleitet würden. Von Aristoteles geprägte Scholastiker betonten Jahrhunderte vor Shaftesbury, individuelles Glück entspringe der Befolgung des Gewissens. Shaftesbury selbst machte keinen Hehl daraus, dass seine Moral-Sense-Philosophie eine Umformulierung der theologischen Gewissensidee war. Er benutzte teilweise den Begriff Gewissen (*conscience*), um das intuitive Wissen um das Gute und Böse zu bezeichnen. Gerade weil der Mensch ein solches natürliches Gewissen habe, könnten ihn falsche Lehren vom Guten und Bösen nie befriedigen. Wie viele Scholastiker vor ihm unterschied Shaftesbury dabei zwischen zwei Gewissensarten, einer reflexiven und einer intuitiven: Es gebe das *religious conscience*, das von dem Wissen über die Offenbarung abhänge, und das jedem Menschen angeborene *moral conscience*. Letzteres stelle die Grundlage für das *religious conscience* dar und sei nichts anderes als der *moral sense*.[48] Auch Shaftesburys Betonung, es gebe das Gute an sich und unabhängig vom Willen Gottes, ist keineswegs als Abkehr von der christlichen Gottesvorstellung zu deuten. Mit dieser Lehre positionierte er sich wie die Thomisten gegenüber zwei einflussreichen Denkströmungen: Er ergriff Partei gegen den Voluntarismus, dem zufolge die moralischen Gesetze von Gott gesetzt seien, und für den Intellektualismus oder Naturalismus, der die Existenz des Guten unabhängig vom Willen Gottes akzeptiert.[49] Diese frappierenden Ähnlichkeiten zwischen Shaftesburys Moralphilosophie und aristotelisch-scholastischen Konzepten lassen die Aufklärung in einem anderen Licht erscheinen als in der klassischen Säkularisierungsthese: Anstatt eine Abkehr von religiösen Welt- und Menschenbildern zu initiieren, leiteten zumindest die von Shaftesbury beeinflussten Aufklärer eine Popularisierung von bestimmten christlichen Ideen ein.

Es ist außerdem möglich, den Rezeptionssträngen nachzugehen, die von der aristotelischen Scholastik zu Shaftesbury führen. Zwar ist nicht belegt, dass Shaftesbury scholastische Schriften direkt rezipiert hätte. Die englischen Theologen und Juristen des 17. Jahrhunderts waren aber meist mit den Ideen der mittelalterlichen und frühneuzeitlichen Scholastiker vertraut, weil scholastische Abhandlungen und Lehrbücher in Oxford und Cambridge gelesen wurden. In der Restauration (1660–1688) hatte eine Reihe von Klerikern um John Wilkins (1614–1672) die aristotelisch-scholastischen

---

48 Shaftesbury, Inquiry, S. 118–121.

49 Knud Haakonssen, Natural Law and Moral Philosophy. From Grotius to the Scottish Enlightenment, Cambridge 1996, insb. S. 19–22.

Begriffe als eine Waffe gegen Hobbes' Skeptizismus in moralischen und religiösen Angelegenheiten eingesetzt. Die aristotelische Scholastik half ihnen, die Universalität moralischer Normen zu behaupten. Auch waren sie Latitudinaristen und eigneten sich dieses Gedankengut im Kampf für eine größere Toleranz unter Protestanten – nicht aber gegenüber dem Katholizismus – und für eine Integration der Puritaner in die englische Kirche an. Zu den Intellektuellen, die thomistische Ideen rezipierten, gehörte beispielsweise Richard Cumberland (1631–1718), dessen schwer lesbares Werk schnell in vereinfachter Form für ein großes Publikum aufbereitet wurde. Mehrere Autoren dieses Milieus standen der Shaftesbury-Familie nahe. Es ist somit sehr wahrscheinlich, dass Shaftesbury sich auf diesem Umweg mit scholastischen Konzepten vertraut machte.[50]

Auf dem Gebiet der Erkenntnistheorie ließ wiederum eine Neuformulierung des aristotelisch-scholastischen moderaten Sensualismus länger auf sich warten: Erst Immanuel Kant (1724–1804) schaffte es, die Debatte zwischen Innatismus und radikalem Sensualismus hinter sich zu lassen, indem er ab den 1780er Jahren die Idee einer Formung sinnlicher Eindrücke durch einen A-priori-Rahmen aufgriff und präzisierte. In der *Kritik der reinen Vernunft* (1781) verteidigte Kant die These, die Ideen seien nicht angeboren, kämen aber auch nicht einfach unvermittelt von den wahrgenommenen Objekten selbst. Unsere sinnlichen Wahrnehmungen seien vielmehr durch angeborene A-priori-Kategorien wie Raum und Zeit strukturiert. Diese häufig als „kopernikanische Wende" bezeichnete Abkehr Kants vom Innatismus ist oft als ein Bruch in der Philosophiegeschichte dargestellt worden. In der ersten Hälfte des 20. Jahrhunderts wiesen jedoch manche Philosophen darauf hin, dass die These von den A-priori-Kategorien mit dem aristotelisch-scholastischen Konzept des aktiven Intellekts verwandt sei.[51] Auch wenn beide Begriffe nicht identisch waren und Kants Erkenntnisphilosophie eine große Originalität besaß,[52] kann seine Theorie von den A-priori-Kategorien eher als eine Präzisierung der aristotelisch-scholastischen Epistemologie denn als ein Bruch mit ihr verstanden werden.

---

50 TRICOIRE/HÄMÄLÄINEN, Sense and Sensibility.

51 Manche Philosophen versuchten deshalb eine Synthese zwischen thomistischer und kantscher Epistemologie vorzulegen: Joseph MARÉCHAL, Le Point de départ de la métaphysique. Leçons sur le développement historique et théorique du problème de la connaissance, 3 Bde., Brügge 1922–1923.

52 Andres AYALA, The Radical Difference between Aquinas and Kant. Human Understanding and the Agent Intellect in Aquinas, Chillum 2021.

3.5 Naturrecht und Moral in der lutherischen Welt

Shaftesburys Ideen prägten die aufklärerische Kultur des 18. Jahrhunderts zutiefst. Dennoch fanden sie im deutschsprachigen Raum zunächst nur vereinzelt Widerhall. Dies lag wohl zum Teil daran, dass die grundlegende religiöse Stimmung nur schlecht mit Shaftesburys Ideen zu vereinbaren war. Im deutschen Luthertum des 17. Jahrhunderts wurde der Augustinismus selten kritisiert. Es gab keine nennenswerte religiöse Bewegung, die wie das Remonstrantentum die Moralphilosophie als Instrument entdeckt hätte, um den Menschen zu verbessern. Erst eine etwas verspätete Aneignung der moralphilosophischen Ansätze der Spätscholastik bahnte den Weg zur Aufklärung. Einen ersten kleinen Schritt in diese Richtung machten pietistisch geprägte Juristen wie Samuel Pufendorf (1632–1694) und Christian Thomasius (1655–1728). Sie eigneten sich die Naturrechtslehre an, um den Fürsten gegenüber der orthodox-lutherischen Geistlichkeit den Rücken zu stärken. Die scholastische These von der natürlichen Soziabilität des Menschen gab – im Gegensatz zur Erbsündelehre – dem Staat eine eigene Legitimitätsgrundlage und betonte seine Unabhängigkeit von der (lutherischen) Kirche, was in der Forschung oft als Säkularisierung des Rechts interpretiert worden ist. Damit behaupteten die pietistischen Juristen, die (lutherische) Geistlichkeit habe keinerlei Recht, den Fürsten zu kritisieren. Diese These war in den Fällen besonders wichtig, in denen der Fürst reformierter Konfession war und seine Untertanen Lutheraner, denn dieser konfessionelle Unterschied provozierte Spannungen. Pufendorf und Thomasius standen über kürzere oder längere Zeiträume hinweg im Dienst reformierter Fürsten und adaptierten wohl deshalb Naturrechtslehren.[53]

Hatten sich Pufendorf und Thomasius die aristotelisch-scholastische Vorstellung von der natürlichen Soziabilität des Menschen angeeignet, um ihre jeweiligen Fürsten bei ihren Konflikten mit der lutherischen Geistlichkeit zu unterstützen, so hatten sie jedoch in augustinischer Manier ein minimalistisches Verständnis von dieser Soziabilität. Sie dachten nicht daran, der Philosophie eine wichtige Rolle bei der moralischen Verbesserung des Menschen zuzuweisen. Ganz im Gegenteil hielt Thomasius dieses Vorhaben für äußerst gefährlich: Nicht nur kenne der menschliche Verstand enge Grenzen, auch sei der Wille des Menschen durch und durch korrumpiert. Zur

53 Horst Denzer, Moralphilosophie und Naturrecht bei Pufendorf. Geburt des Naturrechts aus der praktischen Philosophie, München 1972; Grunert, Normbegründung; Detlef Döring, Säkularisierung und Moraltheologie bei Pufendorf, in: Zeitschrift für Theologie und Kirche 90, 2 (1993), S. 156–174; Ian Hunter, Secularization. The Birth of a Modern Combat Concept, in: Modern Intellectual History 12, 1 (2014), S. 1–32; Ahnert, Religion.

Tugend könne der Mensch nur durch die Gnade Gottes und den Heiligen Geist finden. Die Grundlage der Philosophie solle man deshalb in der Heiligen Schrift suchen.[54] Angesichts dieser Geringschätzung der Philosophie scheinen Zweifel angebracht, ob Thomasius, der oft als der erste deutsche Aufklärer gilt, überhaupt zu den Aufklärern gezählt werden kann.

An der Wende zur Aufklärung war in Deutschland maßgeblich Gottfried Wilhelm Leibniz (1646–1716) beteiligt. Im Gegensatz zu Thomasius sah Leibniz für die Philosophie eine eminente gesellschaftliche Rolle vor. Leibniz entstammte einem streng lutherisch-orthodoxen Milieu, las jedoch als Jugendlicher die katholischen spätscholastischen Werke in der Bibliothek seines verstorbenen Vaters, der in Leipzig Professor für Moralphilosophie gewesen war. Er verbrachte sein Leben in Diensten von katholischen Fürsten. Während Leibniz für seine Erkenntnisphilosophie Inspiration im Platonismus schöpfte – er hing zum Beispiel dem Innatismus an –, standen seine moralphilosophischen und naturrechtlichen Ideen in der aristotelisch-scholastischen Tradition. Für Leibniz wie für Shaftesbury wohnte dem Universum eine gute und gerechte Ordnung inne, die auf ein vollkommenes übernatürliches Wesen (Gott) zurückgehe. Dieses religiös bedingte Weltbild ermöglichte es ihm, der Vernunft eine wichtige Rolle in der individuellen und gesellschaftlichen Besserung zuzuschreiben, denn mittels der Vernunft konnte der Mensch sich der universalen Ordnung bewusst werden. Wie Thomas von Aquin sah er deshalb die Philosophie als ein wichtiges Komplement zur Theologie an. Wie die thomistischen Autoren und Locke hing er der These an, die christliche Offenbarung sei *super rationem*, nicht *contra rationem*,[55] das heißt stehe über der Vernunft, nicht quer zu ihr. Leibniz leistete deshalb einen Beitrag zur „natürlichen Theologie", der philosophischen Erkenntnis Gottes.[56] Er glaubte wie die thomistischen Scholastiker, es gebe universale, natürliche Normen göttlicher Herkunft, und die Rechtsnormen seien diesen natürlichen Gesetzen unterzuordnen.[57]

54 Zu Thomasius' Verhältnis zur Philosophie und der bescheidenen Rolle, die er ihr bei der Moralisierung zuwies: Christian THOMASIUS, Einleitung zur Sittenlehre, Halle 1692; DERS., Ausübung der Sittenlehre, Halle 1696; DERS., Summarischer Entwurff derer Grund-Lehren, die einem Studioso Iuris zu wissen, und auff Universitäten zu lernen nöthig, Halle 1699.

55 Johannes BRONISCH, Was ist Aufklärung? Vernunft und Religion bei Christian Wolff, in: Denkströme 7 (2011), S. 251–256.

56 Alexander WIEHART-HOWALDT, Essenz, Perfektion, Existenz. Zur Rationalität und dem systematischen Ort der leibnizschen Theologia naturalis, Stuttgart 1996.

57 A. BOEHM, Leibniz et la scolastique contemporaine, in: Proceedings of the Tenth International Congress of Philosophy 2 (1949), S. 1148–1152; Werner SCHNEIDERS, Respublica optima. Zur metaphysischen und moralischen Fundierung der Politik bei Leibniz, in: Studia

Dieser aristotelisch-scholastische Hintergrund machte Leibniz für die Theorien Shaftesburys anschlussfähig: Obwohl Leibniz ähnlich wie Thomas von Aquin einen stärkeren Akzent auf die Rolle der Vernunft bei der Findung der natürlichen Normen legte, als es Shaftesbury tat, zeigte er sich bei der Lektüre von dessen Spätwerk vor allem von seiner Theorie einer intuitiven, affektiven und ästhetischen Erkenntnis der Tugend durch den angeborenen Moralsinn höchst begeistert.[58]

Leibniz' moralphilosophische Vorstellungen waren stark von der scholastischen Rezeption peripatetischer und stoischer Autoren beeinflusst. Zugleich aber entwickelte er diese Gedankenströmungen weiter: Leibniz stellte die Idee der Vervollkommnung des Menschen ins Zentrum seiner Ethik. Ihm zufolge bestehe Gottes Ehre in der höchsten Vollkommenheit all seiner Kreaturen. Das höchste Ziel war in Leibniz' Moralphilosophie nicht mehr wie für die antiken Philosophen das persönliche Glück des Individuums, sondern die Vervollkommnung sowohl seiner selbst als auch der anderen. Diese Vervollkommnung sei nicht ausschließlich durch die Vernunft gesteuert, sondern auch durch die Lust, die der Empfindung von Vollkommenheit entspringe. Die Glückseligkeit des Menschen beruhte also laut Leibniz auf dem Empfinden der wahren Lust, die in der Vollkommenheit begründet sei. Er wandte sich somit von einer rein rationalistischen Lehre ab und verband wie Shaftesbury, den er intensiv rezipierte und bewunderte, vor dem Hintergrund der Vorstellung eines von Gott wohlgeordneten Universums Verstand und Gefühl.[59]

Es war schließlich dieses religiöse Weltbild, das die Arbeit an der Aufklärung denkbar machte: Philosophie konnte die Menschen zu den göttlichen Prinzipien führen, weil diese Grundsätze überall im Universum zu beobachten seien und dem Menschen selbst innewohnten. Leibniz glaubte deshalb, die Philosophie solle den Rahmen der Universität verlassen, um den gesellschaftlichen Fortschritt einzuleiten. Er wandte sich an ein höfisches Publikum. In seiner *Denkschrift für aufgeklärte Menschen mit guten Absichten* (*Mémoire pour les personnes éclairées et de bonne intention*, 1692) gab Leibniz solchen Kreisen eine praktische Anleitung, wie man die Menschen besser machen

---

Leibnitiana 9, 1 (1977), S. 1–26; DERS., Naturrecht und Gerechtigkeit bei Leibniz, in: Zeitschrift für philosophische Forschung 20, 3–4 (1966), S. 607–650; Hans-Peter SCHNEIDER, Justitia Universalis. Quellenstudien zur Geschichte des Christlichen Naturrechts bei Leibniz, Frankfurt a. M. 1967; René SÈVE, Leibniz et l'École moderne du droit naturel, Paris 1989.

58 DEHRMANN, Das „Orakel der Deisten", S. 45–59.

59 Christian LEDUC, Sources of Wolff's Philosophy: Scholastics/Leibniz, in: THEIS/AICHELE (Hg.), Handbuch, S. 35–53, hier 44–51; Clemens SCHWAIGER, Ethik, in: ebd., S. 253–268, hier 255–259; DEHRMANN, Das „Orakel der Deisten", S. 45–58.

könne. Er beschrieb darin ein Trainingsprogramm für die Vernunft und für den Willen und schlug auch Sozialreformen vor, um die moralischen Übel schon im Keim zu ersticken. Er meinte, die Förderung der Landwirtschaft, des Handwerks und der Bildung könne die Armut und die Kriminalität senken.[60]

Ähnlich wie Shaftesburys Schriften in Großbritannien und Frankreich sollte Leibniz' Lehre im Heiligen Römischen Reich und im östlichen Europa direkt und indirekt einen enormen Einfluss entfalten. Seine Naturrechtslehre und Moralphilosophie prägten das Werk Christian Wolffs (1679–1754), dessen Philosophie (Wolffianismus) für Jahrzehnte in der deutschen Aufklärung Standard wurde.[61] Mit seinen Plädoyers, Wissen zu verbreiten, um den moralischen und gesellschaftlichen Fortschritt einzuleiten und eine solide soziale Ordnung zu etablieren, stand er unmittelbar Pate für die Gründung der Akademien in Berlin und in St. Petersburg.[62]

3.6 Das „Kleine Konzil“ und die *Querelle des Anciens et des Modernes*

Die Hinwendung zur praktischen Philosophie (das heißt der Moralphilosophie), die in Lockes, Shaftesburys und Leibniz' Werk zu beobachten ist, war in Frankreich in besonderem Maße zu spüren. Ein wichtiger Grund dafür lag in der Kontroverse zwischen Semipelagianisten (den meisten Jesuiten) und Augustinisten (den Jansenisten), die in diesem Königreich ungewöhnlich heftig ausfiel. Die Erfindung der *philosophe*-Persona ist unmittelbar in diesem Kontext zu verorten. Sie war das Werk einer Gruppe von Autoren, die sich am königlichen Hof um den Hofprediger Jacques-Bénigne Bossuet (1627–1704) versammelte und scherzhaft „Kleines Konzil“ („Petit Concile“) genannt wurde. Diese Autoren suchten nach einem Mittelweg zwischen Jesuiten und Jansenisten: Ihr Menschenbild trug den Stempel des Augustinismus, allerdings hatten sie die Hoffnung nicht aufgegeben, mittels der Kunst und der Literatur den Menschen zu verbessern. Jean Racine (1639–1699) entwickelte zu diesem Zweck ein ganz auf moralische Dilemmata konzentriertes Theater; Jean de La Bruyère (1645–1696) und

60 Gottfried Wilhelm Leibniz, „Mémoire pour les personnes éclairées et de bonne intention“ (1692), in: ders., Lettres et opuscules inédits de Leibniz, précédés d'une introduction, A. Foucher de Careil (Hg.), Paris 1854, S. 274–292.

61 Leduc, Sources, 44–51; Schwaiger, Ethik, 255–259.

62 Kirill Ospovat, Sovereignty and the Politics of Knowledge: Royal Society, Leibniz, Wolff, and Peter the Great's Academy of Sciences, in: Biskup u. a. (Hg.), Enlightenment at Court, S. 259–279.

Nicolas Boileau (1636–1711) bedienten sich der Satire, und François Fénelon (1651–1715) verfasste einen europaweit überaus erfolgreichen Bildungsroman, *Die Abenteuer des Telemach* (*Les aventures de Télémaque*; nicht weniger als 421 Auflagen im 18. Jahrhundert[63]). All diese Werke blieben im 18. Jahrhundert äußerst populär und prägten die französische Literatur der Aufklärung in einem entscheidenden Maße. Für die Aufklärungsgeschichte von außerordentlicher Bedeutung ist die Tatsache, dass sich diese Autoren selbst als *philosophes* verstanden, das heißt als engagierte Intellektuelle, die sich der Verbesserung der Gesellschaft verschrieben hatten. Besonders La Bruyère leistete einen wichtigen Beitrag zur Definition dieser neuen sozialen Autorenrolle.[64]

Ein anderer Faktor für die Entstehung der Aufklärungserzählung in Frankreich war der Streit um die Verdienste der „Alten" und „Modernen", der im späten 17. Jahrhundert tobte. Diese Kontroverse, die gewöhnlich *Querelle des Anciens et des Modernes* genannt wird, drehte sich um die Frage, ob die Griechen und Römer der Antike (die „Alten") immer noch als Maßstab der Zivilisation zu gelten hätten oder ob die neuzeitlichen Gesellschaften (die „Modernen") fortschrittlicher seien. In Frankreich wurde die Auseinandersetzung durch Charles Perraults Gedicht *Das Jahrhundert Ludwigs des Großen* (*Le Siècle de Louis le Grand*, 1687) angestoßen, in dem der Autor die Herrschaft Ludwigs XIV. als den Höhepunkt der Geschichte darstellte. Die These, es habe seit der Antike einen Fortschritt in den Wissenschaften gegeben, war zwar keineswegs neu: Sie hatte von Roger Bacon (um 1220 – kurz nach 1292) bis Francis Bacon (1561–1626) und Descartes immer wieder prominente Vertreter gefunden. Die Anhänger der „Modernen" hatten ab dem späten 17. Jahrhundert jedoch einen umfassenderen Begriff vom Fortschritt: Der Fortschritt war für sie nicht nur technisch-wissenschaftlicher Natur. Die Idee des „Jahrhunderts der Aufklärung" („Siècle des Lumières") wurde just formuliert, um diese Vision des Fortschritts zu verteidigen. Für ihre Erfindung zeichnete der Sekretär der Akademie der Wissenschaften Bernard Fontenelle (1657–1757) verantwortlich.

Die Anhänger der „Alten" bezogen deshalb so entschieden und heftig Stellung gegen diese These, weil sie befürchteten, die Franzosen seien noch zu barbarisch, um von den moralischen, philosophischen, künstlerischen und politischen Vorbildern der Antike Abschied zu nehmen. Die Franzosen galten ihnen als ein Volk, das von den Römern zivilisiert worden, mit dem Niedergang des Römischen Reichs aber wieder

63 Laut der Statistik, die Gary Kates und sein Team erstellt haben: https://kates.itg.pomona.edu/books/analytics.php?type=all (zuletzt besucht am 30. 09. 2022).

64 Tricoire, The Fabrication of the Philosophe; Christoph Schmitt-Maass, Fénelons „Télémaque" in der deutschsprachigen Aufklärung (1700–1832), Berlin/Boston 2018.

in die Barbarei hinabgesunken sei. Die Nachahmung der „Alten" war in ihren Augen unumgänglich, um ihre Zeitgenossen vollends zu zivilisieren.[65]

3.7 Voltaires Synthese

Die Aufklärungserzählung wurde in Frankreich im Kontext dieser Debatten erfunden. Daran hatte Voltaire den größten Anteil. Seine Schlüsselrolle in der Geschichte der Aufklärung besteht darin, dass er die Vorstellungen von einer führenden sozialen Rolle des Philosophen und dem Fortschritt durch Philosophie aufgriff und zu einer kohärenten Erzählung zusammenfügte. Voltaire war anders als Shaftesbury oder Leibniz weder Moralphilosoph noch Naturrechtler, sondern zunächst vor allem ein Dichter, Dramaturg und Verfasser von Pamphleten. Er eignete sich erst verhältnismäßig spät die Persona eines Philosophen an: Sein philosophisches Debüt waren die *Philosophischen Briefe* (*Lettres philosophiques*, 1734), die er im Alter von etwa 40 Jahren veröffentlichte. Diese fiktiven Briefe zeichneten sich kaum durch neue Ideen, sondern vor allem durch einen respektlosen Ton gegenüber vielen Autoritäten und durch mondänen, unpedantischen Geist aus. Voltaire griff darin unter anderem die Universitäten und die Scholastik an. Er forderte mehr Ehrbezeugungen für Philosophen, die er als die eigentlichen großen Männer darstellte. Um seine Forderung zu legitimieren, verwies er auf das Beispiel Englands, wo Philosophen wie Newton seiner Meinung nach weit mehr Anerkennung genössen als die französischen Hommes de Lettres.[66] Newton lieferte ihm denn auch die Grundlage für seine Moralphilosophie: Newtons Lehre wies Gott und seiner Vorsehung eine Schlüsselrolle in der Ordnung des Universums zu und so konnte Voltaire behaupten, die moderne Philosophie stelle die Grundlagen für die moralische Ordnung bereit.[67] Voltaire ergriff – wohl unter dem Einfluss seiner jesuitischen Lehrer[68] – gegen den Augustinismus Partei: So besteht ein Großteil seiner *Philosophischen Briefe* aus einem Angriff auf den Jansenisten Pascal, den Voltaire als Misanthropen (Menschenhasser) apostrophierte. Voltaire unterstrich in thomistischer Manier die positiven Effekte der Selbstliebe, die Gott in uns eingepflanzt habe. Es

65 EDELSTEIN, The Enlightenment, S. 37–52; Sarah E. MELZER, Colonizer or Colonized. The Hidden Stories of Early Modern French Culture, Philadelphia 2012; Larry NORMAN, The Shock of the Ancient. Literature and History in Early Modern France, Chicago 2011.

66 VOLTAIRE, Lettres philosophiques, Amsterdam 1734, S. 105–106, 147–148.

67 VOLTAIRE, Éléments de physique, Neufchâtel 1772, S. 35–48.

68 Marc FUMAROLI, Voltaire jésuite, in: Commentaire 69, 1 (1995), S. 101–114, hier 107.

sei die Selbstliebe, die uns dazu bewege, anderen Menschen Liebe entgegenzubringen. Ohne Selbstliebe würde es keine Gesellschaft geben. Menschen würden keine Leistungen erbringen; sie hätten keine Technik und keine Kunst erfunden.[69] Voltaire baute seine Vorstellung von Aufklärung durch Philosophie auch auf dem religiösen Bild eines durch Gott wohlgeordneten Universums auf, auch wenn er Shaftesbury und Leibniz als „Optimisten" verspottete, deren Systeme in seinen Augen keinen Platz für das moralisch Schlechte vorsahen (bekanntlich richtete sich sein philosophisches Märchen *Candide* gegen Leibniz' Universumsvorstellung).

Voltaires besondere Bedeutung für die Erfindung der Aufklärung lag jedoch nicht nur darin, dass er eine führende soziale Stellung für Philosophen forderte. Er hatte auch großen Anteil an der Formulierung der aufklärerischen Geschichtserzählung. Von den Autoren des „Kleinen Konzils", die er als Schriftsteller bewunderte, eignete sich Voltaire zuerst die Vorstellung, man könne von einem „Jahrhundert Ludwigs XIV." sprechen, und die Persona des *philosophe* an. Auf dieser Grundlage entwickelte er ein neues Genre: die „Geschichtsphilosophie" oder „philosophische Geschichte", die zum Fortschritt beitragen sollte, indem sie die Barbarei und den Fortschritt im Laufe der Jahrhunderte aufzeigte. Im *Essai sur les mœurs*, an dem Voltaire über mehrere Jahrzehnte arbeitete, entfaltete er eine umfangreiche Geschichtserzählung, die eine Synthese zwischen den Ideen der Anhänger der „Alten" und derjenigen der „Modernen" darstellte. Auf der einen Seite vertrat er die These, dass es im Laufe der Geschichte durchaus wissenschaftliche und technische Fortschritte gegeben habe. Auf der anderen Seite zeigte er sich der Vorstellung verpflichtet, Europa im Allgemeinen und Frankreich im Besonderen seien erst vor Kurzem aus der Barbarei herausgetreten; die meisten Europäer, Franzosen eingeschlossen, seien noch Wilde und Barbaren. Aus dieser Bestandsaufnahme ergab sich die Schlussfolgerung, die Hommes de Lettres sollten einen Beitrag zur Zivilisierung der Zeitgenossen leisten. In Voltaires Augen sollten sie sich dabei auf die Eliten konzentrieren. Den Zivilisierungsgrad eines Landes maß er daran, wie sehr die Vorstellungen der dortigen Eliten seinen eigenen Überzeugungen ähnelten. Voltaire entwarf eine historische Vision der Entfaltung von Aufklärung und Fortschritt; damit leistete er den wohl wichtigsten Beitrag zur Erfindung der Aufklärungserzählung.[70]

---

69 Voltaire, Lettres philosophiques, S. 289–390.

70 Damien Tricoire, France's Self-colonization, the Enlightenment, and the Politics of Civilization, in: ders. (Hg.), Enlightened Colonialism. Civilization Narratives and Imperial Politics in the Age of Reason, Cham 2017, S. 25–45.

4 Fortschritt

Die Erfinder der Aufklärung – Le Clerc, Shaftesbury, Leibniz oder auch Voltaire – einte bei allen Unterschieden in ihrer Philosophie ein gemeinsames aristotelisch-scholastisches Menschen- und Weltbild. Diesem Weltbild zufolge war es möglich, durch eine Entwicklung sowohl des Verstands als auch des Gefühls moralisch-gesellschaftlichen Fortschritt zu bewirken. Im 18. Jahrhundert wurden deshalb intensiv die „großen Männer" gefeiert, die Genies, die den Fortschritt hervorgebracht hätten.[1] Dies hieß zwar nicht, dass alle Protagonisten der Aufklärung dasselbe Programm vertraten: Aus diesen gemeinsamen Grundlagen resultierten durchaus verschiedene Fortschrittsvisionen. Doch obwohl im 18. Jahrhundert eine große Vielfalt aufklärerischer Fortschrittskonzeptionen herrschte, lassen die Ideen einer großen Mehrheit der Autoren jenseits dieser unbestreitbaren Pluralität eine gewisse Kohärenz erkennen – so die hier verteidigte These. Diese Kohärenz macht es überhaupt erst möglich, von Aufklärung zu sprechen.

4.1 Moderne Gesellschaft und moralische Dekadenz

Die Aufklärungserzählung, wie Voltaire sie entwarf, besagt, dass durch Philosophie ein moralisch-gesellschaftlicher Verbesserungsprozess seinen Anlauf genommen habe und sich weiter entfalten könne. Die Autoren der Aufklärung hielten jedoch einen solchen Fortschritt mitnichten für gesichert oder gar unaufhaltsam. Sie waren sich nicht einmal in der Frage einig, welche Grundlagen die moralische Verbesserung haben sollte. Die Vorstellung, dass der Fortschritt der Künste und der Wissenschaften zu begrüßen sei, war im 18. Jahrhundert nämlich nicht konsensfähig. Denn obwohl zahlreiche Menschen dieser Idee anhingen, hatte sie auch mächtige und laute Gegner, für die Künste und Wissenschaften keine *moralische* Verbesserung mit sich brächten. In seiner *Abhandlung über die Wissenschaften und Künste* (*Discours sur les sciences et les*

1 Darrin M. McMahon, The Fate of Nations Is the Work of Genius. The French Revolution and the Great Man Theory of History, in: David A. Bell/Yair Mintzker (Hg.), Rethinking the Age of Revolutions. France and the Birth of the Modern World, Oxford 2018, 134–153.

arts, 1748) vertrat der gebürtige Genfer Jean-Jacques Rousseau die Ansicht, die Weiterentwicklung der Künste und Wissenschaften habe nur scheinbar einen moralischen Fortschritt eingeleitet – eine These, mit der Rousseau über Nacht berühmt wurde. Den „philosophische[n] Ton ohne Pedanterie" und die „natürlichen und dabei doch einnehmenden Manieren"[2] der Franzosen lobte er zwar und kontrastierte sie etwa mit der „deutschen Grobheit". Sie entsprachen seines Erachtens aber dennoch nicht dem wahren Charakter der Nation: Die Franzosen verstellten sich, und ihre Sitten seien verdorben. Es wiederhole sich das Schicksal des alten Rom: Der wachsende Luxus und die zunehmende soziale Ungleichheit führten einen Niedergang von Tugend, Vaterlandsliebe, Religion, Männlichkeit und wahrer Freundschaft herbei. Die Menschen – auch die *philosophes* – opferten ihre Tugend auf dem Altar der Mode, anstatt ihrem Gewissen zu folgen.[3] Rousseaus Ideal war das antike Sparta – eine Gesellschaft mit vermeintlich einfachen Sitten, in der das Allgemeinwohl über dem individuellen Interesse gestanden habe.[4] Dieses Ideal bildete den Kern einer im 18. Jahrhundert äußerst einflussreichen Denkströmung, die in der Forschung „klassischer Republikanismus" genannt wird (mehr dazu im sechsten Kapitel). In dieser Perspektive erschienen die Wissenschaften bestenfalls als ein Zeitverlust; im schlimmsten Fall untergrüben sie die Tugend durch Zweifel und Paradoxa.

Diese klassisch-republikanische Weltanschauung inspirierte den ersten Zukunftsroman der französischen Literatur: Louis-Sébastien Merciers *Das Jahr 2440* (*L'an 2440*, 1771; 13 Auflagen[5]). Mercier war bei den Zeitgenossen für seine feuilletonartigen Schilderungen der Stadt Paris und ihrer sozialen Milieus berühmt geworden.[6] *Das Jahr 2440* beschrieb Paris im 25. Jahrhundert. Der *Traum aller Träume* – wie der Untertitel lautet –

2 Jean-Jacques ROUSSEAU, Discours qui a remporté le prix à l'académie de Dijon en l'année 1750. Sur cette question proposée par la même académie : si le rétablissement des sciences et des arts a contribué à épurer les moeurs. Par un citoyen de Genève, Genève 1750, S. 7 (« Un ton philosophique sans pédanterie, des manières naturelles & pourtant prévenantes », « rusticité tudesque »; Übersetzung D. T.).

3 ROUSSEAU, Discours sur les sciences et les arts.

4 Zur Spartarezeption im Frankreich des 18. Jahrhunderts: Haydn MASON, The State of Happiness? Ancient Sparta and the French Enlightenment, in: Susan HARROW/Timothy UNWIN (Hg.), Joie de vivre in French Literature and Culture, Leiden 2009, S. 177–191.

5 Siehe folgende Statistik: https://kates.itg.pomona.edu/books/analytics.php?type=all (zuletzt besucht am 30.09.2022).

6 Louis-Sébastien MERCIER, Tableau de Paris, 12 Bde., Paris 1782–1788 (15 Auflagen laut Gary Kates und seinem Team: https://kates.itg.pomona.edu/books/analytics.php?type=all; zuletzt besucht am 30.09.2022).

ist eine Utopie, die eine Gesellschaft darstellt, in der sich die Philosophie durchgesetzt hat. Auf dem Montmartre steht ein „Heiligtum der Musen“ für die Mitglieder der Königlichen Akademie, die in kleinen Häusern am Berghang in Einsamkeit arbeiten. Mitunter treten sie aber zu gemeinsamen Sitzungen im Heiligtum zusammen, um sich dort gegenseitig aus ihren Schriften vorzulesen, wobei sie vor Entzückung aufjauchzen oder vor Rührung weinen. Über dieses Paradies auf Erden wacht ein Philosophenkönig, während eine Vereinigung aller Stände für die Gesetzgebung zuständig ist. Paris und die französische Gesellschaft weisen im Jahr 2440 einige Züge auf, die uns im 21. Jahrhundert bekannt vorkommen. So gibt es breite Straßen und die Sklaverei ist abgeschafft worden. Insgesamt aber stellt sich der von Rousseau beeinflusste Mercier eine Zukunft vor, die sehr stark von unseren Vorstellungen des Fortschritts abweicht. Aus heutiger Sicht frappierend ist die Tatsache, dass sich Mercier keine technischen Neuerungen vorstellt, weshalb es sich nicht um Science-Fiction handelt. Er hat keine Vision eines Wissenszuwachses, sondern schildert eine Gesellschaft, die sich ganz auf einige wenige moralische Prinzipien konzentriert und sich sowohl der Unterhaltungskultur als auch der Gelehrsamkeit entledigt hat. Theaterhäuser bieten keine belanglose Unterhaltung mehr, sondern nur Stücke, die der bürgerlichen Erziehung dienen. Universitäten gibt es nicht mehr. In Bibliotheken bewahrt man nur die wenigen lesenswerten Bücher auf, in denen die Wahrheit klar und einfach niedergeschrieben ist und die in Merciers Beschreibung in der Regel aus dem 18. Jahrhundert stammen. Alle schlecht geratenen, unnützen, pedantischen oder unmoralischen Bücher hat man auf einen riesigen Haufen geworfen – eine gigantische „Pyramide [...], die an Höhe und Masse einem gewaltigen Turme glich“ – und verbrannt.[7]

Diese Feindseligkeit gegenüber dem Gelehrtendünkel und der seichten Unterhaltung ist ein typisches Kennzeichen des Rousseauismus. Aufgrund dieser Tendenz und seiner Angriffe auf Aufklärungsphilosophen gilt Rousseau manchen als ein Gegenaufklärer.[8] Dennoch schrieb sich Rousseau die Hauptidee der Aufklärung auf die Fahnen: Wie andere Aufklärer auch widmete er sich der Philosophie, um den moralischen Fortschritt zu fördern, genauso wie Merciers Paris des Jahres 2440 gerade den Triumph der Philosophie erlebt hat. Rousseau glaubte nicht, der Mensch solle zum Naturzustand zurückkehren; er hatte nicht einmal einen positiven Begriff von diesem Zustand. Vielmehr erforschte er die Natur des Menschen, um davon Normen für den menschlichen Fortschritt abzuleiten. Eine seiner zentralen Ideen war die Perfektibilität

---

7 Louis-Sébastien Mercier, Das Jahr 2440. Ein Traum aller Träume, Frankfurt a. M. 1989, S. 154.

8 Caradonna, There Was No Counter-Enlightenment, 59.

des Menschen: Für Rousseau war der Mensch ursprünglich eine Art Menschenaffe, der im Naturzustand stupide und amoralisch gewesen sei, jedoch als einziges Tier die Fähigkeit besitze, sich zu vervollkommnen.[9] Dies heißt nicht, dass sich der Mensch zwangsweise zum Besseren ändere, sondern dass er die Wahl habe, besser oder schlechter zu werden. Zwar war die Geschichte der Menschheit für Rousseau insgesamt eine Geschichte des Verfalls ins Laster und Unglück. Die menschlichen Errungenschaften in Technik, Wissenschaft, Kunst oder Politik schätzte er weitgehend negativ ein. Zugleich verlor er aber nicht den Glauben an die Fähigkeit des Menschen, sich moralisch zu bessern: Gott habe Rousseau zufolge die natürlichen Gesetze im menschlichen Herzen verankert. Man brauche also nur seinem Gewissen zu folgen, um sich von der korrumpierten Selbstliebe (*amour propre*) ab- und der gesunden Selbstliebe (*amour de soi*) zuzuwenden. Rousseau war also kein Gegner, sondern ein Anwalt des Fortschritts.[10] Sein Welt- und Menschenbild war nicht nur vom Republikanismus geprägt: Es ähnelte den Grundgedanken von Shaftesbury – die er vermutlich durch Diderots Adaptation rezipierte – und stand somit ebenfalls in der aristotelisch-scholastischen Tradition franziskanischer Prägung.

Rousseau war kein Gegenaufklärer und seine Positionen wiesen viele Gemeinsamkeiten mit denen anderer namhafter Aufklärungsphilosophen auf. Er bildete unter den berühmten Aufklärern keine Ausnahme, wenn er die moderne kommerzielle Gesellschaft kritisierte. Solche Ideen waren zum Beispiel auch in einer Gruppe französischer Autoren Allgemeingut, die gewöhnlich nicht in eine Reihe mit Rousseau gestellt werden: die sogenannten Physiokraten, von ihren Zeitgenossen *économistes* genannt. Die Physiokraten übten einen außerordentlichen Einfluss auf die Ideengeschichte des 18. Jahrhunderts aus, haben jedoch heutzutage nur einen marginalen Platz in der Erinnerung an die Aufklärung. Sie plädierten wie Rousseau für die Einführung von Gesetzen, die ganz den natürlichen, von Gott erschaffenen Normen folgen sollten. Ein wichtiger Unterschied zu Rousseau bestand darin, dass sie der Vernunft auf der Suche nach den Universalgesetzen eine größere Rolle beimaßen als dem Herzen. Für die Physiokraten waren die Wurzeln des Fortschritts im Bevölkerungswachstum zu suchen, das wiederum auf der Landwirtschaft gründete. Wie Rousseau waren sie skeptisch gegenüber dem Luxus, also Gütern, die keiner zum Leben brauche und die in dem Ruf standen, die Arbeitskraft und Ressourcen von der Landwirtschaft abzu-

9 Robert Wokler, Perfectible Apes in Decadent Cultures. Rousseau's Anthropology Revisited, in: Daedalus. American Academy of Arts and Sciences 107, 3 (1978), S. 107–134.

10 Henry Vyverberg, Historical Pessimism in the French Enlightenment, Cambridge, Mass. 1958, S. 57–61.

ziehen und die Menschen moralisch zu verweichlichen. Der Marquis de Mirabeau (1715–1789), neben François Quesnay einer der beiden Väter der Physiokratie, erfand den Begriff Zivilisation, um den Prozess der moralischen Besserung zu kennzeichnen. Wahre Zivilisation bedeutete für ihn dabei nicht große Städte und übermäßigen Konsum, sondern im Gegenteil – wie für Rousseau – Schlichtheit und Tugend.[11]

Im Laufe des 18. Jahrhunderts wuchs die moralische und patriotische Kritik an der Zersetzungskraft des Luxus in Frankreich.[12] Eine solche Angst vor der Bereicherung und dem Konsum mochte in Großbritannien weniger ausgeprägt gewesen sein. Doch sogar britische Philosophen, die gewöhnlich als Antipoden von Rousseau gelten, offenbaren bei näherem Hinsehen einen klassisch-republikanischen Einfluss und hatten Bedenken angesichts der Ausbreitung des Luxus in der modernen Gesellschaft. Die schottischen Philosophen Adam Ferguson (1723–1816) und Adam Smith (1723–1790), der oft als Gründungsvater des Wirtschaftsliberalismus verstanden wird, bejahten die moderne kommerzielle Gesellschaft keineswegs uneingeschränkt und befürchteten, dass die Suche nach Profit die Tugend und das Gemeinwohl schwächen könne.

Smiths Theorien gingen – ähnlich wie das scholastische Menschenbild Shaftesburys und Rousseaus – von der Prämisse aus, der Mensch sei sowohl durch Selbstliebe als auch durch eine Neigung zum Mitgefühl für andere gekennzeichnet. Der Mensch war für ihn mitnichten ein ausschließlich nach individuellem Profit strebendes Wesen, wie man oft fälschlicherweise annimmt. Er war vielmehr sowohl durch eine Fähigkeit zum natürlichen Mitgefühl als auch durch ein Streben nach Lob und Liebe gekennzeichnet. Beides ging für Smith in aristotelisch-thomistischer Manier Hand in Hand und machte aus dem Menschen ein hochsoziales Wesen.

Der Unterschied zwischen Smith und Rousseau ist weniger in ihrer Einschätzung der kommerziellen Gesellschaft zu suchen, als vielmehr in der Tatsache, dass Smith diese für unausweichlich hielt, während Rousseau zumindest von Rückzugs- und Freiräumen träumte. Smith glaubte, dass sich die europäischen Gesellschaften seit der Antike grundlegend verändert hätten und die Menschen im 18. Jahrhundert auf andere Art nach Anerkennung und Liebe trachteten als in der Vergangenheit. In der antiken Polis hätten die Menschen durch ihr Engagement für das Gemeinwohl

---

11 Victor Riqueti de Mirabeau, L'Ami des hommes, ou Traité de la population, Avignon 1756; Roland Mortier, „Lumière" et „Lumières". Histoire d'une image et d'une idée, in: Ders. (Hg.), Clartés et ombres du siècle des Lumières. Etudes sur le XVIIIe siècle littéraire, Genève 1969, S. 13–59.

12 John Shovlin, The Political Economy of Virtue. Luxury, Patriotism, and the Origins of the French Revolution, Ithaca/London 2006.

nach öffentlicher Anerkennung gestrebt; in der Moderne wollten sie eher durch materiellen Erfolg auffallen. Das republikanische Engagement der „Alten“ führte in Smiths Augen zu politischer Aktivität, Patriotismus und kriegerischem Ruhm; die moderne Profitgier dagegen zu individuellen Rechten, Sicherheit und Wohlstand. Die moderne Gesellschaft gehe also sowohl mit Fort- als auch mit Rückschritten einher: Ein „schlechter Effekt von Handel“ sei, dass er „den Mut der Menschheit“ schwäche und die Männer verweibliche.[13] Obwohl er der Moderne viel Positives abgewinnen konnte, beklagte Smith diese Entwicklungen durchaus in einer Art und Weise, die Rousseau nahestand.

Adam Ferguson war noch deutlicher als Smith vom Niedergang des Sinns für das Allgemeinwohl in der modernen Gesellschaft beunruhigt. Er beschrieb wie Smith den Prozess der Zivilisation als den einer wachsenden Arbeitsteilung und somit sozialen Ungleichheit, die zwar moralische Fortschritte, aber auch Gefahren in sich berge. Das Streben nach Genuss und Profit sporne zur Arbeit an, bringe Wohlstand und feinere Umgangsformen mit sich. Ihm müssten aber auch Grenzen gesetzt werden, damit die Menschen nicht räuberisch, betrügerisch und gewalttätig würden. Der Egoismus des modernen Menschen und die wachsende soziale Ungleichheit ließen die öffentliche Tugend untergehen und gefährdeten die Freiheit oder gar den Fortbestand moderner Staaten. Ferguson glaubte jedoch nicht, dass man den Durchbruch der kommerziellen Gesellschaft rückgängig machen könne. Gerade deshalb war es ihm ein zentrales Anliegen, nach Wegen zu suchen, die öffentliche Tugend in modernen Gesellschaften wiederzubeleben. Hier wich er von Rousseau ab: Er betonte, dass Luxus nicht zwangsläufig zu Korrumpiertheit führe; die verfeinerten Nationen könnten im Gegenteil eine größere Sittenstrenge als die barbarischen Völker aufweisen.[14] Um dem Bürgersinn wieder zu Kräften kommen zu lassen, schlug Ferguson die Einführung eines allgemeinen Militärdienstes in einer Nationalmiliz vor.[15]

4.2 Zivilisationstheorien

Ein zentrales Element im Denken schottischer Aufklärer war die Vorstellung, dass die modernen Gesellschaften – wie man sie auch immer bewerten mochte – sich von den antiken unterschieden. Die schottischen Aufklärer formulierten die ersten umfassenden

13 Kalyvas/Katznelson, Liberal Beginnings, S. 47–48.

14 Adam Ferguson, An Essay on the History of Civil Society, Dublin 1767, S. 281–303.

15 Kalyvas/Katznelson, Liberal Beginnings S. 51–87.

Zivilisationstheorien und bauten dabei teilweise auf den physiokratischen Ideen auf. In seiner *Rede über den allmählichen Fortschritt des menschlichen Geistes* (*Discours sur les progrès successifs de l'esprit humain*) verteidigte der französische Physiokrat Anne Robert Turgot (1727–1781) bereits 1750 die These, es seien sehr bedeutende Fortschritte in allen Bereichen menschlichen Schaffens zu beobachten: in der Politik, Religion, Ethik, in den Sprachen. Er konzedierte, dass es in der Geschichte zwar Perioden des Rückschritts gegeben habe, behauptete aber, der Fortschritt sei langfristig nicht aufzuhalten. Anders als Voltaire erkannte Turgot selbst im Mittelalter entscheidende Fortschritte.[16] Ab den 1760er Jahren wandten sich Physiokraten wie der Abbé Nicolas Baudeau (1730–1792) von der stark negativen Bewertung der modernen Gesellschaften ab, die das Werk des Marquis de Mirabeau geprägt hatte. Sie zeichneten ein positiveres Bild der „Verfeinerung" der Gesellschaft in der Moderne und vertraten die Ansicht, ökonomische Entwicklung, soziale Ausdifferenzierung und moralischer Fortschritt gingen tendenziell Hand in Hand.[17]

Entscheidende Impulse für die Entwicklung von Zivilisationstheorien kamen auch vom schottischen Juristen Lord Kames (1696–1782). In seinen *Historical Law Tracts* (1758) stellte er ein neues Geschichtsmodell auf, das die Menschheitsgeschichte in vier „Stadien" einteilte. Alle Völker seien zuerst Jäger und Sammler gewesen, bevor sich manche zu Hirten entwickelt hätten, von denen wiederum ein Teil zu Landwirten geworden sei. Das letzte Stadium sei die *commercial society*, die durch eine fortgeschrittene Arbeitsteilung und somit durch den Handel geprägt sei. Wirtschaftliche Entwicklung ist diesem Modell zufolge die Grundlage der Zivilisation.[18]

Adam Smith griff die Idee der Arbeitsteilung als historischen Motor auf und machte sie in seiner Schrift *Der Wohlstand der Nationen* (*An Inquiry into the Nature and Causes of the Wealth of Nations*, 1776) zum Kern einer Wirtschaftstheorie, die das physiokratische Gedankengebäude zum Teil infrage stellte. Die Spezialisierung in der Arbeitswelt führe zur Erfindung von neuen Geräten und Technologien. Städte und Luxusindustrien wüchsen nicht auf Kosten des Landes und der Landwirtschaft, wie Physiokraten glaubten. Sie könnten im Gegenteil erst entstehen, wenn die Landwirtschaft mehr Nahrung produziere als notwendig. Ihre Entwicklung sei deshalb im Interesse der Nahrungsproduzenten, so Smith. Der Grad der Arbeitsteilung sei

---

16 Vyverberg, Historical Pessimism, S. 62–65.

17 Røge, Economistes, S. 64–104.

18 Sebastiani, The Scottish Enlightenment, S. 80–86; Silvia Sebastiani, Storia universale e teoria stadiale negli Sketches of the History of Man di Lord Kames, in: Studi Storici 39, 1 (1998), S. 113–136.

von der Größe des Marktes abhängig; Märkte international zu öffnen, sei deshalb der Wirtschaft förderlich.[19] Auch wenn Smiths Haltung zur modernen kommerziellen Gesellschaft durchaus ambivalent war, zeigte er somit Mittel auf, wie man das Wirtschaftswachstum fördern könne.

Smith entwarf eine kohärente und einflussreiche Wirtschaftstheorie. Doch sollte man Smiths *Wohlstand der Nationen* nicht als einen Neuanfang im Wirtschaftsdenken bewerten. Obwohl Smith heute noch oft als der Vater der Wirtschaftswissenschaften gilt, hat die Wiener Schule um den Ökonomen Josef Schumpeter Mitte des 20. Jahrhunderts darauf hingewiesen, dass zentrale Elemente seiner Theorien bereits in der Scholastik bekannt gewesen seien und die mittelalterliche Universitätsphilosophie in mancher Hinsicht den modernen Wirtschaftstheorien sogar näher gestanden habe als Smith. So habe Smith im Gegensatz zu mittelalterlichen und frühneuzeitlichen Scholastikern nicht verstanden, dass es keinen anderen Preis als den Marktpreis gebe. Auch hätten Scholastiker eine umfassendere Sicht auf die Ökonomie entwickelt. Im Unterschied zu ihnen analysiere Smith nur zwei der vier Dimensionen der Wirtschaft: die Produktion und den Handel, nicht aber die Distribution und den Konsum.[20]

Physiokraten wie schottische Aufklärer bemühten sich gleichermaßen, die Faktoren des Fortschritts genauer als Voltaire herauszuarbeiten, um zu zeigen, wie die Gesellschaft verbessert werden könne. Entgegen einem verbreiteten Klischee waren die Philosophen des 18. Jahrhunderts aber keineswegs fortschrittsgläubig.[21] Die meisten von ihnen waren zwar von der Möglichkeit des künftigen Fortschritts überzeugt, nicht aber von seiner historischen Notwendigkeit. Die Aufklärungszeit war eher von Ängsten durchzogen: vor dem Rückfall in die Barbarei und – oft damit verbunden – vor dem gesellschaftlichen Niedergang durch den Fortschritt des Handels, der Industrie und der „Künste“ (der Techniken). Es war ein Jahrhundert, das sich mit den Ursachen für den Untergang Roms intensiv beschäftigte, weil man befürchtete, Europa könnte dasselbe Schicksal ereilen.

---

19 Adam Smith, An Inquiry into the Nature and Causes of the Wealth of Nations, London 1776.

20 Joseph A. Schumpeter, History of Economic Analysis, London 1954, S. 91; Murray Rothbard, New Light on the Prehistory of the Austrian School, in: Edwin G. Dolan (Hg.), The Foundations of Modern Austrian Economics, Kansas City 1976, S. 52–74. Für eine knappe Zusammenfassung des scholastischen Wirtschaftsdenkens: Philipp Rössner, Wirtschaftsgeschichte neu denken, Stuttgart 2017, S. 234–240.

21 Vyverberg, Historical Pessimism.

Abb. 11 Giovanni Battista Piranesi, Kerker (Le Carceri d'Invenzione, Stich Nr. 10: Häftlinge auf einer Plattform), Kupferstich, um 1745–1750 (Quelle: Wikipedia; gemeinfrei)

Wie zuvor in der Renaissance war im 18. Jahrhundert die Antike hochaktuell. Dies erklärt, weshalb einflussreiche Autoren dem Niedergang des Römischen Reiches eigene Werke widmeten, wie zum Beispiel Montesquieus *Betrachtungen über die Ursachen von Größe und Niedergang der Römer* (*Considérations sur les causes de la grandeur et de la décadence des romains*, 1734) oder Edward Gibbons *The History of the Decline and Fall of the Roman Empire* (1776–1789).[22] Die Europäer der Aufklärungszeit waren von den römischen Ruinen regelrecht fasziniert, und zahlreiche Künstler spezialisierten sich auf ihre Darstellung. Der Besuch archäologischer Stätten wurde zu einer Pflicht auf der Grand Tour, einer Reise, die männliche Mitglieder der nord- und mitteleuropäischen Aristokratie als junge Menschen unternahmen, um sich zu bilden und die

22 Charles Louis de Secondat de MONTESQUIEU, Considérations sur les causes de la grandeur des Romains et de leur décadence, Amsterdam 1735; Edward GIBBON, The History of the Decline and Fall of the Roman Empire, London 1776–1789.

Welt kennenzulernen. Diese Praxis ließ um die Darstellung der Antike eine ganze Industrie entstehen, da die jungen Adligen auf der Grand Tour gern Souvenirs kauften. Zu nennen wären zum Beispiel die hervorragenden Stiche römischer Ruinen von Giovanni Battista Piranesi (1720–1778), die sich im 18. Jahrhundert großer Beliebtheit erfreuten. Piranesi zeichnete zudem nicht zufällig auch verstörende Dystopien (das heißt negative Utopien) monströser Kerker (Abb. 11), die auf eine eigenartige Weise die Begeisterung für die römische Antike mit der Faszination für Repressionstechniken verbanden – gleichsam die dunkle Seite der aufklärerischen Suche nach einer Moralisierung der Gesellschaft.[23]

Die Aufklärung war also keineswegs einem naiven Optimismus verfallen. Erst gegen Ende des Jahrhunderts wurden umfassende Fortschrittsvisionen formuliert, die prophezeiungsartige Schilderungen zukünftiger Errungenschaften enthielten. Markant ist vor allem der posthum veröffentlichte *Entwurf eines Gemäldes der Fortschritte des menschlichen Geistes* von Nicolas de Condorcet (*Esquisse d'un tableau des progrès de l'esprit humain*, 1743–1794), einem ehemaligen Mitarbeiter Turgots, der in der Revolution eine wichtige Rolle als Politiker und als Intellektueller spielte. Condorcet verfasste diesen Text während der Terrorherrschaft der Bergpartei (das heißt der sogenannten Jakobiner um Maximilien Robespierre), als er sich auf der Flucht in Paris versteckte. Dies hinderte ihn nicht, eine Vision des künftigen menschlichen Glücks zu entwerfen, die millenaristische Züge trug, also beinahe das Paradies auf Erden in Aussicht stellte. Condorcet behauptete, dass in Zukunft dank der Fortschritte des menschlichen Geistes die Ungleichheiten zwischen den Völkern verschwinden, die soziale Ungleichheit innerhalb jedes Volks stark abnehmen und die Menschen vervollkommnet würden. Nicht nur werde sich der Lebensstandard durch den technischen Fortschritt deutlich erhöhen; auch würden moralische Verbesserung dem Verbrechen und dem Krieg den Garaus machen und Gleichheit zwischen den Geschlechtern herstellen. Entwicklungen in der Hygiene und der Medizin sowie eugenische Maßnahmen würden dem Menschen helfen, sich auch physisch zu vervollkommnen. Ansteckende Krankheiten würden verschwinden, und der Mensch werde vielleicht gar unsterblich.[24]

---

23 Aldous Huxley/Jean Adhémar, Giovanni Battista Piranesi: Prisons. With the „Carceri" Etchings by G. B. Piranesi. Critical Study by Jean Adhémar, London 1949.

24 Jean Antoine Nicolas de Caritat de Condorcet, Entwurf eines historischen Gemäldes der Fortschritte des menschlichen Geistes, Tübingen 1796.

4.3 Auf der Suche nach alter Weisheit

Die meisten Aufklärer glaubten jedoch im Gegensatz zu Condorcet nicht an einen kontinuierlichen moralischen Fortschritt in der Geschichte. Sie waren nicht unbedingt überzeugt, dass ihre Gesellschaft den älteren moralisch überlegen sei. Da sie die natürliche Ordnung für etwas hielten, das alle Menschen durch ihre Vernunft und ihr Herz erblicken oder spüren könnten, nahmen sie im Gegenteil immer wieder an, dass Völker der Antike eine Weisheit erlangt hätten, die später verloren gegangen sei. Das 18. Jahrhundert blickte nicht nur nach vorne: Es war auch eine Zeit der Suche nach alter Weisheit. In den Augen derjenigen *philosophes*, die die natürliche Religion und Ordnung als etwas von Gott ursprünglich Etabliertes konzipierten, konnten die archaischen Völker der natürlichen Ordnung sogar näher sein als die modernen. So war die Figur des philosophierenden Wilden, die fromme protestantische Autoren wie katholische – vor allem jesuitische – Missionare im späten 16. und im 17. Jahrhundert erschaffen hatten, im 18. Jahrhundert geläufig.[25]

Als eine Quelle der Weisheit galt in der Aufklärung oft Ägypten. Bereits in der Esoterik der Renaissance wurde der Mythos gepflegt, dem zufolge ein gewisser Ägypter namens Hermes Trismegistos den Eingeweihten eine Reihe von Geheimnissen wie zum Beispiel die Alchemie überliefert habe – eine Idee, die im 18. Jahrhundert eine regelrechte Blüte erlebte. Auch in der Freimaurerei lebte der Mythos von der alten Weisheit der Ägypter weiter: Die antiken Ägypter galten in diesen Kreisen als ein Volk, das den Großen Architekten der Welt (Gott) erkannt und seinen wahren Namen gekannt habe. In aufklärerischen Zirkeln (wie unter Jesuiten zuvor) hatte Ägypten im Allgemeinen den Ruf, die Wiege der Zivilisation zu sein. Wenn ein Autor in seinem Roman die perfekte gesellschaftliche Ordnung im 18. Jahrhundert zeigen wollte, dann verlagerte er die Handlung nicht selten nach Ägypten, so wie Fénelon es in seinem berühmten Erziehungsroman *Die Abenteuer von Télémaque* im späten 17. Jahrhundert getan hatte. Unter Abolitionisten – das heißt Gegnern der Sklaverei – war zudem eine besondere Rezeption des alten Ägypten verbreitet: Indem sie das Land am Nil als die Wiege der Zivilisation darstellten, widerlegten sie rassistische Argumente, denn sie zeigten die Fähigkeit der

25 Frank LESTRINGANT, Jean de Léry ou l'Invention du sauvage. Essai sur l'*Histoire d'un voyage faict en la terre du Brésil*, Paris 1999; Normand DOIRON, Rhétorique jésuite de l'éloquence sauvage au XVIIe siècle. Les relations de Paul Lejeune (1632–1642), in: Dix-septième siècle 43 (1991), S. 375–402; Louis-Armand de Lom d'Arce, baron de LAHONTAN, Dialogues de Monsieur le baron de Lahontan et d'un sauvage: dans l'Amerique. Contenant une description exacte des mœurs & des coutumes de ces peuples sauvages, Amsterdam 1704.

Afrikaner zum Fortschritt.[26] Auch der Baron de Vastey (1781–1820), ein haitianischer Intellektueller, übernahm und entwickelte dieses Argument nach der Haitianischen Revolution (1791–1804) weiter, um das Existenzrecht seines Vaterlands zu verteidigen.[27]

Das späte 18. Jahrhundert erlebte gar eine regelrechte Ägyptomanie. Die französische Republik hatte General Napoléon Bonaparte nach Ägypten geschickt, um es zu erobern und mit Gewalt in eine französische Kolonie umzuwandeln. Die Franzosen legitimierten diesen Feldzug unter anderem mit dem Anspruch, Ägypten zu seiner verlorenen Glorie zurückzuführen. Der Ägyptenfeldzug war zwar militärisch gesehen ein Fiasko, dennoch konnte Bonaparte dank der wissenschaftlichen Erkundung des Landes am Nil großes Prestige daraus ziehen. Altägypten strahlte Glamour aus. Zu dieser Zeit etablierte sich die Empiremode, die zahlreiche ägyptisierende Elemente aufwies.[28]

Ein weiteres Land, das häufig als die Quelle der Weisheit galt, war China.[29] Jesuitische Missionare hatten seit dem 16. Jahrhundert ein äußerst positives Bild Chinas und des Konfuzianismus gepflegt, das Leibniz daraufhin übernahm. Unter dem Einfluss von Leibniz hielt der hallische Mathematiker und Philosoph Christian Wolff 1721 eine im ganzen Heiligen Römischen Reich und darüber hinaus aufsehenerregende Rede über die Weisheit der alten Chinesen. Wolff zufolge hätten die alten Chinesen ihre sämtlichen Handlungen am Endzweck höchster Vollkommenheit ausgerichtet. Diese

---

26 Martin BERNAL, Black Athena. The Afroasiatic Roots of Classical Civilization, New Brunswick, N. J. 1987, S. 161–183.

27 Doris L. GARRAWAY, Black Athena in Haiti. Universal History, Colonization, and the African Origins of Civilization in Postrevolutionary Haitian Writing, in: Damien TRICOIRE (Hg.), Enlightened Colonialism. Civilization Narratives and Imperial Politics in the Age of Reason, Cham 2017, S. 287–309.

28 James Stevens CURL, Egyptomania. The Egyptian Revival. A Recurring Theme in the History of Taste, Manchester 1994; Jean-Marcel HUMBERT/Michael PANTAZZI/Christiane ZIEGLER, Egyptomania. Egypt in Western Art, 1730–1930, Ottawa 1994; Ronald H. FRITZE, Egyptomania. A History of Fascination, Obsession and Fantasy, London 2016.

29 René ÉTIEMBLE, L'Europe chinoise, Bd. 2: De la sinophilie à la sinophobie, Paris 1989; Walter W. DAVIS, China, The Confucian Ideal, and the European Age of Enlightenment, in: Journal of the History of Ideas 44, 4 (1983), S. 523–548; Guido ABBATISTA, At the Roots of the „Great divergence". Europe and China in an Eighteenth-Century Debate, in: Matthias MIDDELL (Hg.), Cultural Transfers, Encounters and Connections in the Global 18th Century, Leipzig 2014, S. 113–163; Damien TRICOIRE, Von der Sinophilie zur Sinophobie? Aufklärerische Geltungsansprüche und Chinabilder im 18. Jahrhundert, in: Andreas PEČAR/Thomas BISKUP (Hg.), Die Klassifikation der Staatenwelt im langen achtzehnten Jahrhundert, Berlin/Boston 2021, S. 151–173.

Moralprinzipien, die „mit der Natur des menschlichen Geistes" übereingestimmt hätten,[30] seien für Kaiserphilosophen und ihre Untertanen gleichermaßen leitend gewesen. Damit verteidigte Wolff seine – von Leibniz inspirierte – Ethik der Vervollkommnung, für die er von Kollegen an der Theologischen Fakultät in Halle harsch angegriffen wurde. Wolff behauptete mit seiner Rede über die Weisheit der alten Chinesen auch, die praktische Philosophie und nicht die Theologie sei die eigentliche Lehrmeisterin der Tugend. Schließlich verteidigte er anhand dieser Tugendlehre seine umstrittene universitätspolitische Bilanz und stellte sich in der Universitätsöffentlichkeit als ebenso tugendhaft wie die alten Chinesen dar.[31] Die Folgen dieser gewagten Rede waren für Wolff gravierend: Auf Betreiben der hallischen orthodoxen Theologen – nicht in erster Linie der Pietisten, wie meist zu lesen ist – wurde er 1723 aus Brandenburg-Preußen vertrieben. Diese Vertreibung machte ihn gleichsam zu einem Märtyrer der Aufklärung. Er erhielt sofort eine Professur in Marburg und wurde 1740 mit allen Ehren nach Halle zurückberufen.

Es war unter Aufklärern im 18. Jahrhundert geläufig, das alte China zum Vorbild zu stilisieren und dessen Moralphilosophie zu preisen. Umstrittener war die Frage, ob das moderne China weiterhin eine bewundernswert geordnete Gesellschaft darstelle. Während Wolff dies keineswegs behauptet hatte, bejahten es die Physiokraten ganz entschieden. Einer der beiden Väter der Physiokratie, François Quesnay, meinte, alle chinesischen Gesetze bauten auf der universalen natürlichen Moral auf. Infolgedessen sei die chinesische Gesellschaft durch die Jahrhunderte hinweg tugendhaft gewesen. Auch für Pierre Poivre, einen physiokratischen Kolonialverwalter, stand fest, dass China dank „seiner Regierungsweise, deren tiefe und unerschütterliche Grundlagen von der Vernunft zugleich mit denen der Welt festgesetzt worden [sind]", die blühendste Nation des Erdkreises sei.[32]

Voltaire interessierte sich ebenso für das alte China. Anders als die Physiokraten wollte er damit jedoch vor allem zeigen, dass das alte Israel nicht die Wiege der Zivilisation sei. Aus demselben Grund kürte er auch Indien zum Ursprungsland jedweder

30 Christian WOLFF, Rede über die praktische Philosophie der Chinesen, Michael ALBRECHT (Hg.), Hamburg 1985, S. 23.

31 TRICOIRE, Von der Sinophilie zur Sinophobie, S. 156–157.

32 François QUESNAY, Despotisme de la Chine, in: DERS., Œuvres économiques et philosophiques. Accompagnées des éloges et d'autres travaux biographiques sur Quesnay par différents auteurs. Publiées avec une introduction et des notes par Auguste Oncken, Aalen 1965, S. 563–661 (Erstveröffentlichung in: Ephémérides du Citoyen, März–Juni 1767); TRICOIRE, Von der Sinophilie zur Sinophobie, S. 164–168 (Übersetzung: D.T.).

Kultur und es entstand eine Diskussion, ob China oder Indien mehr zur Entstehung der Zivilisation beigetragen habe. Der Anlass für Voltaires Aussagen zu Indien war ein vermeintlich altindischer Text, der *Ezourvedam*, den er von einem französischen Offizier namens Louis Laurent de Fayd'herbe, comte de Maudave (1725–1777) erhalten hatte. Der Text wurde auf das Jahr 2300 vor Christus datiert, was lange vor dem damals geltenden Datum der Sintflut lag und für Voltaire eine willkommene Waffe in seinem Kampf für die Diskreditierung des Alten Testaments war.[33]

So alt das Chinesische Reich oder die (wirklichen oder vermeintlichen) indischen Texte auch waren – manche Aufklärer wollten den Anfang der Zivilisation nicht erst bei diesen Kulturen sehen. Sie suchten nach einer noch älteren Zivilisation. Jean-Sylvain Bailly (1736–1793) fand sie auf einem anderen Kontinent: dem untergegangenen Atlantis. Bailly vertrat die These, dieser verschollene Erdteil habe sich in der Nähe des Nordpols befunden. Die Atlanten hätten Kolonien im Kaukasus und von dort aus die Königreiche in China und Indien gegründet. So hätten die Parteigänger von China und von Indien gleichermaßen Recht (oder Unrecht). Diese Theorie wirkt heutzutage unseriös; von zahlreichen Zeitgenossen wurde sie dennoch ernst genommen. Bailly war Mitglied der französischen Akademie der Wissenschaften und wurde nach der Veröffentlichung seiner Atlantentheorie zum Mitglied der Académie française ernannt. In der Revolution setzte er als Bürgermeister von Paris seine Karriere fort.[34]

4.4 Debatten um Rückständigkeit

Das intensive Nachdenken über die Möglichkeiten des Fortschritts löste nicht nur eine Suche nach alter Weisheit aus, sondern entfachte auch in manchen Ländern Kontroversen um die eigene vermeintliche Rückständigkeit. Die Aufklärungserzählung führte zur Einstufung ganzer sozialer Schichten, ja ganzer Regionen und Völker als wild oder barbarisch. Voltaire hielt beispielsweise die französischen Bauern für Wilde.[35] In Großbritannien litten Schotten oft unter abfälligen Bemerkungen vonseiten der

---

33 Duchet, Anthropologie et Histoire, S. 99–105; Voltaire, Voltaire's Correspondence, Bd. 44, October–December 1760, Briefe 8518–8739, Theodore Besterman (Hg.), Genf 1959, S. 17–19, 27–28, 59–62, 254.

34 Duchet, Anthropologie et Histoire, S. 105–111.

35 Damien Tricoire, Die Selbstkolonisierung Frankreichs. Die Angst der Aufklärer vor der französischen Barbarei, in: Susan Richter/Michael Roth/Sebastian Meurer (Hg.), Konstruktionen Europas in der Frühen Neuzeit. Geographische und historische Imaginationen.

Abb. 12 Etienne-Maurice Falconet, Reiterstatue von Peter I. von Russland (Quelle: Heidas, Wikimedia Commons, CC BY-SA 3.0)

Engländer. Schottische Intellektuelle reagierten unterschiedlich auf dieses englische Überlegenheitsgefühl. David Hume etwa kehrte die Klischees teilweise um und stilisierte die Engländer zu den wahren Barbaren. Viel üblicher war es jedoch, die Zivilisiertheit der eigenen sozialen Schicht mit der angeblichen Barbarei anderer Schotten zu kontrastieren: So erschienen die Highlander unter der Feder von Autoren aus den Lowlands oft als Wilde.[36]

Beiträge zur 11. Arbeitstagung der Arbeitsgemeinschaft Frühe Neuzeit, Heidelberg 2017, S. 131–138, hier 131–132.

36 Moritz Baumstark, Barbarians Who Inhabit the Shores of the Thames. Englandbilder schottischer Aufklärer zwischen Überlegenheitsanspruch und Untergangsvision, in: Susan Richter/Michael Roth/Sebastian Meurer (Hg.), Konstruktionen Europas in der Frühen Neuzeit,

Einen anderen Charakter nahm der Diskurs um Russlands Rückständigkeit an. Er war ein Produkt der russischen Monarchie, die im 18. Jahrhundert danach trachtete, sich durch Reformen neu zu legitimieren. Kaiserin Elisabeth I. (1709–1762, Herrschaft ab 1741) beauftragte Voltaire, ein Buch über ihren Vater Peter den Großen als Begründer des neuen Russischen Reichs zu verfassen. In seiner *Geschichte Peter des Großen* (*Histoire de Pierre le Grand*, 1759–1763) stellte Voltaire den Zaren – ab 1721 Kaiser – Peter I. als den Zivilisierer eines barbarischen Landes dar.[37] Obwohl Kaiserin Katharina II. (Herrschaft 1762–1793) mit Peter nicht blutsverwandt war, pflegte sie diesen Mythos mit noch größerer Intensität. Diese aus Anhalt-Zerbst stammende Herrscherin ließ in Petersburg ein Denkmal zu Ehren Peter I. durch Diderots Freund Étienne-Maurice Falconet (1716–1796) errichten (Abb. 12) und dabei sich selbst von Diderot als die Erneuerin der russischen Gesetzesordnung feiern.

Einen wiederum anderen Fall stellen die Debatten um die Rückständigkeit Polen-Litauens dar. Hier ging es den aufklärerischen Eliten nicht darum, sich von einem Teil der Bevölkerung abzugrenzen oder das zivilisierende Werk der eigenen Monarchie zu zelebrieren. Sie brandmarkten vielmehr den gesamten Staatsverband als barbarisch, um auf Reformen zu drängen. König Stanisław II. August Poniatowski (Herrschaft 1764–1795) versuchte, tiefgreifende Reformen durchsetzen, zunächst mit Unterstützung von Katharina II., deren Liebhaber er gewesen war, und schließlich gegen sie. Seine Anstrengungen mündeten 1791 in der 3.-Mai-Verfassung – der ersten geschriebenen Verfassung Europas überhaupt –, die eine parlamentarische Monarchie einführte. Begleitet wurde dieses Reformvorhaben von einer publizistischen Offensive in der moralischen Wochenschrift *Monitor*, die den Egoismus des Adels, das Elend des Volkes und den Ausschluss der niedrigeren Stände aus dem politischen Gemeinwesen anprangerte. Die Gegner des Königs blieben aber nicht stumm. Sie argumentierten anhand von klassisch-republikanischen Topoi, der Monarch wolle die absolute Monarchie einführen und die polnische Freiheit vernichten, und griffen sogar in der Konföderation von Bar (1768–1772) zu den Waffen. Um diesen Schritt zu rechtfertigen, wandten sie sich erst an den französischen Aufklärer Mably, der in dem Ruf stand, ein Republikaner zu sein. Mably plädierte jedoch für ein Modell, das dem englischen und somit eher den Vorstellungen des Königs als jenen der Konföderierten ähnelte. Daher baten die Barer Konföderierten schließlich Rousseau um Hilfe, der die Rolle des Verteidigers der polnisch-litauischen Republik gern übernahm. Der schweizerisch-

Heidelberg 2017, S. 139–153; John Pinkerton, A Dissertation on the Origins and Progress of the Scythians or Goths, Edinburgh 1787.

37 Voltaire, Histoire de l'Empire de Russie sous Pierre le Grand, [Paris] o. D.

französische *philosophe* propagierte das Bild, das die Konföderierten von sich selbst entworfen hatten: Ihm zufolge waren sie dem Allgemeinwohl verpflichtet, lehnten den Luxus ab und pflegten die Tugenden. Dabei stellte Rousseau die Polen als ein Volk dar, das noch ein wenig wild sei und deswegen die Möglichkeit habe, sich in die richtige Richtung zu entwickeln, das heißt eine vollkommen tugendhafte Gesellschaft zu bilden. Er entwarf deshalb ein Programm der patriotischen Erziehung zur Tugend, das nur unbedeutende institutionelle Reformen beinhaltete.[38] Dagegen unterstützten Rousseaus Gegner Voltaire und Diderot ihre Patronin, die Kaiserin von Russland, die sich genauso wie Friedrich II. von Preußen im Anschluss an die Niederschlagung der Konföderation von Bar 1772 einen Teil des polnisch-litauischen Territoriums gewaltsam aneignete. Diese als erste Teilung Polens bekannten Annexionen waren aus völkerrechtlicher Sicht skandalös; um sie zu legitimieren, griffen die Teilungsmächte auf den Zivilisierungsdiskurs zurück. Friedrich II. diffamierte die Polen als die „Huronen Europas", er stellte sie also als Wilde dar, die unfähig seien, Ordnung im Staat walten zu lassen. Voltaire pflichtete seiner Patronin Katharina II. bei, die Polen seien barbarische Fanatiker, die keinen Platz unter den zivilisierten Nationen hätten.[39]

Neben Polen-Litauen galt auch Spanien in aufklärerischen Kreisen als ein rückständiges Land. Die ersten zwei Ausgaben von Raynals *Geschichte beider Indien* bedienten diese spanischfeindlichen Klischees. Auf Bitte des Außenministers wurden sie in der dritten Ausgabe abgemildert, weil Spanien ein wichtiger Verbündeter Frankreichs im Amerikanischen Unabhängigkeitskrieg war.[40] Der spanische

38 Karsten Holste, Das Wechselspiel von Fremd- und Selbstexotisierung polnisch-litauischer Eliten im letzten Drittel des 18. Jahrhunderts, in: Susan Richter/Michael Roth/Sebastian Meurer (Hg.), Konstruktionen Europas in der Frühen Neuzeit. Geographische und historische Imaginationen. Beiträge zur 11. Arbeitstagung der Arbeitsgemeinschaft Frühe Neuzeit, Heidelberg 2017, S. 97–117.

39 Friedrich II./Voltaire, Briefwechsel Friedrichs des Großen mit Voltaire. Bd. 3, Briefwechsel König Friedrichs, 1753–1778, Reinhold Koser/Hans Droysen (Hg.), Osnabrück 1968, S. 429, 440; Pečar, Die Masken des Königs, S. 111–118; Richard Dietrich (Hg.), Die politischen Testamente der Hohenzollern, Köln 1986, S. 647–648; Voltaire/Katharina II., Monsieur – Madame. Der Briefwechsel zwischen der Zarin und dem Philosophen, Hans Schumann (Hg.), Zürich 1991, S. 75; Denis Diderot, Correspondance, Laurent Versini (Hg.), Paris 1997, S. 858; Larry Wolff, Inventing Eastern Europe. The Map of Civilization on the Mind of the Enlightenment, Stanford 2010, S. 211–215; Hans-Jürgen Bömelburg, Friedrich II. zwischen Deutschland und Polen. Ereignis- und Erinnerungsgeschichte, Stuttgart 2011, S. 78–88 (Kapitel 4).

40 Antonella Alimento, Raynal, Accarias de Sérionne et le Pacte de Famille, in: Antonella Alimento/Gianluigi Goggi (Hg.), Autour de l'abbé Raynal: genèse et enjeux politiques de

Diplomat Pedro de Góngora y Lujan, Herzog von Almodóvar (1727–1794), verfasste eine eigene Geschichte der Kolonialexpansion, die sein Vaterland in ein günstigeres Licht rückte.[41] Doch auch in Spanien selbst tobte eine Kontroverse um das Ausmaß und die Ursachen des Niedergangs des eigenen Staates. Hatte der Verfall bereits mit der habsburgischen Herrschaft, also im frühen 16. Jahrhundert, oder erst nach dem „Goldenen Jahrhundert", dem *Siglo de Oro* (16. Jahrhundert) eingesetzt? Nichtsdestotrotz eigneten sich selbst die als *afrancesados* („französierte") beschimpften Aufklärer nicht die antispanischen Klischees an. Beide Seiten stimmten vielmehr in einem Punkt überein: Sie sahen Spanien nicht als ein Land an, das in einem alten Zustand der Wildheit verharre. Es ging den iberischen Autoren mehr um die Rückkehr zu einer positiv besetzten Vergangenheit als um eine Überwindung einer atavistischen Barbarei.[42] Diese Verteidigung der Nationalehre trug dazu bei, dass die Aufklärungserzählung in Spanien weniger Anklang fand als in Frankreich. Denn das Aufklärungsnarrativ funktionierte nur, wenn die Vorstellung vorherrschte, das eigene Land sei noch weitgehend barbarisch und bedürfe der Zivilisierung durch die Philosophen und ihre Anhänger. Diese Idee war in Frankreich weitverbreitet, nicht aber in Spanien. Die französische Polemik gegen Spanien gab Anlass zu einer andersartigen Neubewertung der spanischen Geschichte. Die Vorstellung eines Fortschritts durch Philosophie konnte nicht konsensfähig sein. Die Aufklärung wurde im Gegenzug zu etwas Fremdem, Französischem, stilisiert.

---

l'*Histoire des deux Indes*, Ferney–Voltaire 2018, S. 33–45.

41 Sarrailh, L'Espagne éclairée, S. 373–407; Gabriel Paquette, Enlightened Narratives and Imperial Rivalries in Bourbon Spain. The Case of Almodóvar's *Historia Política de los Establecimientos Ultramarinos de las Naciones Europeas* (1784–1790), in: The Eighteenth Century 48, 1 (2007), S. 61–80.

42 Zu den Debatten um die spanische Geschichte und die Beziehungen Spaniens zu Frankreich siehe Sarraihl, L'Espagne éclairée, S. 711; Herr, The Eighteenth-Century Revolution, S. 440–441; Krauss, Die Aufklärung, S. 15–16; Gerda Hassler, Sprachbewußtsein und Tradition in der spanischen und portugiesischen Aufklärung, in: Christoph Frank (Hg.), Spanien und Portugal im Zeitalter der Aufklärung, Frankfurt a. M. 1998, S. 15–30; Manfred Tietz, Quintanas *Vidas de españoles célebres*. Zur Frage der nationalen Identität in der spanischen Spätaufklärung, in: Siegfried Jüttner (Hg.), Spanien und Europa im Zeichen der Aufklärung, Frankfurt a. M. 1991, S. 319–345. Zur Geschichtsschreibung im Spanien des 18. Jahrhunderts: Siegfried Jüttner, Der Aufklärer als Historiker. Ein politischer Mythos im Zeichen des aufgeklärten Absolutismus, in: ders. (Hg.), Spanien und Europa im Zeichen der Aufklärung, Frankfurt a. M. 1991, S. 109–126.

5 Natur

Die Fortschrittsidee, die für die Aufklärungserzählung konstitutiv war, provozierte zahlreiche Debatten: Ist moralischer Fortschritt mit modernen kommerziellen Gesellschaften vereinbar? Kann man auf Vorbilder alter Zivilisationen zurückgreifen und wenn ja, auf welche? Welche Länder sind fortschrittlich, welche rückständig? Dennoch gingen die meisten Aufklärer trotz dieser teils heftigen Diskussionen von ähnlichen Prämissen aus. Eine wichtige Vorannahme besagte, dass die Gesetze der Moral, die zum Fortschritt führten, *natürlich* seien. Im 18. Jahrhundert galt gewöhnlich die von Gott erschaffene natürliche Ordnung als Grundlage jeden moralisch-gesellschaftlichen Fortschritts. Die Natur der Aufklärungszeit war nicht wie später in der Romantik eine mysteriöse, undurchdringbare Größe, sondern ein Ensemble von allgemeinverständlichen Prinzipien, nach dem sich menschliches Handeln richten könne und solle. Wenn der Mensch sich auf die natürlichen Normen besinne – so die zentrale Annahme –, könne er sich individuell und kollektiv vervollkommnen.

Mit dem Verweis auf natürliche Normen konnten freilich sehr unterschiedliche Projekte, Vorstellungen und Praktiken angegriffen, legitimiert oder erfunden werden. Die Aufklärung war von vielen Spannungen und Konflikten durchzogen; niemals herrschte eine Einmütigkeit in politischen, sozialen, moralischen, religiösen oder ästhetischen Fragen. In diesem Kapitel kommt es aber darauf an, das gemeinsame aristotelisch-scholastische Fundament vieler erfolgreicher Ideen der Aufklärungszeit freizulegen. Hier sollen Verbindungslinien zwischen unterschiedlichen Feldern aufgezeigt werden. Aufgrund dieser Vorstellung von der Natur als etwas, das auf göttlichen Gesetzen fuße oder gar Schauplatz ständiger göttlicher Intervention sei, waren im 18. Jahrhundert Moral, Religion, Politik, Ästhetik und Naturwissenschaften eng miteinander verbunden. Zumindest vertraten die meisten Aufklärer diese Einheit gegen jedes Anzeichen der systemischen Ausdifferenzierung. Die Natur und ihre moralischen Normen standen gleichermaßen im Zentrum von Diskursen und Praktiken in Politik, Wissenschaft und Ästhetik.

5.1 Vom Naturrecht zur Erklärung der Menschen- und Bürgerrechte

Die starke Fokussierung auf die Natur als Ensemble politischer Normen war ein Ergebnis der Aufklärungszeit. Diese Akzentsetzung kam im 18. Jahrhundert jedoch nur allmählich auf. Erst einmal hatte die Natur nur einen untergeordneten Wert in der politischen Theorie. Es musste erst eine Abwendung von den Naturrechtslehren des 17. Jahrhunderts durch eine Anknüpfung an ein älteres, scholastisches Naturrechtsverständnis stattfinden, damit die Natur als Stichwortgeberin für politische Ordnungen gelten konnte.

Der älteren Forschung zufolge habe sich im Laufe des 17. und 18. Jahrhunderts eine moderne Naturrechtslehre etabliert, die die individuellen Rechte betont und die ältere scholastische Naturrechtslehre abgelöst habe, in der nur natürliche Gesetze und Pflichten postuliert worden seien. Laut dieser klassischen Erzählung legten Grotius und Hobbes die Weichen hin zu der aufklärerischen Idee der Menschenrechte.[1] Die Geschichte des modernen Naturrechts wird gewöhnlich in diesem Sinne als die Geschichte einer Emanzipation von traditionellen Autoritäten und einer Hinwendung zur individuellen Freiheit und zur Gleichheit unter Menschen erzählt. Die Idee der Menschenrechte sei in der Spätaufklärung zu einem Eckpunkt der politischen Kultur des Westens geworden. In der Historiographie ist herausgearbeitet worden, dass die Durchsetzung des Menschenrechtsideals Teil eines tiefgreifenden kulturellen Wandels gewesen sei. Die US-amerikanische Historikerin Lynn Hunt etwa meint, die neue Kultur der Sensibilität habe die Psyche der Menschen im 18. Jahrhundert stark im Sinne einer größeren Empathie und Menschlichkeit verändert. Die Menschenrechte seien deshalb den Eliten des Revolutionszeitalters als eine unhinterfragbare Evidenz erschienen. Hunt legt dar, wie Aufklärer und Aufklärerinnen und ihre Leser und Leserinnen anfingen, Opfer von gerichtlicher Folter, religiöser und politischer Unterdrückung, rassistischer und sexistischer Diskriminierung oder auch von Sklaverei als Alter Egos wahrzunehmen, Mitleid ihnen gegenüber zu entwickeln und sich für ihre Rechte einzusetzen.[2]

An dieser Erzählung ist vieles überzeugend. In der Tat wurden in der zweiten Hälfte des 18. Jahrhunderts unter anderem – wenn auch nicht nur – mit Verweis auf die Menschlichkeit und die natürlichen Rechte des Menschen in vielen Staaten die Folter abgeschafft und religiösen Minderheiten mehr Rechte eingeräumt. Die Vorstellung

---

1 Leo STRAUSS, Naturrecht und Geschichte, Frankfurt a. M. 1977; Richard TUCK, Natural Rights Theories. Their Origin and Development, Cambridge 1979.

2 Lynn HUNT, Inventing Human Rights, New York 2008.

von natürlichen Rechten war eine wichtige Komponente in der Erfindung der liberalen Demokratie in Nordamerika (siehe sechstes Kapitel). Die Idee, dass die politische und soziale Ordnung dem Naturrecht zu folgen habe, ermöglichte zudem eine radikale Transformation der französischen Gesellschaft in der Revolution: Bereits in der Nacht vom 4. zum 5. August 1789 vernichteten die Abgeordneten der Verfassunggebenden Versammlung die eklatanten Rechtsungleichheiten der Ständegesellschaft. 1794 schuf die französische Nationalversammlung (der Nationalkonvent) die Sklaverei im gesamten französischen Kolonialreich ab (siehe zwölftes Kapitel). Auch wenn diese Abschaffung nur einer Minderheit von Sklaven eine wahrhaftige Freiheit bringen sollte und Frauen von vielen Rechten ausgeschlossen blieben, bildete die Vorstellung von den natürlichen Rechten eine ideenhistorische Voraussetzung für einschneidende Reformen hin zu einer egalitäreren Gesellschaft in der zweiten Hälfte des 18. Jahrhunderts. Die Spätaufklärung ist zweifellos ein wichtiges Kapitel in der Geschichte der Idee der Menschenrechte.

Dennoch ist die Erzählung, die in der Naturrechtslehre des 17. und 18. Jahrhunderts das Aufkommen der Idee der individuellen natürlichen Rechte sieht und dies als eine Geschichte der Emanzipation interpretiert, aus mehreren Gründen nur zum Teil überzeugend. Erstens war die Vorstellung, der Mensch genieße individuelle natürliche Rechte, keine Erfindung des 17. oder 18. Jahrhunderts, sondern vielmehr der Scholastik in Mittelalter und Renaissance. Die Scholastik aristotelisch-thomistischer Prägung hatte die natürliche Soziabilität des Menschen postuliert und Gesellschaften als Ergebnis seiner natürlichen Neigungen verstanden. Die Grundlage jeder Gesellschaft war somit das Naturrecht. In der Universitätsphilosophie war es deshalb Standard zu behaupten, dass die Herrschenden das Naturrecht einhalten und die natürlichen Rechte der Untertanen bzw. Bürger nicht verletzen sollten. Andernfalls – so Thomas von Aquin oder auch der jesuitische Spätscholastiker Suárez um 1600 – dürften die Untertanen bzw. Bürger von ihrem Widerstandsrecht Gebrauch machen und sogar die Herrschenden absetzen.[3] Die spätscholastische Schule von Salamanca hatte im 16. und frühen 17. Jahrhundert auf dieser Grundlage die gewalttätige spanische Expansion in Amerika und manche Institutionen der kolonialen Herrschaft kritisiert.

Die Vorstellung von den natürlichen Rechten war in der Renaissance keineswegs nur eine gelehrte Theorie aus philosophischen Abhandlungen. Katholische wie protestantische Polemiker aus der Zeit der Religionskriege – die „Monarchomachen" –

3 Francisco Suárez, Defensio Fidei III. Principatus politicus o la soberania popular, Madrid 1965, S. 34–36; Jean-Paul Coujou, Political Thought and Legal Theory in Suárez, in: Victor Salas (Hg.), A Companion to Francisco Suárez, Boston 2015, S. 21–71, hier 40.

griffen vielmehr auf sie zurück, um den bewaffneten Widerstand gegen den König zu rechtfertigen oder gar zu dessen Ermordung aufzurufen. In der Englischen Revolution stützten sich manche politischen Aktivisten, die Levellers genannt wurden, auf diese naturrechtliche Theorie, um für eine Demokratisierung des politischen Systems zu plädieren.[4]

Dagegen lag zweitens von etwa der Mitte des 17. bis zum letzten Drittel des 18. Jahrhunderts der Akzent der Naturrechtslehren weniger auf den individuellen Rechten, sondern vielmehr auf dem Naturrecht im Sinne von natürlichen Gesetzen und Pflichten. Die Aufklärer sahen in dieser Zeit den Fortschritt gewöhnlich darin begründet, dass man die natürlichen Normen befolge, und nicht darin, dass man die Rechte des Individuums vor dem Herrscher oder anderen Autoritäten schütze. Naturrechtslehren hatten nur bedingt eine freiheitliche Stoßrichtung. Es ging Autoren wie Leibniz oder Wolff oder auch den führenden schottischen Aufklärern darum, theoretische Grundlagen für eine wohlgeordnete und stabile Gesellschaft zu liefern, nicht Menschen von ihrem Joch zu befreien oder Herrschaftsverhältnisse zu ändern. Diese Theoretiker sprachen vom Naturrecht, weniger von natürlichen Rechten und bis zum späteren 18. Jahrhundert so gut wie nie von Menschenrechten.[5]

Das kritische Potential des Naturrechts, das die Scholastik entwickelt und die Monarchomachen oder die Levellers entfaltet hatten, wurde somit bis um etwa 1770 kaum genutzt. Vielmehr erfuhren die Naturrechtslehren im 17. Jahrhundert einen grundlegenden Wandel, der ihnen einen konservativeren Charakter verlieh. Für die meisten Naturrechtler dieser Zeit waren die natürlichen Rechte etwas, was Menschen nur im Naturzustand genießen, aber bei ihrem Eintritt in die Gesellschaft aufgeben würden. Anders als für die Scholastiker stand die Gesellschaft für Autoren wie Grotius, Hobbes, Pufendorf oder Thomasius in einem Gegensatz zum Naturzustand; sie folgte nicht den Gesetzen der Natur. In ihren Augen ordneten sich die Menschen durch den Gesellschaftsvertrag dem Herrscher unter und genössen kein Widerstandsrecht. Diese Rechtstheoretiker des 17. Jahrhunderts formulierten ihre Thesen in einer Zeit, als religiöse Gruppen vielfach die Autorität der Herrscher mit Verweis auf das Naturrecht infrage stellten. Suárez' spätscholastische Theorie eines Widerstandsrechts beispielsweise hatte dazu gedient, den Widerstand gegen „ketzerische" Herrscher zu rechtfertigen. Die Gesellschaftsvertragstheoretiker des 17. Jahrhunderts versuchten dagegen, den Herrschern den Rücken zu stärken, um die politische Stabilisierung zu unterstützen.

4 Dan Edelstein, On the Spirit of Rights, Chicago 2019, S. 17–21, 27–39.

5 Haakonssen, Natural Law; Edelstein, On the Spirit of Rights, insb. S. 9–17.

Solche Naturrechtstheorien, die weitgehend aus dem protestantischen Teil Europas stammten, hatten bis zur zweiten Hälfte des 18. Jahrhunderts einen großen Einfluss auf Aufklärer. Beispielsweise war für Diderot in dem Artikel *Politische Gewalt* (*Autorité politique*, 1751), den er für die *Encyclopédie* schrieb, die königliche Herrschaft zwar an die Bestimmungen des Vertrags zwischen Untertanen und König gebunden; doch gestand Diderot auf dieser theoretischen Grundlage den Untertanen kein Widerstandsrecht zu. Eine solche, relativ konservative Theorie mag zu diesem Zeitpunkt auch für Diderot deshalb attraktiv gewesen sein, weil die Angst vor einer Rückkehr religiöser Gewalt und von Bürgerkriegen im 18. Jahrhundert keineswegs verschwunden war, wie zum Beispiel Voltaires Obsession für das Massaker der Bartholomäusnacht (1572) bezeugt. Auch Diderot wollte in erster Linie gesellschaftlichen Frieden und Stabilität.[6]

Dabei war bereits im späten 17. Jahrhundert eine Variante der Gesellschaftsvertragstheorie entstanden, die dem Naturrecht einen höheren Stellenwert für die Gestaltung der Gesellschaft zuschrieb. Während für Grotius, Hobbes, Pufendorf oder Thomasius der Mensch beim Eintritt in den Gesellschaftszustand seine natürlichen Rechte schlicht aufgegeben hatte, stellte Locke in seiner *Zweiten Abhandlung über die Regierung* (*Second Treatise of Government*, 1689) die Theorie auf, der zufolge der Mensch seine Rechte dem Herrscher übertragen habe. Zwar genieße der Mensch in der Gesellschaft keine natürlichen Rechte, doch die Übertragung war für Locke an Bedingungen geknüpft: Der mit dem Gesellschaftsvertrag eingesetzte Herrscher sollte zum Wohl der Gesellschaft regieren. Seine Herrschaft konnte deshalb nicht „absolut", das heißt von jeder Kontrolle und Mitwirkung der Untertanen losgelöst sein. Wenn der Herrscher tyrannisch werde, dann erfülle er seinen Teil des Gesellschaftsvertrags nicht, und die Untertanen seien nicht mehr daran gebunden. Sie erhielten somit ihre natürlichen Rechte zurück und könnten dem Herrscher den Gehorsam verweigern. Locke hatte diese Theorie während der sogenannten Exclusion Crisis (1679–1681) verfasst, als sein Patron, der Erste Earl of Shaftesbury versuchte, Jakob, den katholischen Bruder des Königs, von der Thronfolge ausschließen zu lassen. Es ging darum, eine stark religiös motivierte Opposition mit Argumenten des Naturrechts zu stützen. Dieser Schritt erschien

---

6 Damien TRICOIRE, Diderot, a Moderate *philosophe*? The Defence of the Ancient Constitution of the Realm from the *Encyclopédie* to Maupeou's Revolution (to be published in a special issue of History of European Ideas edited by Nicholas Mithen); DERS., Suárez liest Diderot oder Von der Recht-und-Ordnung-Ideologie der *Encyclopédie*, in: Andreas HEYER (Hg.), Der lange Weg zur Revolution. Das politische Denken Denis Diderots, Baden-Baden 2021, S. 123–140. Voltaire über die Bartholomäusnacht: John LEIGH, Voltaire. A Sense of History, Oxford 2004, S. 1–42.

notwendig, weil Religion in der englischen Rechtsordnung nicht genügend Legitimität für solch eine gravierende Abweichung von der politischen Ordnung bot. Nachdem 1688 in der sogenannten Glorious Revolution eine antikatholische Rebellion zusammengekommen war, konnte Lockes Abhandlung eine theoretische Grundlage für eine Legitimierung des Herrscherwechsels liefern.[7]

Das Modell einer Übertragung natürlicher Rechte mittels eines Gesellschaftsvertrags fand bis in die zweite Hälfte des 18. Jahrhunderts hinein bei manchen Aufklärungsphilosophen durchaus Anklang. Zum Beispiel stellte Rousseau in *Vom Gesellschaftsvertrag* (*Du contrat social*, 1762) eine Theorie auf, wonach die Menschen bei ihrem Eintritt in die Gesellschaft ganz auf ihre natürlichen Rechte und ihre natürliche Freiheit verzichteten, um ein mit einem Allgemeinwillen ausgestattetes Kollektiv zu bilden, das dann einen Gesetzgeber und Regierende einsetze.[8] Die natürlichen Rechte hatten in dieser Theorie einen noch geringeren politischen Stellenwert als in Lockes Schrift. Die Idee, dass das Naturrecht den Schutz des Individuums leisten solle, lag Rousseau fern.

Andere berühmte Theoretiker hatten das Naturrecht gar nicht im Blick, als sie ihre Abhandlungen verfassten. Montesquieus Meisterwerk *Vom Geist der Gesetze* (*De l'esprit des lois*, 1748) untersuchte den Zusammenhang zwischen natürlichen Rahmenbedingungen, Gesetzen, politischem System und Bräuchen. Die Natur erscheint in diesem Traktat als ein Ensemble von Bedingungen, das bestimmte menschliche Institutionen oder Vorstellungen begünstige oder behindere, nicht als ein Set von Normen, an denen sich Menschen orientieren sollten, um eine gute politische und soziale Ordnung zu schaffen. Deswegen ging es Montesquieu – einem Ansatz Aristoteles' folgend – nicht darum zu bestimmen, welche Regierungsform oder Gesetze im Allgemeinen die besten seien, sondern welche besser zu einer bestimmten örtlichen Lage passten.[9]

Damit die Natur als eine Richtschnur für die politische Ordnung gehandhabt werde, musste erst einmal eine Abwendung von den Naturrechtstheorien des 17. Jahrhunderts, auch der Lockes, und eine Hinwendung zum älteren naturrechtlichen Ansatz

---

7 In der Forschung wurde der Stellenwert des Naturrechts in Lockes politischer Theorie diskutiert: Leo STRAUSS, Locke's Doctrine of Natural Law, in: American Political Science Review 52, 2 (1958), S. 490–501; C. B. MACPHERSON, The Political Theory of Possessive Individualism, Oxford 1962; Wolfgang von LEYDEN, John Locke and Natural Law, in: Philosophy 31 (1956), S. 23–35; EDELSTEIN, On the Spirit of Rights, S. 50–55.

8 Jean-Jacques ROUSSEAU, Du contract social; ou principes du droit politique, Amsterdam 1762.

9 Dieser aristotelische Ansatz war sowohl in der Scholastik als auch im Humanismus stark rezipiert worden: HANKINS, Virtue Politics, S. 367.

der Scholastik stattfinden. Eine solche Wende trat in den 1760er und 1770er Jahren ein. Die Trennung zwischen dem Natur- und dem Gesellschaftszustand, die die Naturrechtslehren aus dem protestantischen Europa des 17. Jahrhunderts eingeführt hatten, wurde dabei auf unterschiedliche Weise wieder aufgehoben. In Frankreich leitete die Physiokratie – ein Begriff, der nichts anderes als „Herrschaft der Natur" bedeutet –, diese Wende ein. Physiokraten postulierten, dass natürliche Gesetze weiterhin gälten und sich also die gesamte soziale und politische Ordnung danach zu richten habe. Sie machten drei natürliche, ewige und universale Rechte des Menschen aus: die Freiheit, die Sicherheit und das Eigentum. Im Unterschied zu scholastischen Autoren verwarfen sie die These eines Gesellschaftsvertrags zwischen Untertanen und dem Herrscher und sahen für das Volk somit kein Widerstandsrecht vor, sondern nur eine beinahe natürliche Unterwerfung aller unter das Naturrecht. Das Naturrecht war für alle Menschen bindend, weil es ganz einfach mit den Mitteln der Vernunft zu erkennen sei; es sei einfach für jeden evident, weil Gott jeden Menschen mit Vernunft ausgestattet habe.

Um 1770 übernahmen Pariser *philosophes* wie Diderot, Holbach, Raynal und Condorcet von den Physiokraten die Idee, der Naturzustand sei eine Fiktion und die Prinzipien des Naturrechts seien auch im Gesellschaftszustand gültig. Sie folgten außerdem der physiokratischen Definition der natürlichen Rechte, die jeder Mensch stets besitze, und bezeichneten sie teilweise mit dem in den 1760er Jahren aufgekommenen Begriff Menschenrechte. Im Gegensatz zu den Physiokraten eigneten sich aber Diderot und Raynal die alte scholastische Idee eines Widerstandsrechts des Volkes an. Ein weiterer Unterschied zur physiokratischen Lehre bestand darin, dass Rousseau, Diderot, Holbach oder auch Raynal – unter dem direkten oder indirekten Einfluss der Moral-Sense-Philosophie Shaftesburys – die Erkenntnis des Naturrechts selbst als einen natürlichen und instinkthaften Vorgang verstanden. Jeder Mensch, der nicht durch die Gesellschaft verdorben sei, solle die natürlichen Rechte und Pflichten in seinem Herzen fühlen. Die Menschenrechte zu beachten, sei ein Gebot der „Menschlichkeit" im Sinne der menschlichen Natur. Sie zu verkennen oder mit Füßen zu treten, sei ein sicheres Zeichen für eine verdorbene Natur.[10]

Einen anderen Strang naturrechtlichen Denkens in Frankreich stellten die verfassungsrechtlichen Theorien der Sympathisanten des Parlement dar. Dieser höchste Gerichtshof des Königreichs befand sich regelmäßig im Konflikt mit königlichen Ministern um die Besteuerung der Franzosen. Die Richter des Parlement wiesen darauf

10 Edelstein, On the Spirit of Rights, S. 74–90; Thérence Carvalho, The Role of Physiocracy in the Birth of Human Rights, in: Opera historica 21, 1 (2020), S. 61–71.

hin, dass gemäß der (ungeschriebenen) alten Verfassung des Königreichs Frankreich neue Steuern nur mit Einwilligung der Untertanen, das heißt der Abgeordneten in den Generalständen erhoben werden durften. Dieses und andere Rechte begründeten sie ab der ersten Hälfte der 1770er Jahre zunehmend naturrechtlich: Dieses sei ein natürliches „Recht der Nation" (*droit de la nation*), das ursprünglich vom natürlichen Recht auf Eigentum herrühre und durch den Gesellschaftsvertrag garantiert sei.

Die Erklärung der Menschen- und Bürgerrechte, die die französische Nationalversammlung im August 1789 verabschiedete, nahm die beiden Stränge des französischen naturrechtlichen Denkens auf. In Artikel 2 erklärte sie – wie die von der Physiokratie beeinflussten *philosophes* – die natürlichen Rechte der Freiheit, der Sicherheit, des Eigentums und des Widerstands gegen Unterdrückung für heilig. In Artikel 3 behauptete sie zugleich – wie die Anhänger der Parlements –, die Nation sei der politische Souverän.[11]

Auch in der englischsprachigen Welt fand eine schleichende Gleichsetzung der Rechte, die die (ebenfalls ungeschriebene) Verfassung in den Augen der Zeitgenossen garantierte, mit den natürlichen Rechten statt. Die Idee, die *English liberties* fußten auf dem Naturrecht, war im 17. Jahrhundert vor allem unter religiösen *dissenters* populär, das heißt unter Menschen, die die englische Staatskirche ablehnten und deshalb in England stark diskriminiert wurden. Da Vertreter dieser Gruppen (wie die reformierten „Puritaner", die Täufer oder die Quäker) besonders zahlreich nach Nordamerika auswanderten, war die politische Theorie in diesen britischen Kolonien von der Fusion von Natur- und Verfassungsrecht geprägt. Die Rezeption des französischen aufklärerischen Diskurses über die Universalität und Unveräußerlichkeit natürlicher Rechte verstärkte die naturrechtliche Grundierung der politischen Ordnungsvorstellungen. Diese Theorie bekam eine hohe politische Relevanz, als sich in den frühen 1770er Jahren ein Konflikt um die Besteuerung der Bewohner der britischen Kolonien zuspitzte. Diejenigen, die die Ansprüche des britischen Parlaments, neue Steuern in Amerika einzuführen, ablehnten, griffen auf diese Mischung aus Natur- und Verfassungsrecht zurück. Das Ergebnis war die amerikanische Unabhängigkeitserklärung (1776), die größtenteils von Thomas Jefferson verfasst worden war und der Sicherheit, der Freiheit und dem Streben nach Glück den Status von natürlichen, heiligen und unveräußerlichen Rechten bescheinigte.[12]

---

11 Edelstein, On the Spirit of Rights, S. 92–99.

12 Ebd., S. 143–171.

5.2 Naturrecht, Theokratie und Terror

Es gibt noch einen dritten Grund, weshalb die Erzählung von der allmählichen Durchsetzung individueller natürlicher Rechte und der damit einhergehenden Emanzipation in der Spätaufklärung nur teilweise überzeugen mag: Die Suche nach den Ursprüngen der Menschenrechte sollte nicht vergessen lassen, dass auch noch in der zweiten Hälfte des 18. Jahrhunderts die natürlichen Rechte als Derivate des Naturrechts, nicht als deren Kern verstanden wurden.[13] Die natürlichen Rechte waren genauso wie die natürlichen Pflichten Teil eines wohlgeordneten Universums, dem Gott weise Gesetze geschenkt habe. Damit ging der politische Rückgriff auf die neuartigen Naturrechtslehren mit dem Gebot an das Individuum, sich der natürlichen Ordnung zu fügen, einher. Diese Vorstellung bedeutete keineswegs durchgängig eine größere Freiheit für die Menschen, sondern konnte auch politische Unterdrückung rechtfertigen.

Forscher wie Samuel Moyn weisen deshalb auf die Unterschiede zwischen der aufklärerischen und der liberaldemokratischen Menschenrechtskonzeption hin, die erst in der zweiten Hälfte des 20. Jahrhunderts vollkommen Gestalt angenommen habe. Für die Menschenrechtsbewegung des späten 20. und frühen 21. Jahrhunderts sind Menschenrechte vom staatlichen Recht unabhängig und diesem überlegen. Menschenrechte bestehen auch außerhalb jeder politischen Gemeinschaft und schützen das Individuum und Minderheiten nicht nur vor der Tyrannei von Diktatoren, sondern ebenso vor der Despotie der Mehrheitsgesellschaft. Da im 18. Jahrhundert – unter dem Einfluss älterer aristotelisch-scholastischer Tradition – der Mensch aber als Mitglied einer politischen Gemeinschaft qua seiner Natur verstanden wurde, galten (wohlgeordnete) politische Gemeinschaften oft als natürliche Größen, die Teil eines göttlichen Plans waren. In der Französischen Revolution wurden Menschenrechte deshalb nicht losgelöst von Nation und Staat gedacht, sondern waren Menschen- *und* Bürgerrechte zugleich.[14]

Dan Edelstein weist darauf hin, dass naturrechtlichen Vorstellungen ein staatsterroristisches Potential innegewohnt habe. Nach einer in der Frühen Neuzeit geläufigen Vorstellung konnte man mit all denjenigen kurzen Prozess machen, die (wie zum

---

13 Knud Haakonssen, From Natural Law to the Rights of Man: A European Perspective on American Debates, in: Michael Lacey/Knud Haakonssen (Hg.), A Culture of Rights. The Bill of Rights in Philosophy, Politics and Law, 1791 and 1991, Cambridge 1991, S. 19–61, hier 20.

14 Samuel Moyn, The Last Utopia. Human Rights in History, Cambridge 2010, S. 11–43.

Beispiel Seeräuber) das Naturrecht missachteten. Diese galten als „Feinde der Menschheit". Da die wohlgeordnete politische Gemeinschaft dem Naturrecht folgen sollte, konnte jeder, der gegen die vermeintlich „natürlichen" Gesetze Einspruch erhob, als ein Feind der Menschheit und des Staates zugleich gelten. Weil man vielfach unter dem Einfluss Rousseaus – aber auch anderer *philosophes* wie Diderot oder Raynal – glaubte, dass jeder Mensch dank seines angeborenen Moralsinns diese ewigen Wahrheiten fühlen sollte, konnten politische Gegner schnell als bar jeder Menschlichkeit, als denaturiert gelten. Sie waren in den Augen ihrer politischen Gegner durch und durch verdorbene Menschen, deren moralische Korruption ihren Bürgerstatus verwirkte. Der Staatsterror der Ersten Französischen Republik, der in den Jahren 1793 und 1794 gipfelte, wurde auf diese Weise legitimiert.[15]

Auch wenn diese Logik erst während der Terrorherrschaft der Bergpartei voll zum Tragen kam, waren bereits in der ersten Phase der Französischen Revolution die meisten Politiker vom modernen Liberalismus weit entfernt. Zwar verfolgten sie ein genuin demokratisches Programm. Sie wollten dem Volk zu seinen Rechten verhelfen und es von der Unterdrückung durch Eliten befreien, die in ihren Augen die politische, kulturelle und wirtschaftliche Macht an sich gerissen hatten. Dennoch hatte ihre Vorstellung von der politischen und rechtlichen Ordnung wenig mit der modernen *liberalen* Demokratie gemeinsam. Sie konzipierten die Demokratie als ein Mittel, ewige natürliche Rechte zu etablieren, nicht als ein Ensemble von Institutionen und Verfahren, die der kreativen Konsensbildung und Entscheidungsfindung dient, widersprüchliche Meinungen für legitim hält und die Interessen von Minderheiten wahrt.

Die illiberalen Tendenzen französischer Revolutionäre kamen just daher, dass sie der Natur die höchste Autorität zusprachen, was sie wiederum dadurch begründeten, dass Gott ihr Schöpfer sei. Die Vorstellung, dass die Normen der Natur göttliche Gesetze seien, war freilich nicht neu, sondern entstammte der scholastischen Weltsicht und hatte in der Aufklärung ab den 1760er Jahren großen Anklang gefunden. Diese Lehre stellte die wichtigste Grundlage für das Projekt dar, bestehendes Recht für nichtig zu erklären und neue Gesetze zu verabschieden. Die französische Aufklärung hatte diesen scholastischen naturrechtlichen Ideen jedoch einen deutlich theokratischen Charakter verliehen: Die Aufklärer glaubten oft, dass die göttlichen Gesetze der menschlichen Entscheidungsfreiheit kaum Platz ließen. Die Menschen sollten lediglich die natürlichen Gesetze anwenden. Dieser Logik folgend durfte es

---

15 Dan Edelstein, The Terror of Natural Right. Republicanism, the Cult of Nature, and the French Revolution, Chicago 2010.

keine Vielfalt von Gesetzen und politischen Systemen auf der Welt geben. Der Französischen Revolution lag, ideenhistorisch gesehen, wie auch anderen Revolutionen der Vormoderne ein theokratisches Projekt zugrunde; sie hatte tiefe religiöse Wurzeln, die weit ins Mittelalter reichten.[16]

Physiokraten hatten ab den 1760er Jahren ganz offen ein theokratisches Programm vertreten. In seinem Artikel *Chinesischer Despotismus* (*Despotisme de la Chine*, 1767) verteidigte Quesnay die These, die Fundamentalgesetze einer Gesellschaft könnten nicht menschlicher Herkunft sein; die Legislative habe ihren Ursprung „im höchsten Willen des Schöpfers".[17] Alle positiven Gesetze sollten einfach von den natürlich-göttlichen Gesetzen abgeleitet werden. Deswegen müssten alle Staaten der Welt die gleiche Verfassung haben, nämlich den „legalen Despotismus": Es gebe keinen Platz für Diskussion unter Menschen; man brauche eine höchste Autorität, die diese göttliche Ordnung durchsetze. Quesnay war keine Ausnahme. Sein theokratisches Projekt avancierte vielmehr zu einer Kernidee der *économistes*, wie etwa Le Mercier de La Rivières *Die natürliche und essentielle Ordnung politischer Gesellschaften* (*L'Ordre naturel et essentiel des sociétés politiques*, 1767) zeigt. Auch andere führende Intellektuelle, die nicht zu den Physiokraten zählten, waren ihr mindestens zeitweise zugeneigt. Voltaire behauptete in *Fragen über die Encyclopédie* (*Questions sur l'Encyclopédie*, 1774): „Überall sollte die Theokratie herrschen; denn jeder Mensch, sei er Fürst oder Schiffer, soll den natürlichen und ewigen Gesetzen gehorchen, die Gott ihm gegeben hat."[18] Rousseau wie Raynal erklärten ebenfalls die Theokratie für das beste aller Regierungssysteme, zumindest wenn sie unkorrumpiert bleibe.[19] Rousseau glaubte, die Menschen sollten ihrem Gewissen folgen, um zu den natürlichen Gesetzen zu finden, die dann durchgesetzt werden sollten.

Die Revolutionäre von 1789 beanspruchten, die natürlichen Gesetze in positives Recht gegossen zu haben. Die berühmte Darstellung der Menschenrechte durch den

---

16 Damien Tricoire, La cité de Dieu des patriotes. La pensée théocratique des Lumières et les origines religieuses de la Révolution française, in: French Historical Studies 46/3 (2023) (erscheint demnächst).

17 Quesnay, Despotisme de la Chine, S. 642 (Übersetzung: D.T.).

18 Voltaire, Théocratie. Gouvernement de Dieu ou des Dieux, in: ders., Questions sur l'Encyclopédie par des amateurs, Bd. 4, Genf 1774, S. 441–444, hier 444 (Übersetzung: D.T.). Mein Dank gilt Andreas Pečar, der mich auf dieses Zitat aufmerksam gemacht hat.

19 Jean-Jacques Rousseau, Du contrat social, Paris 1992, S. 163; Guillaume-Thomas Raynal, Histoire philosophique et politique du commerce et des établissements des européens dans les deux Indes, 10 Bde., Genf 1782, Bd. 4, S. 196.

Abb. 13 Jacques Le Barbier, Die Menschenrechts- und Bürgerrechtserklärung, Öl auf Holz, 1789 (Quelle: Wikipedia; gemeinfrei)

Maler Jean-Jacques Le Barbier (1738–1826) folgte der Ikonographie der mosaischen Gesetzestafeln, weil die Zehn Gebote in der aristotelisch-scholastischen Tradition als Teil des Naturrechts galten. Über den Gesetzestafeln ist das Auge Gottes zu sehen und ein Engel verweist mit dem Szepter auf die göttliche Herrschaft (Abb. 13). Laut den Revolutionären war der Kampf gegen die Tyrannei sogar eine heilige Pflicht. Auf diese Weise rechtfertigten sie den Krieg von 1792 und in den folgenden Jahren die Besatzung und Annexion fremder Territorien.

Dass die Idee der natürlichen Rechte in eine Konzeption der natürlichen und göttlichen Ordnung eingebettet war, erklärt, weshalb die Geschichte des modernen Naturrechts als die einer Emanzipation des Individuums nur zum Teil überzeugen mag. Zwar stellten die Anhänger der Menschenrechtstheorie in der zweiten Hälfte des 18. Jahrhunderts vielfach Institutionen und Herrschaftsverhältnisse infrage, die jahrhundertelang manche Menschengruppen anderen untergeordnet hatten, von der Rechtsungleichheit in der Ständegesellschaft bis hin zu Leibeigenschaft und Sklaverei. In diesem Sinne hatte die Vorstellung von den natürlichen individuellen Rechten durchaus zumindest ein Emanzipations- und Liberalisierungspotential, das im späten 18. Jahrhundert in der Französischen Revolution vielfach politisch Wirkung zeitigte. Auf der anderen Seite ging aber auch die Vorstellung natürlicher Rechte stets mit der Idee natürlicher Pflichten einher: Sie leitete nicht nur eine Befreiung des Individuums von Hierarchie- und Herrschaftsverhältnissen ein, sondern begründete ebenso seine Unterordnung unter die Republik. Die französischen Revolutionäre, die den Anspruch hatten, dem Naturrecht zum Durchbruch zu verhelfen, legitimierten damit zudem weitere Herrschaftsverhältnisse: etwa die Herrschaft des Mannes über die Frau oder der Erwachsenen über die Kinder und Jugendlichen.[20] Ein Verstoß gegen solche Normen war dann gleich ein Verstoß gegen die natürliche und göttliche Ordnung.

5.3 Die Naturphilosophie als Magd der Religion und Moral

Dass im 18. Jahrhundert das Universum als ein wohlgeordnetes Ensemble von göttlichen Gesetzen und Normen verstanden wurde, hatte Konsequenzen nicht nur auf dem Feld der politischen Theorie und Praxis. Auch die Naturwissenschaften, die man damals „Naturphilosophie" nannte, konnten sich in diesem Rahmen nicht losgelöst von religiösen und moralischen Betrachtungen entwickeln. Ganz ähnlich wie im Naturrecht hatte es in der Naturphilosophie des 17. Jahrhunderts starke Bestrebungen gegeben, das aristotelisch-scholastische Weltbild zu verabschieden. Und wiederum ganz ähnlich wie die Naturrechtstheorie knüpfte die Naturphilosophie der Aufklärungszeit erneut verstärkt an aristotelisch-scholastische Vorstellungen an, um neue Ideen zu formulieren und neue Praktiken zu erfinden.

Einer klassischen These zufolge hätten Naturforscher des 17. Jahrhunderts eine „wissenschaftliche Revolution" eingeleitet, deren Erbe die Aufklärung gewesen sei. Als Kern der wissenschaftlichen Revolution gilt gewöhnlich die Abkehr von teleologischen Naturinterpretationen, die als typisch scholastisch eingestuft werden. In der von Aristoteles beeinflussten mittelalterlichen Scholastik wurde Naturobjekten ein „Streben

20 Mathias Sonnleithner, „Auf Erden kein anderes Reich als deines anerkennen". Soziale Hierarchie als göttliche Ordnung in der „egalitären" Gesellschaft des revolutionären Frankreichs, in: Zeitschrift für Historische Forschung 48, 4 (2021), S. 695–726.

nach“ oder eine „Abscheu vor“ zugeschrieben. Nicht nur der Mensch, sondern jedes Wesen, belebt oder unbelebt, habe ein gottgegebenes Telos, einen Endzweck. Das berühmteste Beispiel ist der Horror Vacui: Wenn beim Saugen Wasser im Strohhalm in die Höhe schießt, dann weil es eine Abscheu vor der Leere habe. Für die Naturforscher Francis Bacon (1561–1626), Johannes Kepler (1571–1630), René Descartes oder Robert Boyle (1627–1692) kam diese Erklärung einem Anthropomorphismus gleich. Sie sträubten sich also gegen eine Darstellung der Naturphänomene, die Naturobjekte menschenähnlich machte. Die Natur war für sie nicht beseelt, sondern glich einer Maschine; Naturphänomene waren somit mechanistisch zu beschreiben. Descartes trieb von allen Naturphilosophen des 17. Jahrhunderts diese Logik am weitesten: Er versuchte, nicht nur Wärme, sondern auch Farbe, Geruch oder Magnetismus als Konsequenz von Bewegungen unsichtbarer Partikel zu beschreiben. Sein Ziel war es, die mechanischen Gesetze der Natur zu erfassen, um den Menschen zum Herrscher über die Natur zu machen.[21]

Die Naturphilosophen des 17. Jahrhunderts gaben vor, einen radikalen Bruch mit der Scholastik herbeizuführen. Sie stellten ihre Lehren als eine „neue“ oder „moderne Philosophie“ dar – ein Narrativ, das Aufklärer im 18. Jahrhundert gern übernahmen. Diese „moderne Philosophie“ der Natur galt in der *Querelle des Anciens et des Modernes* als Beweis, dass Wissenschaft seit der Antike Fortschritte gemacht habe. Bei näherem Hinsehen relativiert sich jedoch der Neuigkeitswert der Naturphilosophie des 17. Jahrhunderts gerade in Bezug auf die teleologischen Erklärungen: Zum einen muten die mechanistischen Theorien oft eher wie eine Umschreibung der teleologischen Modelle an; zum anderen war der Bereich, der mechanistisch zu erfassen war, für die Naturforscher des 17. Jahrhunderts begrenzt. Viele Naturphänomene sollten gar nicht mechanistisch erklärt werden: unter anderem – aber nicht nur – alles, was mit dem Leben zu tun hatte.

Für die Geschichte der Aufklärung ist aber vor allem von Bedeutung, dass sich Descartes’ streng mechanistische Auffassung der Natur im 18. Jahrhundert nicht durchsetzte.[22] Zwar war es üblich, von der Natur als einer wohlgeordneten Maschine, einem „Uhrwerk“, zu sprechen. Doch die meisten Aufklärer hatten dabei nicht Descartes’ Naturverständnis im Kopf, sondern eher das Modell des von ihnen hoch-

---

21 Steven SHAPIN, The Scientific Revolution, Chicago 2019, S. 32–56. Zu Descartes’ Ziel einer Beherrschung der Natur: René DESCARTES, Le Discours de la méthode, in: DERS., Œuvres, Charles ADAM/Paul TANNERY (Hg.), 12 Bde., Bd. 6, Paris 1902, S. 1–78, hier 62.

22 Rob ILIFFE, Philosophy of Science, in: Roy PORTER (Hg.), The Cambridge History of Science, Bd. 4, Cambridge 2003, S. 267–284, hier 275–280.

verehrten Sir Isaac Newton (1643–1727). Newton hatte gegen die Idee, die Natur könne rein mechanistisch beschrieben werden, ganz entschieden Stellung bezogen. In seinen Augen sollte die Naturphilosophie zwar Mechanismen darstellen, doch sei dieser Bereich nur ein Ausschnitt der natürlichen Phänomene. Der Magnetismus, die Elektrizität, die Fermentation oder das Leben waren seines Erachtens nicht mechanistisch aufzufassen. Er hatte ein Verständnis dieser Phänomene, das sich nicht grundsätzlich von der Idee der okkulten Kräfte unterschied, die im 17. Jahrhundert in die Kritik geraten war. Wohl deshalb beschäftigte sich Newton intensiv mit Alchemie.[23]

Newtons Glaube an nicht mechanistisch zu beschreibende Kräfte spielte nicht nur in seinen alchemistischen Schriften, sondern auch in seinem Werk als Physiker eine zentrale Rolle, denn in seinen Augen war die Gravitation genau solch eine Kraft. Newton lieferte bekanntlich eine mathematische Umschreibung der Anziehungskraft zwischen Körpern, keine Schilderung von Mechanismen. Die Gravitation war für ihn eine Eigenschaft, die Gott der Materie verliehen hatte. Um zahlreiche Naturphänomene darzulegen, hatte Newton also nichts dagegen, ähnliche Begriffe wie die aristotelisch-scholastische Tradition zu benutzen. Newton glaubte, dass Gott ständig in die Natur eingreife. Nach seinem Kalkül hätte das Sonnensystem in sich zusammenbrechen müssen; seinen Erhalt – und damit unsere Existenz – könnten wir nur einer außernatürlichen Intervention Gottes verdanken. Gott bringe Bewegung in die Natur, er animiere sie. Die Bewegungen der Natur unterlagen der göttlichen Vorsehung und damit verfolgte das Höchste Wesen auch bestimmte Ziele. Um die Natur zu verstehen, könne man deshalb nicht auf die Beschreibung eines jeden Endzwecks verzichten. Die Teleologie hatte durchaus einen zentralen Platz in der Naturphilosophie Newtons, der ein zutiefst religiöser Mensch war.[24]

Die Naturforschung des 18. Jahrhunderts war trotz zahlreicher unbestreitbarer Innovationen näher an der mittelalterlichen Scholastik, als es die klassische These der „wissenschaftlichen Revolution" nahelegt. Zahlreiche renommierte Wissenschaftler formulierten Theorien über okkulte „Fluida" wie das „Phlogiston" des britisch-amerikanischen Universalgelehrten Joseph Priestley (1733–1804). Der deutsche Arzt Franz Anton Mesmer (1734–1815) hatte im Paris der 1780er Jahre großen Erfolg, als er

23 Betty Jo Teeter Dobbs, The Foundations of Newton's Alchemy or „The Hunting of the Green Lion", Cambridge 1983.

24 Shapin, The Scientific Revolution, insb. S. 149–157, 209; Rob Iliffe, Priest of Nature. The Religious Worlds of Isaac Newton, New York 2019; John Bennett Shank, The Newton Wars and the Beginning of the French Enlightenment, Chicago 2008, S. 49–56.

versprach, die verschiedensten Krankheiten durch „animalischen Magnetismus" zu heilen, das heißt durch den Empfang des Fluidums, das seiner Lehre nach Menschen mit anderen Menschen, mit ihrer Umwelt, ja mit dem gesamten Universum samt der Planeten verband. Die Idee, die Krankheit resultiere aus einer Störung der Harmonie zwischen Mikro- und Makrokosmos und diese Harmonie könne durch Magnetismus wiederhergestellt werden, war in der Renaissance von Paracelsus (1493–1541) oder auch im 17. Jahrhundert von dem Jesuiten Athanasius Kircher (1602–1680) vertreten worden. Noch im späten 18. Jahrhundert erschien sie vielen Gelehrten keineswegs als eine esoterische Lehre, die nichts mit Wissenschaft gemein habe, und berühmte Naturforscher wie Antoine-Laurent de Jussieu (1748–1836) nahmen den Mesmerismus ernst. Aufklärer wie Brissot begeisterten sich für die moralischen und politischen Implikationen einer Zirkulation des Fluidums in der Welt: Für Brissot konnte der Magnetismus die Menschen unterschiedlicher Stände miteinander verbinden und zur Entstehung einer harmonischen Gesellschaftsordnung beitragen. Obwohl mehrere Wissenschaftler der Königlichen Akademie der Wissenschaften und der Medizinischen Fakultät der Pariser Universität Mesmer der Scharlatanerie bezichtigten, vertraten sie selbst Theorien, die denen des deutschen Arztes ähnelten.[25] Auch in der Naturgeschichte waren Lehren über okkulte Kräfte im späten 18. Jahrhundert etabliert: Namhafte Naturforscher wie Johann Friedrich Blumenbach (1752–1840) hingen der Vorstellung an, dass Wesen von einer „Lebenskraft" zum Leben erweckt würden. All diese physikalischen und naturhistorischen Modelle führten die verschiedenen, der mechanistischen Beschreibung entzogenen Kräfte auf das Höchste Wesen zurück.[26] Sie lieferten Beschreibungen des Wirkens der göttlichen Providenz in der Welt.

Newton bildete somit unter seinen Zeitgenossen keine Ausnahme, wenn er die Erforschung der Natur als ein religiöses und moralisches Unternehmen verstand. Die Naturforscher des 18. Jahrhunderts sahen gewöhnlich in der Naturphilosophie keine Lehren, die Gott etwa verzichtbar gemacht hätten. Ihre Erkenntnisse galten ihnen im Gegenteil als der beste Beweis der göttlichen Vorsehung. Die Natur war für sie ein Buch, das Gott geschrieben hatte und das entziffert werden sollte. Die Natur zu studieren hieß, der göttlichen Intelligenz und den göttlichen Zwecken auf die Spur zu gehen. Die Naturphilosophie erschien ihnen als eine hochmoralische Aufgabe, denn

---

25 Robert Darnton, Der Mesmerismus und das Ende der Aufklärung in Frankreich, Frankfurt a. M. 1986, S. 13–44, 77–109; Ernst Benz, Franz Anton Mesmer und die philosophischen Grundlagen des „animalischen Magnetismus", Mainz 1977.

26 Peter Hanns Reill, The Legacy of the „Scientific Revolution", in: Roy Porter (Hg.), The Cambridge History of Science, Bd. 4, Cambridge 2003, S. 23–43, hier 33–34.

erst indem der Mensch sich der göttlichen Vorsehung bewusst werde, könne er das richtige Verhalten entwickeln.[27]

So hatte die Begeisterung, die Voltaire für Newtons Werk empfand, weniger mit den mathematischen Leistungen des englischen Naturphilosophen zu tun, die Voltaire kaum zur Kenntnis nahm, sondern vor allem mit den moralischen Implikationen seiner Theorien. Voltaire widmete deshalb die ersten drei Kapitel seiner *Grundlagen der Philosophie des Herrn Newton* (*Élémens* [sic.] *de la philosophie de M. Newton*, 1738) dem Thema Gott. Seiner Meinung nach zeige Newtons Naturphilosophie nicht nur, dass es einen allmächtigen und ewigen Schöpfer gebe, sondern auch, dass man sich diesen nicht als eine ferne Gottheit vorstellen solle. Vielmehr sei er „der Meister und Bewahrer unseres Lebens".[28] Während Newton bewiesen habe, dass alle Bewegung von Gott komme, führe Descartes' „System", das alles auf die Mechanik reduzieren möchte, zum Atheismus. Newtons Postulat eines physischen göttlichen Wirkens in der Welt war für Voltaire aus moralischen Gründen notwendig: Ohne eine solche Konzeption Gottes nicht nur als Schöpfer, sondern als „Meister, der eine Beziehung zwischen sich selbst und seinen Kreaturen hergestellt hat, […] wäre das Wissen von der Existenz Gottes nur eine sterile Idee, die jeden perversen Denker beinahe einladen würde, Verbrechen zu begehen, denn er würde hoffen, ohne Strafe davonzukommen".[29] Voltaire fand in Newtons Beschreibung des Universums eine Begründung der göttlichen Vorsehung und somit der moralischen Ordnung. Obwohl der Geozentrismus im 18. Jahrhundert nicht mehr akzeptabel war, blieb die Ordnung des Universums für Voltaire gewissermaßen auf den Menschen zugeschnitten: In seinen Augen hatte Gott das Universum so geordnet, dass der Mensch geschützt werde und moralisches Wirken möglich sei.

Voltaires Zusammenfassung der Newton'schen Lehre führt deutlich vor Augen, dass Wissenschaft und Religion im 18. Jahrhundert nicht in einem Gegensatz zueinander standen. Die gelehrte Erfassung der Natur wies in aller Regel eine moralische und religiöse Dimension auf.[30] Der Naturforscher solle die Zwecke des Schöpfers hinter der Natur erkennen, so Voltaire; die Intentionen Gottes könne man durch die alltägliche Erfahrung spüren.[31] In den Augen der meisten Aufklärer sollte der Naturforscher

27 Burrows, Enlightenment Bestsellers, S. 143.

28 Voltaire, Élémens de physique de M. Newton, S. 38 (dieses Zitat und folgende: Übersetzung: D.T).

29 Ebd.

30 John Hedley Brooke, Science and Religion, in: Roy Porter (Hg.), The Cambridge History of Science, Bd. 4, Cambridge 2008, S. 741–761.

31 Voltaire, Élémens de physique, S. 40–41.

deshalb besonders sensibel sein: Gute Naturwissenschaft war für sie Teil der Philosophie, sie war „Naturphilosophie" und gründete – ähnlich wie richtige Morallehren – auf der Intuition des Beobachters, das heißt auf einer Art Zusammenspiel zwischen Herz und Verstand. Es wurde dabei unscharf zwischen dem physisch-sinnlichen Eindruck und der Sensibilität unterschieden, denn erst die Sensibilität – das Zusammenwirken von sinnlichem Eindruck, Verstand und Gefühl – könne helfen, die hinter den physischen Erscheinungen stehenden Intentionen des Schöpfers zu erkennen. Das angebliche „Zeitalter der Vernunft" zeichnete sich aus diesen Gründen durch eine große Skepsis gegenüber abstraktem Denken aus. Viele Aufklärer prangerten beinahe gebetsmühlenartig den „Systemgeist" (*esprit de système*) an, worunter sie die Aufstellung abstrakter Denksysteme verstanden. Der Geist sollte sich nicht von der alltäglichen Erfahrung entfernen, sondern von ihr geführt werden. Gerade weil die Natur für die Aufklärer eine moralische Grundlage besaß, sollte Wissen empirisch sein.[32]

Voltaires Newton-Rezeption bildete eine entscheidende Etappe in seiner Neuerfindung als *philosophe*: Wenn Voltaire Newtons Leistungen lobte, pries er die Philosophie als eine moralische Kraft und die Philosophen als die eigentlich glorreichen Männer. Eine klassische Forschungsthese lautet, die Aufklärung sei aus der wissenschaftlichen Revolution und vor allem aus dem Wirken Newtons hervorgegangen. Doch waren es nicht Newtons wissenschaftliche Theorien an sich, die zur Erfindung der Aufklärung führten, sondern die Aneignung der moralphilosophischen Dimension seiner Lehren durch Schriftsteller und Publizisten wie Voltaire. Newton selbst hatte dabei gänzlich andere religiöse Ansichten als Voltaire gehabt: Er glaubte, die Welt sei vom Antichrist beherrscht, und wähnte sich als Teil einer kleinen Minderheit der Gerechten, die in den letzten Tagen die Fackel des wahren Glaubens hochhielten.[33] Die Autoren des 18. Jahrhunderts knüpften jedoch an Newtons tiefen Glauben an die göttliche Vorsehung und seine damit einhergehende teleologische Weltsicht an, um sich als zentrale gesellschaftliche Akteure zu profilieren. Die Naturphilosophie führte in der Vorstellung vieler Zeitgenossen zu moralischer Verbesserung, weil sie die (göttliche) Ordnung wieder sichtbar machte.[34]

Auf dieser Grundlage provozierten Aufklärungsphilosophen heftige Kontroversen, die in der Forschung als „Newton Wars" bekannt sind. Sie nahmen den Kartesianismus,

---

32 Jessica RISKIN, Science in the Age of Sensibility. The Sentimental Empiricists of the French Enlightenment, Chicago 2003; SHANK, The Newton Wars, 295–321, 357–402.

33 ILIFF, Priest of Nature.

34 E. C. SPARY, The „Nature" of Enlightenment, in: William CLARK (Hg.), The Sciences in Enlightened Europe, Chicago 1999, S. 272–304, hier 295.

die Lehre von René Descartes, unter Beschuss.[35] Mitte des 18. Jahrhunderts stritten beispielsweise Benjamin Franklin (1706–1790) und Jean-Antoine Nollet (1700–1770) um die richtige Interpretation der Elektrizität. Während Nollet unter dem Einfluss von Descartes ein mechanistisches Verständnis der Elektrizität bevorzugte – sich also auf eine Beschreibung der unmittelbaren mechanischen Ursachen des Phänomens beschränken wollte –, plädierte Franklin ebenso wie zuvor Newton für eine teleologische Interpretation, die in der Natur eine moralische Dimension erkannte. Aus dieser Kontroverse ging Franklin als Sieger hervor und wurde zum Helden der Aufklärung. Nollet ist weitgehend der Vergessenheit anheimgefallen.[36]

5.4 Naturgeschichte, Gotteslob und Moral

Einer etablierten Forschungsthese zufolge habe auch im Bereich der Naturgeschichte die Aufklärung einen Bruch mit der Scholastik hervorgebracht. Als eine wesentliche Leistung der Aufklärung gilt das Aufkommen eines Bewusstseins dafür, dass die Erde nicht erst ein paar Tausende Jahre alt sei, sondern eine viel längere Geschichte aufweise. In der Tat wandten sich Aufklärungsphilosophen wie Voltaire gegen die biblische Erzählung. Bei näherem Hinsehen zeigen sich jedoch auch hier Kontinuitäten zwischen Aufklärung und Scholastik, denn die Annahme eines hohen Alters der Erde, das geologische Phänomene erkläre, war in den von Aristoteles beeinflussten Gelehrtenkreisen bereits seit Jahrhunderten gang und gäbe.[37]

Die Geschichte der Antworten auf die Frage nach dem Alter der Erde zeigt, dass wir uns hüten sollten, in der Aufklärung neuartige Säkularisierungstendenzen zu sehen. Dies wird noch klarer, wenn man sich vergegenwärtigt, dass nicht nur in der Physik, sondern auch in der Naturgeschichte der Impetus ebenso weitgehend religiös-moralischer Natur war. Ein wichtiges Ziel des Schweden Carl von Linné (1707–1778), der das erste große naturhistorische Klassifizierungswerk verfasste, bestand darin, zum Lob Gottes beizutragen, wie er gleich zu Beginn seines Opus magnum *System der Natur* (*Systema naturae*) klarmachte:

---

35 Shank, Newton Wars.

36 Riskin, Science in the Age of Sensibility, S. 69–104.

37 Ivano Dal Prete, On the Edge of Eternity. The Antiquity of the Earth in Medieval and Early Modern Europe, Oxford 2022; ders., „Being the World Eternal …“: The Age of the Earth in Renaissance Italy, in: Isis 105, 2 (2014), S. 292–317.

O JEHOVA
Wie groß sind Deine Werke!
Wie weise hast Du sie gemacht!
Wie bevölkert ist die Erde durch Deine Anleitung!

Groß ist unser GOTT,
und groß ist Seine Macht,
und seine Macht kennt keine Grenzen[38]

Linné war dabei stark von dem in der Scholastik fortgeführten Aristotelismus beeinflusst, der die Klassifizierung der Lebewesen überhaupt zu einem Ziel der Naturgeschichte erklärt hatte. Für Linné wie für viele andere Naturforscher hatte sich Gott nicht nur in der Bibel, sondern auch im „Buch der Natur" offenbart. Die Natur zu beschreiben hieß, seine Werke zu studieren. Linné zufolge bildete die Natur als Schöpfung Gottes ein einziges, allumfassendes System, weshalb er auch sein Hauptwerk *Systema naturae* betitelte. Ohne es in diesem Werk explizit zu machen, folgte er sowohl grob der aristotelischen Klassifizierung[39] als auch der spätantiken Vorstellung der „Großen Kette der Wesen": Alle Wesen – vom Stein bis zum Engel – bildeten in dieser Theorie eine hierarchische Kette oder Leiter, wobei die Übergänge zwischen ihnen fließend waren.[40] Die natürlichen Wesen ordnete Linné drei „Reichen" zu (Tiere, Pflanzen, Mineralien), die er in *classes*, *ordines*, *genera*, *species* und *varietates* unterteilte. Seine Beschreibung des Systems der Natur baute Linné im Laufe der Jahrzehnte stark aus und modifizierte sie vielfach: Während die erste Ausgabe (1735) 20 Seiten zählte, war die Auflage von 1758 ca. 800 Seiten stark.[41]

Linné ist in der Forschung oft dafür gefeiert worden, dass er den Menschen unter den Tieren verortete. Diese Interpretation verdeckt jedoch die großen Kontinuitäten zwischen Linnés Weltbild und dem aristotelisch-scholastischen. Aristoteles hatte bekanntlich den Menschen als ein „soziables Tier" (*zoon politikon*) aufgefasst, und so

38 Carl von LINNÉ, Systema naturae per regna tria naturae, secundum classes, ordines, genera, species [...], Stockholm 1758, ohne Seitenzahl (Übersetzung: D. T.; Hervorhebungen im Original).

39 David HULL, Science as a Process. An Evolutionary Account of the Social and Conceptual Development of Science, Chicago 1988, S. 84.

40 Arthur Oncken LOVEJOY, The Great Chain of Beings. A Study of the History of an Idea, London 2017.

41 Carl von LINNÉ, Systema naturae, sive regna tria naturae systematice per classes, ordines, genera, & species, Lyon 1735; DERS., Systema naturae, 1758.

ist es wenig erstaunlich, dass Linné bei Weitem nicht der erste Naturphilosoph war, der den Menschen dem Tierreich zuordnete.[42] Die mittelalterliche Scholastik hatte Aristoteles' Idee aufgegriffen und in dem Menschen ein Wesen erkannt, das durch seine Physis und Triebe – unter anderem den Trieb zur Soziabilität – den Tieren angehöre, und durch seinen Verstand ebenso den Engeln gleiche. Die Fähigkeit zur Vernunft hatte in dieser thomistischen Anthropologie zur Folge, dass der Mensch zur Moral und zum ewigen Leben bei Gott tendiere. Dies stelle ihn ganz an die Spitze der irdischen Wesen. Obwohl Engel nicht Gegenstand von Linnés *Systema naturae* waren, wies sein Menschenbild eine große Ähnlichkeit zu dieser aristotelisch-scholastischen Theorie auf: Auch Linné glaubte, dass die Menschen hierarchisch über den anderen Tieren stünden, und begründete diesen herausragenden Platz des Menschen mit dessen Fähigkeit zur Vernunft. Auch er behauptete, Gott habe für den Menschen eine höhere Bestimmung vorgesehen. Dankbarkeit Gott gegenüber zu zeigen, gehörte zu den Pflichten des Naturhistorikers.[43]

Durch diese enge Verknüpfung seiner Forschung mit dem Lob Gottes wurde Linné vor allem in der protestantischen Welt über Jahrzehnte zum einflussreichsten Naturhistoriker. Sein religiös aufgeladenes Klassifizierungswerk inspirierte Naturforscher, in Übersee nach seltenen Spezimina zu suchen, und Sammler, ihre Kuriositätenkabinette mit Naturalia auszustatten.[44] Nichtsdestotrotz warfen manche Zeitgenossen Linné vor, einem „systematischen Geist" zu folgen. Besonders in Frankreich, angeleitet von Georges-Louis Leclerc de Buffon (1707–1788), geriet das *System der Natur* als Produkt eines abstrakten Geistes unter Beschuss. Buffon glaubte, die Natur weise eine größere Vielfalt von Phänomenen auf, als Linné es suggeriere, und diese Phänomene könnten nicht auf einer nahtlosen hierarchischen Leiter geordnet werden. Auf der Grundlage dieser Annahme lieferte er von 1749 bis 1804 die wohl umfangreichste Naturbeschreibung des 18. Jahrhunderts.[45] In einem Punkt stimmte Buffon jedoch mit Linné überein: Auch er hielt an einer teleologischen und moralisierenden Interpretation der Natur fest.[46] Buffon urteilte über die Tiere mit dem Blick des Moralisten: Er

42 Sergio Moravia, Beobachtende Vernunft. Philosophie und Anthropologie in der Aufklärung, Frankfurt a. M. 1972, S. 21.

43 Carl von Linné, Systema naturae, 1758, „Introitus", ohne Seitenzahl.

44 Anne Mariss, „A new world of things". Praktiken der Naturgeschichte bei Johann Reinhold Forster, Frankfurt a. M. 2015.

45 Georges Louis Leclerc de Buffon, Histoire naturelle, générale et particulière. Avec la description du cabinet du roi, Paris 1749–1804.

46 Riskin, Science in the Age of Sensibility, S. 74.

beschrieb und bewertete ihre „Sitten“ als „natürlich“, also gut, oder „degeneriert“. In Buffons Werk gab es keine klare Grenze zwischen dem Sozialen und dem Natürlichen, da das „Natürliche“ der Maßstab für jegliche Verhaltensweise war.[47]

Die Symbiose zwischen Wissenschaft, Religion und Moral trieb im 18. Jahrhundert Blüten, die wir heutzutage eher der Esoterik als der Wissenschaft zuordnen würden, die für viele Zeitgenossen allerdings Bestandteil der Naturphilosophie waren. Der Schwede Emmanuel Swedenborg (1688–1772) setzte sich zum Ziel, die unsichtbare Welt der Geister naturphilosophisch zu erfassen. In seiner Geisterlehre berief er sich auf die Empirie. Swedenborg genoss einen gehobenen sozialen Status als Mitglied des schwedischen Reichstags und hatte enge Kontakte zum Königshof. Sein Werk wurde seinerzeit durchaus ernst genommen, wenn auch kontrovers diskutiert. Es trug maßgeblich dazu bei, die Praxis der spiritistischen Sitzungen (der „Seancen“) zu etablieren, die zum Beispiel im Umfeld des preußischen Königs Friedrich Wilhelm II. (1744–1797, Herrschaft ab 1786) aufblühte. Swedenborgs Theorien waren nicht esoterisch, denn sie gingen nicht von der Existenz eines geheimen Wissens aus. Obwohl die Geistersehung heute irrational erscheinen mag, waren seine Lehren als Beitrag zur Rationalisierung der christlichen Religion gedacht. Swedenborg strebte nach einem größeren Einklang zwischen Theologie und Naturphilosophie.[48]

5.5 Die Entdeckung der Natur

Da die Natur im 18. Jahrhundert im Allgemeinen als ein Buch verstanden wurde, in dem sich Gott offenbare, galt die Naturerfahrung oft als ein religiöses und moralisches Erlebnis. Die Betrachtung der natürlichen Schönheit schien vielen Zeitgenossen zu helfen, sich von künstlichen Leidenschaften zu befreien – ein Topos, der im Rousseauismus besonders prägend war. Ästhetische Harmonie und Moral gingen miteinander einher. Rousseau und viele andere besangen das Leben auf dem Land, das fernab von der Verdorbenheit der Stadt eine Beschäftigung mit der Natur – und vor allem mit der Botanik – ermöglichte.[49] Diesen Vorstellungen entsprechend ließ die Oberschicht

---

47 Spary, The „Nature“ of Enlightenment, S. 296.

48 Friedemann Stengel, Aufklärung bis zum Himmel. Emanuel Swedenborg im Kontext der Theologie und Philosophie des 18. Jahrhunderts, Tübingen 2011.

49 Diese Tendenz ist besonders stark in Rousseaus *Les Rêveries du promeneur solitaire*: Jean-Jacques Rousseau, Les Confessions de Jean-Jacques Rousseau, suivies des rêveries du promeneur solitaire, Genève o. D.

die Parkanlangen auf ihrem Landsitz immer größer und aufwendiger gestalten. Deren Stil änderte sich radikal: Der vor allem aus Großbritannien stammende Landschaftsgarten hielt in der zweiten Hälfte des 18. Jahrhunderts in ganz Europa Einzug. Dadurch wurde eine idyllische Natur künstlich erbaut.[50]

In der zweiten Hälfte des 18. Jahrhunderts entwickelte sich eine Wertschätzung für Landschaften, die nicht vom Menschen gemacht waren oder zumindest so aussahen, als wären sie unberührt. Solche Landschaften wurden im 18. Jahrhundert als „pittoresk" bezeichnet, das heißt als Landschaften, die es wert seien, Gegenstand eines Gemäldes zu sein. In Jane Austens satirisch angehauchtem Roman *Northanger Abbey* (1798–1803 verfasst) lernt die Hauptfigur, die junge Catherine Morland, auf Landschaften als etwas Pittoreskes zu schauen; ihre Freunde loben ihre Fortschritte als Beweis ihres „natürlichen Geschmacks". Die Fähigkeit, beim Anblick der Natur gerührt zu werden, galt im 18. Jahrhundert im Allgemeinen als ein Zeichen für eine empfindsame Seele, die Beifall verdiente. Landschaftsbeschreibungen fanden nicht zuletzt deshalb Einzug in die Literatur, und die Landschaftsmalerei florierte. Gegenden, deren „Wildheit" zuvor vor allem als elend empfunden worden war, zogen nun Reisende an: In Großbritannien fingen wohlhabende Menschen an, zum nordenglischen Lake District oder in die schottischen Highlands zu fahren, um die dortigen „pittoresken" Landschaften zu erleben.[51]

Im 18. Jahrhundert entstand sogar eine Faszination für die schroffe, unwirtliche und beinahe lebensbedrohliche Natur, wie sie etwa in hohen Gebirgen zu finden war. Diese Landschaften ließen den Menschen spüren, dass die Natur und ihr Schöpfer viel größer als er selbst seien, so eine geläufige Deutung. Deshalb wurde diese Erfahrung als moralisch aufgefasst. Um diesen ergreifenden Charakter von Naturphänomenen zu bezeichnen, übertrug man im 18. Jahrhundert den Begriff des Erhabenen (*sublime*), der ursprünglich aus der Rhetorik stammte, auf das Naturerlebnis. Führende Aufklärungsphilosophen wie Kant oder Friedrich Schiller (1759–1805) entwickelten Theorien über das Erhabene, die Ästhetik und Moral in sich vereinigten.[52]

Diese Sakralisierung der Natur inspirierte in der zweiten Hälfte des 18. Jahrhunderts erste Ideen des Umweltschutzes. In den 1760er Jahren rief der Physiokrat Pierre Poivre (1719–1786) auf der Insel Mauritius im Indischen Ozean (damals unter französischer Herrschaft und Île-de-France genannt) das erste ambitionierte Programm

50 Brewer, The Pleasures of the Imagination, S. 629.

51 Ebd., S. 615–621.

52 Christian Begemann, Erhabene Natur. Zur Übertragung des Begriffs des Erhabenen auf Gegenstände der äußeren Natur in den deutschen Kunsttheorien des 18. Jahrhunderts, in: Deutsche Vierteljahresschrift für Literaturwissenschaft und Geistesgeschichte 58 (1984), S. 74–110.

zum Schutz tropischer Wälder ins Leben. Angesichts dieses Beispiels und unter dem Einfluss Rousseaus prangerte der Schriftsteller Jacques-Henri Bernardin de Saint-Pierre (1737–1814) die Zerstörung der Wälder und das Artensterben an. Die Natur betrachtete er als eine Ganzheit, die es zu schützen gelte. Durch seine Eingriffe zerstöre der Mensch die ursprüngliche Harmonie und könne so auch seinen eigenen Untergang besiegeln.[53]

5.6 Natürliche Kunst

Im 18. Jahrhundert wurde eine Sakralisierung der Natur eingeleitet, die später sowohl in der modernen Umweltschutzbewegung als auch im modernen Tourismus eine große Rolle spielen sollte. Der Vorwurf Adornos und Horkheimers, die Aufklärung habe in der Natur eine zu beherrschende und zu instrumentalisierende Größe gesehen, gibt Descartes' Philosophieverständnis wieder, jedoch nicht das der Aufklärer. Diese Theorie geht grundsätzlich an der dominierenden Naturvorstellung des 18. Jahrhunderts vorbei.[54] Die meisten Aufklärer nahmen die Natur vielmehr als *die* Ordnung wahr, der sich der Mensch fügen sollte. Dabei dachten sie nicht an die wilde und sich der Vernunft entziehende Natur, sondern konzipierten die Natur als ein Ensemble von Normen. Während in der Moderne die Kunst für gewöhnlich als das Menschenwerk par excellence und somit als das Gegenstück zum Natürlichen gilt, strebten viele Aufklärer danach, das Künstliche abzuschaffen und auch die Kunst den Regeln der Natur zu unterwerfen.

Die aufklärerische Faszination für die klassische Kunst ist vor diesem Hintergrund zu verstehen. Die antike Architektur und Plastik wurden meist nicht als eine Leistung einer vergangenen Zivilisation verstanden, sondern als eine Implementierung von ewigen natürlichen Normen, die sowohl ästhetischer als auch moralischer Natur seien. In den Augen der Vertreter des Klassizismus war der Geschmack ihres Jahrhunderts verdorben: Barock und Rokoko hätten eine oberflächliche, ja perverse Künstlichkeit eingeführt, die den Menschen von der noblen und einfachen Art der Natur entfernt hätten. Architektur war zum Beispiel für d'Alembert zu einer „Maske" verkommen, die die Wahrheit verschleiere. Aufklärer wie Voltaire assoziierten die Kunst des Rokoko nicht mit Kitsch – wie es viele Menschen im 21. Jahrhundert tun –, sondern eher mit moralischer Dekadenz durch Luxus und weibische Verstellung.

53 Richard H. Grove, Green Imperialism. Colonial Expansion, Tropical Island Edens and the Origins of Environmentalism, 1600–1860, Cambridge 2003, S. 168–255.

54 Reill, The Legacy, S. 26–29.

Dank dieser Vorstellungen erlebte der Neoklassizismus ab den 1740er Jahren in Frankreich einen Durchbruch (unter „Klassizismus" versteht man in Frankreich anders als in Deutschland eine Kunstrichtung unter Ludwig XIV., also aus dem späten 17. Jahrhundert, nicht um 1800). Unter der Patronage der königlichen Mätresse Mme de Pompadour, die ihren Ziehvater und ihren Bruder zu Intendanten der königlichen Gebäude ernennen ließ, wurde eine Generation von jungen Architekten im „Grand style" der Zeit Ludwigs XIV. ausgebildet. Es ging ihnen nicht darum, die griechisch-römische Kunst der Antike sklavisch zu reproduzieren, sondern eher die darin zum Ausdruck kommenden Prinzipien der Natur anzuwenden. Unter dem Einfluss dieser Kunstrichtung beauftragte König Ludwig XV. den Architekten Jacques-Germain Soufflot (1713–1780) mit dem Neubau der Kirche Sainte-Geneviève (der Heiligen Genoveva von Paris), dem heutigen Panthéon (1758–1790).[55] Auch in England setzte sich der Neoklassizismus um die Mitte des 18. Jahrhunderts weitgehend durch, wie unter anderem das Somerset House (1776–1780) im Zentrum von London bezeugt. In Deutschland gilt das Schloss, das Fürst Franz von Anhalt-Dessau in Wörlitz zwischen 1769 und 1773 errichten ließ, als das früheste architektonische Werk der Klassik (der Begriff Klassik wird im deutschen Kontext in Bezug auf die Architektur des 18. Jahrhunderts in der Regel der Bezeichnung Neoklassik vorgezogen).[56]

Die zweite Hälfte des 18. Jahrhunderts war in Frankreich durch die Entwicklung der philosophischen Architektur geprägt: Für den Architekten Étienne-Louis Boullée (1728–1799) bestand die Aufgabe der Baukunst nicht mehr nur darin, praktische und schöne Gebäude zu errichten. Sie sollte zur moralischen Erneuerung der Gesellschaft beitragen. Mit diesem Anspruch fing er an, utopische Entwürfe zu zeichnen, die grundlegende Ideen der Aufklärer aufgriffen – und hörte dabei sogar ganz auf, Gebäude zu errichten. So folgte Boullée dem Aufruf Diderots und entwarf 1784 ein gewaltiges Kenotaph für Isaac Newton. Darin sollte das leere Grab des Physikers im Gravitationszentrum einer gigantischen Kugel stehen, die, nach der Zeichnung zu urteilen, weit über 100 Meter emporragen sollte (Abb. 2). Das Ziel war, den moralischen Fortschritt durch Philosophie zu feiern. Von Boullée sind außerdem Zeichnungen für ein gigantisches „Museum" überliefert, das nicht wie ein Museum im heutigen Sinne, sondern wie eine Ruhmeshalle der großen Geister gedacht war (Abb. 14). Ein „Zirkus",

---

55 Jean-Marie Pérouse de Montclos, Jacques-Germain Soufflot, Paris 2004, S. 35–40; Anthony Vidier, Claude-Nicolas Ledoux, Basel 1988, S. 13–19.

56 Zu diesem Schloss: Andreas Pečar, Ästhetische Vorbilder – politische Wahlverwandtschaft? Das Country House als Ausdruck politischer Identität in England und das Problem der Übertragbarkeit, in: Pečar/Zaunstöck (Hg.), Politische Gartenkunst?, S. 83–94.

Abb. 14 Etienne-Louis Boullée, Ansicht der Ehrenhalle des „Musaeums", Kupferstich, 1783 (Quelle: Bibliothèque nationale de France)

in dem man Preise an verdienstvolle Bürger verleihen würde, sollte der Förderung der Tugend – und nicht etwa der Unterhaltung – dienen. Boullées Stil ist dabei extrem monumental und äußerst karg: Die Gebäude wirken auf den Zeichnungen wie von der Verderbtheit und dem Luxus der Stadt entrückt. In ihrer schlichten Erhabenheit wollte Boullées Architektur die strenge Tugend verkörpern und fördern, die der Prunksucht, dem Luxus, ja sogar den Freuden der nichtigen Unterhaltung entsage.[57] Ein weiterer markanter Architekt-Philosoph war Claude-Nicolas Ledoux (1736–1806). Unter dem Einfluss der Freimaurerei versuchte er, sich ganz nach der Natur zu richten, um der Tugend zum Durchbruch zu verhelfen. In diesem Geiste entwarf Ledoux eine komplette utopische Stadt, in der unter anderem ein „Panaréthon", das heißt ein Tempel aller Tugenden, und ein „Pacifère", ein Haus des Friedens, ihren Platz haben sollten.[58]

5.7 Empfindsamkeit, Tugend und Natur in der Literatur

Kunst, Natur und Moral sollten in der Vorstellung der Aufklärer eine enge Symbiose eingehen. Diese zentrale Idee des 18. Jahrhunderts inspirierte Schriftsteller, eine neue Art von Literatur zu erfinden: den sentimentalen Roman, der den Gefühlen der Hauptfigur einen zentralen Platz einräumt. 1740 veröffentlichte der damals noch weitgehend unbekannte englische Bruchdrucker Samuel Richardson ein Werk, das in ganz Europa eine heute kaum vorstellbare Begeisterung hervorrief: *Pamela, or Virtue Rewarded.* Dieser Roman erzählt die Geschichte eines schönen, frommen und tugendhaften 15-jährigen Mädchens aus armem Hause, das sich den Verführungsversuchen seines jungen Herrn

57 Madec, Boullée, insb. S. 60–73, 132.
58 Vidier, Ledoux, S. 133–143.

widersetzt und deswegen von ihm unter der Aufsicht einer grausamen Frau eingesperrt wird. Gegen Ende des Romans erweicht sich der Herr und bietet ihr die Ehe an. Pamela verliebt sich in ihn und willigt schließlich ein, ihn zu heiraten, wodurch sie Herrin über ausgedehnte Güter wird. Richardson stellt dies – wie der Titel des Romans bereits verrät – als eine Belohnung für ihre Tugend dar.[59] Dieser Plot mag im 21. Jahrhundert befremdlich wirken – schließlich verliebt sich die Teenagerin in ihren deutlich älteren Folterer, der sie sogar vergewaltigt hatte, als sie in Ohnmacht gefallen war. Im 18. Jahrhundert wurde *Pamela* jedoch ganz anders gelesen. Das Buch begeisterte seine Leser und Leserinnen als eine Erzählung vom Triumph der Tugend über das Laster und als eine Erzählung, die Menschen zur Tugend führe. So schrieb Diderot in seiner *Éloge de Richardson* (1762): „Richardson sät Keime der Tugend in die Herzen [...]. O Richardson, Richardson, einzigartiger Mann in meinen Augen, Deine Bücher werde ich immerdar lesen! [...] Maler, Dichter, Menschen guten Geschmacks, gute Menschen, lesen Sie Richardsons Werke; lesen Sie sie immer wieder."[60] Für Diderot zeigte Richardson den Weg, den ein *philosophe* einschlagen sollte: Er sollte mittels der Kunst seine Leser lehren, die Tugend zu lieben und das Laster zu hassen. Diderot selbst versuchte dies vor allem anhand des Theaters und verfasste deshalb etwas schwerfällige moralisierende Stücke, die einen mäßigen Erfolg hatten. Sein ganzes Leben lang war er auf der Suche nach den besten Wegen, die Herzen zu rühren und die Menschen moralisch zu verbessern.[61]

Ein ähnliches Ziel verfolgte auch Rousseau, mit dem Diderot in seinen jungen Jahren eng befreundet war, sich aber später fürchterlich zerstritt. Es ist heutzutage schwer vorstellbar, welche Reaktionen Rousseaus Roman *Julie oder die neue Héloise* (*Julie ou La Nouvelle Héloïse*, 1761) bei vielen Lesern des 18. Jahrhunderts auslöste: Rousseau erhielt Briefe von glühenden Verehrern, die von ihrer Konversion zu Moral und Religion durch diese Erzählung berichteten. *La Nouvelle Héloïse* – wie der Roman gewöhnlich genannt wurde – habe ihr Leben verändert.[62] Er wurde zu einem der erfolgreichsten Literaturwerke des 18. Jahrhunderts (137 Auflagen)[63]. Dieser äußerst lange

---

59 Samuel RICHARDSON, Pamela, or Virtue Rewarded, London [1740].

60 Denis DIDEROT, Éloge de Richardson, in: Œuvres complètes, Bd. 13: Arts et Lettres, Jean VARLOOT (Hg.), Paris 1980, S. 181–208 (Übersetzung: D. T.).

61 TRICOIRE, The Fabrication of the Philosophe, S. 467–469.

62 LILTI, Figures publiques, S. 164; Robert DARNTON, Readers Respond to Rousseau. The Fabrication of Romantic Sensitivity, in: DERS., The Great Cat Massacre and Other Episodes in French Cultural History, London 2001, S. 215–256.

63 Siehe folgende Statistik: https://kates.itg.pomona.edu/books/analytics.php?type=all (zuletzt besucht am 30. 09. 2022).

(und aus heutiger Sicht vielleicht langatmige) Briefroman handelt von einem zähen Kampf zwischen Liebe und Tugend, im Zuge dessen die Protagonisten zu Gott und der Moral finden. Der Plot ist deutlich komplexer als bei *Pamela*, und die Tugend wird hier nicht einfach mit sozialem Erfolg und häuslichem Glück belohnt. Rousseau schildert vielmehr einen grundlegenden und langwierigen Konflikt zwischen der reinen Liebe und den gesellschaftlichen Pflichten, der keine einfache Lösung findet. Viele Zeitgenossen störten sich am ausbleibenden Happy End und an den ekstatischen Beschreibungen der Liebe, die ihnen wie eine Einladung zum Laster vorkamen. Doch ging es Rousseau keineswegs darum, das Ideal der Tugend infrage zu stellen, ganz im Gegenteil: Die Schilderung der Tugend stand im Zentrum der Erzählung. Eine wichtige Rolle spielten im Roman die Lobpreisung des einfachen Lebens auf dem Land und die Ablehnung der korrumpierten großstädtischen Gesellschaft, in der alles nur Schein sei. Rousseau stellte dabei das ästhetische Empfinden der Natur als ein Kennzeichen einer sensiblen Seele dar, die von der Religion erleuchtet wird.[64] Der moralische Fortschritt setzte ein, wenn man der Natur folgte. Auch wenn sich Aufklärer unter dem Fortschritt sehr Unterschiedliches vorstellten – diese Idee beherrschte ab der zweiten Hälfte des 18. Jahrhunderts zunehmend die Politik, die Wissenschaft, die Ästhetik und die Kunst.

64 Jean-Jacques ROUSSEAU, Lettres de deux amans, habitans d'une petite ville au pied des Alpes, Amsterdam 1761; Tim O'HAGAN, Jean-Jacques Rousseau (1712–1778): The Novel of Sensibility, in: Michael BELL (Hg.), The Cambridge Companion to the European Novelists, Cambridge 2012, S. 89–105; Nouchine BEHBAHANI, Paysages rêvés, paysages vécus dans *La Nouvelle Héloïse* de J. J. Rousseau, Oxford 1989.

6 Res publica

Die Vorstellung von der Natur als einer gottgeschaffenen Ordnung prägte auch das Denken über die Politik im 18. Jahrhundert. Genau darin besteht der große Graben zwischen den heute in der westlichen Welt vorherrschenden liberaldemokratischen Ideen und den Konzeptionen der Aufklärer. Heutzutage wird die Aufklärung in der allgemeinen Wahrnehmung mit der Geburt liberaldemokratischer Ideen in Verbindung gebracht. Dieses Bild entspricht jedoch nur eingeschränkt der aufklärerischen Gedankenwelt. Zwar herrschte im 18. Jahrhundert eine große Vielfalt von politischen Denkströmungen vor; die besondere Verbindung von Demokratiegedanken (Volksherrschaft) und Liberalismus (individuelle Freiheiten, Rechtsstaatlichkeit, Minderheitenschutz), die für die politischen Systeme der westlichen Welt im 21. Jahrhundert konstitutiv ist, findet man in der politischen Theorie und in den Entwürfen politischer Ordnung der Aufklärungszeit jedoch kaum – mit einer bedeutenden Ausnahme: der Verfassung der Vereinigten Staaten von Amerika.

Die meisten Aufklärer und Aufklärerinnen teilten eine ähnliche Weltvorstellung und somit das gleiche Politikverständnis: Politik sollte das Gemeinwohl, die *res publica*, auf der Grundlage der natürlichen Ordnung aufbauen und somit die natürliche moralische Bestimmung des Menschen verwirklichen. Auf diesem ideellen Fundament konnten sehr verschiedene politische Programme formuliert werden. Meistens vertraten Aufklärer anders als moderne Demokraten nicht die Idee, es gebe ein politisches System, das für alle Staaten das beste sei. Oft hielten sie wie die mittelalterlichen und frühneuzeitlichen Scholastiker eine Reihe von politischen Systemen für legitim, solange diese das Naturrecht nicht verletzten. Sie konzentrierten sich in der Regel darauf, im Rahmen der bestehenden Strukturen die Tugend und das Allgemeinwohl zu fördern. Manche einflussreiche Denkströmungen der Aufklärung brachen jedoch mit dieser Sichtweise und behaupteten, nur ein bestimmtes politisches System sei mit dem Naturrecht kompatibel. Die Aufklärungszeit war somit eine Zeit politischer Kontroversen, in der mit Rekurs auf alte Ideen oft auf innovative Weise neue politische Visionen entstanden.

6.1 Das humanistische Erbe im 18. Jahrhundert

In der Aufklärungsepoche war das Gemeinwohl in aller Munde. So gesehen kann man diese Zeit als ein republikanisches Jahrhundert bezeichnen: Die Belange der *res publica*, der „gemeinsamen Sache“, wurden als höchstes Gut gehandelt. Aus ebendiesem Grund gab es im 18. Jahrhundert nur eingeschränkt Tendenzen in Richtung Liberalismus: Die individuellen Freiheiten waren in aller Regel dem Allgemeinwohl untergeordnet. Diese Denkart, die man in der Forschung „Bürgerhumanismus“ (*civic humanism*) oder „klassischen Republikanismus“ nennt, wies eine sehr lange Tradition auf. Sie ging auf die Literatur der römischen Republik (5.–1. Jahrhundert vor unserer Zeit) zurück. Ab dem 14. Jahrhundert hatten italienische Humanisten das Studium antik-römischer Texte mit dem Anspruch vorangetrieben, damit die Moralität der Regierenden zu erhöhen. Die Vorstellung, Cicero zu lesen, würde helfen, ein besserer Mensch zu werden, war in den folgenden Jahrhunderten Standard geworden. Infolge von Reformation und katholischer Reform war in Europa ein dichtes Kollegnetz aufgebaut worden – man denke etwa an die Jesuitenkollegs –, in dem das humanistische Ideal einer moralischen Reform durch das Studium klassischer Literatur hochgehalten wurde. Männliche Mitglieder der Eliten studierten in der Frühen Neuzeit intensiv Latein, Rhetorik und Geschichte in Kollegs anhand von Texten römischer Autoren wie Cicero, Tacitus, Livius, Sallust und Plutarch (45–125). Sie waren sehr eng mit der politischen Kultur der alten Römer vertraut.

Der Republikanismus der Frühen Neuzeit – wie auch schon der spätmittelalterliche Humanismus – suggerierte, die „Leidenschaften“ des Individuums und sein Streben nach Macht, Ruhm und Luxus würden Gesellschaft und Staat verderben. Nach dieser Logik führte die Verfolgung persönlicher Interessen und das Streben nach privatem Glück zu einer Vernachlässigung des Gemeinwohls. Die privaten Interessen wurden deshalb im klassischen Republikanismus in einem Spannungsverhältnis zum Gemeinwohl gesehen. Persönliche Ambition war eine Spielart der moralischen Korrumpiertheit, eine Abweichung von der guten natürlichen Ordnung. Die Annehmlichkeiten des Lebens standen unter anderem in dem Ruf, Männer zu verweichlichen und verweiblichen. Dieser Diskurs legte nahe, dass ein Staat, der sich zu sehr vergrößere und bereichere, schließlich Opfer seines Erfolgs sein müsse: Die zunehmenden sozialen und politischen Ungleichheiten, die persönlichen Ambitionen, die privaten Leidenschaften, der wachsende Luxus und der schwindende Gemeinsinn würden zuerst zum Verlust der Freiheit und dann gar zum Untergang des Staates führen. So hatten die alten Römer ihre eigene Geschichte erzählt: Zunächst ging die Freiheit durch die Errichtung des Prinzipats, also der Kaiserherrschaft, und anschließend das gesamte römische Imperium unter.

Dieses Szenario hatten die europäischen Eliten des 18. Jahrhunderts zumindest als eine Möglichkeit im Kopf, wenn sie über die Zukunft ihrer Staatswesen diskutierten. Es bot Anlass zu philosophischen Abhandlungen wie Montesquieus *Betrachtungen über die Ursachen von Größe und Niedergang der Römer* (*Considérations sur les causes de la grandeur et de la décadence des romains*, 1734) oder lieferte den Stoff für Geschichtswerke wie Edward Gibbons *The History of the Decline and Fall of the Roman Empire* (1776–1789). Die Prägung durch den Republikanismus bewirkte, dass die europäischen Eliten des 18. Jahrhunderts die Zukunft nur bedingt optimistisch einschätzten. Die Geschichte der Gemeinwesen wurde in Analogie zum biologischen Leben gedacht: Gemeinwesen wurden geboren, wuchsen, verloren mit dem Alter an Kraft und starben. Nur eine besondere Anstrengung konnte die bürgerliche Tugend erhalten und diesen Verfallsprozess unterbrechen.[1]

Auch wenn der klassische Republikanismus die Tyrannei verurteilte, traten die Vertreter dieser Denkrichtung nur selten für die Abschaffung der Monarchie oder für die Errichtung einer Republik ein. Der US-amerikanische Historiker James Hankins hat darauf hingewiesen, dass die von der Cambridge School stark gemachten Begriffe *republicanism* und *civic humanism* in die Irre führten, denn die Humanisten des 15. Jahrhunderts hätten die Machthaber moralisch verbessern wollen, sich aber in der Regel nur am Rande für konstitutionelle Debatten interessiert. Zwar hätten sich Humanisten immer wieder für bestimmte Staatsformen eingesetzt, doch hätten sie in aller Regel Aristoteles wie den meisten Scholastikern in der Annahme gefolgt, dass nicht jede Verfassung zu jedem Volk passe. Ebenso wie Aristoteles erschienen ihnen Mischverfassungen, die monarchische, aristokratische und demokratische Elemente kombinierten und damals unter dem Begriff der gemischten Monarchie (*Monarchia mixta*) bekannt waren, als die beste Lösung.[2]

---

1 Bahnbrechende Studie zur Geschichte des klassischen Republikanismus in der Frühen Neuzeit: John G. A. Pocock, The Machiavellian Moment. Florentine Political Thought and the Atlantic Republican Tradition, Princeton 2016. Siehe auch Martin van Gelderen/Quentin Skinner (Hg.), Republicanism and Constitutionalism in Early Modern Europe. A Shared European Heritage, 2 Bde., Cambridge 2002; Keith Michael Baker, Transformations of Classical Republicanism in Eighteenth-Century France, in: Journal of Modern History 73, 1 (2001), S. 32–53; Johnson Kent Wright, A Classical Republican in Eighteenth-Century France. The Political Thought of Mably, Stanford 1997; Montesquieu, Considérations sur les causes; Gibbon, History.

2 Hankins, Virtue Politics, S. 31–101.

Genauso wie der spätmittelalterlich-humanistische war der frühneuzeitliche Republikanismusdiskurs in der Regel nicht gegen die Königsgewalt gerichtet. Meistens verstanden seine Vertreter die Republik als die Gemeinschaft aller Bürger, nicht als eine Staatsform, die mit der Monarchie inkompatibel wäre. Im Allgemeinen ging man im 18. Jahrhundert davon aus, dass die republikanische Staatsform nur in kleinen Gemeinwesen möglich und auch nur schwer mit modernen, kommerziellen Gesellschaften vereinbar sei. Paradoxerweise war dieser Glaube an die Notwendigkeit monarchischer Herrschaft in großen modernen Staaten selbst eine Konsequenz des klassisch-republikanischen Diskurses, der auf der Annahme basierte, dass die Republik notwendigerweise der Vergrößerung des Territoriums, dem damit einhergehenden Machtgewinn und der Bereicherung der Eliten sowie dem Männlichkeitsverlust und der wachsenden Unterwürfigkeit der Bürger zum Opfer fallen müsse.

6.2 Gemeinwohl und Fürstenherrschaft

Erstrebenswert erschien deshalb gewöhnlich eher ein paternalistisches Staatsmodell, in dem sich der Fürst als erster Diener des Staates verstehen und sich ganz dem Allgemeinwohl verschreiben würde (was in der Forschung oft etwas missverständlich als „aufgeklärter Absolutismus" oder *despotisme éclairé* bezeichnet worden ist). Die meisten Aufklärer in Europa – zumindest außerhalb Großbritanniens, der Schweiz und der Vereinigten Provinzen der Niederlande – vertraten keine liberalen Ideen, sondern verbreiteten im Gegenteil ein Programm der Disziplinierung und Moralisierung der Untertanen von oben.[3] Bereits Aristoteles und nach ihm die meisten Scholastiker und Humanisten waren der Ansicht, dass die Monarchie das beste Regime sei, solange der Herrscher tugendhaft sei. Diese Idee blieb in Europa auch im 18. Jahrhundert dominant. Das Ziel vieler Aufklärer war es somit, den Fürsten und ihren Beratern die Prinzipien guter Herrschaft zu erläutern und diese somit zur Tugend zu bringen. Wie Petrarca und die meisten spätmittelalterlichen Humanisten nach ihm war ein Aufklärer wie Voltaire ein Realist, der Verbesserungen im Rahmen der vorhandenen Strukturen anstrebte.[4]

---

3 Steffen Martus, Aufklärung. Das deutsche 18. Jahrhundert: ein Epochenbild, Reinbek bei Hamburg 2018; Ospovat, Sovereignty; Andreas Önnerfors, Fraternal Kingdom? Freemasonry at the Court of Gustav III of Sweden (1772–1792), in: Biskup u. a. (Hg.), Enlightenment at Court, S. 231–257.

4 Peter Gay, Voltaire's Politics. The Poet as Realist, New Haven 1988.

Die Fokussierung auf die gute Herrschaft statt auf politische Systeme legte eine Personalisierung der politischen Legitimität nahe und bewirkte in der Tat eine merkliche Veränderung der Strategien politischer Legitimierung im 18. Jahrhundert: Der Fürst wurde nun gewöhnlich als tugendhafter *Pater patriae* (Vater des Vaterlandes) und als ein fürsorglicher Vater seiner Untertanen dargestellt. Bekanntlich inszenierte sich Friedrich II. von Preußen als „erster Diener des Staates". Die ikonographischen Programme in Schlössern im Heiligen Römischen Reich betonten ab der Mitte des 18. Jahrhunderts vielfach die Leistungen der jeweiligen Dynastie für das Gemeinwohl, anstatt lediglich ihren Rang und den militärischen Ruhm des Herrschers zur Schau zu stellen, wobei diese Aspekte wohlgemerkt weiterhin präsent blieben.[5] In Frankreich änderte sich die Gestaltung der „königlichen Plätze" (Plätze mit Königsstatue) unter Ludwig XV. (1710–1774, Herrschaft ab 1715): Während im 17. Jahrhundert vor allem Adelspaläste an diesen Plätzen errichtet worden waren, säumten nun Gebäude, die für die städtische Gesellschaft nützlich waren, wie Rathäuser, Theater, Akademien und Bildungseinrichtungen, den Platz. Ludwig XVI. (1754–1792, Herrschaft ab 1774) verzichtete seinerseits ganz darauf, sich mit einem königlichen Platz zu beehren, und förderte den Bau von öffentlichen Gebäuden.[6]

Im Zusammenhang mit dem Streben nach dem Gemeinwohl entwickelte sich an deutschen Universitäten eine neue Disziplin: die Kameralistik oder Staatswissenschaft. Im ursprünglichen Sinne waren „Kameralisten" die Verwalter fürstlicher Finanzen – Menschen, die wie der Jude Joseph Süß Oppenheimer (1698–1738) am Stuttgarter Hof einen sehr schlechten Ruf genossen. Im 18. Jahrhundert wurde die Maximierung der fürstlichen Finanzen jedoch immer häufiger als ein legitimes Ziel betrachtet. Die Kameralistik galt nicht mehr allein als eine zweifelhafte Praxis, sondern als eine Wissenschaft zur Förderung des Gemeinwohls, das man wiederum zunehmend mit dem Interesse des Staates gleichsetzte. Der Anspruch der Kameralisten, im Sinne des Gemeinwohls zu agieren, stieß jedoch vielfach auf Kritik. Den Zeitgenossen war

5 Zu den Selbstinszenierungsstrategien Friedrichs II.: Thomas Biskup, Friedrichs Größe. Inszenierungen des Preußenkönigs in Fest und Zeremoniell 1740–1815, Frankfurt a. M. 2012; Jürgen Luh, Der Große. Friedrich II. von Preußen, München 2011; Pečar, Die Masken des Königs. Zum Schlossbau: Gerd Dethlefs, Sinnbild milder Herrschaft. Politische Ikonographie an der fürstbischöflichen Residenz zu Münster, in: Jürgen Overhoff/Andreas Oberdorf (Hg.), Katholische Aufklärung in Europa und Nordamerika, Göttingen 2019, S. 500–516.

6 Richard Louis Cleary, The Places Royales of Louis XIV and Louis XV, PhD Diss., Columbia University, Ann Arbor, 1986; ders., The Place Royale and Urban Design in the Ancien Régime, Cambridge 1999.

bewusst, dass die Erhebung der Kameralistik zu einer respektablen Wissenschaft ein Schachzug von Menschen war, die für sich einen gehobenen Platz in der Gesellschaft reklamierten. Deswegen schien es nicht allen glaubwürdig, dass sie uneigennützig handelten und vor allem das Gemeinwohl im Auge hatten. Die Erhöhung der Staatseinnahmen genoss im 18. Jahrhundert oft noch einen zweifelhaften Ruf und mit ihr auch die Kameralisten.[7]

Die theoretische Fundierung – und damit eine dringend benötigte Legitimation – der Kameralistik lag in den naturrechtlichen und ethischen Lehren, die an deutschen Universitäten Verbreitung fanden. Der Schwede Samuel Pufendorf oder auch der Deutsche Christian Thomasius hatten mit ihrer Naturrechtslehre eine starke Fürstenherrschaft – vor allem gegen die Ansprüche lutherischer Geistlicher – zu begründen versucht.[8] Christian Wolff, der in Brandenburg-Preußen einen großen politischen Einfluss entfaltete,[9] definierte die Aufgaben des Staates in der ersten Hälfte des 18. Jahrhunderts umfassender als zuvor: Er forderte, die Obrigkeit solle zum Ziel der Wohlfahrtsförderung ihre Regelungstätigkeit gewaltig ausweiten.[10] Dabei vertrat er eine sehr konservative Vision vom Gemeinwohl und dessen Grundlagen. In seinem Werk *Vernünfftige Gedancken von dem gesellschaftlichen Leben der Menschen* (1720/1721), das gewöhnlich unter dem Titel *Deutsche Politik* bekannt ist, verteidigte Wolff ein streng hierarchisches Gesellschaftsmodell: Die höchstmögliche Wohlfahrt konnte ihm zufolge nur gewährleistet werden, wenn derjenige, der „in einer Sache mehr Verstand hat, als der andere", sagt, „was zu thun ist, und der andere ist verbunden zu gehorsamen".[11] Von diesem Grundsatz leitete Wolff die These ab, die „Glückseligkeit" des Gemeinwesens hänge davon ab, wie Kinder dem Vater, die Gattin dem Gatten, die Untertanen dem Fürsten gehorchten. Diese Ordnung verstand er als natürlich. Wolff setzte voraus, dass weder Frauen noch der gemeine Mann genug Verstand hätten, um zu erkennen, was dienlich und was schädlich sei. Er sprach dem einfachen Menschen gleichermaßen Tugend und Vernunft ab.

Die Kameralistik hatte einen stark paternalistischen Charakter und zielte nicht darauf, aus den Untertanen mündige Bürger zu machen. Die Einwohner des Landes

7 Andre WAKEFIELD, Disordered Police State. German Cameralism as Science and Practice, Chicago 2009.

8 Siehe drittes Kapitel.

9 Johannes BRONISCH, Der Mäzen der Aufklarung. Ernst Christoph von Manteuffel und das Netzwerk des Wolffianismus, Berlin 2010.

10 NIPPERDEY, Die Erfindung, S. 397–400.

11 Annika BÜSCHING, Politik, in: THEIS/AICHELE (Hg.), Handbuch, S. 315–333, Zitat S. 321.

begriff sie in erster Linie als eine Geld- und Soldatenquelle. Das Ziel der Kameralistik schlechthin war deshalb das Bevölkerungswachstum und damit die Vermehrung der Steuerzahler und der potentiellen Rekruten für die Armee. An das Wirtschaftswachstum oder an eine Verbesserung der Lebensqualität dachte man im 18. Jahrhundert dagegen noch selten. Zur Entstehung und Etablierung dieses Diskurses, der in der Forschung oft „Populationismus" genannt wird, trug eine Vielzahl von Autoren aus ganz Europa bei, ohne dass ein bestimmter Name besonders hervorstechen würde. Im letzten Drittel des 17. Jahrhunderts setzte sich im Heiligen Römischen Reich die im Italien des 16. Jahrhunderts erfundene Theorie durch, der zufolge eine wachsende Bevölkerung die wichtigste Grundlage für die Macht des Staates sei: Sie führe zu militärischer Stärke, einer höheren Nahrungsproduktion, größerer Prosperität und wachsenden Staatseinnahmen. Von dieser Vorstellung ausgehend wurde es in der Frühen Neuzeit zunehmend als Aufgabe eines jeden Fürsten erachtet, die Zahl seiner Untertanen zu vermehren. Erst im frühen 19. Jahrhundert – unter anderem durch die Rezeption der Schriften von Thomas Robert Malthus (1766–1834) – kam die Angst vor der Überbevölkerung auf. Der Populationismus wurde zu dieser Zeit aufgegeben.

Bis zur Mitte des 18. Jahrhunderts bewegten sich die Konzepte für eine solche Bevölkerungszunahme vor allem im Rahmen der Peuplierungspolitik. Die Fürsten bemühten sich, die Zahl der Manufakturen zu erhöhen und Einwanderer anzuwerben – eine Politik, die unter anderem die Kurfürsten und Könige von Brandenburg-Preußen und der französische Finanzminister Jean-Baptiste Colbert (1619–1683) energisch vorantrieben. Viele Gelehrte hielten es nun für geboten, eine gewisse religiöse Toleranz walten zu lassen, um eine Zunahme der Bevölkerung zu erreichen, wobei diese Politik auf heftigen Widerstand von Geistlichen stieß.

Um etwa 1750 arbeiteten die Wiener Professoren Johann Heinrich Gottlob von Justi (1717–1771) und Joseph von Sonnenfels (1732–1817) daran, den Kameralismus zu systematisieren. Ihre Texte erlangten bald einen kanonischen Status. Justi und Sonnenfels strebten danach, eine umfassende „Bevölkerungspolicey" zu entwickeln, die die demographische Entwicklung sehr genau kontrollieren sollte. Diese und weitere Staatswissenschaftler der zweiten Hälfte des 18. Jahrhunderts, etwa Johann Michael Loën (1694–1776), ein preußischer Beamter im Emsland, fügten neue Konzepte hinzu, die einen größeren staatlichen Eingriff in die Lebenswelt der Untertanen vorsahen: Verlangt wurde eine konsequente Politik zur Förderung von Landwirtschaft, Eheschließungen und Gesundheitserhalt. Sie schlugen vor, fürstliche und adlige Domänen aufzulösen und das Land an selbstständige Bauern zu verteilen, Familien steuerlich zu entlasten, die Mitgiftzahlung für arme ledige Mädchen aus der Staatskasse zu unterstützen, Ehehindernisse für Soldaten und Gesellen aufzuheben, die Zustimmungspflicht der

Eltern einzuschränken, ja teilweise Untertanen zwangszuverheiraten. Sonnenfels und Johann Peter Frank (1745–1821) widmeten viel Energie der Entwicklung „einer vollständigen medicinischen Polizey“, die Vorschläge für die Seucheneindämmung oder auch die Senkung der Kindersterblichkeit enthielt.[12]

6.3 Gemeinwohl und Reformen in Monarchien

Die Fürsten bzw. Fürstinnen und ihre Berater beließen es nicht bei der bloßen Programmatik und Propaganda. Sie versuchten, die Staatseinnahmen und die Untertanen durch Reformen zu vermehren, ihre Herrschaft zu intensivieren und sich als Förderer des Gemeinwohls zu profilieren. In fünf Bereichen verabschiedeten sie besonders viele Reformen, wobei diese mal mehr und mal weniger mit dem aufklärerischen Grundgedanken einer Verbesserung des Menschen durch Philosophie zusammenhingen. Erstens gab es eine Tendenz in vielen politischen Gebilden, administrative Strukturen zu reformieren oder zu schaffen, um die Verwaltung von dem Monarchen abhängiger zu machen und engmaschiger zu gestalten sowie die Gesetze besser durchzusetzen. Die Macht ständischer Gewalten oder lokaler Potentaten galt es nach Möglichkeit zu stutzen. Zweitens suchten viele Fürsten, Industrie und Wirtschaft etwa durch den Aufbau von Kolonien und durch die Abschaffung interner Handelsbarrieren, teilweise auch des Zunftwesens, zu fördern. Drittens investierten sie in das Bildungswesen. Ihr Ziel war dabei nicht, mündige Bürger zu erziehen und kritischen Geist zu fördern, sondern nützliche, fromme und moralische Untertanen zu formen. Dies stand durchaus mit dem Anliegen der meisten Aufklärer im Einklang, die keineswegs das Volk konsequent aufklären wollten, sondern vielmehr glaubten, manche Vorurteile könnten der sozialen Ordnung dienlich sein.[13]

---

12 Nipperdey, Die Erfindung. Zu Sonnenfels’ Karriere: Karstens, Lehrer.

13 Zur Attitüde der *philosophes* gegenüber der Aufklärung des Volkes: Chisick, The Limits of Reform; Haberkern, Limitierte Aufklärung, insb. S. 215–238. Beispiele von Schulreformen: Mauri di Cioccio, Elementarschulreformen in katholischen Gebieten der Schweiz im späten 18. Jahrhundert, in: Jürgen Overhoff/Andreas Oberdorf (Hg.), Katholische Aufklärung in Europa und Nordamerika, Göttingen 2019, S. 79–95; Holger Böning, Zur Bedeutung der „Landschulordnung von 1753“ für die Entwicklung des niederen Schulwesens im Herzogtum Braunschweig-Wolfenbüttel, in: Ernst Hinrichs/Peter Albrecht (Hg.), Kultur und Gesellschaft in Nordwestdeutschland zur Zeit der Aufklärung. Das niedere Schulwesen im Übergang vom 18. zum 19. Jahrhundert, Tübingen 1998, S. 75–108.

Viertens ließen viele Fürsten das Recht kodifizieren und das Justizwesen reformieren. Dass Rechtskodifikationen in aller Regel keine signifikante Reform gesellschaftlicher Strukturen einleiten sollten, macht die Geschichte des Allgemeinen Landrechts für die Preußischen Staaten (1794) deutlich, an dem zwei Aufklärer und Mitglieder der Berliner Mittwochsgesellschaft mitwirkten, Carl Gottlieb Svarez (1746–1798) und Ernst Ferdinand Klein (1744–1810). Obwohl die Forschung in der zweiten Hälfte des 20. Jahrhunderts oft im Allgemeinen Landrecht die Wurzeln von Rechtsstaatlichkeit und der Garantie von Grundrechten gesucht hat,[14] ist es mittlerweile Konsens, dass dieser große Rechtskodex nur wenige Neuerungen einführte und sogar ein konservatives Streben nach Erhalt etablierter Privilegien erkennen lässt.[15]

Auch wenn humanitäre Motive durchaus eine Rolle gespielt haben mochten, ging es den Fürsten und ihren Beratern bei der Reform des Justizwesens mindestens genauso sehr um eine bessere Durchsetzung der Gesetze und effektivere Prozeduren. Einen großen Einfluss auf das Justizwesen entfaltete die kurze Schrift *Von den Verbrechen und Strafen* (1764) des Mailänders Cesare Beccaria (1738–1794), die ein enormes Aufsehen

14 Gerd Kleinheyer, Staat und Bürger im Recht. Die Vorträge des Carl Gottlieb Svarez vor dem preußischen Kronprinzen 1791–1792, Bonn 1959; Hermann Conrad, Rechtsstaatliche Bestrebungen im Absolutismus Preußens und Österreichs am Ende des 18. Jahrhunderts, Köln 1961; Hans Hattenhauer, Preußen auf dem Wege zum Rechtsstaat, in: Jörg Wolff (Hg.), Das Preußische Allgemeine Landrecht. Politische, rechtliche und soziale Wechsel- und Fortwirkungen, Heidelberg 1995, S. 49–68; Peter Krause, Das gemeine Recht und seine Kodifikation durch das Allgemeine Landrecht, in: Jörg Wolff (Hg.), Das Preußische Allgemeine Landrecht. Politische, rechtliche und soziale Wechsel- und Fortwirkungen, Heidelberg 1995, S. 69–96; Peter Krause, Der Monarch als Depositar des Allgemeinwillens, in: Walther Gose/Thomas Würtenberger (Hg.), Zur Ideen- und Rezeptionsgeschichte des Preußischen Allgemeinen Landrechts, Stuttgart 1999, S. 155–184.

15 Diethelm Klippel/Louis Pahlow, Freiheit und aufgeklärter Absolutismus. Das Allgemeine Landrecht in der Geschichte der Menschen- und Bürgerrechte, in: Günter Birtsch/Dietmar Willoweit (Hg.), Reformabsolutismus und ständische Gesellschaft. Zweihundert Jahre Preußisches Allgemeines Landrecht, Berlin 1998, S. 215–254; Günter Birtsch, Die preußische Sozialverfassung im Spiegel des Allgemeinen Landrechts für die preußischen Staaten von 1794, in: Jörg Wolff (Hg.), Das Preußische Allgemeine Landrecht. Politische, rechtliche und soziale Wechsel- und Fortwirkungen, Heidelberg 1995, S. 133–148; Hellmuth, Naturrechtsphilosophie; Hellmuth, Noch einmal: Freiheit und Eigentum. Zum politisch-gesellschaftlichen Bewußtsein der Landrechtsautoren Carl Gottlieb Svarez und Ernst Ferdinand Klein, in: Günter Birtsch/Dietmar Willoweit (Hg.), Reformabsolutismus und ständische Gesellschaft. Zweihundert Jahre Preußisches Allgemeines Landrecht, Berlin 1998, S. 1–27; Haberkern, Limitierte Aufklärung.

in ganz Europa erregte. Beccaria plädierte dafür, dass alle Strafen „öffentlich, schnell, notwendig, so gelind als es nach den besondern Umständen immer möglich, dem Verbrechen angemessen, und von den Gesetzen bestimmet seyn“ sollten.[16] Er kritisierte, dass die spektakulären und harten Strafen ihre Wirkung, die Untertanen vom Verbrechen abzubringen, verfehlten, weil sie gerade aufgrund ihrer Grausamkeit zu selten verhängt würden. Auch brächten sie die Verbrecher dazu, noch weitere Verbrechen zu begehen, weil sie ohnehin nichts zu verlieren hätten, sollten sie gefangen werden. Beccaria plädierte deshalb für eine Abschaffung der Todesstrafe. Er kritisierte die Folter als ebenso inhuman wie ineffektiv, um die Wahrheit ans Licht zu bringen. Dass die Gesetze von den Untertanen wie den Richtern befolgt würden, war ihm ein zentrales Anliegen. Beccaria trat deshalb für ein einfaches, jedem verständliches Recht, die Abschaffung der Rechtsprechung (das heißt der Auslegung der Gesetze durch die Richter), für Rechtsstaatlichkeit, die Bindung von Strafen an das Recht, ihre Abmilderung sowie das Ende der Gefängnis- und der Todesstrafe ein.[17]

Dieses Programm stieß unter vielen Zeitgenossen auf große Sympathie, und manche Fürsten schrieben es sich auf die Fahnen. Katharina II. zum Beispiel nahm oft auf Beccaria Bezug, so etwa 1767 in ihrer sogenannten Großen Instruktion für die Gesetzgebende Kommission. Jedoch realisierte die Kaiserin in den folgenden Jahren Beccarias Programm kaum – so wie auch die Große Instruktion im Allgemeinen ein Lippenbekenntnis blieb. Dies war keineswegs untypisch im Kreise der Monarchen in der Aufklärungszeit. Nur wenige Ideen Beccarias setzten sich in Europa durch: Wie Michel Foucault festgestellt hat, unterschieden sich Beccarias Vorstellungen vom Recht und von den Strafen stark von den Entwicklungen des Justiz- und Strafsystems um 1800. Obwohl die Folter in der Tat in vielen Ländern abgeschafft worden sei, lasse sich in den europäischen Staaten des 19. und 20. Jahrhunderts etwa keine Vereinfachung der Gesetze, keine Abschaffung der Rechtsprechung und kein Niedergang der Gefängnisstrafe konstatieren.[18]

Darüber hinaus entwickelten viele Monarchen eine Gesundheitspolitik mit dem Zweck, die Untertanen zu vermehren. Besonders hervorzuheben ist die Entwicklung eines öffentlichen Gesundheitswesens in vielen europäischen Staaten. Das Russische Reich ist ein gutes Beispiel für diese Neuerung: Unter Kaiser Peter III. (Herrschaft 1761–1762) gab es erste Ansätze zur Schaffung eines staatlichen Medizinalwesens, das im Gegensatz zu früheren medizinischen Strukturen auch Bevölkerungsgruppen jenseits

---

16 Cesare Beccaria, Von den Verbrechen und Strafen [...], Ulm 1767, S. 198.

17 Ebd.

18 Foucault, Überwachen und Strafen.

des Militärs offenstehen sollte. Unter Katharina II. avancierte die Entwicklung des Medizinalwesens zu einem der wichtigsten politischen kaiserlichen Projekte. Die Ausbildung von medizinischem Personal und die Einrichtung von Krankenhäusern für die Zivilbevölkerung standen im Mittelpunkt. Das gesamte Russische Reich wurde mit einem Netz von Ämtern für öffentliche Fürsorge überspannt, die für Krankenhäuser und Apotheken zuständig waren. Jeder größeren Stadt sollten ein staatlich geprüfter und bezahlter Arzt sowie lizenzierte Hebammen zur Verfügung stehen. Besonders öffentlichkeitswirksam wurde die Kampagne für die Pockenimpfung inszeniert, als die Kaiserin dem Beispiel anderer gekrönter Häupter in Europa folgend sich selbst und den Thronfolger impfen ließ. Darüber hinaus war es ein erklärtes Ziel der Monarchie, in die Förderung des Gesundheitswesens nichtstaatliche Akteure einzubeziehen und einen patriotischen Gemeinsinn zu schaffen.[19]

Das Russische Reich unter Katharina II. war nur einer von vielen europäischen Staaten, in denen im 18. Jahrhundert Reformen mit dem Anspruch, das Gemeinwohl zu fördern, in autoritärer Manier verabschiedet wurden. Wenn Katharina heute zu den berühmtesten Figuren der Aufklärungsgeschichte gehört, dann liegt dies eher an ihren Selbstdarstellungsstrategien – unter anderem in ihrer Großen Instruktion – als an der vermeintlich besonderen Tragweite ihrer Reformen. Das Reformwerk anderer Herrscher stellte einen deutlicheren Einschnitt dar. In Schweden brach König Gustav III. (Herrschaft 1771–1792) durch einen Staatsstreich 1772 die Macht der Stände. Unter seiner Herrschaft wurden unter anderem das staatliche Medizinalwesen entwickelt, der Handel liberalisiert, die Folter abgeschafft, ein freieres Pressewesen etabliert und Agrarreformen durchgesetzt, die es zahlreichen Bauern ermöglichten, an Landbesitz zu kommen.[20] Auch das in der Aufklärung für gewöhnlich als rückständig geltende Spanien zeigte sich reformfreudig. Unter der Herrschaft Karls III. (1759–1788) und Karls IV. (1788–1808) wurde eine Reihe von Maßnahmen getroffen, die in der Historiographie unter dem Namen „Bourbonische Reformen“ figurieren. Reformer wie die Juristen Pedro Rodríguez de Campomanes und Gaspar Melchor de Jovellanos waren von neuen ökonomischen Lehren beeinflusst und suchten eine Gesellschaft von tugendhaften Produzenten und Bürgern zu etablieren. Campomanes und Jovellanos kritisierten etwa den mangelnden Einsatz der Adligen für das Gemeinwohl und

---

19 Daria Sambuk, Wächter der Gesundheit. Staat und lokale Gesellschaften beim Aufbau des Medizinalwesens im Russischen Reich 1762–1831, Köln 2015.

20 Jörg-Peter Findeisen, Der aufgeklärte Absolutismus in Schweden und Dänemark, in: Helmut Reinalter/Harm Klueting (Hg.), Der aufgeklärte Absolutismus im europäischen Vergleich, Köln 2002, S. 157–180.

stellten deren Privilegien infrage. Kirchliche Institutionen hatten in ihren Augen zu viel Besitz angehäuft, und das Ordenswesen brachte der Allgemeinheit nicht genug Nutzen. Neben anderen Maßnahmen liberalisierten die Reformer den Handel mit Amerika, schränkten das Zunftwesen ein, förderten Sozietäten zur Verbreitung agrarwissenschaftlichen Wissens, gründeten riesige Krankenhäuser und schufen neue Bildungsanstalten zur Etablierung der bürgerlichen Tugend.[21]

Am radikalsten reformierte seine Staaten im Namen des Gemeinwohls Joseph II. (1741–1790, Mitregent 1765–1780, Alleinherrschaft 1780–1790), der viele Reformansätze seiner Mutter Maria Theresia (1717–1780, Herrschaft ab 1740) aufgriff. Dieser Kaiser des Heiligen Römischen Reichs herrschte über ein riesiges Länderkonglomerat: unter anderem die österreichischen Erblande, die Königreiche Böhmen und Ungarn (samt der heutigen Slowakei und Kroatien) sowie die südlichen Niederlande (heute weite Teile Belgiens und Luxemburg). Seine Regierungszeit war so stark von tiefgreifenden Reformen geprägt, dass sie unter dem Begriff des Josephinismus in die Geschichtsbücher eingegangen ist. Für Joseph II. besaßen traditionelle Rechte (auch „Freiheiten" oder Privilegien genannt) an sich keine Legitimität. Jede Institution und jedes Privileg sollte an dem Maßstab des Allgemeinwohls gemessen und gegebenenfalls verändert oder abgeschafft werden. Der Kaiser und seine Berater nahmen dabei kaum Rücksicht auf die Wünsche der Untertanen, wenn diese den eigenen Plänen widersprachen. Sie setzten das Gemeinwohl mit dem Interesse des Staates – und somit des Fürsten – gleich, wie im 18. Jahrhundert üblich. Dies bedeutete, dass Joseph II. vielfach die Privilegien jener beiden Gruppen infrage stellte, auf die seine Vorfahren ihre Herrschaft gestützt hatten: des Adels und der katholischen Kleriker. Der Kaiser schaltete adlig-ständische Zwischengewalten in vielen Territorien seines Länderkonglomerats aus. Er schuf viele regionale Privilegien ab und arbeitete an einer Zentralisierung der Verwaltung und einer Vereinheitlichung der Rechtsordnung. Er baute ein staatliches Schulwesen auf. 1781 hob er die Leibeigenschaft in den böhmischen Ländern, Galizien und den österreichischen Kronländern, 1785 im Königreich Ungarn auf. Er unterstellte die katholische Kirche weitgehend der Fürstenherrschaft, ließ das Vermögen kirchlicher Institutionen in einen gemeinsamen Fonds einfließen, kreierte neue Bistümer und

21 HERR, The Eighteenth-Century Revolution; Hans-Otto KLEINMANN, Der aufgeklärte Absolutismus in Spanien, in: Helmut REINALTER/Harm KLUETING (Hg.), Der aufgeklärte Absolutismus im europäischen Vergleich, Köln 2002, S. 113–128; Gijs VERSTEEGEN, Continuity and Change in Courtly and Enlightenment Discourse on Education in Spain. Gaspar Melchor de Jovellanos and the Moral Regeneration of the Nobility, in: BISKUP u. a. (Hg.), Enlightenment at Court, S. 281–297.

Pfarreien, schloss Diözesanseminare und gründete stattdessen „Generalseminare“ zur Priesterausbildung, schaffte (kirchliche) Feiertage und „unnützliche“ (kontemplative) religiöse Orden ab, reformierte andere, vereinfachte die Liturgie und beschränkte die Wallfahrten und Prozessionen.[22]

Diese kirchlichen und religiösen Reformen waren vom sogenannten Reformkatholizismus (nicht zu verwechseln mit der „katholischen Reform“ des späten 16. und frühen 17. Jahrhunderts) beeinflusst. Der Reformkatholizismus war eine geistige Strömung, die im 18. Jahrhundert aus der Fusion zweier Denktraditionen entstanden war: des „Gallikanismus“, das heißt des Strebens nach der Errichtung einer von Rom autonomen Nationalkirche, und des katholischen Augustinismus (Jansenismus), der der barocken Frömmigkeit feindlich gegenüberstand. Diese Reformbewegung hatte bereits vor Joseph II. die Aufhebung des Jesuitenordens in Portugal (1759), Frankreich (1764) und Spanien (1766) erwirkt, und die Könige dieser drei Länder hatten 1773 Papst Clemens XIV. gezwungen, den Orden ganz aufzulösen.[23] Die Habsburgermonarchie hatte zwar an den Angriffen auf den Jesuitenorden keinen wesentlichen Anteil gehabt, doch unter Joseph II. entfaltete der Reformkatholizismus eine ungeheure Wirkkraft.

Mit diesen Reformen, die in ihrer Radikalität im 18. Jahrhundert nur von den Umwälzungen in der Französischen Revolution übertroffen wurden, stiftete Joseph II. jedoch letztlich Chaos. Angesichts der enormen Widerstände musste der Kaiser viele Reformen zurücknehmen. In Ungarn griffen die Adligen zu den Waffen und konnten ihre Privilegien sowie die Sonderstellung ihres Königreichs in der zusammengesetzten Monarchie erfolgreich verteidigen. Damit schufen sie eine wesentliche Voraussetzung für den österreichisch-ungarischen Dualismus, der 1867 etabliert wurde. In den südlichen Niederlanden (dem heutigen Belgien) brach 1789 eine regelrechte Revolution aus, die als die „Brabanter Revolution“ bekannt ist. Sie hätte allerdings auch den Namen der Ersten Belgischen Revolution verdient, da sich bei Weitem nicht nur Brabanter, sondern auch Menschen aus allen Provinzen der südlichen Niederlande gegen die österreichische Herrschaft auflehnten und die Revolutionäre den ersten

22 Helmut REINALTER (Hg.), Josephinismus als aufgeklärter Absolutismus, Wien 2008; Derek BEALES, Joseph II. und der Josephinismus, in: Helmut REINALTER/Harm KLUETING (Hg.), Der aufgeklärte Absolutismus im europäischen Vergleich, Köln 2002, S. 35–54; Franz L. FILLAFER, Aufklärung habsburgisch. Staatsbildung, Wissenskultur und Geschichtspolitik in Zentraleuropa 1750–1850, Göttingen 2020, S. 67–95, 258–310.

23 Dale K. VAN KLEY, Reform Catholicism and the International Suppression of the Jesuits, 1554–1791, New Haven 2018.

belgischen Nationalstaat gründeten. Diese erste belgische Revolution begann damit, dass die niederländischen Stände 1787 eine Reform Josephs II. ablehnten, die das Ende der lokalen Autonomie bedeutet hätte. Angesichts der Zusammenstöße und Proteste ergriff Joseph II. noch radikalere Maßnahmen und ließ 1789 alle „Freiheiten" (Privilegien) der niederländischen Provinzen abschaffen, worauf die belgischen Patrioten eine Armee – die sogenannte Mondarmee (Armée de la lune) – aufstellten. Wider alle Erwartungen gelang es ihnen in wenigen Monaten, die Österreicher aus den Niederlanden zu vertreiben. Im Januar 1790 folgte die Gründung der Belgischen Vereinigten Staaten (États belgiques unis), die jedoch der österreichischen Invasion vom November desselben Jahres nicht standhielten. Wenige Jahre später sollten diese Territorien von französischen Truppen besetzt und 1798 wie alle linksrheinischen Gebiete annektiert werden.[24]

6.4 Patriotismus und Nationalismus

Die belgischen Revolutionäre nannten sich selbst „Patrioten". Sie nahmen damit Bezug auf einen Wert, der der Tradition des klassischen Republikanismus entsprang. In der zweiten Hälfte des 18. Jahrhunderts wurde „Patriotismus" zu einem magischen und allseits eingesetzten Schlagwort. Es wurde regelrecht zum Standard, sein politisches Engagement unter diese Chiffre zu stellen. Damit verdeckte man auch bedeutende Unterschiede in den politischen Programmen. Man konnte wie die belgischen Revolutionäre im Namen des Patriotismus für den Erhalt ständischer Privilegien kämpfen. Die amtsadligen Richter des Pariser Parlement – des höchsten Gerichtshofs des Königreichs Frankreich – beriefen sich auf den Patriotismus, wenn sie sich gegen die Gründung eines neuen höchsten Gerichtshofs mit vom König ernannten Beamten durch Justizminister René-Nicolas-Charles-Augustin de Maupeou (1714–1792) im Jahre 1771 auflehnten. Dabei ging es ihnen auch darum, ihre Stellung als Amtsadlige zu bewahren. Sie verwiesen auf die (ungeschriebene) „alte Verfassung des Königreichs". Die französischen „Patrioten", die sich 1789 erhoben, schafften genau diese alte Verfassung ab. Beide oppositionelle Gruppen nannten sich „Patrioten"; sie hatten gleichwohl entgegengesetzte Vorstellungen von der erstrebenswerten politischen Ordnung.

24 Jane C. Judge, The United States of Belgium. The Story of the First Belgian Revolution, Leuven 2018; Janet L. Polasky, Revolution in Brussels, 1787–1793, Brüssel 1985; Sébastien Dubois, L'Invention de la Belgique. Genèse d'un État-Nation, 1648–1830, Brüssel 2005; Claude Bruneel/Bruno Bernard, Les prémices de l'identité belge avant 1830? Brüssel 2006.

Kaum ein Phänomen bezeugt die Prägung der politischen Kultur des 18. Jahrhunderts durch den klassischen Republikanismus deutlicher als der Aufstieg von Patriotismus und Nationalismus. Ihr Aufkommen war aber kein spontaner und reibungsloser Vorgang; es war von den politischen Eliten gefördert und entsprang den Ängsten und Legitimitätsdefiziten, die sie angesichts des klassischen Republikanismus spürten. Das Paradox des Nationalismus besteht darin, dass er im Namen der Nation politische Forderungen stellt und zugleich stets von der Befürchtung geplagt ist, die Nation zerbröckle oder sei nicht einmal existent. Die Rezeption des Republikanismus schürte die Angst vor dem mangelnden Gemeinsinn der Mitbürger. Die gebildeten Eliten des Kontinents hatten die großen Vorbilder aus dem alten Rom vor Augen und dachten, die eigenen Zeitgenossen setzten sich anders als die alten Römer wenig für die Belange ihres Vaterlands ein. Denn die Römer hatten selbst ihre Geschichte als Prozess eines Niedergangs des Gemeinsinns und der Freiheit durch die territoriale Expansion, den wachsenden Wohlstand, die Verfeinerung des Lebens und die größere soziale Ungleichheit erzählt. Die Errichtung des Prinzipats (der „Kaiserherrschaft") galt als ein Ergebnis dieser verhängnisvollen Entwicklung. Die Monarchie war dieser Vorstellungswelt zufolge ein Staatsmodell, in dem sich Vaterlandsliebe kaum entfalten konnte. Die Ähnlichkeiten zwischen der antiken Kaiserherrschaft und den modernen Monarchien verhießen nichts Gutes. In der Tat lebten die meisten Europäer im 18. Jahrhundert nicht in kleinen Republiken, die in der Idealvorstellung vieler Zeitgenossen sich durch eine weitgehende soziale und rechtliche Gleichheit unter Bürgern und ein karges Leben auch der Eliten auszeichnen sollten. Sie waren in der Regel Untertanen von Fürsten, deren Territorien eine abgestufte Privilegierung der Stände und eine bedrückende soziale Ungleichheit aufwiesen. Das luxuriöse Leben der Hof- und Geldeliten bildete einen schockierenden Kontrast zur Armut der ländlichen und städtischen Unterschichten, die am Existenzminimum lebten. Der Luxus der oberen Stände schien im 18. Jahrhundert sogar zuzunehmen. Es gab keine Gleichheit vor dem Gesetz, und die angeblich paternalistische Herrschaft der Fürsten behandelte eben nicht alle Untertanen gleich.

Die patriotische Kultur und der Nationalismus des 18. Jahrhunderts waren zum Teil eine Reaktion auf den Kontrast zwischen den vom republikanischen Rom ererbten Vorstellungen, die in der Schulbildung eine große Rolle spielten, und der Realität der frühneuzeitlichen ständischen Gesellschaften, der Fürstenherrschaft und des sehr ungleich verteilten Wirtschaftswachstums. Zahlreiche Aufklärer hatten am Aufstieg des Patriotismus und Nationalismus ihren Anteil, wie etwa der preußische Schriftsteller Thomas Abbt (1738–1766). In seiner Abhandlung *Vom Tode für das Vaterland* (1761) verteidigte Abbt die These, es sei die Pflicht eines jeden preußischen Untertanen, für das Vaterland zu sterben. Damit knüpfte er an die altrömische republikanische Tradition an, den bewaffneten Kampf, ja den Tod für das Vaterland als Ausdruck der öffentlichen Tugend schlechthin zu begreifen.

Gewöhnlich wird die Aufklärung mit Kosmopolitismus und Pazifismus assoziiert.[25] Dafür gibt es auch gewichtige Argumente: In der Tat kritisierten Aufklärer vielfach Eroberungskriege und prangerten die Unmenschlichkeit der Kriegsführung an.[26] Zugleich war es im Zeitalter der Aufklärung jedoch ebenso geläufig, den bewaffneten Kampf für das Vaterland als vorbildhaft darzustellen. Viele Aufklärungsphilosophen begeisterten sich für das Modell der Bürgermilizen, die die zivile Tugend etablieren würden.[27] Abbts Traktat zeigt, weshalb das Vorbild des patriotischen kriegführenden Bürgers attraktiv war. Seine Stilisierung des Todes für das Vaterland zu einer patriotischen Pflichterfüllung war ein Mittel zu zeigen, dass Patriotismus in einer Monarchie wie Preußen überhaupt möglich war. Abbt widmete einen bedeutenden Teil seiner Abhandlung der Rechtfertigung, dass die Liebe zum Vaterland in Monarchien durchaus erwartet werden könne. Er bemühte sich sogar, die Überlegenheit der Monarchie gegenüber anderen Staatsformen zu begründen: Für Abbt waren Monarchien weniger als Republiken für einen Niedergang des Gemeinsinns durch territoriale Expansion und soziale Ungleichheit anfällig. Gerade unter einem König, der „durch gute, grosse Einsichten gelenkt wird" – womit sicherlich Friedrich II. gemeint war –, würden alle Stände in der Liebe zum Monarchen und zum Vaterland vereinigt: Bauer, „Bürger" (das heißt Stadtbürger) und „Edelmann" würden gleichsam zu „Bürgern" (also Staatsbürgern).[28]

Abbts Schrift ist ein gutes Beispiel für den patriotischen Diskurs, der sich im 18. Jahrhundert in den Territorialstaaten des Heiligen Römischen Reichs entwickelte. Der Patriotismus bezog sich in dieser Zeit nur marginal auf die deutsche Nation, und man kann vor dem frühen 19. Jahrhundert kaum von einem deutschen Nationalismus sprechen.[29] Dies war anders in Frankreich und Großbritannien, wo der patriotische Diskurs bereits im 18. Jahrhundert nationalistische Züge trug. Die Grundannahmen,

---

25 Zum Beispiel in Pagden, The Enlightenment.

26 David Bell, The First Total War. Napoleon's Europe and the Birth of Modern Warfare, London 2007, S. 52–83.

27 Zum Beispiel Adam Ferguson, Reflections Previous to the Establishment of a Militia, London 1756.

28 Thomas Abbt, Vom Tode für das Vaterland, Berlin 1761.

29 Helmut Walser Smith, Germany, a Nation in Its Time. Before, during and after Nationalism, 1500–2000, New York 2020, S. 85–190; Fillafer, Aufklärung habsburgisch, S. 23–50.

auf denen der Patriotismus in diesen beiden Staaten fußte, ähnelten jedoch jenen des preußischen Patriotismus. Auch in Frankreich und Großbritannien lässt sich beobachten, dass der patriotische Diskurs einer Verunsicherung über den Gemeinsinn und die Legitimität des politischen und sozialen Systems entsprang. Solche Ängste inspirierten das politische Programm des Nation Building, das im 18. Jahrhundert erstmals formuliert wurde. In diesem Kontext entfaltete sich eine breite, oft staatlich unterstützte oder organisierte Propaganda, die besonders zu Kriegszeiten (also beinahe die Hälfte der Zeit) aggressiv wurde. Die Förderer des Patriotismus definierten ihre Nation in Abgrenzung zu dem Nachbarn und Rivalen Großbritannien bzw. Frankreich. In französischen Abhandlungen, Reden, Bildern, Gedichten und Theaterstücken erschienen die Engländer als Barbaren und die Franzosen als Zivilisierte. In britischen Medien und Diskursen waren die Franzosen sklavische, effeminierte, oberflächliche, unehrliche, von Luxus besessene, lustgetriebene, abergläubische und niederträchtig nach der Universalmonarchie strebende Nachbarn, die von den ehrlichen, ernsthaften, freien, protestantischen, männlichen, rationalen, nach Handel und nicht nach Herrschaft strebenden Briten zum Wohle der Menschheit in Schach gehalten werden mussten.

Um eine solche britische Identität zu stiften, waren gewaltige Anstrengungen nötig – schließlich war das Vereinigte Königreich ein brandneues Konstrukt, das erst 1707 aus Verhandlungen zwischen englischen und schottischen Eliten hervorgegangen war (Act of Union). Die Union hatte keine große Welle der Begeisterung ausgelöst und wurde immer wieder angefochten. Der neue patriotische Diskurs sollte auch verdecken, dass die britische Gesellschaft in mehrfacher Hinsicht gespalten war und viele Menschen keine Bürgerrechte genossen. Nicht nur hatten lediglich die männlichen Mitglieder der Oberschichten das Wahlrecht, auch die protestantischen Dissenters – das heißt diejenigen, die keine Mitglieder der englischen oder der schottischen Kirche waren – und die Katholiken waren rechtlich wie faktisch stark diskriminiert.[30] Der Patriotismus diente der Legitimierung politischer und rechtlicher Verhältnisse, die im Lichte des republikanischen Freiheits- und Tugendideals fragwürdig waren.

30 David A. Bell, The Cult of Nation in France. Inventing Nationalism, 1680–1800, Cambridge, Mass. 2001; Linda Colley, Britons. Forging the Nation 1707–1837, New Haven 1992; Gerald Newman, The Rise of English Nationalism. A Cultural History, 1740–1830, London 1997.

6.5 Zwischen Verteidigung ständischer Privilegien und legaler Despotie

Die Entwicklung eines patriotischen Diskurses in Monarchien zeigt, dass die republikanischen Vorstellungen vom Gemeinwohl im 18. Jahrhundert in unterschiedlichen politischen Systemen florierten. Genauso wenig wie die Scholastiker und Humanisten des Spätmittelalters[31] hatten Aufklärer einheitliche Vorstellungen über das richtige politische Regime und auch noch im 18. Jahrhundert schien oft die Moral der Regierenden und deren Einsatz für das Gemeinwohl wichtiger als Fragen der politischen Partizipation. Der Republikanismus im konstitutionellen Sinne, dem zufolge Patriotismus und Engagement für das Allgemeinwohl nicht von der Volksherrschaft getrennt werden könnten, war den Zeitgenossen als Gedankenströmung zwar wohlbekannt, fristete jedoch im Europa der Könige zumindest bis zu den 1780er Jahren ein eher kümmerliches Dasein.

Auch Aufklärer, die wie Montesquieu als Bewunderer der Republiken gelten, standen bei näherem Hinsehen in der Tradition des aristotelischen Denkens, das kein politisches System als einzig legitim erachtete. Charles de Secondat, Baron de Montesquieu (1689–1755), ein amtsadliger Richter und Präsident des Parlement von Bordeaux, unterschied in *Vom Geist der Gesetze* (1748) zwischen zwei guten und einer schlechten Regierungsform: Den positiv gewerteten Staatsformen Monarchie und Republik stand die Despotie gegenüber. Obwohl Montesquieu wohlgeordnete Republiken bewunderte – wie die Forschung betont –, war seine Abhandlung weder ein Plädoyer für eine Staatsform im Besonderen noch primär ein Angriff auf die Despotie im Allgemeinen. Im Gegenteil ging es ihm darum zu untersuchen, welches politische System und welche Gesetze welchen Umständen angemessen, ja unter welchen Bedingungen sie beinahe natürlich waren. Viele Zusammenhänge, die Montesquieu ausmachte, waren griechisch-römischen Topoi entlehnt: zum Beispiel, dass ein ausgedehntes Territorium die Monarchie und das heiße Klima den Despotismus fördere. Montesquieus gesamter Ansatz wie auch seine Thesen wiesen eine große Nähe zu Aristoteles' politischer Theorie auf, und somit zu einem Gedankengut, das sowohl in Scholastik als auch im Humanismus zum Standardrepertoire gehörte. Genauer gesagt folgte seine Unterscheidung zwischen Monarchie, Republik (in ihren beiden Spielarten Aristokratie und Demokratie) und Despotie einer im Humanismus erfundenen Modifizierung der aristotelischen Klassifikation, die im Spätmittelalter geläufig geworden war.[32]

31 Dies ist die Hauptthese von Hankins, Virtue Politics.

32 Zur aristotelischen Klassifikation von politischen Regimen und ihrer Modifizierung im Humanismus: Hankins, Virtue Politics, S. 73–93. Shackleton irrt, wenn er behauptet, dass diese

Auch wenn Montesquieus Analysen sich nicht darauf reduzieren lassen, lautete eine zentrale – aber implizit formulierte – These, Frankreich sei von seinen natürlichen Bedingungen her eine Monarchie und keine Despotie. Warum dieser damals eigentlich banalen und konsensfähigen Feststellung eine politische Sprengkraft innewohnte, wird erst deutlich, wenn man sich Montesquieus Monarchiedefinition vergegenwärtigt. Der Parlement-Richter definierte die Monarchie nicht durch die Alleinherrschaft eines Menschen, was in seinem Verständnis Despotie gewesen wäre, sondern durch die Existenz von Zwischengewalten, die der Fürstenherrschaft Grenzen setzten. Die Funktion dieser Zwischengewalten sei es, die Gesetze zu „bewahren", also zu überprüfen, ob die Anordnungen des Königs dem Gesetz entsprachen. Genau dies war aber die politische Rolle, die die Parlements für sich beanspruchten. Im Klartext hieß dies, dass der König die (ungeschriebene) alte Verfassung des Königreichs zu respektieren habe und zum Beispiel nicht befugt sei, neue Steuern ohne die Zustimmung der Untertanen einzuführen oder ständische Privilegien aufzuheben.[33] In Montesquieu einen Autoren zu sehen, der sich für konstitutionelle Veränderung einsetzte und dabei eine große Sympathie für die republikanische Staatsform zeigte, würde an der Substanz seines politischen Denkens vorbeigehen. Mit *Vom Geist der Gesetze* zielte er auf die Verteidigung von ständischen und regionalen Sonderrechten und Privilegien und lehnte – ohne in moralischen Relativismus zu verfallen – die Vorstellung ab, es gebe *eine* natürliche und allgemein verbindliche politische Ordnung.

In seiner Abhandlung *Vom Geist der Gesetze* hatte Montesquieu nur Verachtung für die Despotie übrig, die er im „Orient" zu finden glaubte. Die Menschen seien dort unehrlich, unterwürfig gegenüber den Höherstehenden und tyrannisch gegenüber den in der Hierarchie tiefer Stehenden. So herrsche in solchen Ländern sowohl eine „politische" als auch eine „zivile" Sklaverei, das heißt die Diktatur und die Sklaverei im eigentlichen Sinne. Gleichzeitig bedeutete aber der postulierte Zusammenhang zwischen Klima und Gesellschaftsform, dass diese beiden Sklavereiformen im angeblich heißen „orientalischen" Klima einen natürlichen Nährboden fanden. Diese Theorie war wiederum für all diejenigen anknüpfungsfähig, die gesonderte Gesetze für die tropischen Kolonien Frankreichs legitimieren wollten. Montesquieus Ideen entfalteten eine vom Autor wohl gänzlich unvorhergesehene Wirkung, als Juristen in

Klassifikation eine Erfindung Montesquieus gewesen sei: vgl. Robert SHACKLETON, Montesquieu. A Critical Biography, Oxford 1963, S. 265–266.

33 PEČAR/TRICOIRE, Falsche Freunde, S. 120–121; Annelien DE DIJN, French Political Thought from Montesquieu to Tocqueville. Liberty in a Levelled Society?, Cambridge 2008, S. 11–39.

der französischen Karibik sich diese aneigneten. Diese Autoren, die in der Forschung mitunter als wichtige Vertreter der sogenannten kolonialen Aufklärung gelten, beriefen sich auf Montesquieu, um die Institution der kolonialen Sklaverei zu rechtfertigen, die in einem Spannungsverhältnis zum Recht des Mutterlands stand.[34]

Dieser Denkströmung trat in den Jahrzehnten nach der Veröffentlichung von *Vom Geist der Gesetze* eine andere entgegen, die auf das Ende jeglichen Rechtspartikularismus und ständischer Privilegien abzielte: Die Physiokraten brachen mit der Idee, verschiedene politische Systeme könnten legitim sein, solange sie nicht das Naturrecht verletzten. Sie traten dabei für die Errichtung einer regelrechten Despotie zur Förderung des Gemeinwohls ein. Ihr Plädoyer für die Despotie war geradezu revolutionär: Selbst in einem vermeintlich absolutistischen System wie in Frankreich herrschte bis zur Mitte des 18. Jahrhundert der Konsens, dass die Königsherrschaft durch eine ungeschriebene Verfassung begrenzt und nur in bestimmten Bereichen wie der Außenpolitik absolut sei. So war es eine allgemein geteilte Meinung, der König könne nicht über das Leben und den Besitz seiner Untertanen frei verfügen; für die Einführung neuer Steuern sei die Zustimmung der Ständeversammlungen vonnöten. Die zahlreichen Konflikte um die Besteuerung, die zwischen Ministern und dem höchsten Gerichtshof, dem Pariser Parlement, tobten, ergaben sich just daher, dass die Generalstände nicht mehr tagten und das Parlement der Königsmacht neue Steuern nur im Notfall und vorübergehend zugestand. Um die Mitte des 18. Jahrhunderts verwarfen Physiokraten auf der Grundlage ihrer Vorstellung eines von Gott wohlgeordneten Universums diese Verfassungstheorie. Physiokraten wie Le Mercier de La Rivière traten mit der Idee auf, die alte Verfassung des Königreichs sei eine illegitime Fiktion und die Königsherrschaft solle alle Mittel erhalten, die Bestimmungen des Naturrechts gegen alle Widerstände durchzusetzen. In ihren Augen war die Vielfalt politischer Systeme und der Gesetze ein Skandal. Alle Staaten sollten despotisch beherrscht werden und nur leicht voneinander abweichende Gesetze haben. Die Physiokraten plädierten für die Abschaffung zahlreicher Standesprivilegien, der Handelsbarrieren, der Leibeigenschaft und teilweise sogar der Sklaverei. Sie kämpften für eine Gesellschaft von kleinen Eigentümern und eine Reduktion sozialer Ungleichheiten.[35]

---

34 Malick W. Ghachem, Montesquieu in the Caribbean. The Colonial Enlightenment between „Code Noir" and „Code Civil", in: Historical Reflections/Réflexions Historiques 25, 2 (1999), S. 183–210; Tricoire, Lumières coloniales.

35 Tricoire, La cité de Dieu des patriotes.

6.6 Demokratischer Republikanismus

Die französischen Aufklärer nahmen in der Debatte zwischen Anhängern der Parlements und den Befürwortern einer unumschränkten Monarchie gegensätzliche Positionen ein.[36] Manche, wie Montesquieu, verteidigten den Konstitutionalismus, die traditionellen Rechte und die ständischen Privilegien; andere folgten den Physiokraten, die der Monarchie die Möglichkeit einräumen wollten, das Land radikal im Sinne des Naturrechts und des Gemeinwohls von oben zu reformieren. Der demokratische Republikanismus war dagegen lange Zeit marginal. Selbst viele Aufklärer, die wie beispielsweise Diderot in der Forschung als Feinde der Monarchie und Verfechter der Volksherrschaft gelten, traten keineswegs für die Demokratie ein. Zwar erklärte er in seinem gefeierten Artikel *Politische Autorität* (*Autorité politique*) in der *Encyclopédie* (1751) nur diejenige Fürstenherrschaft für legitim, die sich an den Gesellschaftsvertrag (die Verfassung) hielt, doch befürwortete er damit keine politische Partizipation der Bürger, sondern eine paternalistische Königsherrschaft zum Wohle der Untertanen. Sein Augenmerk galt in der *Encyclopédie* der politischen Stabilität, nicht der Förderung von Dissens und Rebellion.[37] In den 1760er Jahren stand Diderot sogar unter dem Einfluss der Physiokratie, die den Despotismus bevorzugte. Zum Beispiel lobte er 1767 das System des Physiokraten Le Mercier de La Rivière, der für einen fürstlichen Absolutismus plädierte, in den höchsten Tönen.[38]

An der Randständigkeit des demokratischen Gedankenguts in der Aufklärung änderte auch die Veröffentlichung von Rousseaus Schrift *Vom Gesellschaftsvertrag* (*Du contrat social*, 1762) zunächst wenig, die vor der Revolution keine breite Debatte auslöste. Die anfangs relativ geringe Resonanz des Buches lag zum Teil daran, dass das politische Modell, das Rousseau darin entwarf, nur auf Stadtstaaten und nicht auf Flächenstaaten anwendbar war. Rousseau war kein Vertreter des exklusiven Republikanismus. Er glaubte wie die überwältigende Mehrheit seiner Zeitgenossen, große Staaten könnten nur monarchisch regiert werden,[39] und bewunderte nicht das demokratische Athen, sondern die gemischte Monarchie Spartas.[40] Er schrieb *Vom*

36 Durand ECHEVERRIA, The Maupeou Revolution. A Study in the History of Libertarianism. France, 1770–1774, Baton Rouge 1985, S. 217–245.

37 TRICOIRE, Suárez liest Diderot.

38 Denis DIDEROT, Œuvres. Édition établie par Laurent Versini, Bd. 5: Correspondance, Paris 1997, À Falconet, [juillet 1767], S. 741–748, hier 746–747.

39 ROUSSEAU, Du contrat social, S. 92–93, 101–103, 106–111.

40 MASON, The State of Happiness?

Gesellschaftsvertrag wohl auch gar nicht für das französische Publikum, sondern um in die politischen Debatten seiner Geburtsstadt Genf zu intervenieren. Genf war in der Mitte des 18. Jahrhunderts eine weitgehend oligarchisch regierte Republik, deren politisches System seine demokratischen Elemente verloren hatte. Eine Partei, die Représentants genannt wurde, kämpfte jedoch für eine Demokratisierung des politischen Systems durch die Etablierung einer Versammlung aller Bürger mit weitgehender legislativer Gewalt. 1763 baten die Représentants Rousseau, ihnen zur Seite zu springen.

In der Forschung wird *Vom Gesellschaftsvertrag* für gewöhnlich als Rousseaus Einsatz für die Représentants interpretiert.[41] Bei näherem Hinsehen erscheint die Schrift jedoch in einem ganz anderen Licht: Rousseau befürwortete nicht die Demokratie, die die Représentants etablieren wollten. In seinen Augen sollte das Volk keine Herrschaft ausüben.[42] Rousseaus Vorstellung eines idealen politischen Systems wies nur eine entfernte Verwandtschaft mit der Demokratie auf. So hielt er in seiner Schrift *Vom Gesellschaftsvertrag* die römische Republik hoch, die keine Demokratie, sondern eine Oligarchie mit demokratischen Elementen gewesen war. Rousseau stellte sich vor, dass Menschen durch einen Gesellschaftsvertrag auf ihre individuelle natürliche Freiheit verzichteten, indem sie einen Gesetzgeber beauftragten, gerechte Gesetze festzuschreiben, die im Idealfall über viele Jahrhunderte unverändert gelten würden. Die Republik werde von Magistraten nach diesen Gesetzen regiert und verwaltet. Die Rolle der Volksversammlung beschränkt sich in seinem Modell weitgehend darauf, die Magistrate in ihrer Funktion zu bestätigen.[43]

Die Idee der Volksherrschaft war im 18. Jahrhundert wohlbekannt – sie bildete sogar das dominante Verständnis von Republik[44] –, fand dennoch, wie selbst Rousseaus Beispiel zeigt, bis zu den 1780er Jahren nur wenige Anhänger. Die klassische, frankreichzentrierte Geschichte der Aufklärung sowie auch die neuere Forschung zur radikalen Aufklärung hat die Tatsache verdeckt, dass es nicht Rousseau oder Diderot waren, die ein demokratisches Programm entwickelten, sondern britische Pfarrer evangelikaler Minderheiten, die an die Levellers des 17. Jahrhunderts und deren Naturrechtstheorie

41 Helena Rosenblatt, Rousseau's Gift to Geneva, in: Modern Intellectual History 3, 1 (2006), S. 65–73.

42 Richard Whatmore, Rousseau and the Représentants. The Politics of the *Lettres écrites de la montagne*, in: Modern Intellectual History 3, 3 (2006), S. 385–413.

43 Rousseau, Du contrat social.

44 Annelien De Dijn, Freedom. An Unruly History, Cambridge, Mass. 2020, S. 129–227. Zu den humanistischen Ursprüngen dieser Begriffsbenutzung: Hankins, Virtue Politics, S. 71–72.

anknüpften. Die wichtigsten Impulse gab wohl der Londoner Pfarrer Richard Price (1723–1791) mit seinem Pamphlet *Observations on the Nature of Civil Liberty* (1776), das den Aufstand der amerikanischen Kolonien rechtfertigte und eine politische Radikalisierung in Nordamerika förderte. Die englischen Demokraten, zu denen auch Prices Freund Joseph Priestley (1733–1804) zählte, beeinflussten wiederum manche französischen Philosophen und Publizisten wie Jacques-Pierre Brissot, der unter der Patronage des Herzogs von Orléans in der zweiten Hälfte der 1780er Jahre anfing, in Pamphleten jede politische Gewalt anzuprangern, die nicht vom Volk gewählt wird.[45] Auch in Deutschland begannen manche – allerdings eher isolierte – Philosophen wie Johann Christian Schmohl (1756–1783), die nordamerikanische Verfassung zum Modell zu erklären und die repräsentative Demokratie zu verteidigen.[46] In Xanten reevaluierte Cornelius de Pauw (1739–1799) die athenische Demokratie und kritisierte heftig die spartanische gemischte Monarchie.[47]

Trotz der großen Ausstrahlung der amerikanischen Verfassung auf demokratisch Gesinnte in Europa unterschied sich die Demokratievorstellung der Radikalen in der Regel stark von unserer heutigen. Auch wenn dieses nicht unumstritten, ja sogar gefährdet ist, herrscht im frühen 21. Jahrhundert in der westlichen Welt das System der *liberalen* Demokratie vor: Individuelle Freiheitsrechte, Schutz für Minderheiten, Rechtsstaatlichkeit, Unabhängigkeit der Medien, Gewaltenteilung (und somit die Unabhängigkeit der Justiz) sind ein fester Bestandteil unseres Demokratieverständnisses. Zumindest ein Teil dieser Gedanken waren Demokraten wie Brissot, die rousseauistisch gesinnt waren und dem persönlichen Interesse mit großer Skepsis begegneten, fremd. Der konstitutionelle, exklusive Republikanismus ging auch noch im späten 18. Jahrhundert zumeist klar vom Primat des Kollektivs über das Individuum und die Minderheiten aus. Diese Prägung der politischen Kultur durch den klassischen Republikanismus macht verständlich, weshalb selbst die Erklärung der Menschen- und Bürgerrechte (1789) in der Französischen Revolution nur partiell mit unserem Verständnis von individuellen Freiheitsrechten verwandt ist: Die französischen Revolutionäre betonten zwar auf der einen Seite die Existenz individueller Rechte, andererseits aber

45 Jacques Pierre Brissot de Warville, Observations d'un républicain sur les différens systèmes d'Administrations provinciales, particulièrement sur ceux de MM. Turgot et Necker, et sur le bien qu'on peut espérer dans les gouvernemens, o. O. [1787]; Ders., Lettre à l'Empereur sur l'atrocité des supplices qu'il a substités comme adoucissement à la peine de mort, Brüssel [eigentlich Paris] 1787.

46 Lässig, Radikale Aufklärung in Deutschland.

47 Cornelius de Pauw, Recherches philosophiques sur les Grecs, Berlin 1788.

auch die kollektiven Rechte der Nation.[48] Das Postulat einer Einheit der Nation und des Primats des einen Volkswillens war ein fester Bestandteil der politischen Kultur der Französischen Revolution. Diese Erwartungen konnten in die Suche nach einem charismatischen Leader münden, den sich die Zeitgenossen als einen neuen Caesar vorstellten und von dem sie erwarteten, dass er die nationale Einheit wiederherstellen und als Kriegsheld der eigenen Nation Geltung verschaffen werde. In diesem Sinne war die Diktatur des Generals Napoléon Bonaparte, die auf charismatischer Herrschaft, Imperialismus und totalem Krieg gründete, ein Kind der Aufklärung.[49]

6.7 „Gemischte Republik" in Amerika

Im Revolutionszeitalter erlebte der Republikanismus einen Durchbruch nicht nur in Schriften und der Kunst, sondern auch auf der politischen Bühne der atlantischen Welt. Die Cambridge School of the History of Ideas, und vor allem John Pocock, haben im letzten Drittel des 20. Jahrhunderts gezeigt, dass der klassische Republikanismus eine wichtige Komponente in der politischen Kultur der Amerikanischen Revolution (1775–1783) war. Die Vertreter dieser historiographischen Schule haben den Einfluss des italienischen Humanisten Niccolò Machiavelli (1469–1527) betont, der in seinem Werk *Abhandlungen über die ersten zehn Bücher des Titus Livius* (*Discorsi sopra la prima deca di Tito Livio*, bekannt auch auf Deutsch unter dem Namen *Discorsi*) zu einer Wiederbelebung der Bürgertugend aufgerufen hatte. Der klassische Republikanismus stellte eine Sprache zur Denunziation der Korruption englischer politischer Eliten bereit. Die Amerikanische Revolution war eine „Revolution gegen das Parlament", das heißt eine Revolte gegen die Ansprüche des britischen Parlaments, Gesetze für die Kolonien zu erlassen. Der klassische Republikanismus ermöglichte es den amerikanischen Oppositionellen, die Herrschaft des Parlaments infrage zu stellen. Seit der Mitte des 17. Jahrhunderts war in England eine Denktradition etabliert, die vom klassischen Republikanismus stark beeinflusst war: die „Commonwealth"- oder „Country"-Ideologie, die die Unabhängigkeit der begüterten Staatsbürger zum Leitbild erhob und die Verdorbenheit von Hof und Stadt, von Regierung und Handels- und Finanzwelt anprangerte. Die „Country"-Ideologie stand der politischen Repräsentation skeptisch gegenüber und betrachtete die parlamentarische Praxis als grundsätzlich korrupt. Das

48 Moyn, The Last Utopia, S. 22–24; Edelstein, On the Spirit of Rights, S. 172–193.

49 David A. Bell, Men on Horseback. The Power of Charisma in the Age of Revolution, New York 2020, insb. 6–8, 91–131; ders., The First Total War.

britische Parlament war tatsächlich eng sowohl mit der Finanzwelt als auch mit dem Königshof verschränkt. Die Minister saßen im Parlament und waren zusammen mit dem König wichtige Patrone zahlreicher Parlamentarier. Dadurch, dass die Bewohner der amerikanischen Kolonien in den Patronagenetzwerken, die Hof und Parlament zusammenhielten, wenig integriert waren, fiel die „Country“-Ideologie auf fruchtbaren Boden.[50]

Die Amerikanische Revolution war jedoch nur teilweise vom Republikanismus im konstitutionellen Sinne geprägt, gerade weil deren Hauptstoßrichtung antiparlamentarisch, nicht antimonarchisch war. Im Zentrum des politischen Diskurses stand nicht die Verurteilung der königlichen Tyrannei. Es wurde mindestens zum Teil auch dafür plädiert, die von den britischen Parlamentariern beschnittene Königsmacht wieder zu stärken und die königliche Prärogative (das heißt den exklusiven Herrschaftsbereich des Monarchen), wie sie vor der Glorious Revolution von 1688 bestanden hatte, wiederherzustellen. Ursprünglich hatte die Kolonialpolitik als Teil dieser Prärogative gegolten und das englische Parlament hatte keinerlei Befugnisse gehabt, Gesetze für die Kolonien zu erlassen. Die Tatsache, dass sich König Georg III. (Herrschaft 1760–1820) solidarisch mit dem britischen Parlament zeigte, zwang die amerikanischen Aufständischen jedoch dazu, nach einer Ersatzexekutive zu suchen. Dies bedeutete allerdings keineswegs eine Absage an das Ideal einer starken Exekutive, die als eine Notwendigkeit in großen Staaten galt. In der Tat entschieden sich die Väter der amerikanischen Verfassung für Institutionen, die den britischen von der Zeit vor 1688 ähnelten: An die Stelle des Königs trat der Präsident der USA, dessen Amt mit weitgehenden Vorrechten ausgestattet wurde.[51]

Das politische System der USA, das in den 1780er Jahren etabliert wurde und bis heute besteht, stand im Endeffekt weniger in der Tradition des konstitutionellen Republikanismus als in der der gemischten Monarchie. Die amerikanische Verfassung kommt somit dem von Aristoteles beeinflussten Ideal der meisten spätmittelalterlichen Humanisten nahe, indem sie wie die englische und die polnisch-litauische Verfassungen der Renaissance monarchische (der Präsident), aristokratische (der

50 Pocock, The Machiavellian Moment, S. 462–552; ders., 1776: The Revolution against Parliament, in: ders. (Hg.), Three British Revolutions: 1641, 1688, 1776, Princeton 1980, S. 265–288.

51 Eric Nelson, The Royalist Revolution. Monarchy and the American Founding, Cambridge, Mass. 2017. Zur Revolte gegen britischen Imperialismus und entsprechende finanzielle Forderungen des Parlaments: Justin du Rivage, Revolution against Empire. Taxes, Politics and the Origins of American Independence, New Haven 2017.

Senat) und demokratische (das Repräsentantenhaus) Elemente zusammenführt. Dies geschah vor dem Hintergrund der seit dem Humanismus verbreiteten Angst, die puren Staatsformen tendierten stärker zur Entartung als die gemischten (eine These, die Aristoteles und Polybius verteidigt hatten). Freilich waren (und sind) die USA keine gemischte Monarchie im engen Sinne; sie wären wohl besser als eine „gemischte Republik" zu bezeichnen. So war zum Beispiel ein wichtiger Unterschied zum polnisch-litauischen System, dass das Staatsoberhaupt nur für vier Jahre gewählt wurde; auch wurde anders als in Polen-Litauen das Parlament nicht vom König einberufen. Trotz dieser wichtigen republikanischen Elemente provozierte eine derart starke Exekutive immer wieder Spannungen. Das Misstrauen gegenüber jeglicher zentralisierten Macht, das so typisch für die „Country"-Ideologie war, verschwand in den Vereinigten Staaten nie.

Die in Amerika neu etablierte Rechtsordnung kombinierte zudem eine andere Gedankenströmung mit dem Republikanismus humanistischer Herkunft: die ursprünglich scholastische Naturrechtslehre, die die Eigenliebe als eine natürliche Neigung des Menschen verstand und von dem natürlichen Streben nach Freiheit, Eigentum und Glück natürliche Rechte ableitete. Da in der britischen Tradition die natürlichen Rechte oft mit konstitutionellen Rechten gleichgesetzt wurden, erklärten die Gründungsväter der amerikanischen Republik die Garantie der individuellen *pursuit of happiness* zu einem Eckpfeiler der neuen Verfassung. Die Naturrechtslehre ermöglichte einen positiveren Blick auf die privaten „Leidenschaften" der Menschen, und dies half, der neuen politischen Ordnung einen liberalen Charakter zu verleihen. Zugleich machten sich die Väter der amerikanischen Verfassung bei allem Einsatz für eine starke Exekutive die republikanische Skepsis gegenüber der Tendenz der Regierenden, tyrannisch zu werden, zu eigen. Dies bewegte sie dazu, eine (freilich unvollständige) Trennung zwischen der Exekutive, der Legislative und der Judikative einzuführen.[52] Die amerikanische Verfassung resultierte somit aus der für die Aufklärung konstitutiven Begegnung des humanistischen Reformgedankens mit der scholastischen Naturrechtslehre. Gerade deshalb kombinierte sie auf eine für das 18. Jahrhundert einzigartige Weise eine starke Exekutive, die Volksherrschaft und Garantien für die individuelle Freiheit und Entfaltung – von der inhumanen Verfolgung der Amerikaner, die Großbritannien treu blieben,[53] und von dem langfristigen Ausschluss der Frauen, Sklaven, freien Farbigen und Ureinwohner von vielen Rechten abgesehen.

52 John O. McGinnis, The Human Constitution and Constitutive Law. A Prolegomenon, in: Journal of Contemporary Legal Issues 8 (1997), S. 211–239.

53 Holger Hoock, Scars of Independence. America's Violent Birth, New York 2017.

6.8 Klassisch-republikanische Kultur in der französischen Republik

Eine maßgeblichere Rolle als in der Amerikanischen Revolution spielte der klassische Republikanismus in der politischen Kultur der Französischen Revolution (1789–1799), vor allem in ihrer republikanischen Phase (1792–1799). Louis Antoine de Saint-Just (1767–1794) ist ein gutes Beispiel für einen Politiker, der eine klassisch-republikanische Vorstellungswelt vertrat. Saint-Just war Robespierres „rechte Hand" und das jüngste Mitglied im Wohlfahrtsausschuss – jenem Komitee der Nationalversammlung, das zu einer Art Ersatzexekutive herangewachsen war. Er war ein vehementer Vertreter der Tugend in der Politik und ein entschiedener Befürworter des Terrors als Mittel zur Bekämpfung der „Korruption". Dem Beispiel altrömischer Helden folgend, inszenierten sich Revolutionäre wie Saint-Just ganz bewusst als Tugendwächter der Republik. Der zu diesem Zeitpunkt noch in dem Provinzstädtchen Blérancourt lebende junge Saint-Just erlangte in Paris 1790 eine gewisse Berühmtheit, als er in einem recht theatralischen Auftritt eine Stellungnahme einiger Abgeordneter für die Beibehaltung des Katholizismus als Staatsreligion öffentlich verbrannte. Er hielt die Hand über dem brennenden Papier und schwor, für das Vaterland zu sterben und eher vom Feuer verzehrt zu werden als diesen Schwur zu vergessen. Mit dieser Geste imitierte Saint-Just Mucius Scaevola, einen Helden der frühen römischen Republik, der seine Hand ins Feuer gelegt hatte, um seine Verachtung vor dem Tod und seine Aufopferungsbereitschaft für die Republik zu demonstrieren. Diese Inszenierung begründete den Mythos Saint-Just: Zwei Jahre später erzählte man in Paris, Saint-Just habe tatsächlich die Hand ins Feuer gelegt (und nicht über dem Feuer gehalten).

Kurz nachdem Saint-Just im September 1792 in die neue Nationalversammlung (inzwischen Nationalkonvent genannt) gewählt worden war, machte ihn eine Rede schlagartig berühmt. Darin plädierte er mit Verweis auf das altrömische Beispiel für die Ermordung Ludwigs XVI. Laut dem jungen Abgeordneten sei der König schon allein deswegen ein Feind des Volkes, weil er ein König, also ein Tyrann sei. Man solle ihm keinen Prozess machen, sondern ihn schlicht töten, so wie Brutus den Despoten Julius Caesar erdolcht hatte. Diese Stellungnahme ist umso bemerkenswerter, als Saint-Just nur ein Jahr früher in einer Schrift die These vertreten hatte, Frankreich könne unmöglich eine Republik sein, weil diese Staatsform nur für kleine Territorien mit einfachen Sitten in Betracht komme. Mit Rückgriff auf antike Erzählungen erfand sich Saint-Just im Herbst 1792 als ein radikaler Republikaner neu, für den Gewaltanwendung zum Erhalt der Freiheit und des Allgemeinwohls nicht nur legitim, sondern notwendig war.[54] Diese republikanischen Ideen boten einen großen Kontrast zu der politischen Kultur und den Zielen der amerikanischen Revolutionäre wenige Jahre zuvor.

Saint-Just und seine Parteigänger führten in Frankreich den exklusiven Republikanismus ein, das heißt die Idee, allein die Volksherrschaft sei legitim. Auf der Grundlage des Naturrechts brachen sie – wie die Physiokraten einige Jahrzehnte zuvor – mit der Vorstellung, unterschiedliche politische Systeme könnten nebeneinander bestehen und gutgeheißen werden, solange sie das Naturrecht nicht verletzten. Dieser neue antimonarchische Republikanismus ging mit einer großen Gewaltbereitschaft einher. Saint-Justs weitere Karriere macht verständlich, wie der Staatsterror der Französischen Republik mit der Imagination des klassischen Republikanismus zusammenhing und wie dieser mit Vorstellungen von Natürlichkeit und Unnatürlichkeit verbunden wurde. Jede Ambition und jede Verfolgung von Eigeninteressen konnten als moralische Korrumpiertheit, als Ausdruck einer Denaturierung und eines Verlusts des menschlichen Moralsinns interpretiert werden. Vor dem Hintergrund eines Untergangsszenarios erschienen sie als große Gefahr für das Allgemeinwohl. Und so konnten Saint-Just und andere Revolutionäre potentiell jeden Politiker denunzieren, weil er angeblich insgeheim für sich statt für das Gemeinwesen arbeitete. Jean-Paul Marat (1743–1793) hatte seit Anbeginn der Revolution in seiner Zeitung *L'Ami du peuple* (*Der Volksfreund*) überall Verräter gewittert. Die Zeit des Nationalkonvents erbte dieses politische Klima. Jeder, der für sich irgendetwas Persönliches vom politischen Engagement erhoffte – das heißt praktisch jeder Politiker –, konnte als ein Feind des Volkes diffamiert werden. Saint-Just und Robespierre verkörperten die Rolle Ciceros, der Verschwörungen gegen die Freiheit Roms aufgedeckt hatte. Diese Angriffe trafen ab 1793 Politiker wie Georges Danton (1759–1794), die ein ähnliches politisches Programm wie Saint-Just und Robespierre vertraten, lange Zeit ihre Weggefährten gewesen waren und nur dadurch zu Rivalen wurden, dass die meisten anderen politischen Gegner bereits guillotiniert worden waren.[55]

In der Französischen Revolution entwickelte sich die klassisch-republikanische Kultur des Misstrauens gegenüber Eliten zu einer Kampagne, die vielfach der Beseitigung von politischen Konkurrenten diente. Die andere Seite der Medaille war die Sakralisierung derjenigen, die für die Republik gefallen waren und die man nun „Revolutionsmärtyrer“ nannte. Als Marat, der selbst ohne Unterlass zur Gewalt aufgerufen hatte, aus

---

54 Marisa Linton, Making the Man of Virtue, 1755–70, in: dies., The Politics of Virtue in Enlightenment France, London 2001, S. 101–128.

55 Marisa Linton, Choosing Terror. Virtue, Friendship, and Authenticity in the French Revolution, Oxford 2015; Baker, Transformations of Classical Republicanism.

Abb. 15 Jacques-Louis David, Der Tod des Marat, Öl auf Leinwand, 1793 (Quelle: Wikipedia; gemeinfrei)

purem Idealismus von der keineswegs gegenrevolutionären Charlotte Corday in seiner Badewanne ermordet wurde, erlangte er bald in der öffentlichen Inszenierung den Status eines Quasiheiligen, wovon das berühmte Bild Jacques-Louis Davids (1748–1825) besonders eindrücklich zeugt (Abb. 15). David war in diesem Zusammenhang nicht nur als Maler tätig, sondern auch für die Organisation einer grandiosen Beisetzungszeremonie zuständig, die Marat als neuen Jesus feierte.[56]

56 Beispiele für den Märtyrerkult: Egalité, liberté, fraternité. Procès verbal des monuments, de l'ordre de la marche et des tableaux de la fête de la Raison, du triomphe de la Liberté, et de l'inauguration des bustes de ses martyrs, célébrée par la Société populaire et la commune de Montlhéry réunies, le décadi 20 pluviôse, l'an second de la République une et indivisible. Paris, o. D.; Discours prononcés dans l'assemblée générale et dans le temple de la Raison de la section régénérée de Beaurepaire, à l'occasion de l'inauguration des bustes des martyrs de la

Der klassische Republikanismus prägte die Alltagskultur des Revolutionszeitalters über diese blutigen Ereignisse hinaus. Die Begeisterung für die alten Römer und Griechen veränderte die Mode. Die Männer gaben die nun als künstlich geltende Perücke zugunsten des Schnitts *à la romaine* auf: Die natürlichen Haare wurden nun sichtbar. Man stellte sich sogar zerzaust zur Schau, um damit die Verachtung gegenüber jeder künstlichen und luxuriösen Aufmachungen zu demonstrieren. Der männliche Kleidungsstil erlebte einen radikalen Umkehrtrend, der in der Forschung als der „Große Verzicht des späten 18. Jahrhunderts" bezeichnet wird: Kniehosen, Bänder, grelle Farben und leuchtende Stoffe verschwanden zugunsten von Schwarz-Weiß und matten Farben – was freilich nicht heißt, dass die auserlesene männliche Mode zum Stillstand gekommen wäre. Der klassische Republikanismus und die damit einhergehende Kritik an der höfischen Welt der Rokokozeit beeinflusste auch die weibliche Mode: Die Vorstellungswelt der Antike inspirierte manche Frauen der Oberschicht, Kleider *à la grecque* zu tragen. Die Taille wanderte bis unterhalb der Brust.[57]

Der Republikanismus übte somit einen gewaltigen Einfluss auf Kultur und Politik in der Aufklärungszeit, der sich gegen Ende des Jahrhunderts sogar noch verstärkte. Dennoch soll die politische Kultur der französischen Republik, die etwa Saint-Just zu verkörpern versuchte, nicht als Pars pro Toto für den Republikanismus dieser Epoche stehen. Der klassische Republikanismus war im 18. Jahrhundert meistens nicht in seiner „reinen", antimonarchischen Form zu erleben, wie selbst die Amerikanische Revolution zeigt. Im Vordergrund standen in der Regel andere Normen: der Einsatz für die „öffentliche Sache", die Unterordnung der individuellen Interessen und eine Bürgertugend, die als typisch männlich galt.

---

liberté, Marat et Le Pelletier, et de la fête de la Raison, les 20 et 25 nivôse an II (9 et 14 janvier 1794), Paris 1794. Zum Märtyrerkult: Albert SOBOUL, Sentiment religieux et cultes populaires pendant la Révolution. Saintes patriotes et martyrs de la liberté, in: Archives de sociologie des religions 148 (1957), S. 193–213.

57 Alexander MAXWELL, Patriots against Fashion. Clothing and Nationalism in Europe's Age of Revolutions, Basingstoke 2014; E. Claire CAGE, The Sartorial Self. Neoclassical Fashion and Gender Identity in France, 1797–1804, in: Eighteenth-Century Studies 42, 2 (2009), S. 193–215.

7 Geschlecht

Der klassische Republikanismus des 18. Jahrhunderts ging für gewöhnlich mit der Behauptung einher, öffentliches Leben und Politik seien eine Angelegenheit der Männer. Schon Rousseau hatte in seinem Erziehungstraktat *L'Émile* (1762) eine grundsätzlich andere Bestimmung – und somit Erziehung – für Jungen und Mädchen vorgesehen. Er hatte gegen den korrumpierenden Einfluss von Frauen in der Öffentlichkeit und den Verlust der Bürgertugend gewettert, den sie hervorbrächten, wenn sie sich politisch betätigten.[1] Gegen solche Vorstellungen lehnten sich in der Revolution politisch engagierte Frauen auf, wie in den letzten Jahrzehnten in der Forschung vielfach dargestellt worden ist.[2]

Die Geschlechtergeschichte des 18. Jahrhunderts ist jedoch nicht auf einen Konflikt zwischen Männern und Frauen zu reduzieren. Die Historiographie bietet geradezu widersprüchliche Interpretationen zur Geschichte von Geschlechtervorstellungen und -praktiken in der Aufklärungszeit.[3] Auf der einen Seite betonten rousseauistische Autoren und Revolutionäre die Notwendigkeit, Frauen aus dem politischen Leben auszuschließen. Auf der anderen Seite war aber die Heterosoziabilität (das heißt die Geselligkeit zwischen Frauen und Männern) eine wichtige soziale Norm und die Höflichkeitskultur zwischen den Geschlechtern gelangte zu einer neuen Blüte.[4] Einerseits ist das 18. Jahrhundert als eine Epoche bekannt, in der Plädoyers für mehr Gleichheit zwischen den Geschlechtern formuliert wurden,[5] andererseits aber auch als eine Zeit,

1 Goodman, The Republic of Letters, S. 54–56.

2 Siehe z. B. Carla Hesse, The Other Enlightenment. How French Women Became Modern, Princeton 2001, S. 31–78.

3 Betont die Ambivalenzen und Widersprüche im aufklärerischen Denken über Geschlecht: Outram, The Enlightenment, S. 77–92.

4 Philip Carter, Men and the Emergence of Polite Society, Britain 1660–1800, London 2016, S. 209.

5 J. Israel sieht den Kampf für Geschlechtergleichheit als ein Kennzeichen der Radikalaufklärung: Jonathan Israel, A Revolution of the Mind. Radical Enlightenment and the Intellectual Origins of Modern Democracy, Princeton 2011, S. vii–viii.

in der eine „hegemoniale“ Männlichkeit aufgekommen sei, die Gewalt, Trinkfestigkeit und militärische Heldentaten gepriesen habe. Laut einem Teil der Forschung habe diese in der Aufklärung entstandene Männlichkeit den Grundstein für den Männlichkeitskult moderner totalitärer Regime gelegt.[6] Andere Fachbeiträge negieren wiederum, dass die Aufklärung von der Behauptung einer männlichen Überlegenheit geprägt gewesen sei, und sprechen stattdessen von funktionaler Differenzierung in den Geschlechterrollen.[7]

Diese unterschiedlichen Interpretationen spiegeln die Pluralität von Gendervorstellungen und die tiefen Ängste und Spannungen wider, die zumindest in den oberen Ständen der europäischen Gesellschaften der Aufklärungszeit vorherrschten. Im 18. Jahrhundert konkurrierten verschiedene Weiblichkeits- und Männlichkeitsideale miteinander. Raewyn Connell hat vor einigen Jahrzehnten die Theorie entwickelt, der zufolge es in jeder Gesellschaft eine hegemoniale Männlichkeit gebe, die die Dominanz der Männer über Frauen sowie auch einer Kategorie von Männern über andere Männer begründe.[8] Diese Theorie animierte die Fachwelt dazu, über die Pluralität von Männlichkeit in unterschiedlichen Gesellschaften nachzudenken. Zugleich zeigt die Geschichte des 18. Jahrhunderts, dass die Annahme, es gebe stets *eine* hegemoniale Männlichkeit, allzu stark vereinfachend ist. Das Aufklärungszeitalter war durch ein Nebeneinander verschiedener Geschlechterbilder geprägt, ohne dass sich immer eindeutig bestimmen ließe, welche dominierten.

Die Autoren und Autorinnen der Aufklärungszeit bauten meist auf der gleichen Weltvorstellung auf, nämlich der Idee, es gebe eine natürliche Geschlechterordnung. Die Philosophie hatte die natürlichen Normen herauszuarbeiten und somit die moralischen Pflichten und Rechte von Männern und Frauen zu definieren, um die Gesellschaft zu verbessern. Gendervorstellungen antworteten auf gemeinsame moralphilosophische Fragen. Und doch fanden die Zeitgenossen keine Antworten, die auf einen breiten Konsens gestoßen wären.

---

6 George L. Mosse, The Image of Man. The Creation of Modern Masculinity, Oxford 1996, S. 17–39; Wolfgang Schmale, Geschichte der Männlichkeit in Europa (1450–2000), Wien 2003, S. 149–233; Leonore Davidoff/Catherine Hall, Family Fortunes. Men and Women of the English Middle Class 1780–1850, London 1987, S. 110.

7 Christoph Kucklick, Das unmoralische Geschlecht. Zur Geburt der negativen Andrologie, Frankfurt a. M. 2008.

8 Raewyn Connell, Der Gemachte Mann. Konstruktion und Krise von Männlichkeiten, Wiesbaden 2015.

7.1 Männlichkeit zwischen Barbarei und Zivilisation

Entgegen dem Narrativ von der Geburt der „hegemonialen" Männlichkeit im 18. Jahrhundert war der „burschikose", um seine Ehre kämpfende, stark alkoholisierte, seine Zeit mit anderen Männern verbringende und den Frauen gegenüber raubtierhafte Mann keine Erfindung des Aufklärungszeitalters. Dieser Männlichkeitsarchetypus wies im Gegenteil eine sehr lange Tradition in Europa auf. Er blieb im 18. Jahrhundert sicherlich für viele Männer prägend. Am Hofe des preußischen „Soldatenkönigs" Friedrich Wilhelm I. (Herrschaft 1713–1740) pflegten Männer beinahe den ganzen Tag unter sich zu verbringen (Homosoziabilität), in einer Abendgesellschaft mit dem Spitznamen „Tobackscollegium" exzessiv zu trinken und zu rauchen und den „verweiblichten" Männern gewalttätige „Streiche" zu spielen (der Gelehrte und Universitätsprofessor Jacob Paul von Gundling musste als eine Art Hofnarr herhalten; er wurde unter anderem im Winter unter Lebensgefahr auf den gerade erst zugefrorenen Burggraben geschickt und nach seinem Tod in einem Weinfass aufgebahrt).[9]

Dieses Männlichkeitsideal zog sich mutatis mutandis durch alle Stände hindurch. Die Autobiographie, die Friedrich Christian Laukhard (1757–1822), ein Militär, im Alter über seine Studienzeit schrieb, stellte im damaligen Slang die zentralen Elemente in der burschikosen Kultur der Studenten dar, die ein „fideles" Leben im Heiligen Römischen Reich des 18. Jahrhunderts führten: Sie pflegten eine homosoziable Geselligkeit, schlugen und duellierten sich um die eigene Ehre (zeigten sich also als wahre „Honoristen"), behaupteten mit Gewalt ihren (vermeintlich) höheren sozialen Status gegenüber Bauern (führten „Kreuzzüge" gegen sie), betranken sich exzessiv, belästigten junge ledige Frauen und betrachteten sie vornehmlich als Sexualobjekte. Dabei grenzten sie sich von anderen Studententypen ab: dem „Pedanten", der sich ernsthaft um Gelehrsamkeit bemühte, dem „Petitmätre" (dem Karrieristen) oder auch dem „Mucker" (dem frommen Studenten).[10]

---

9 David FASSMANN, Leben und Thaten des […] Königs von Preußen Friderici Wilhelmi, Hamburg 1735; Benjamin MARSCHKE, „Von dem am königl. Preußischen Hofe abgeschafften Ceremoniel". Monarchical Representation and Court Ceremony in Frederick William I's Prussia, in: Randolph C. HEAD/Daniel CHRISTENSEN (Hg.), Orthodoxies and Heterodoxies in Early Modern German Culture, Leiden 2007, S. 227–252; DERS., Prince's Power, Aristocratic Norms, and Personal Eccentricities. Le Caractère Bizarre of Frederick William I of Prussia (1713–1740), in: Jason Philip COY/Benjamin MARSCHKE/David Warren SABEAN (Hg.), The Holy Roman Empire Reconsidered, New York 2010, S. 49–70.

10 Friedrich Christian LAUKHARD, Laukhards Leben und Schicksale, von ihm selber beschrieben […], Halle 1792.

Ein besonderes Zeugnis der Männlichkeitsvorstellungen im Handwerkermilieu stellt die Autobiographie des Pariser Glasers Jacques-Louis Ménétra dar: Darin rühmt sich der Autor, Mitglieder konkurrierender Handwerkergesellenіnnungen brutal bekämpft und etliche Frauen vergewaltigt zu haben. Frauen werden in dieser Schrift niemals mit Namen genannt und vor allem als Objekte sexueller Eroberung dargestellt.[11]

Die Aufklärung brachte eine starke Abwehrhaltung gegen dieses „barbarische" Männlichkeitsideal hervor, das als Ausgeburt einer unnatürlichen Ehrenvorstellung galt. Von irreführenden Normen geleitet, hörten die Männer weder auf die natürlichen Regungen ihres Herzens noch auf ihr Gewissen. Der Mann sollte zivilisiert, ja vermenschlicht werden. Wie Christoph Kucklick herausgearbeitet hat, waren aufklärerische Schriften von männerfeindlichen Topoi durchzogen, die den Egoismus und die zerstörerische Kraft des Mannes hervorhoben. Im 18. Jahrhundert scheint die Angst vor dem Mann verbreitet gewesen zu sein.[12] Verhaltensnormen für „aufgeklärte" Männer können als eine Reaktion auf die burschikose Männlichkeit verstanden werden. Für die französischen und schottischen Zivilisationstheoretiker waren der Respekt gegenüber Frauen und die Kontrolle der Gewalt zentrale Kennzeichen zivilisierter Gesellschaften.[13] Wie diese Normen gelebt werden sollten, zeigt das Reisetagebuch, das der schottische Anwalt und Schriftsteller James Boswell (1740–1795) 1785 veröffentlichte. Darin berichtete Boswell über eine Reise, die er mit dem berühmten Literaturkritiker Dr. Samuel Johnson (1709–1784) bis zu den Äußeren Hebriden unternommen hatte. Boswell erzählt unter anderem, wie höflich Johnson gegenüber der Duchess of Argyll aufgetreten sei. Diesen Verhaltensnormen zufolge sollten Männer ihre Abende in Gesellschaft von Damen verbringen, ihnen mit betonter Höflichkeit begegnen und sie mit Geist, aber ohne Pedanterie unterhalten. Boswell gratulierte seinem Freund für sein Benehmen, das er als das eines „fine gentleman" bezeichnet, während Johnson sich selbst als ein „very polite man" einstufte.[14]

Im 18. Jahrhundert wurde die Teestunde zu einem wichtigen Moment der heterosoziablen Geselligkeit im Alltag vieler Europäer. Der Tee stammte aus China, einem

---

11 Jacques-Louis Ménétra, Journal de ma vie, Paris 1982 (engl. Übersetzung: Journal of my Life, New York 1986).

12 Kucklick, Das unmoralische Geschlecht.

13 Mary Catherine Moran, Between the Savage and the Civil. Dr John Gregory's Natural History of Femininity, in: Sarah Knott/Barbara Taylor (Hg.), Women, Gender, and Enlightenment, Basingstoke 2007, S. 8–29; Sebastiani, The Scottish Enlightenment, S. 17.

14 James Boswell, Journal of a Tour to the Hebrides with Samuel Johnson, London 1786, S. 369–378.

Land, das in der Aufklärungsepoche für seine zivilisierten Manieren und seine Tugenden besonders geschätzt wurde. Womöglich gewann der Tee deshalb das Image eines zivilisierenden Getränks. Die Teestunde wurde von der Hausfrau dominiert; sie band den Hausvater an seine Familie, von dem man zunehmend erwartete, dass er Zeit mit seiner Ehefrau und seinen Kindern verbringe. Durch das Ritual der Teestunde bekräftigte die Familie ihren Zusammenhalt und demonstrierte ihren sozialen Status. Die oberen Stände benutzten dafür ein eigenes Geschirr, das durch den Rückgriff auf chinesische oder neoklassische Motive den gesitteten Charakter des Getränks betonte.[15]

Die Zivilisierung des Mannes sollte einer in der Aufklärung verbreiteten Vorstellung zufolge mit der Steigerung seiner Sensibilität einhergehen. Diesem Männlichkeitsideal entsprechend waren Tränen angesichts fremden Leids nichts Verwerfliches, sondern wurden von Menschen beider Geschlechter gleichermaßen erwartet. Diderot inszenierte den Erzähler der *Geschichte beider Indien* als einen Autor, der das Schicksal der indigenen Völker Amerikas im wahrsten Sinne des Wortes beweint.[16] Erzählungen über patriotische Helden räumten den Tränen ebenfalls einen Platz ein: Zum Beispiel weint im Gedicht *Tom Halliard*, das vom glorreichen Tod eines englischen Matrosen im Kampf gegen die Franzosen erzählt, der Kapitän ungehemmt beim Anblick des sterbenden Helden.[17] Tränen galten in solchen Fällen als ein Zeichen der Menschlichkeit, nicht der Verweiblichung.

7.2 Auf der Suche nach der virilen Tugend

Die Geschichte der Männlichkeit im 18. Jahrhundert vornehmlich auf die Geburt einer protofaschistischen hegemonialen Männlichkeit zu reduzieren, geht also an einem Kernanliegen der Aufklärungszeit vorbei, dem Projekt der Zivilisierung des Mannes und seiner Rückführung zu seiner natürlichen Sensibilität, ja Humanität.

15 Emalee Beddoes, The Art of Tea. Late Victorian Visual Culture and the Normalization of an International National Icon, M. Phil., University of Birmingham, 2014, https://etheses.bham.ac.uk/id/eprint/4915/ (zuletzt besucht am 18. 05. 2022); Rodris Roth, Tea Drinking in Eighteenth-Century America. Its Etiquette and Equipage, Glasgow 2021; Audra Jo Yoder, Tea Time in Romanov Russia. A Cultural History, 1616–1917, PhD Diss., University of North Carolina, 2016.

16 Guillaume-François Raynal, A Philosophical and Political History of the Settlements and Trade of the Europeans in the East and West Indies, London 1783, Bd. 4, S. 1–3.

17 Tom Halliard, o. O. o. D. (illustriertes Flugblatt, Kupferstich mit Gedicht).

Dennoch war die Aufklärungszeit von verschiedenen, zum Teil divergierenden Ängsten geprägt: einerseits von der Angst vor der zerstörerischen Kraft des männlichen Geschlechts, andererseits aber auch von der Angst vor seiner Verweiblichung und dem Verlust seiner vermeintlich natürlichen gesellschaftlichen Stellung als dominierendes Geschlecht. Das Verhältnis zwischen den Geschlechtern wurde in der Aufklärung bei Weitem nicht nur im Sinne einer nichthierarchisierenden funktionalen Differenzierung verstanden, wie Kucklick suggeriert. Für die meisten Aufklärer stand ebenso wie für Autoren vergangener Jahrhunderte außer Frage, dass der Mann im von Gott wohlgeordneten Kosmos von Natur aus über die Familie und das Gemeinwesen zu bestimmen habe. Nur so könne eine gute Gesellschaftsordnung entstehen. Doch viele Aufklärer hatten eben Angst, der moderne Mann sei nicht mehr imstande, die männliche Tugend, die *virtus*, dafür aufzubringen. Der (moderne) Luxus und die Konzentration auf die eigenen Interessen galten unter dem Einfluss des klassischen Republikanismus vielfach als eine Ursache für eine schleichende Verweiblichung des europäischen Mannes, die ihn in eine gefährliche Nähe zum angeblich weibischen, launischen, tyrannischen und zugleich sklavischen „Orientalen" brachte. Selbst die Bemühungen um die Zivilisierung des Mannes trugen zur Entstehung einer Angst vor seiner Verweichlichung und Entartung bei.[18]

Solche Befürchtungen hinterließen nicht nur im Werk von Rousseau, sondern beispielsweise auch in der Zivilisationstheorie von Adam Ferguson Spuren. Zwar bezog Ferguson gegen die Idealisierung der „Alten" (der Völker der griechischen und römischen Antike) Stellung und hob die Fortschritte der Moderne hervor, etwa die Kontrolle der Gewalt oder die bessere Behandlung der Frauen. Doch zugleich bewunderte er an der Antike den virilen Einsatz für Freiheit und Gemeinwohl – eine männliche Tugend, die Ferguson weitgehend verloren glaubte.[19]

Die Angst vor dem Virilitätsverlust ist ein wiederkehrendes Motiv auch in der ersten deutschsprachigen Abhandlung über den Mann, Carl Friedrich Pockels' *Der Mann. Ein anthropologisches Charaktergemälde seines Geschlechts* (1806). Pockels verstand den Mann als ein egoistisches Wesen mit schwachem Empathievermögen und betrachtete dessen „größere[n] Egoismus" als etwas Natürliches, das sich aus der „größern physischen und geistigen Kraft" des Mannes ergebe.[20] Diese Selbstbezogenheit könne zum Guten wie zum Schlechten führen: Sie könne sich einerseits „zu einem

18 Michèle COHEN, „Manners" Make the Man: Politeness, Chivalry, and the Construction of Masculinity, 1750–1830, in: Journal of British Studies 44, 2 (2005), S. 312–329, hier 313.

19 FERGUSON, An Essay on the History, S. 297.

20 Karl Friedrich POCKELS, Der Mann, Halle 1805–1808, S. VII.

niederen Eigennutze [...] erniedrigen" oder auch ein zerstörerisches Potential entfalten, denn der Mann sei zur Freiheit geboren und stehe dadurch mit anderen Männern in einem natürlichen Kriegszustand. Der Egoismus des Mannes könne sogar zu einer vollständigen Gefühlskälte und Grausamkeit ausarten, wie bei „Barbaren", Tyrannen, religiösen Fanatikern und Revolutionären. Pockels verurteilte diese Unfähigkeit zur Empathie. Er betonte, aufrichtiges Mitgefühl solle nicht als eine „Entmannung des Mannes" missverstanden werden.[21] Andererseits sei aber der männliche Egoismus auch die Grundlage für den männlichen Mut, den Einsatz für das Gemeinwohl und die großen Errungenschaften des Menschengeschlechts. Die Komplementarität der Geschlechter sei von der Natur gewollt und notwendig. Das schwächere Empathievermögen tue der Menschlichkeit des Mannes keinen Abbruch, sondern bilde die Basis für seine natürliche Bestimmung: „seine Natur, zu befehlen".[22] Man solle sich vor den „Ausschweifungen der Sympathie [das heißt Empathie , D.T.]" hüten, die die innere Kraft des Mannes zerstören und also den Mann „entmannen" könne. Pockels wetterte deshalb gegen den „Empfindler", diesen „Schwächling der Sympathie", der „zu vielen Umgang mit weinerlichen und empfindsamen Frauen" habe, glaube, „mit allen Leidenden in naher Verwandtschaft zu stehen", sein „weiches Herz" „jedem Klagenden" öffne sowie eine „schlaffe" universelle Philanthropie mit „ekelhafter Zärtlichkeit" und „entmannter Güte" pflege. Pockels unterschied zwischen der „wahren Empfindsamkeit", die immer „thatreich" sei, und der müßigen und unnatürlichen „Empfindeley", die er zu seiner Zeit verbreitet sah. Der Empfindsame war für ihn derjenige, der seine Emotionen kontrollierte und handelte.[23]

Pockels' Unterscheidung zwischen „Empfindsamkeit" und „Empfindeley" entsprang seiner Bemühung, das aufklärerische Zivilisationsideal mit dem Leitbild eines tatkräftigen und befehlenden männlichen Geschlechts zu vereinigen. Dieses Streben nach einer Synthese zwischen heterogenen Männlichkeitsvorstellungen kann als zeittypisch gelten. Es ergab sich aus der gleichzeitigen Angst vor der männlichen Gewalt und vor einer Verweiblichung, zu der in den Augen der Zeitgenossen nicht nur das Wirtschaftswachstum und der zunehmende Luxus, sondern auch die Empfindsamkeitskultur der zweiten Hälfte des 18. Jahrhunderts beitrug. In der Spätaufklärung entwickelten manche Autoren Ideen, wie der angeblich schleichenden Verweiblichung entgegenzuwirken sei, und setzten diese teilweise in die Praxis um. Im letzten Viertel des 18. Jahrhunderts wurde deshalb in Mitteldeutschland die Gymnastik erfunden. An

21 Ebd., S. 299.
22 Ebd., S. 282.
23 Ebd., S. 351–355.

Bildungseinrichtungen für höhere Stände hatte man zwar bereits lange Zeit bestimmte körperliche Techniken wie den Tanz, das Fechten und das Reiten unterrichtet, die in adligen Kreisen als unentbehrliche Fertigkeiten galten. Doch die von Rousseau inspirierte Reformpädagogik des 18. Jahrhunderts forderte die Einführung von einfacheren und vermeintlich natürlicheren Leibesübungen ein, denen sie einen höheren moralischen Wert beimaß. An dem von Johann Bernhard Basedow (1724–1790) gegründeten Philanthropinum in Dessau standen deshalb Gymnastikübungen auf dem Programm, eine Praxis, die Basedows Mitarbeiter Christian Gotthilf Salzmann (1744–1811) übernahm, als er 1784 ins thüringische Schnepfenthal wechselte, um dort eine neue Erziehungsanstalt zu gründen.

Den größten Beitrag zur Formalisierung und Etablierung der Gymnastik leistete Johann Christoph Friedrich Gutsmuths (1759–1839), der in Schnepfenthal als Lehrer tätig war. In *Gymnastik für die Jugend* (1793) diagnostizierte Gutsmuths einen physischen wie moralischen Verfall des Menschen durch die Zivilisation. Der Körper sei krank und der Geist verweichlicht. Der Mensch habe sich zum Sklaven seiner Leidenschaften erniedrigt, und die Männer seien verweiblicht. Schuld seien insbesondere der Luxus, die verkopfte Erziehung und die Tatsache, dass Männer zu viel Zeit mit Frauen verbrächten. Gutsmuths verwarf zwar die Errungenschaften der Zivilisation nicht vollkommen. Ebenso wenig plädierte er für eine Rückkehr zur Wildheit und zur damit einhergehenden fehlenden Selbstkontrolle. Er idealisierte dennoch die alten Germanen und andere „Naturvölker“, die er für gesünder, mutiger und tatkräftiger als seine Zeitgenossen hielt. Die Einführung von Gymnastikübungen ins Curriculum sollte die Gesundheit, die Willensstärke, die Tatkraft und dadurch die Moralität durch „Entnervung“ sowie ein Abnehmen der Sinnlichkeit fördern. Außerdem komme sie der militärischen Ertüchtigung der Jungen zugute. Die Knaben sollten im Freien laufen, springen, den Diskus oder den Speer werfen und ringen. Gutsmuths schätzte das Fechten und Reiten, hielt jedoch das Tanzen für gefährlich, weil es die Sinnlichkeit – gemeint war die sexuelle Lust – wecke. Er befürwortete militärische Übungen, die die Disziplin und das Ertragen von Schmerz einübten.[24]

---

24 Johann Christoph Friedrich Gutsmuths, Gymnastik für die Jugend. Enthaltend eine praktische Anweisung zu Leibesübungen. Ein Beytrag zur nöthigen Verbesserung der körperlichen Erziehung, Schnepfenthal 1793.

7.3 Der Ritter der Aufklärung

Die Angst vor der rohen Gewalt des Mannes sowie die Angst vor seiner Verweiblichung und dem Verlust seiner Tatkraft standen in einem engen Zusammenhang mit der Suche nach einer moralischen Verbesserung des Menschen auf der Grundlage natürlicher Normen. Sie entsprangen dem Spagat, den viele Aufklärer zwischen der Befürwortung der Zivilisation und der Angst vor ihren negativen Folgen versuchten. Deshalb lassen sich beide Tendenzen oft in den Schriften ein und desselben Autors finden. Zahlreiche Aufklärer strebten danach, das Ideal des zivilisierten, selbstkontrollierten und höflichen Mannes und das des willensstarken, tatkräftigen, aufopferungsbereiten und führenden Mannes zusammenzubringen.

Ferguson fand diese Charakterzüge im mittelalterlichen Rollenbild des Ritters vereinigt. Entgegen dem Klischee, dem zufolge das Mittelalter in der Aufklärung einen ausnahmslos schlechten Ruf genossen habe, verkörperten die Ritter für Ferguson das Modell des bereits versittlichten, aber noch nicht verweichlichten Mannes. Ferguson dachte – wie viele seiner Zeitgenossen – in der Dichotomie zwischen „Alten" und „Modernen" und verortete das Mittelalter auf der Seite der Moderne. Er nannte den mittelalterlichen Ritterroman „our modern fable, or romance", der auf glückliche Weise die Empathie gegenüber den Unterdrückten mit der Bewunderung für den Mut und die Großzügigkeit des Ritters vereinbare. Der ideale Ritter zeichnete sich laut Ferguson durch seine „raffinierte Höflichkeit" selbst gegenüber seinem Feind, seine Ehre, die ihm List und Trug verbot, seinen Einsatz zur Verteidigung der Elenden und Unschuldigen und seinen Großmut im Sieg aus. Dem antiken Helden fehlten dagegen das Mitgefühl und die Menschlichkeit. Ferguson hebt bei den Rittern besonders den „wundervollen Respekt und die Anbetung des schönen Geschlechts" hervor.[25]

Das Bild eines sittlichen Mittelalters war keine Erfindung der Romantik, sondern erlangte schon um 1750 eine gewisse Beliebtheit. Es entstand in Abhandlungen wie Jean-Baptiste de La Curne de Sainte-Palayes (1697–1781) *Denkschrift über das Rittertum* (*Mémoire sur la chevalerie*, 1750) oder Richard Hurds *Letters on Chivalry and Romance* (1762) und findet sich auch im Werk des spanischen Aufklärers Gaspar Melchor de Jovellanos wieder.[26] Bereits in den 1740er Jahren assoziierte man in Großbritannien die gotische Architektur nicht mehr ausschließlich mit Barbarei und roher Gewalt. Die positive Mittelalterrezeption erklärt zum Teil auch, weshalb die oberen Stände zu dieser Zeit anfingen, neugotische Schlösser zu bauen wie den Palast Strawberry

25 Ferguson, History of Civil Society, S. 300–301.

26 Cohen, „Manners" Make the Man, S. 316; Versteegen, Continuity and Change, S. 291–292.

Hill (1749–1776) bei London, den der berühmte Politiker und Schriftsteller Horace Walpole (1717–1797) errichten ließ, oder das Gotische Haus (1773) im Wörlitzer Park des Fürsten Franz von Anhalt-Dessau.[27]

Im späten 18. Jahrhundert wurde das Ritterlichkeitsideal zunehmend auf den modernen Mann übertragen. Vor diesem Hintergrund lassen sich etwa die männlichen Figuren in Jane Austens Romanen interpretieren. Entgegen dem Klischee, das Hollywoodverfilmungen vermitteln, schrieb Jane Austen keine romantische Literatur. Ihr Werk ist vielmehr von der aufklärerischen Suche nach den Grundlagen sittlichen Verhaltens und einer moralischen Gesellschaft durchzogen. Austens Moralphilosophie entsprach dem damaligen Mainstream: Sie propagierte das ursprünglich aus Aristoteles' Schriften stammende Ideal einer Mäßigung der Leidenschaften. Die männlichen und weiblichen Figuren in Austens Romanen werden an ihrer Fähigkeit gemessen, ihre Emotionen zu zügeln. Dabei durchlaufen die weiblichen Hauptfiguren oft einen Lernprozess. Marianne Dashwood lernt in *Sense and Sensibility* (*Verstand und Gefühl*, um 1795 verfasst), der schwärmerischen Liebe zu misstrauen. Elizabeth Bennet überwindet in *Pride and Prejudice* (*Stolz und Vorurteil*, 1796/1797 verfasst) ihre Abneigung gegenüber Mr. Darcy. Catherine Morland bändigt in *Northanger Abbey* (*Die Abtei von Northanger*, 1798–1803 verfasst) ihre lebhafte Vorstellungskraft. Emma lernt es im gleichnamigen Roman (nach 1809 verfasst), die Überheblichkeit eines verwöhnten Kindes abzulegen und ihre Mitmenschen nicht mehr wie Spielfiguren zu behandeln.

Austens Romane bieten ein Set an negativen wie positiven Männerfiguren, die im Vergleich zu den weiblichen Hauptfiguren meist einen beständigeren Charakter aufweisen. Die Romanplots leben stark von der Entlarvung des wahrhaftigen Charakters von Männern, die in der Gesellschaft durch Charme ihre Verdorbenheit überspielen können. Austens Erzählungen verurteilen die Falschheit und schätzen umgekehrt die Ehrlichkeit, selbst wenn diese mit einer gewissen Schroffheit einhergeht. Während sich Marianne in *Sense and Sensibility* zuerst in den charmanten und hübschen Willoughby verliebt, stellt sich im Laufe des Romans heraus, dass dieser ein egoistischer und verantwortungsloser Mann ist. Marianne entwickelt deshalb eine Zuneigung gegenüber dem älteren, seriösen, gutmütigen und hilfsbereiten Kapitän Brandon, den sie schließlich heiratet. Mr. Darcy, ein äußerst vermögender Aristokrat, erscheint zu Beginn von *Pride and Prejudice* in einem negativen Licht, weil er die Erwartungen der Gesellschaft missachtet und sogar verletzend auftritt. Er ist aber in Wahrheit ein verantwortungs-

27 Ingo Pfeifer, Dynastische Repräsentation im Wörlitzer Gartenreich, in: Pečar/Zaunstöck (Hg.), Politische Gartenkunst?, S. 25–34, hier 28–29.

voller und hilfsbereiter Mann, der die Schwächeren schützt. Als er lernt, seinen Stolz und ständischen Dünkel abzulegen, entwickelt er sich zum perfekten Mann. Die 21-jährige Emma flirtet im gleichnamigen Roman anfangs mit dem egoistischen und charmanten Schönling Frank Churchill. Die Stimme der Tugend verkörpert dagegen ihr 37-jähriger Nachbar und Freund, Mr. Knightley, der sie für ihr moralisch verwerfliches Verhalten rügt und zur Tugend erzieht. Mr. Knightley ist bedingungslos ehrlich, ohne unnötig verletzend zu sein. Er setzt sich für das Wohl der Schwächeren und Unglücklichen ein. Knightley trägt wohl nicht umsonst den Ritter (*knight*) im Namen: Wie der gebesserte Darcy ist er die Ritterlichkeit in Person. Er respektiert das weibliche Geschlecht, schützt die Schwachen, ist stets ehrlich, versucht nicht zu brillieren und kontrolliert seine Leidenschaften.[28]

7.4 Die Frau in aufklärerischen Debatten

Jane Austens weibliche Hauptfiguren sind in der Regel intelligente Frauen, die sich von Männern nicht einfach zu etwas zwingen lassen. Sie sind von moralischen Prinzipien geleitet und streben nach, aus Zuneigung und nicht aus materiellem Interesse zu heiraten. Dennoch ehelichen sie ältere Männer, die meist sozial höher stehen als sie selbst. Sie werden von diesen Männern angeführt, die die Rolle des Familienoberhaupts einnehmen. Austens Erzählungen stellen die patriarchalischen Strukturen, die in Europa um 1800 fest etabliert waren, nicht infrage.

Im Aufklärungszeitalter gab es bis zur Französischen Revolution keine breite Debatte über die Dominanz des männlichen Geschlechts, die gemeinhin als Teil der als hierarchisch verstandenen natürlichen Ordnung galt. Das Thema Frau spielte zwar bereits Mitte des 18. Jahrhunderts in zahlreichen Diskussionszusammenhängen eine Rolle. Doch Diskussionen über die soziale Stellung der Frauen waren oft Stellvertreterdebatten, in denen eigentlich andere Probleme verhandelt wurden. Während Zivilisationstheoretiker wie Ferguson die gute Behandlung der Frauen als ein Messinstrument für Zivilität verstanden, korrelierte für Montesquieu die soziale Lage der Frauen mit der Verfassung des Staates, die ihrerseits mit dem Klima und anderen natürlichen und physischen Gegebenheiten zusammenhing. Nichts lag Montesquieu ferner, als den Platz der Frauen in der französischen Gesellschaft zu reformieren. Genauso wie

28 Jane AUSTEN, Sense and Sensibility, London 1811; DIES., Pride and Prejudice, London 1813; DIES., Northanger Abbey, London 1817; DIES., Emma, London 1815.

Ferguson glaubte er, Frauen genössen in den moderaten politischen Systemen Europas die nötige Freiheit.[29]

Rousseau interessierte sich zwar für die gesellschaftliche Rolle des weiblichen Geschlechts, jedoch vor allem im Rahmen seiner von Ängsten durchzogenen Suche nach einer moralischen Gesellschaft. Rousseau verwies deshalb die Frauen in die häusliche Sphäre, weil er für ein Gemeinwesen eintrat, das als ein Zusammenschluss der Familien auf der Tugend jeden Bürgers beruhen sollte. Gerade die Beschränkung der Frauen auf die häusliche Sphäre sollte die bürgerliche Tugend erhalten und vermehren. Rousseau schloss Frauen nicht vollständig aus dem öffentlichen Leben aus. Vielmehr wies er ihnen eine andere politische Rolle zu: Sie sollten durch die Erziehung der künftigen Bürger zur Erneuerung des öffentlichen Geists beitragen. Die Erziehung der Bürger war in den Augen der Aufklärer wie Rousseau keine zweitrangige Aufgabe, sondern ähnelte den Aufgaben der *philosophes*, Literaten und Künstler. Der klare Ausschluss der Frauen aus der öffentlichen Politik ging also bei Rousseau mit der Behauptung einer anderen, nicht weniger wichtigen politischen Rolle der Frauen und gar einer größeren Gleichheit im Haushalt einher, die das Glück der Ehepartner begründen sollte.[30]

Dass mit dem Thema Frauen oft etwas anderes verhandelt wurde, zeigt auch Diderots Essay *Über die Frauen* (*Sur les femmes*, 1772), den die Forschung ganz unterschiedlich interpretiert hat. *Über die Frauen* erschien nur in Grimms *Correspondance littéraire*, einer handschriftlichen Sammlung von Texten für ein ausschließlich höfisches – und vornehmlich deutsches – Publikum. Das Markenzeichen der *Correspondance littéraire* waren die Originalität und teilweise die politische Unkorrektheit der Beiträge, nicht die Seriosität und Gelehrsamkeit.[31] *Über die Frauen* ist nicht zuletzt deshalb ein verwirrender und verspielter Text, der den Leser hinters Licht führt. Diderot jongliert mit

29 Moran, Between the Savage and the Civil; Silvia Sebastiani, Race, Women, and Progress in the Late Scottish Enlightenment, in: Sarah Knott/Barbara Taylor (Hg.), Women, Gender, and Enlightenment, Basingstoke 2007, S. 75–96; Charles Louis de Secondat, baron de Montesquieu, De l'Esprit des lois, 2 Bde., Paris 1995, insb. Bd. 1, S. 494–515, 564–604 (Bücher XVI und XIX).

30 Claudia Opitz, Aufklärung der Geschlechter, Revolution der Geschlechterordnung. Studien zur Politik- und Kulturgeschichte des 18. Jahrhunderts, Münster 2002, S. 110; Landes, Women, S. 67–80; Rendall, The Origins of Modern Feminism, Basingstoke 1985, S. 31; Goodman, The Republic of Letters, insb. S. 53–67.

31 Kirill Abrosimov, Wissensordnungen der Aufklärung. Diderots Kommunikationsstrategien zwischen der „Encyclopédie" und der „Correspondance littéraire" von Friedrich Melchior Grimm, in: Francia 38 (2011), S. 93–126, hier 110–126.

unterschiedlichen Frauenbildern: Mal erscheint die Frau als ein von extremen Gefühlen beherrschtes, hysterisches, ekstatisches und schwärmerisches Wesen (was Diderot auf die Seltenheit des weiblichen Orgasmus zurückführt), mal ist sie bedrohlich, berechnend und verstellt sich, mal erscheint die Frau als ein armes Opfer der männlichen Unterdrückung. Im Laufe des Textes wird klar, dass es Diderot nicht darum ging, ein bestimmtes Frauenbild zu verbreiten. Vielmehr demonstrierte er, wie man über Frauen schreiben sollte: nämlich mit Gefühl. *Über die Frauen* war eine Reaktion auf den *Essay über den Charakter, die Sitten und den Geist der Frauen in den verschiedenen Jahrhunderten* von Antoine Léonard Thomas (*Essai sur le caractère, les mœurs et l'esprit des femmes dans les différents siècles*, 1772), der die Ursachen für die unterschiedlichen Sitten der Frauen in Raum und Zeit erforschen wollte. Diderot ging auf Thomas' Thesen gar nicht ein, sondern warf ihm vor, sein Thema nicht genug „gefühlt" zu haben. Thomas hätte als Mann schreiben sollen; stattdessen habe er gewollt, dass sein Buch asexuell bleibe, und sich dadurch als „Hermaphrodit" entpuppt. In *Über die Frauen* zeigt sich Diderot als Mann, und zwar als einer, dessen Gefühle in Anbetracht der weiblichen Wunderlichkeit und Wildheit zwischen Mitleid, Verwunderung und Furcht wechseln. Er demonstriert auch seine Wirkungsästhetik und profiliert sich als Genie in Abgrenzung zu den fleißigen, aber pedantischen Philosophen.[32]

7.5 Der Ausschluss der Frauen aus Politik und Öffentlichkeit

Philosophen wie Montesquieu, Ferguson und Diderot dachten nicht an eine Gleichberechtigung der Frauen, sondern an deren gute Behandlung durch die Männer. Frauen waren in der Vorstellung der meisten männlichen Aufklärer dem Mann klar untergeordnet – und sollten es auch bleiben. In Diderots *Sur les femmes* etwa spürt man eine Angst vor dem Einfluss von Frauen, die in einem unmittelbaren Zusammenhang mit der Angst vor der Verweiblichung des Mannes stand. In der Frühen Neuzeit spielten Frauen eine wichtige politische Rolle, da Staat und Hof aufs Engste miteinander verflochten waren und Frauen in der Welt der Höfe ebenso präsent und einflussreich waren wie Männer. So agierten Frauen inoffiziell als Diplomatinnen oder auch als Oppositionsführerinnen.[33] Obwohl die Frauenfeindlichkeit im 18. Jahrhundert nicht

32 Denis Diderot, Sur les femmes, in: ders., Œuvres complètes, J. Assézat (Hg.), 1875–1877, Bd. 2, S. 251–262.

33 Corina Bastian/Eva Dade/Eva Ott, Weibliche Diplomatie? Frauen als außenpolitische Akteurinnen im 18. Jahrhundert, in: Corina Bastian u. a. (Hg.), Das Geschlecht der Diplomatie.

neu war und etwa Regentinnen und Fürstinnen in der Vergangenheit oft als Frauen angefeindet worden waren, nahm im Kontext der Hofkritik und des klassischen Republikanismus das Unbehagen angesichts der politischen Aktivitäten von Frauen immer mehr zu. Dagegen gewann ein Ideal an Zustimmung, das die Frau dem Mann klar unterordnete und sie aus der (politischen) Öffentlichkeit ausschloss.[34]

In Louis-Sébastien Merciers utopischem Roman *Das Jahr 2440* (1771) sind im aufgeklärten Frankreich der Zukunft alle Ehen ausnahmslos glücklich, da Frauen ohne jegliches Eigentum oder Mitgift in den Stand der Ehe treten. Weil die Ehefrau „alles von der Hand ihres Gatten erhält, so wird sie ihm desto mehr Treue bewahren und Gehorsam leisten".[35] Sowohl renommierte Ärzte als auch die meisten berühmten Philosophen des 18. Jahrhunderts behaupteten, das „schwache Geschlecht" sei dem männlichen natürlich unterlegen, sprachen den Frauen die Rationalität zumindest teilweise ab und verwiesen sie ins Reich der Gefühle und des Haushalts. Voltaire bestritt, dass Frauen zum Fortschritt des Geistes und der Literatur beitragen könnten. Für Rousseau war die Mutterschaft die eigentliche Bestimmung des „schwachen Geschlechts".[36] Frauen konnten ihm zufolge keine Genies sein, da sie die „erhabenen Leidenschaften, die die Verzückung bis in die Tiefe des Herzens tragen", angeblich nicht kannten. Auch wenn beide Elternteile eine wichtige Rolle in der Familie zu spielen hatten, sollte der Mann die Familie in der Gesellschaft vertreten und anführen.[37] Solche Deutungsmuster spielten eine große Rolle im ästhetischen Diskurs der Zeit: Im Frankreich des 18. Jahrhunderts wurde oft behauptet, Frauen trügen durch ihre vermeintliche Vorliebe für seichte Literatur und das Rokoko die Schuld an der

---

Geschlechterrollen in den Außenbeziehungen vom Spätmittelalter bis zum 20. Jahrhundert, Köln 2014, S. 103–114; Dies., Höfische Diplomatie in der Frühen Neuzeit. Die Korrespondenz der Madame de Maintenon und der Princesse des Ursins, in: Marie Isabel Matthews-Schlinzig u. a. (Hg.), Handbuch Brief. Von der Frühen Neuzeit bis zur Gegenwart, Bd. 1, Berlin 2020, S. 848–861.

34 Colley, Britons, S. 253.

35 Mercier, Das Jahr 2440, S. 239.

36 Godineau, Die Frau der Aufklärung, S. 327–328; Rendall, The Origins of Modern Feminism, S. 31–32; Baxmann, Von der Egalité, S. 123–126; Fues, Das Geschlecht der Vernunft; Cöppicus-Wex, Der Verlust der Alternative.

37 Huguette Krief, Le génie féminin. Propos et contre-propos au XVIIIe siècle, in: Éliane Viennot/Nicole Pellegrin (Hg.), Revisiter la „Querelle des femmes". Discours sur l'égalité/l'inégalité des sexes, de 1750 aux lendemains de la Révolution, Saint-Étienne 2012, S. 61–76, hier 63–64; Anne Morvan, Théories de la famille, différence des sexes et émergence de la science sociale. Rousseau, Guiraudet et Bonald, in: ebd., S. 149–160, hier 150–152.

„Dekadenz der französischen Kunst". Mit dieser Begründung schloss die Société républicaine des Arts, die Nachfolgeinstitution der Königlichen Kunstakademie, Frauen aus ihren Reihen aus.[38]

Wie das Beispiel der Société républicaine des Arts bezeugt, war diese Frauenfeindlichkeit kein rein textuelles Phänomen. Joan Landes hat herausgearbeitet, dass die Etablierung neuer Soziabilitätsorte im späten 18. Jahrhundert mit einer tendenziellen Marginalisierung der Frauen im politischen Leben einhergegangen sei. Während Frauen in den älteren, aristokratisch geprägten Soziabilitätsformen, die teilweise in den Salons weitergeführt wurden, einen festen Platz gehabt hätten, sei dies in den neuen Cafés (in denen zumindest in England, den Niederlanden und Deutschland keine „respektablen" Frauen verkehrten), Sozietäten und Lektürehäusern nicht mehr der Fall gewesen. In der Welt der Verlage und Zeitschriften hätten nur einige wenige Journalistinnen eine herausragende Rolle gespielt.[39] Die Französische Revolution verstärkte diese Tendenz, Frauen aus der politischen Öffentlichkeit auszuschließen. Sie bekleideten keine Ämter in der Nationalversammlung, der Pariser Kommune oder im Staat. Obwohl sie als Demonstrantinnen, Aktivistinnen oder auch als Salonièren und inoffizielle Politikerinnen (man denke an Mme Roland bis zu ihrer Hinrichtung 1793) in dieser Zeit prominent in Erscheinung treten konnten,[40] verloren Frauen insgesamt durch die Marginalisierung (und die Abschaffung) des Hofes an politischem Einfluss.

7.6 Der Kampf um eine größere Gleichheit

Diese klare Unterordnung des weiblichen Geschlechts und der Ausschluss aus Öffentlichkeit und politischem Leben waren im späten 18. Jahrhundert nicht unumstritten. Sowohl manche Frauen als auch Männer[41] riefen im Kontext der Französischen

38 Sandrine Lely, „La massue d'Hercule soulevée par la main des grâces". Le débat sur la place des femmes dans l'art, entre 1747 et 1793, in: Éliane Viennot/Nicole Pellegrin (Hg.), Revisiter la „querelle des femmes". Discours sur l'égalité/l'inégalité des sexes, de 1750 aux lendemains de la Révolution, Saint-Étienne 2012, S. 45–55.

39 Landes, Women, S. 1–4, 39–83. Siehe auch Goodman, Republic of Letters, S. 233–280.

40 Olwen H. Hufton, Women and the Limits of Citizenship in the French Revolution, Toronto 1992; Baxmann, Von der Egalité, S. 132; Lynn Hunt, Introduction, in: Sarah Knott/Barbara Taylor (Hg.), Women, Gender and Enlightenment, Basingstoke 2007, S. 565–569, hier 566.

41 Arianne Chernock, Cultivating Woman. Men's Pursuit of Intellectual Equality in the Late British Enlightenment, in: Journal of British Studies 45, 3 (2006), S. 511–531.

Revolution nach einer größeren Gleichheit zwischen den Geschlechtern. Frauen wurden in der Revolution gewöhnlich „Bürgerinnen“ (*citoyennes*) genannt, zugleich aber von den Rechten (und Pflichten) des Staatsbürgers weitgehend ausgeschlossen. Condorcet, der eng mit seiner Ehefrau Sophie (geborene de Grouchy) zusammenarbeitete, plädierte als einer von wenigen (männlichen) Revolutionären um 1790 dafür, Frauen die Staatsbürgerschaft zu verleihen. Am 3. Juli 1790 veröffentlichte er in der Zeitschrift der von ihm gegründeten Société patriotique de 1789 einen Text zu diesem Thema, *Über die Zulassung der Frauen zur Bürgerschaft* (*Sur l'admission des femmes au droit de cité*), in dem er gängige Argumente gegen eine politische Partizipation der Frauen widerlegte. Condorcet argumentierte darin gegen die damals dominante These einer natürlichen geistigen Unterlegenheit des weiblichen Geschlechts. Wie der Fall der Herrscherinnen zeige, könnten aus Frauen gute Politikerinnen werden. Condorcet behauptete, Frauen seien zwar gegenwärtig weniger vernünftig als Männer. Er sei aber überzeugt, dieser Missstand könne durch eine bessere Bildung behoben werden. Vor allem betonte er, dass dies kein Anlass sein könne, um dem weiblichen Geschlecht die Bürgerrechte abzuerkennen. Denn sonst müsse man auch die Mehrheit der Männer, die keineswegs aufgeklärt sei, von der Liste der Bürger streichen. Condorcet plädierte somit für eine politische Partizipation der Frauen. Doch zugleich bleibt unklar, wie Frauen am politischen Leben genau teilhaben sollten. Condorcet schrieb, man solle ihnen das „Bürgerschaftsrecht“, den *droit de cité*, verleihen, erklärte jedoch nicht, was darunter zu verstehen sei. In der ersten Phase der Revolution hatten bei Weitem nicht alle französischen Bürger das Wahlrecht – es wurde vielmehr zwischen Aktiv- und Passivbürgern unterschieden –, und noch weniger durften in ein Amt gewählt werden.[42]

Condorcet blieb also vage, wenn es darum ging, die Rechte der Frauen genauer zu definieren. Er scheint nicht ernsthaft erwogen zu haben, dass Frauen in Frankreich politische Ämter bekleiden könnten. In der Schrift *Über die Zulassung der Frauen zur Bürgerschaft* räumte er ein, mütterliche Pflichten wie das Stillen könnten Frauen von der Ausübung politischer Ämter abhalten. In seinen *Fünf Denkschriften über die Schulbildung*, an denen seine Gattin Sophie wohl einen bedeutenden Anteil hatte,[43] verteidigte er zwar die Idee, Frauen hätten die gleichen intellektuellen Fähigkeiten wie Männer. Dies ließ ihn jedoch keine Gleichheit der beiden Geschlechter in der Bildung fordern. Frauen sollten ihm zufolge nur eine elementare Bildung genießen, denn sie würden, so Condorcets Erwartung, keine politischen Ämter bekleiden. Es erschien

42 Marie Jean Antoine Nicolas Caritat, marquis de CONDORCET, Sur l'admission des femmes au droit de cité, in: Journal de la Société de 1789, 5 (3. Juli 1790), S. 1–13.

43 Siehe MCCRUDDEN, Fraternité, Liberté, Égalité.

ihm nicht einmal notwendig, Frauen so viel Bildung zu ermöglichen, dass sie ihre Bürgerrechte wahrnehmen und ihre Bürgerpflichten erfüllen könnten:

> Da das ganze System der allgemeinen Bildung – derjenigen, die zum Ziele hat, den Individuen der menschlichen Spezies das zu unterrichten, was sie brauchen, um ihre Rechte zu genießen und ihre Pflichten zu erfüllen – für die Frauen zu weit zu gehen scheint, weil sie doch zu keinerlei öffentlichen Ämtern aufgerufen werden, kann man sich darauf beschränken, sie die ersten Stufen durchlaufen zu lassen, ohne jedoch die anderen [Stufen] denjenigen [Frauen] zu verbieten, die eine glücklichere Veranlagung haben, die ihre Familie in ihnen entwickeln möchte.[44]

In Condorcets Idealvorstellung war die öffentliche Ausübung der Vernunft das konstitutive Element der Bürgergemeinschaft. Niemand, der lernen könnte, sich seiner Vernunft zu bedienen, sollte von dem politischen Körper *prinzipiell* ausgeschlossen werden, weil man die politische Gemeinschaft ausschließlich durch die Fähigkeit zur Ratio definieren sollte. Oberstes Ziel war für ihn – wie sein Verfassungsprojekt aus dem Jahr 1793 zeigt – die Etablierung einer rationalen Ordnung im nationalen Konsens. Der Weg dahin war für Condorcet eine kontinuierliche öffentliche Diskussion über die Gesetze. Dabei war in Condorcets Augen nicht das Wahlrecht das Entscheidende. Die wirklich aktiven Bürger waren ihm zufolge vielmehr diejenigen, die durch ihre philosophischen Diskussionsbeiträge zur Durchsetzung der Vernunft beitrugen. Diese Vorstellung ging mit seinem Anspruch einher, zu einer geistigen Elite zu gehören, die die entscheidende Rolle in der Etablierung der rationalen Ordnung spielen sollte. Um dieses Projekt voranzutreiben, gründete Condorcet die Société patriotique de 1789 (auch Club de 1789 genannt), einen geschlossenen Klub, in dem sich nur vermeintlich aufgeklärte Männer trafen.[45] Durch ihr Engagement sollte sich nach und nach die Vernunft auch in der Nationalversammlung durchsetzen. Daran, dass die unteren Schichten andere Interessen als die oberen oder Frauen andere Interessen als Männer haben könnten, dachte Condorcet nicht. Folglich erwog er nicht, dass eine politische Vertretung der besonderen Standpunkte dieser Gruppen von zentraler Bedeutung für die Etablierung gerechter Gesetze sein könnte. In seiner Wahrnehmung gab es nur die eine Vernunft, die sich letztlich durchsetzen und Meinungsunterschiede verschwinden lassen würde.

---

44 Marie Jean Antoine Nicolas Caritat marquis de Condorcet, Cinq mémoires sur l'instruction publique, Charles Coutel/Catherine Kintzle (Hg.), Paris 1994 (Übersetzung: D.T.).

45 Elisabeth Badinter/Robert Badinter, Condorcet (1743–1794). Un intellectuel en politique, Paris 1988, S. 286–289.

Während Condorcet eher moderate Positionen vertrat, gab es während der Revolution Frauen, die radikalere Forderungen erhoben. Da Frauen von beinahe allen revolutionären Klubs ausgeschlossen waren, gründeten manche eigene Gesellschaften wie die Gesellschaft revolutionärer Republikanerinnen (Société des républicaines révolutionnaires, 1793). In diesem Zusammenhang entstand ein wahrhaftig egalitäres Programm, das eine konsequente Erweiterung der Menschen- und Bürgerrechte auf das weibliche Geschlecht forderte. Die Kurtisane, Schauspielerin, Schriftstellerin und Publizistin Marie Gouze, die unter dem Künstlernamen Olympe de Gouges Berühmtheit erlangte, spielte eine entscheidende Rolle in der Entwicklung dieses feministischen Programms. Olympe de Gouges bediente sich der Massenmedien wie Broschüren, Flugblätter und Plakate und schlug dabei einen besonders polemischen Ton an. Sie prangerte 1791 in ihrer Broschüre *Die Frauenrechte* (*Les Droits de la femme*) die tyrannische Herrschaft des Mannes an, der als Despot über das weibliche Geschlecht herrschen wolle, obwohl dieses über alle intellektuellen Fähigkeiten verfüge. Sie rief die Frauen auf, zu erwachen und unter der Fahne der Philosophie für ihre Rechte zu kämpfen. Die stolzen Männer sollten den Frauen zu Füßen liegen. Olympe de Gouges griff die Ungleichheit in der Ehe an und meinte, die Frauen seien im Ancien Régime nicht nur degradiert, sondern auch pervertiert worden, obwohl das weibliche Geschlecht nicht nur in der Schönheit, sondern auch im Mut dem männlichen überlegen sei. Sie verfasste nicht zuletzt eine Erklärung der Frauen- und Bürgerinnenrechte nach dem Vorbild der Erklärung der Menschen- und Bürgerrechte. Die Bürgerinnen sollten exakt dieselben Rechte, aber auch dieselben Pflichten wie Männer haben. Sie sollten zum Beispiel an der Entstehung der Gesetze partizipieren und alle Ämter bekleiden können. Die Frauen sollten sich dadurch geistig und moralisch verbessern, dass sie dieselben Tätigkeiten wie die Männer ausübten.[46]

So offensichtlich die rechtliche Gleichheit zwischen den Geschlechtern in modernen liberalen Demokratien auch erscheinen mag: Die Ideen der Frauen, die wie Olympe de Gouges für Gleichberechtigung kämpften, fanden in der Französischen Revolution nur wenige Sympathisanten unter einflussreichen Politikern. Zu nennen wäre vor allem Condorcet, der selbst wiederum dem Anführer der sogenannten Girondisten, Brissot, nahestand. Die feministischen Stellungnahmen galten im Allgemeinen als skandalöse

46 Olympe de GOUGES, „Femme, réveille-toi !" Déclaration des droits de la femme et de la citoyenne et autres écrits, Paris 2014; Jacques GUILHAUMOU/Martine LAPIED, L'action politique des femmes pendant la Révolution française, in: Christine FAURÉ (Hg.), Nouvelle Encyclopédie historique et politique des femmes, Paris 2010, S. 208–246; Joan Wallach SCOTT, French Feminists and the Rights of ‚Man'. Olympe de Gouges's Declarations, in: History Workshop 28 (1989), S. 1–21.

Ideen, die Moral und soziale Ordnung unterminierten, und solche Vorwürfe konnten in der Französischen Revolution den Tod nach sich ziehen. Französische Feministinnen wurden letztlich Opfer der Bergpartei um Robespierre, die 1793 viele – darunter Olympe de Gouges – hinrichten ließ.

Eine andere scharfe Reaktion auf den Ausschluss der Frauen von den Bürgerrechten kam von der Engländerin Mary Wollstonecraft, die kurz nach Olympe de Gouges eine *Verteidigung der Frauenrechte* (*Vindication of the Rights of Women*, 1792) veröffentlichte. Wollstonecraft wählte einen moderateren Ton als Olympe de Gouges und setzte nicht auf die Methoden politischer Propaganda, um ihre Ideen zu verbreiten. Während Olympe de Gouges eher die Persona einer politisch engagierten Bürgerin einnahm, identifizierte sich Wollstonecraft mit der kernaufklärerischen Persona des Philosophen-Moralisten. Anders als die französische Feministin kämpfte die Engländerin nur vorsichtig für eine rechtliche Gleichstellung der Frauen.[47] Sie setzte sich kaum für das Frauenwahlrecht oder für die Öffnung öffentlicher Ämter für Frauen in ihrem Land ein, auch wenn sie durchaus hoffte, das revolutionäre Frankreich, diese *enlightened nation*, werde all dies bald zulassen.[48] Wenn Wollstonecraft die „Tyrannei der Männer" anprangerte, plädierte sie vor allem dafür, Frauen in Ehe und Haushalt als Partnerinnen ernst zu nehmen, anstatt sie nur der männlichen Unterhaltung, dem Vergnügen und der Repräsentation dienen zu lassen. Erst langfristig, unter anderem durch Schulbildung in gemischtgeschlechtlichen Klassen, durch die Entwicklung ihres Intellekts und durch eine kulturelle Revolution in den Vorstellungen, sozialen Rollenbildern und Interaktionsnormen (eine *revolution in female manners*) würden Frauen – so hoffte Wollstonecraft – die moralischen und geistigen Fähigkeiten entwickeln und die Möglichkeit erhalten, aus ihrem permanenten kindischen Zustand herauszuwachsen. Wollstonecraft ging es dabei nicht nur um eine Verbesserung des sozialen Status von Frauen, sondern auch um den sittlichen Fortschritt der gesamten Gesellschaft unter dem Zeichen der göttlichen Vorsehung. Die Entwicklung der geistigen Fähigkeiten von Frauen habe viele Vorteile: So werde die Religion vom Aberglauben gereinigt und auf der Grundlage der Vernunft reformiert werden, die Ehen und Familien würden gefestigt, die sexuelle Ausschweifung und die Gewalt gegen Kinder würden abnehmen, die Eitelkeit werde geschwächt, die Philanthropie gestärkt und die unverhältnismäßigen Privilegien der oberen Stände würden gemindert.[49]

---

47 Siehe z.B. Mary Wollstonecraft, A Vindication of the Rights of Woman […], Boston 1792, S. 340.

48 Ebd., S. 293.

49 Wollstonecraft, Vindication.

8 Religion

Mit ihrem Anliegen, die Religion zu reinigen, war Wollstonecraft im späten 18. Jahrhundert nicht allein. Das Zeitalter der Aufklärung war vielmehr von dem Gedanken durchzogen, auf die natürliche Religion zurückzugreifen, um den Menschen zu verbessern. Die Aufklärungserzählung ging von der Fähigkeit des Menschen aus, die Grundsätze von Moral und Religion zu erkennen. Die Behauptung der moralisch-gesellschaftlichen Rolle der Philosophie setzte bestimmte moraltheologische und religionsphilosophische Ideen voraus: ein von Gott erschaffenes Naturrecht und die Existenz einer natürlichen Religion. Einer zentralen Vorstellung der Aufklärungszeit zufolge existierte die Religion in zweifacher Gestalt: als natürliche und als offenbarte Religion. Erstere könne mit den Mitteln der Philosophie beschrieben werden; über Letztere gebe vor allem die Heilige Schrift Auskunft. Diese Idee, deren Wirkungskraft im 18. Jahrhundert kaum zu überschätzen ist, ging genauso wie das Naturrecht auf die scholastische Tradition thomistischer Prägung zurück. Im thomistischen Weltbild hatte die Philosophie einen Beitrag zum Verständnis Gottes zu leisten: Mit den Mitteln der Vernunft sollte die natürliche Religion erforscht und somit eine „natürliche Theologie" entwickelt werden. Diese natürliche Religion, die die Vernunft erfassen könne, war zwar im Thomismus nur eine Vorstufe zur vollständigeren, offenbarten Religion, für deren Erforschung die Theologie zuständig sei. Die natürliche Religion schließe aber immerhin die Grundprinzipien der Moral – die folglich universal seien – und eine grundlegende Gotteserkenntnis ein.

Da die überwältigende Mehrheit der Autoren der Aufklärungszeit ein solches doppeltes Wesen der Religion annahm, stellte sich die Frage nach dem Verhältnis zwischen natürlicher und offenbarter Religion. Hier schieden sich die Geister. Der Idee der natürlichen Religion wohnte nämlich ein umstürzlerisches Potential inne: Sie konnte zu einer Relativierung oder einer Infragestellung des religiösen Gesetzes, ja sogar zur Infragestellung jedweder (übernatürlichen) Offenbarung führen. Bereits die Scholastik hatte mit Verweis auf philosophische Erkenntnis die Relevanz der im Alten Testament festgeschriebenen rituellen Gesetze angezweifelt. Der jüdische Philosoph Maimonides (1138–1204) hatte zwischen der grundlegenden Erkenntnis Gottes und dem Gesetz unterschieden, das Gott den Menschen gegeben habe, um ihnen auf dem Weg zur Wahrheit zu helfen. Diese Idee hatte Thomas von Aquin rezipiert.[1] Sie legte den Grundstein für eine Historisierung des Alten Testaments, die sich unter aufklärerischen Theologen durchsetzte: Das Alte Testament galt immer weniger als ein Ausdruck ewiger und universeller Wahrheiten und Gesetze, sondern zunehmend als ein Text, der einem historischen Kontext entstamme. Die Gesetze der alten Juden hatten ihre Berechtigung gehabt, jedoch nur im Kontext der damaligen Gesellschaft. Viele Aufklärer gaben sich aber mit einer solchen Relativierung der Bedeutung des Alten Testaments nicht zufrieden. Manche forderten gar die Rückführung der Religion auf die natürlichen Prinzipien und betrachteten jede Art übernatürlicher Offenbarung als eine Täuschung. Sie kehrten dem Christentum den Rücken.

8.1 Christliche Aufklärungstheologie

Der aufklärerische Mainstream blieb im Europa des 18. Jahrhundert freilich christlich. Die Aufklärung brachte in Refomiertentum, Anglikanismus, Luthertum und Katholizismus gemeinsame Tendenzen hervor, die es bei aller Diversität ermöglichen, von einer christlichen Aufklärungstheologie zu sprechen. Remonstrantische Autoren, die wie Jean Le Clerc einen zentralen Beitrag zur Erfindung der Aufklärung leisteten, verteidigten die These, der menschliche Verstand sei durch die Erbsünde nicht vollkommen korrumpiert. Deshalb glaubten sie wie die thomistische Scholastik, es sei möglich, mit Mitteln der Philosophie zu einer Erkenntnis Gottes und seines Werks durchzudringen. Diese Lehre hatte im 18. Jahrhundert großen Erfolg: Selbst in Genf, der Stadt Calvins, setzte sie sich – zumindest in einer gemäßigten Form – unter dem Einfluss des Pfarrers Jacob Vernet (1698–1789) weitgehend durch. Der Reformierte Vernet hielt das Christentum für eine Wiederherstellung der natürlichen Religion, die mit dem Sündenfall verloren gegangen sei. Gott habe den Menschen mit einem freien Willen und mit Vernunft ausgestattet. Wie Philipp van Limborch und dessen Freund John Locke glaubte er jedoch, der Mensch folge allzu sehr seinen Leidenschaften, als dass die Vernunft ohne die Offenbarung zur Tugend führen könnte. Die Vernunft stelle es dem Menschen zwar frei, zwischen Gut und Böse zu wählen, doch aufgrund der menschlichen Korrumpiertheit seien der Opfertod Christi und die göttliche Gnade notwendig. Die Vernunft und die Offenbarung seien „zwei Lichter",

1 Jan Assmann, Religio Duplex. Ägyptische Mysterien und europäische Aufklärung, Berlin 2010, S. 25–62.

die Hand in Hand gingen und die man brauche, um zur Wahrheit zu gelangen. Da der menschliche Wille verdorben sei, habe die Philosophie eine der Theologie untergeordnete Rolle zu spielen.[2]

Eine ähnlich gemäßigte Vorstellung von der Rolle der Philosophie gegenüber der Theologie – und somit der „natürlichen" gegenüber der „offenbarten" Religion – hatte der Lutheraner Siegmund Jakob Baumgarten (1706–1757), ein Theologieprofessor aus Halle. Seine pietistische Erziehung und die von Leibniz beeinflusste Philosophie weckten sein Interesse für die Frage nach der Perfektibilität des Menschen. Unter dem Einfluss seines hallischen Kollegen Christian Wolff vertrat er die Lehre von der Komplementarität von Glaube und Vernunft: Wie Wolff glaubte Baumgarten, es gebe *articuli mixti*, das heißt Glaubenswahrheiten, die sowohl durch die Vernunft als auch durch die Bibel bekannt seien, und *articuli puri*, die nur auf der Offenbarung basierten, die aber die Philosophie nicht widerlegen könne. Die „natürliche Theologie" könne dabei „die Seele verbessern", aber kein Seelenheil bringen. Baumgarten verteidigte die Idee, der Mensch könne durch Gebet, Kontemplation, das Studium der Heiligen Schrift und die Heiligung des Lebens eine Union mit Gott erreichen. Er betonte, die Praxis der Tugend sei der Kern des Christentums; ein wahrer Christ sei jemand, der versuche, die Lehre des Evangeliums umzusetzen.[3]

Vernet, Locke und Baumgarten waren in drei unterschiedlichen protestantischen Konfessionen beheimatet, die in der Frühen Neuzeit kein friedliches Verhältnis miteinander pflegten. Ihre Religionsphilosophie zeigt, dass die protestantische Aufklärungstheologie bei aller binnen- wie interkonfessionellen Vielfalt eine Kohärenz über konfessionelle Grenzen hinweg aufwies. Sehr viel weniger kohärent war dagegen die „katholische Aufklärung", weshalb man Zweifel haben darf, inwiefern dieser Begriff überhaupt sinnvoll ist – zumindest wenn darunter eine Bewegung mit gemeinsamen Ideen verstanden werden soll. Manchen führenden Forschern und Forscherinnen auf diesem Feld scheint es vor allem darum zu gehen, eine fortschrittliche Bewegung zu identifizieren und dadurch den Katholizismus vom Stigma der Rückständigkeit zu befreien. Diese Forschungsrichtung möchte deshalb den Beitrag der Katholiken zu den positiven Seiten der Moderne hervorheben. So werden unterschiedlichste Denk- und Reformansätze der katholischen Aufklärung zugeschlagen: Beiträge zu den Natur- oder Sozialwissenschaften, Bildungsreformen, der Gallikanismus (das heißt die Unterordnung der Kirche unter den Staat), die Kritik des Papsttums, die Verteidigung der geistigen Gleichheit zwischen den Geschlechtern, die Kritik der schlechten Behandlung

2 Sorkin, Religious Enlightenment, S. 67–111.

3 Ebd., S. 113–163.

der afrikanischstämmigen Sklaven, die Verteidigung der geistigen Errungenschaften nichteuropäischer Völker wie der Chinesen, die Kritik an „abergläubischen“ Frömmigkeitspraktiken wie dem Reliquienkult, die Betonung, die Praxis der Tugend sei wichtiger als der Kult, die Bibel-Kritik, die Beiträge zur natürlichen Theologie oder auch die Verteidigung der Vernünftigkeit des Glaubens.[4]

Diese Ideen bildeten kein kohärentes Ganzes, sondern entsprangen zum Teil ganz unterschiedlichen Denkrichtungen, die miteinander nicht kompatibel waren. Zwar ist sich die Forschung zur katholischen Aufklärung dieser Vielfalt durchaus bewusst. Sie arbeitet den Reichtum des Denkens von Katholiken im 18. Jahrhundert heraus und leistet damit einen wichtigen Beitrag zur Hinterfragung der Sichtweise, diese Konfession sei erstarrt und unmodern gewesen. Dies war angesichts des Mainstreams in der deutschen Aufklärungsforschung, der die Aufklärung als ein weitgehend protestantisches Phänomen angesehen hatte, sicherlich notwendig und hat Untersuchungen zu wenig bekannten Kapiteln der Geistesgeschichte angeregt. Genau in ihrem Charakter als eine Gegenerzählung liegt jedoch auch die Schwäche dieser Forschungsrichtung: Zu apologetischen Zwecken wählen Forscher den Gegenstand ihrer Analyse auf der Grundlage von Werturteilen.

In welchem Zusammenhang manche der oben genannten Ideen – wie das Lob des Konfuzianismus, die Verteidigung der Gleichheit zwischen den Geschlechtern oder die Angriffe auf die Sklaverei – mit der Aufklärung standen, ist nicht immer evident. Dies betrifft gerade viele theologische Ideen: Die Kritik des Reliquien- oder Bilderkults war zum Beispiel ein Anliegen der augustinischen Katholiken (darunter der Jansenisten) und nicht primär auf die Aufklärung zurückzuführen. Die Beiträge zu den Natur- und den Sozialwissenschaften wiederum muss man nicht unbedingt einer spezifisch katholischen Aufklärung zuschlagen, nur weil sie von Katholiken geleistet wurden, selbst wenn diese Mönche waren. Vor allem stört aber am Begriff „katholische Aufklärung“, dass er Autoren in einer Kategorie zusammenbringt, die sich gegenseitig teilweise heftig bekämpften. So lagen diejenigen, die „heidnische“ Philosophen wie Konfuzius lobten und toleranter gegenüber außereuropäischen Kulturen waren, in aller Regel mit denjenigen über Kreuz, die die Volksfrömmigkeit angriffen und für die Unterordnung der Kirche unter den Staat plädierten. Erstere waren vom Semipelagianismus und der aristotelischen Scholastik, Letztere vom Augustinismus

---

4 Lehner, The Catholic Enlightenment; Jürgen Overhoff/Andreas Oberdorf (Hg.), Katholische Aufklärung in Europa und Nordamerika, Göttingen 2019. Fallstudie zu einem jesuitischen Kleriker und Gelehrten: Per Pippin Aspaas/László Kontler, Maximilian Hell (1720–92) and the Ends of Jesuit Science in Enlightenment Europe, Leiden/Boston 2020.

und Reformkatholizismus beeinflusst, weshalb manche Forscher konkurrierende aufklärerische Strömungen im Katholizismus ausmachen.[5]

Zwar hat es *die* „katholische Aufklärung“ nicht gegeben. Doch haben sich nicht nur protestantische, sondern auch katholische Theologen und Geistliche vielfach den aufklärerischen Anspruch angeeignet, durch Philosophie zum Fortschritt beizutragen. Dies ist angesichts der langen Tradition einer Benutzung der Philosophie zur theologischen Erkenntnis in der römischen Kirche auch wenig erstaunlich. Ein gutes Beispiel für einen solchen katholischen Kleriker ist Ludovico Antonio Muratori (1672–1750), der ab 1700 Hofbibliothekar in Modena war. Muratori trat für die Rückkehr zu einem einfacheren Christentum ein, das er in den Jesuitenmissionen Südamerikas verwirklicht sah.[6] Er unterschied zwischen der natürlichen und der offenbarten Religion und verstand unter Letzterer „die durch besondere göttliche Offenbarung noch mehr aufgeklärte natürliche Religion“.[7] Er betrachtete die Ausübung der Tugend und die Dankbarkeit gegenüber Gott als den eigentlichen Kern der Religion. Die Moralphilosophie war für ihn dabei nützlich, konnte aber keine der Religion ähnliche Wirkungskraft entfalten. Die christliche Religion war somit Muratori zufolge eine wichtige Grundlage für die Glückseligkeit eines Staates. Muratori hielt es für seine Pflicht als Autor, den Fürsten die Wege zu zeigen, wie man das Gemeinwohl fördern könne, was er in seinem Werk *Anfangsgründe der Regierungskunst für junge Fürsten* (*Della felicità publica*, 1749) unternahm. Laut Muratori beruhte die „öffentliche Glückseligkeit“ auf der Garantie von Sicherheit und Privatbesitz durch den Fürsten, auf einem unabhängigen und funktionierenden Justizapparat, auf einer mäßigen Besteuerung und auf wachsendem Wohlstand. In zeittypischer Manier war Muratoris Ideal eine Gesellschaft von tugendhaften und arbeitsamen Kleinproduzenten, in der alle Stände nützlich waren. Er forderte die Aufklärung des Volkes durch die Verbreitung der Wissenschaften, die Entwicklung des Schul- und Medizinalwesens, eine Vereinfachung und Kodifizierung des Rechts, die Gleichbehandlung aller vor Gericht und die Liberalisierung des Handels. Er kritisierte die Verteilung von fürstlichen Privilegien an Adlige. Anstatt

---

5 Jeffrey D. Burson, The Rise and Fall of the Theological Enlightenment. Jean-Martin de Prades and Ideological Polarization in Eighteenth-Century France, Notre-Dame 2010, S. 6–12; Ders., Reflections on the Pluralization of Enlightenment and the Notion of Theological Enlightenment as Process, in: French History 26, 4 (2012), S. 524–537, hier 528.

6 Ludovico Antonio Muratori, Il Cristianesimo felice nelle missioni de’ padri della Compagnia di Gesù nel Paraguay, Venedig 1792.

7 Ludovico Antonio Muratori, Anfangsgründe der Regierungskunst für junge Fürsten, Leipzig 1798, S. 45 (it. Original: Della felicità publica, Lucca 1749).

ein müßiges Leben zu führen, sollte der Adel zur Tugend erzogen werden, seinen Hochmut ablegen und sich ökonomisch betätigen.[8] All diese Gedanken waren wenig originell, doch für die Geschichtswissenschaft sind sie gerade deshalb interessant: Sie verdeutlichen, wie sich Deutungsmuster und Reformideen im 18. Jahrhundert konfessionsübergreifend etablierten.

8.2 Haskala – die jüdische Aufklärung

Im 18. Jahrhundert waren es nicht nur christliche Theologen, die glaubten, die Philosophie habe eine wichtige Rolle in der Etablierung der religiösen und moralischen Wahrheiten zu leisten. Auch im Judentum blühte die Aufklärung. Die Verbindung von Aufklärung und Judentum, oft Haskala genannt (die jüdischen Aufklärer nennt man Maskilim), geht maßgeblich auf Moses Mendelssohn (1729–1786) zurück, einen Philosophen aus Dessau, der in der zweiten Hälfte des 18. Jahrhunderts in Brandenburg-Preußen wirkte. Unter Wolffs Einfluss verfolgte Mendelssohn ab den 1750er Jahren das Ziel, die Übereinstimmung zwischen Vernunft (der natürlichen Religion) und offenbarter Religion (dem Judentum) zu beweisen. Er studierte deshalb Shaftesbury und Rousseau, deren Werke er ins Deutsche übertrug. In seiner Abhandlung *Philosophische Gespräche* (1754) vertrat er die These, die Vernunft zeige die Prinzipien der natürlichen Religion wie die Existenz Gottes, die Vorsehung und die Unsterblichkeit der Seele. In Mendelssohns Augen stellte die Philosophie das jüdische Gesetz nicht infrage, wie er vor allem in seinen hebräischsprachigen Werken erklärte. Philosophie könne nur die natürliche Religion beweisen, die Menschen aber nichts über die offenbarte Religion lehren. Für Mendelssohn war die menschliche Vernunft gar nicht imstande, die göttlichen Absichten zu durchleuchten. Sie sollte ihre Grenzen akzeptieren – und somit auch die Offenbarung.[9]

Anders als jüdische Polemiker griff Mendelssohn das Christentum nicht an. Vom berühmten schweizerischen Pastor und Aufklärer Johann Caspar Lavater (1741–1801) im Jahr 1770 aufgefordert, eine in dessen Augen so unaufgeklärte Religion wie das Judentum aufzugeben und zum Christentum zu konvertieren, spielte er mit dem Gedanken, die Überlegenheit des Judentums zu demonstrieren. Er hielt sich jedoch im Endeffekt zurück und behauptete stattdessen, keine Religion besitze das Monopol der Erlösung, und jeder Religion, die mit der natürlichen Religion übereinstimme, solle

8 Muratori, Anfangsgründe der Regierungskunst.

9 Sorkin, Mendelssohn.

mit Respekt begegnet werden. Mit diesem Argument gelang es ihm, sich den Rückhalt zahlreicher nichtjüdischer Aufklärer zu sichern.[10] In seinem Spätwerk *Jerusalem oder religiöse Macht und Judentum* (1783) wurde Mendelssohn etwas mutiger und führte aus, dass das Judentum im Gegensatz zum Christentum immerhin nichts verkünde, was der menschlichen Vernunft zuwiderlaufe.[11]

Gegen Ende seines Lebens wurde Mendelssohn zunehmend politisch tätig. In den europäischen Gesellschaften der Vormoderne hatten Juden eine marginale Stellung inne: Sie waren rechtlich gesehen nur geduldete Ausländer. Mendelssohn vertrat die Belange jüdischer Gemeinden gegenüber der Obrigkeit unterschiedlicher Territorien im Heiligen Römischen Reich – eine sehr außergewöhnliche Rolle für einen jüdischen Intellektuellen der Frühen Neuzeit. Ermöglicht wurde sie wie andere neuartige Kommunikationskanäle dieser Zeit von der Aufklärungserzählung. Vor allem sollte Mendelssohn aber dafür berühmt werden, dass er sich für die Verleihung des Bürgerrechts an die Juden engagierte. Bis etwa 1780 akzeptierte es Mendelssohn als eine unabänderliche Gegebenheit, dass Juden einen Status als geduldete Ausländer hatten. Er lehnte deshalb die Aufnahme in die Patriotische Gesellschaft ab – als Ausländer könne er sich gar nicht für das Vaterland einsetzen. Auch äußerte er sich zunächst gegen eine Reform der jüdischen Schulbildung, die Juden darauf vorbereiten sollte, dem Staat zu dienen. Um 1780 fing Mendelssohn jedoch an zu glauben, Juden könnten durchaus Staatsbürger in deutschen Territorien werden. Bei dieser Meinungsänderung spielte die sogenannte Affäre der falschen Quittungen (1777) eine große Rolle. Ein Elsässer namens François Hell hatte viele Menschen, die bei Juden verschuldet waren, dazu überredet, falsche Quittungen auszustellen, wonach sie das Geld bereits zurückgezahlt hätten. Als der Coup an die Öffentlichkeit gelangte, gab Hell in einem Pamphlet zwar zu, die Quittungen gefälscht zu haben, präsentierte dies aber als legitime Selbstverteidigung gegen die (angebliche) Geldgier der Juden. Die jüdischen Gemeinden im Elsass baten daraufhin Mendelssohn um Unterstützung, der wiederum seinen Freund Christian Wilhelm von Dohm, einen preußischen Aufklärer, Journalisten und Regierungsbeamten, auf seine Seite zog. Mit Mendelssohns Hilfe verfasste Dohm *Über die bürgerliche Verbesserung der Juden* (1781), eine Schrift,

10 Marianne AWERBUCH, Moses Mendelssohns Judentum, in: Marianne AWERBUCH/Stefi JERSCH-WENZEL (Hg.), Bild und Selbstbild der Juden Berlins zwischen Aufklärung und Romantik. Beiträge zu einer Tagung, Berlin 1992, S. 21–41, hier 27–29.

11 Moses MENDELSSOHN, Jerusalem oder über religiöse Macht und Judentum (1783), in: DERS., Schriften zum Judentum II. Bearbeitet von Alexander Altmann, Stuttgart-Bad Cannstatt 1983, S. 99–204, hier 156.

die eine enorme Resonanz bekam und auf dem ganzen Kontinent eine Debatte um das Bürgerrecht für Juden anstieß. Das Ziel, das Dohm in Aussicht stellte, war die moralische Erneuerung („Regenerierung") der Juden durch die Ausübung von ehrbaren – vor allem handwerklichen – Berufen.[12]

8.3 Islamische Aufklärung?

Im Gegensatz zum Judentum gilt der Islam oft als eine Religion, in der es keine Aufklärung gegeben habe. Islamkritiker sehen darin die Rückständigkeit und mangelnde Kompatibilität dieser Religion mit der liberalen Moderne begründet. Gegen diese These, die in Deutschland vor einigen Jahrzehnten unter anderem der renommierte Sozialhistoriker Hans-Ulrich Wehler öffentlichkeitswirksam vertrat, sind unterschiedliche Argumente angebracht worden. Manche verteidigen die Ansicht, die islamische Kultur sei zwar in der Tat nach einer Blütezeit im Frühmittelalter in eine lange Phase der Dekadenz eingetreten, doch Muslime hätten im 19. Jahrhundert die Aufklärung nachgeholt.[13] Andere Kenner der islamischen Welt sind weitergegangen: Reinhard Schulze zog im späten 20. Jahrhundert die Behauptung in Zweifel, dass die islamische Kultur ab dem Hochmittelalter erstarrt sei und einen Niedergang erlebt habe. Seiner Ansicht nach habe es bereits in der Frühen Neuzeit eine islamische Aufklärung gegeben. Schulze betonte dabei einerseits rationalistische Traditionen im Islam, die sich in den Schriften von Gelehrten wie dem Osmanen Imam Birgivi (Muhammed ibn Ali al-Birkawī, 1523–1573) oder auch dem Syrier ʿAbd al-Ghanī an-Nābulusī (1641–1731) niedergeschlagen hätten. Andererseits unterstrich er die westlichen Einflüsse: So seien im islamischen Nordindien Werke des Mediziners William Harvey (1578–1657), des Physikers und Philosophen Pierre Gassendi (1592–1655) sowie von René Descartes übersetzt worden. Das Zusammentreffen dieser Traditionen habe im 18. Jahrhundert islamische Aufklärer wie den Perser Hakîm Kamrân Šîrâzî inspiriert, der ein rationalistisches Glaubensbekenntnis abgelegt habe: „Ich glaube an den Höchsten Schöpfer, an die Prophetie der Intelligenz, an die Führung der Vernunft, an die Himmel als Lebensrichtungen und an die Befreiung der

12 Sorkin, Mendelssohn; Robert Liberles, Dohm's Treatise on the Jews. A Defence of the Enlightenment, in: The Leo Baeck Institute Yearbook 33, 1 (1988), S. 29–42.

13 Christopher De Bellaigue, The Islamic Enlightenment. The Modern Struggle between Faith and Reason, London 2018.

Philosophen. Andere Glauben und Religionen verachte ich."[14] Der Osmane Kâtip Çelebî (1609–1657), dessen Werk im 18. Jahrhundert sehr einflussreich gewesen sei, habe sich in seinem Bestreben, den Konflikt zwischen Wissenschaft und Religion zu lösen, auf europäisches Wissen gestützt.[15]

Schulzes These provozierte eine hitzige Kontroverse. Der Islamwissenschaftler Bernd Radtke warf Schulze ungenügende philologische Kenntnisse vor und hielt den Versuch, eine islamische Aufklärung nachzuweisen, für vollständig gescheitert: Viele Zitate, die Schulze anführte, seien ungenau übersetzt und ihrem Kontext entrissen; Sätze, die Schulze als Originale des 17. und 18. Jahrhunderts präsentierte, seien Entlehnungen aus früheren Schriften. Für Radtke stand somit fest: „Die islamische Welt" sei nicht „den Weg der entmythologisierten Naturerkenntnis mitgegangen" und habe an der Überlegenheit der Offenbarung gegenüber der Vernunft festgehalten.[16] Schulze wiederum warf Radtke vor, einem antiquierten Aufklärungsverständnis zu folgen: Die Aufklärung habe nicht unbedingt religiöse Traditionen verworfen und die Vernunft über die Offenbarung gestellt. Dass viele der aufklärerischen Stellungnahmen auf mittelalterliche Quellen zurückgeführt werden könnten, sei auch kein überzeugendes Argument gegen seine These, schrieb Schulze; es zeige nur, wie lebendig die rationalistischen Traditionen im Islam über viele Jahrhunderte gewesen seien. Radtkes Pauschalisierungen über die islamische Welt seien irreführend. Natürlich hätten nur wenige den Wert der Philosophie unterstrichen; Aufklärung sei aber auch in Europa ein Elitenphänomen gewesen.[17]

In der neueren Forschung hat sich diese Kontroverse gelegt. Die Entwicklung der Globalgeschichte hat dazu geführt, dass „Aufklärung" heute teilweise noch breiter als bei Schulze definiert und dementsprechend als ein globales Phänomen verstanden wird.[18] Auch wenn sich der Begriff „islamische Aufklärung" nur teilweise durchsetzen konnte, gibt die neuere Forschung Schulze zumindest partiell Recht: Sie arbeitet die Dynamik der islamischen Kultur in der Frühen Neuzeit heraus und zeigt, dass Europa und die islamische Welt eng miteinander verbunden waren. Der philosophische Austausch war beachtlich. Sowohl in Europa als auch in der islamischen Welt existierten über Jahrhunderte hinweg Denkströmungen, die auf der aristotelischen Scholastik fußten, und deshalb eine natürliche Theologie. Auch gab es in der islamischen Welt

14 SCHULZE, Was ist die islamische Aufklärung? (Zitat S. 306).
15 RADTKE, Erleuchtung und Aufklärung; SCHULZE, Was ist die islamische Aufklärung?
16 RADTKE, Erleuchtung und Aufklärung.
17 SCHULZE, Was ist die islamische Aufklärung?
18 CONRAD, Enlightenment in Global History, S. 999–1027.

mehr religiöse Heterodoxie als lange Zeit angenommen: Teile der Eliten waren dem Koran gegenüber durchaus kritisch eingestellt oder hatten sogar deistische Überzeugungen entwickelt. Ein wichtiger Unterschied zwischen Europa und der islamischen Welt inklusive des Osmanischen Reichs bleibt dennoch: In der islamischen Welt der Frühen Neuzeit wurden keine Bücher gedruckt und die Religion wurde so gut wie nie öffentlich infrage gestellt.[19]

8.4 Deismus

Die christlichen Aufklärungstheologen und die Maskilim vertraten die Ansicht, die in der Bibel festgehaltene Offenbarung stimme mit der Vernunft – mit der natürlichen Religion und natürlichen Theologie – überein. Diese Vorstellung teilten jedoch nicht alle Aufklärer. Viele der sogenannten Deisten glaubten im Gegenteil, nur die natürliche Religion sei ganz und gar vernünftig; der Wahrheitsgehalt der Bibel müsse erst einmal mittels der Vernunft überprüft werden. Für Deisten im engen Sinne war nur die natürliche Religion die wahre Religion. Eine übernatürliche Offenbarung könne es nicht geben. Sie meinten in der Regel, die Bibel bestehe zum großen Teil aus nutzlosen bis schädlichen menschlichen Zusätzen zur natürlichen Religion. Dieser „Aberglaube“ müsse verschwinden und die Religion zu ihrer Reinheit zurückgeführt werden.

Diese Position stellte jedoch nur den äußersten Rand in einem Spektrum von religionsphilosophischen Ideen dar, die oft unter dem Begriff Deismus subsumiert werden. In der Forschung besteht keine Einigkeit über die Definition von Deismus. Einem geläufigen Verständnis zufolge hätten Deisten an eine unpersönliche und entfernte Gottheit geglaubt, die die Welt erschaffen habe, jedoch nicht mehr in weltliche und menschliche Belange interveniere. Deisten hätten also gemeint, Gott reagiere auf menschliche Handlungen wie Gebete, Wohltaten oder Verbrechen nicht. Diese Definition von Deismus entspricht allerdings den Überzeugungen nur einer kleinen Zahl

19 Herzog, Aufklärung und Osmanisches Reich; Samer Akkach, ʻAbd al-Ghani al-Nabulusi: Islam and the Enlightenment, Oxford 2007; Stefan Reichmuth, Arabic Literature and Islamic Scholarship in the 17th/18th Centuries. Introduction, in: Die Welt des Islams 42, 3 (2002), S. 281–288; Ahmad Dallal, Rethinking Authority. Trends in Eighteenth-Century Hadith Studies, in: Florian Zemmin/Johannes Stephan/Monica Corrado (Hg.), Islam in der Moderne, Moderne im Islam. Eine Festschrift für Reinhard Schulze zum 65. Geburtstag, Leiden/Boston 2018, S. 212–233; Alexander Bevilacqua, A Republic of Arabic Letters. Islam and the European Enlightenment, Cambridge 2018.

von Autoren, weshalb sie zu restriktiv erscheint. Andere Auffassungen sind dagegen sehr breit: Sie zählen alle Menschen, die nicht durch die Vernunft nachvollziehbare Dogmen und Mysterien entfernen wollten, oder auch diejenigen, die den Glauben an die vollkommene Güte Gottes zum Kern der Religion erklärten, zu den Deisten. Diese Definitionen schließen in den Kreis der Deisten zahlreiche Menschen mit ein, die sich als Christen verstanden. Als Mittelweg kann eine Definition gewählt werden, die die Vorstellung, einzig die natürliche Religion sei die wahre Religion, ins Zentrum stellt.[20]

Die englischen *men of letters* des späten 17. Jahrhunderts, die in der Genese des Deismus eine entscheidende Rolle spielten, waren eher der rationalistischen Theologie als dem Deismus im engen Sinne zuzurechnen. Im 17. Jahrhundert war diskutiert worden, ob sich Religion und Mysterium vertrügen. Als Mysterium, also als etwas, das sich der menschlichen Vernunft entzieht, galt unter anderem ein zentrales Dogma des Christentums: die Dreifaltigkeitslehre. Während John Locke in *The Reasonableness of Christianity* (1695) eine rationalistische Theologie vertrat, die mittels der Philosophie Kerndogmen des Christentums in remonstrantischer Auslegung verteidigte, ging der Ire John Toland (1670–1722) wenige Jahre später deutlich weiter. In seinem bekanntesten Werk *Christianity Not Mysterious* (1696) griff er die Theologen und Kleriker scharf an, die das Christentum zu einer Religion voller Mysterien gemacht hätten. Diese „folterten" die Lehre Christi und leiteten eine „diabolische Tyrannei" des Antichrist ein.[21] Toland zufolge sei die Religion als göttliche Schöpfung

20 Zur Diskussion um die Definition von Deismus: Robert SULLIVAN, John Toland and the Deist Controversy. A Study in Adaptation, Cambridge, Mass. 1982, S. 205–234; Peter BYRNE, Natural Religion and the Legacy of Deism, London 1989, S. XIII; Diego LUCCI, Scripture and Deism. The Biblical Criticism of the Eighteenth-Century British Deists, Bern 2009, S. 17; Christopher VOIGT, Der englische Deismus in Deutschland, Tübingen 2003, S. 8; Winfried SCHRÖDER, Der Deismus in der Philosophie der Neuzeit, in: DERS. (Hg.) Gestalten des Deismus in Europa, Wiesbaden 2013, S. 7–27, hier 7; Wayne HUDSON, Enlightenment and Modernity. The English Deists and Reform, London 2009, S. 9–11; DERS., Atheism and Deism Demythologized, in: Wayne HUDSON/Diego LUCCI (Hg.), Atheism and Deism Revalued. Heterodox Religious Identities in Britain, 1650–1800, Farnham 2014, S. 13–23; S. J. BARNETT, The Enlightenment and Religion. The Myths of Modernity, Manchester 2003, S. 19; James HERRICK, The Radical Rhetoric of the English Deists. The Discourse of Skepticism, 1680–1750, Columbia, S. C. 1997; DERS., Blasphemy in the Eighteenth Century. Contours of a Rhetorical Crime, in: Wayne HUDSON/Diego LUCCI (Hg.), Atheism and Deism Revalued. Heterodox Religious Identities in Britain, 1650–1800, Farnham 2014, S. 101–118.

21 LOCKE, The Reasonableness of Christianity; John TOLAND, Christianity Not Mysterious, London 1696.

dem Menschen und seiner Vernunft zugänglich. Mysterien hätten in der Religion nichts zu suchen. Dennoch ist *Christianity Not Mysterious* kein deistisches Werk im Sinne einer Lehre, die die natürliche Religion für hinreichend hielte: Toland grenzte sich darin stark von denjenigen ab, die nicht an die Offenbarung glaubten und die er als „Atheisten" bezeichnete. Er verteidigte den göttlichen Charakter der Heiligen Schrift und meinte nicht, die natürliche Religion sei die einzig wahrhaftige. Ähnliche Ansichten hatte auch Lockes Schüler und Tolands Freund Shaftesbury, der häufig als Deist bezeichnet wird.[22]

Eine ähnliche Akzeptanz der göttlichen Offenbarung findet sich bei fast allen englischen Autoren des 18. Jahrhunderts wieder, die gewöhnlich zu den Deisten gezählt werden. Ungefähr die Hälfte von ihnen war sogar bereit anzuerkennen, dass die wahre Religion Mysterien – wie zum Beispiel die Dreifaltigkeit – enthalte. Beinahe all diese englischen Autoren glaubten daran, Gott könne Gebete erhören und darauf reagieren. Für sie war er keine entfernte Gottheit, die sich einer Intervention in menschliche Belange enthalten hätte. In ihrer Vorstellung pflanzte Gott Ideen in den menschlichen Geist ein, offenbarte ihm die Wahrheit auf übernatürliche Weise und wirkte buchstäblich Wunder.[23]

Der englische Deismus stand somit in einer viel größeren Kontinuität zur christlichen Theologie, als gewöhnlich erkannt wird, sodass eine Abgrenzung zwischen beiden recht schwierig ist. Allerdings stellten ihre Lehren eine Grundlage für die Entwicklung eines radikaleren Deismus dar, der vor allem in Frankreich florierte und als Deismus im engen Sinne verstanden werden kann. So konnte zum Beispiel auf der Grundlage von Shaftesburys Moral-Sense-Philosophie das Argument aufgebaut werden, der Glaube an ein Leben nach dem Tod sei für eine moralische Lebensführung nicht notwendig (auch wenn Shaftesbury einen solchen Glauben durchaus für nützlich und das Christentum für eine vernünftige Religion hielt).[24] Voltaire war bekanntlich mit den Schriften von Toland und Shaftesbury vertraut. Sie waren wichtige Inspirationsquellen

22 Zum Beispiel SCHLEGEL, Shaftesbury and the French Deists, S. 3.

23 Joseph WALIGORE, The Piety of the English Deists. Their Personal Relationship with an Active God, in: Intellectual History Review 22, 2 (2012), S. 181–197; Jeffrey WIGELSWORTH, Deism in Enlightenment England. Theology, Politics and the Newtonian Public Science, Manchester 2009; Wayne HUDSON/Diego LUCCI/Jeffrey R. WIGELSWORTH, Introduction, in: Wayne HUDSON/Diego LUCCI (Hg.), Atheism and Deism Revalued. Heterodox Religious Identities in Britain, 1650–1800, Farnham 2014, S. 1–11.

24 Terence IRWIN, The Development of Ethics, Bd. 2: From Suarez to Rousseau, Oxford 2011, S. 353–371.

in seiner Entwicklung hin zum wohl prominentesten Deisten im Europa des 18. Jahrhunderts. Dabei gab es einen großen Unterschied zwischen seinen Überzeugungen und den Ideen von Locke, Shaftesbury und selbst dem jungen Toland: Voltaire nahm vom Christentum Abschied und war ein glühender Anhänger einer reinen, natürlichen Religion. Ihm zufolge hatte die Reformation zwar einen ersten Schritt zur Wiederherstellung der Natürlichkeit und Reinheit der Religion getan; nun solle aber eine sehr viel weiter gehende Reformation folgen, die nichts weniger als eine Abkehr vom Christentum bedeute. Voltaires Gott war ein Höchstes Wesen, das als „Großer Uhrmacher" eine wohlgeordnete Welt erschaffen hatte und sie durch seine Vorsehung vor der Zerstörung bewahrte. Das Höchste Wesen intervenierte aber nicht in kleinliche menschliche Angelegenheiten und verlangte keinen besonderen Kult außer der inneren Dankbarkeit und der Tugendhaftigkeit. Militärische Siege und Niederlagen im Krieg waren in Voltaires Augen ebenso wenig göttliche Belohnungen oder Strafen wie gute Ernten und Naturkatastrophen. Zudem glaubte Voltaire nicht an ein Leben nach dem Tod.[25]

Genauso wie Protestanten der Frühen Neuzeit den katholischen Glauben für gewöhnlich als unrein und fanatisch brandmarkten, war Voltaire überzeugt, das Christentum führe zum Fanatismus. Erst die gereinigte Religion werde den gesellschaftlichen Frieden herstellen. Deshalb verwendete Voltaire viel Energie darauf, die Glaubwürdigkeit der Bibel – vor allem des Alten Testaments – zu unterminieren. Daran arbeitete er insbesondere in den 1760er Jahren, als er die Patronage der einflussreichsten Minister am französischen Hof, der Choiseul-Vetter, genoss: 1764 veröffentlichte er sein *Philosophisches Wörterbuch* (*Dictionnaire philosophique*), das etwa zu einem Drittel aus Polemiken gegen das Alte Testament bestand. Ein Jahr später erschien *Philosophische Geschichte des verstorbenen Abts Bazin* (*La Philosophie de l'histoire, par feu l'abbé Bazin*), mit der er eine universalgeschichtliche Skizze zeichnete, die einen Gegenentwurf zu Bossuets heilsgeschichtlich geprägter Erzählung darstellte.[26]

Voltaires Deismus entsprach am ehesten der Definition einer Religionsphilosophie, die Gott als den Großen Uhrmacher, den Schöpfer einer wohlgeordneten Welt verstand, nicht als eine Metaperson, mit der man durch Gebete oder Handlungen interagieren könne. Er zählte damit zum radikalen Flügel des Deismus und wurde deshalb stark angefeindet. Seine Angriffe auf das Alte Testament und die Heilsgeschichte stießen auf eine vehemente Ablehnung zahlreicher Aufklärer in Europa.

---

25 René Pomeau, La Religion de Voltaire, Paris 1995.

26 [Voltaire,] Dictionnaire philosophique portatif, London 1764; [Voltaire,] Die Philosophie der Geschichte nach dem verstorbenen Abt Bazin, Leipzig 1768.

Vernet, der wie Voltaire in Genf lebte, bekämpfte dessen religiöse Ideen mit besonderem Eifer.[27] Bei aller Diversität aufklärerischer Religionsphilosophie teilten jedoch Vernet, Mendelssohn und Voltaire durchaus manche grundlegenden religiösen Ideen. Entgegen einem weitverbreiteten Klischee war Voltaire vom Atheismus weit entfernt; alles spricht dafür, dass er ernsthaft religiös war. Gott war für ihn kein entferntes Wesen, dem der Mensch, seine Schöpfung, gleichgültig wäre. Die Idee der natürlichen Religion, der er anhing, war in der thomistischen Tradition verankert und wurde sowohl von Jesuiten als auch von remonstrantischen Theologen propagiert.[28] Auch wenn diese Aufklärer unterschiedlichen Glaubensrichtungen anhingen, stimmten sie in einigen zentralen Punkten überein: Für sie schlossen sich der Glaube und die Vernunft nicht gegenseitig aus, Gott hatte eine wohlgeordnete Welt geschaffen, und die Religion hatte eine ethische Funktion zu erfüllen.

Die Lehre der Vertreter eines moderateren Deismus wie Rousseau hatte noch mehr mit denen der christlichen Aufklärungstheologen gemeinsam. Zwar stand Rousseau auf keinem guten Fuß mit anderen Aufklärern. Dieser aus Genf stammende Philosoph, ein Feind Voltaires, verstand sich mit Vernet zunächst gut, überwarf sich allerdings mit ihm in den frühen 1760er Jahren wegen politischer Fragen. Vernet arbeitete daraufhin mit Erfolg daran, Rousseaus Abhandlung über die Erziehung, *L'Émile*, und seinen politischen Traktat *Vom Gesellschaftsvertrag* vom Genfer Rat verbieten zu lassen. Allen Konflikten zum Trotz lassen sich in Rousseaus und Vernets Denken jedoch zahlreiche Parallelen feststellen: Beide waren erklärte Feinde des Luxus und des Theaters, die sie für die moralische Dekadenz der Gesellschaft verantwortlich machten; beide waren tolerant gegenüber anderen christlichen Konfessionen, nicht aber gegenüber dem Atheismus; und beide sahen Christus als denjenigen an, der die natürliche Religion wiederhergestellt habe. Freilich wich Rousseau stark vom Reformiertentum, auch von der remonstrantischen Version Vernets ab: Für Rousseau war Christus nur ein Tugendlehrer, keine fleischgewordene Gottheit. Die Bibel enthalte keine übernatürliche Offenbarung, und nur die natürliche Religion sei die wahrhaftige. Rousseau war somit ein Deist im engen Sinne des Wortes. Doch anders als Voltaire hielt er an zentralen Ideen des Christentums fest, etwa an dem Leben nach dem Tod und folglich an der göttlichen Belohnung oder Strafe im Jenseits.

Rousseaus Religion gründete nicht auf der Vernunft, sondern auf dem Herzen: Man könne laut Rousseau sicher sein, dass es Gott gebe, weil das gesunde Gewissen dies nahelege. Diese Idee entstammte ursprünglich einer Strömung der mittelalterlichen

---

27 Sorkin, Religious Enlightenment, S. 97–106.

28 Fumaroli, Voltaire jésuite, S. 107.

Scholastik, die unter dem Einfluss der franziskanischen Mystik gestanden hatte: Bonaventura hatte bereits im 13. Jahrhundert das Gewissen als die sowohl rationale als auch emotionale Stimme Gottes im Menschen konzipiert und eine natürliche emotionale Neigung des Menschen zum Guten ausgemacht (Synderesis). Shaftesbury hatte diese Thesen rezipiert und damit die moralphilosophischen Vorstellungen französischsprachiger Autoren wie Diderot und Rousseau entschieden geprägt. Dies heißt freilich nicht, dass Rousseau nur alte Ideen vertreten hätte, sondern vielmehr, dass er auf alten scholastischen Vorstellungen aufbaute, wenn er eine neue Religion des Herzens, eine neue Pädagogik der Natur oder eine auf dem Gewissen basierende Politik forderte. Es war just diese Konzeption eines natürlichen emotionalen Gewissens und folglich einer natürlichen präintellektuellen Neigung zur Moral, die Rousseaus politische, gesellschaftliche, pädagogische und religiöse Lehren zusammenband.[29] Gott war für Rousseau kein entfernter Schöpfer. Er wirkte in der Welt und in jedem Menschen mittels des Herzens.

8.5 Der Deismus zwischen Esoterik und Reform in Freimaurerei und Revolution

Der Deismus gilt oft als ein rein intellektuelles Phänomen, das keine religiösen Praktiken hervorgebracht habe.[30] In der Tat gründeten weder Voltaire noch Rousseau religiöse Gemeinschaften. Dennoch gab es im 18. Jahrhundert durchaus zahlreiche Kultgemeinschaften deistischer Prägung: die im 18. Jahrhundert äußerst populären Freimauerlogen.

Die Grundidee der Freimaurerei fußte auf der Vorstellung aristotelisch-scholastischer Herkunft, die Religion habe eine doppelte Gestalt, gab ihr jedoch einen deistisch-esoterischen Charakter. Freimaurer glaubten, es gebe eine höhere Erkenntnis Gottes, die über Jahrhunderte nur Eingeweihten bekannt gewesen sei und die im Gegensatz zu der Volksreligion der etablierten Kirchen ohne Aberglauben auskomme. Erklärtes

---

29 Christian Jacquet, La pensée religieuse de Jean-Jacques Rousseau, Louvain 1975; Marie-Helène Cotoni, La polémique contre les modernes matérialistes dans les professions de foi théistes de Rousseau, in: Déismes et déistes à l'âge classique (= La lettre clandestine 21 [2013]), S. 191–212; Geneviève Di Rosa, Rousseau et la Bible. Pensée du religieux d'un philosophe des lumières, Leiden/Boston 2016; Koassi Simplice De Souza, La dimension théologico-politique de la pensée de Jean-Jacques Rousseau, Rom 2015.

30 Barnett, The Enlightenment and Religion, S. 11–22.

Ziel der Freimaurerei war es, deren Mitglieder zu dieser höherwertigen, natürlichen Religion zu führen und sie somit moralisch zu verbessern. Dabei galten die Massen als noch nicht reif für die reine Religion. Die wahrhaftige Religion sollte nur Initiierten beigebracht werden und somit vorerst esoterisch bleiben.

Gemäß dem in der Aufklärung gängigen Streben nach Rückkehr zu einer ursprünglichen Weisheit wurde diese reine Religion im 18. Jahrhundert vielfach mit der im alten Ägypten angeblich nur den Eingeweihten offenbarten Religion gleichgesetzt. Es hatte nämlich die Vorstellung Fuß gefasst, die ägyptische Elite habe die abergläubische Vielgötterei im Geheimen abgelehnt und in den Tiefen der Pyramiden – die man irrtümlicherweise als Kultstätten interpretierte – die Wahrheit in religiösen Mysterien von Generation zu Generation bewahrt. Diese Wahrheit hätten die alten Ägypter in einer speziellen, für das Volk unverständlichen Schrift niedergelegt: den Hieroglyphen (die man im 18. Jahrhundert noch nicht entziffert hatte). Die Freimaurerei wollte somit diese alte Wahrheit weitertradieren und einen entscheidenden Beitrag zur Vervollkommnung des Menschen leisten.

Dafür mussten sich die Mitglieder aufwendigen Geheimritualen und einer Hierarchie unterwerfen, die mehrere „Grade" aufwies und mit der Einweihung in unterschiedliche Stufen der Mysterien verbunden war. Der Initiand wurde in einen dunklen Raum geführt, unterzog sich einer Gewissensprüfung, wurde entkleidet und musste anschließend mit verbundenen Augen Festigkeitsprüfungen bestehen: Die Logenmitglieder verursachten plötzliches Getöse oder bedrohten den Initianden mit dem Degen. Um in höhere Grade aufgenommen zu werden, wurde der Initiand meist symbolisch getötet, um danach „wiedergeboren" zu werden. Die Vorstellungswelt der Freimaurerei übte auch einen großen Einfluss auf die Literatur und andere Kunstgattungen im 18. Jahrhundert aus. Angefangen mit *Séthos* (1731) des Abbé Jean Terrasson (1670–1750) entstand eine Reihe von Romanen, die vermeintliche Initiationsriten im alten Ägypten beschrieben. Besonders hervorzuheben ist Mozarts *Zauberflöte* (1791 uraufgeführt), die wohl einzige freimaurerische Oper. Das vielfach als merkwürdig oder als schwach empfundene Libretto orientiert sich weitgehend an den Initiationsriten der Freimaurerei.[31]

Die Geschichte der Freimaurerei zeigt, dass viele Menschen im 18. Jahrhundert zwischen den eigenen geheimen religiösen Überzeugungen und der offiziellen Religion lebten. Die Aufklärungszeit war durch ein Aufblühen esoterischer Geheimbünde geprägt. Zu den bekanntesten Gemeinschaften gehörten neben den Freimaurern die

31 Assmann, Religio Duplex, S. 122–220; Linda Simonis, Die Kunst des Geheimen. Esoterische Kommunikation und ästhetische Darstellung im 18. Jahrhundert, Heidelberg 2002.

Illuminaten, die ebenfalls an eine moralische Verbesserung des Einzelnen durch die Einweihung in Mysterien (etwa das Geheimnis der Seelenwanderung) glaubten.[32]

Nicht nur Mitglieder esoterischer Sozietäten hegten insgeheim andere religiöse Überzeugungen als das, was sie in der Öffentlichkeit bekundeten. Dies war vielmehr das gewöhnliche Los der Deisten im 18. Jahrhundert. In der Französischen Revolution gaben sich jedoch zahlreiche Menschen nicht mehr mit dem Nebeneinander von – aus ihrer Sicht – wahrer natürlicher und falscher offenbarter Religion zufrieden. Diese Revolutionäre glaubten insbesondere ab 1793, die Zeit sei reif für eine allgemeine Reinigung der Religion von den menschlichen Zusätzen. Die wahre, natürliche Religion sollte in ihren Augen kein esoterisches Phänomen bleiben. Deshalb bliesen einflussreiche Politiker im Herbst 1793 zum Generalangriff auf den „Aberglauben", worunter sie die Religion und Kulte der – 1790 verstaatlichten – französischen Kirche verstanden. Revolutionäre Sozietäten zerstörten Messbücher, liturgische Geräte, Reliquien und religiöse Bilder, Kirchen wurden entweiht. Diese französischen Revolutionäre begründeten 1793 und 1794 zudem neue deistische Kulte, die in der Forschung scharf voneinander getrennt werden, in der Praxis und ihren Glaubenssätzen jedoch oft schwer voneinander zu unterscheiden sind: den Kult der Vernunft und das von Robespierre ins Leben gerufene Fest des Höchsten Wesens. Ebenfalls deistisch war die Theophilanthropie, die sich im Direktorium – das heißt dem Regime nach Robespierres Sturz im Sommer 1794 – etablierte und staatlich gefördert wurde.[33]

---

32 Monika NEUGEBAUER-WÖLK (Hg.), Aufklärung und Esoterik, Hamburg 1999. Zum Glauben an die Seelenwanderung im Illuminatenbund siehe Martin MULSOW, Vernünftige Metempsychosis. Über Monadenlehre, Esoterik und geheime Aufklärungsgesellschaften im 18. Jahrhundert, in: Monika NEUGEBAUER-WÖLK (Hg.), Esoterische Bünde und Bürgerliche Gesellschaft. Entwicklungen zur modernen Welt im Geheimbundwesen des 18. Jahrhunderts, Göttingen 1995, S. 211–271.

33 Alphonse AULARD, Le Culte de la Raison et le Culte de l'Être suprême, Paris 1892; Albert MATHIEZ, La Théophilantropie et le Culte décadaire. Essai sur l'histoire religieuse de la Révolution, Paris 1904; Michel VOVELLE, Religion et Révolution. La déchristianisation de l'an II, Paris 1976; Michael CULOMA, La Religion civile de Rousseau à Robespierre, Paris 2010; Christina SCHRÖER, Republik im Experiment. Symbolische Politik im revolutionären Frankreich (1792–1799), Köln 2014, S. 436–445.

8.6 Pantheismus und Materialismus

Die Gründung von deistischen Kultgemeinschaften zeigt, weshalb es irreführend sein kann, die Bezeichnung „religiöse Aufklärung" auf Autoren wie Vernet, Baumgarten und Mendelssohn zu beschränken. Christliche und jüdische Philosophen hatten kein Monopol auf die Religion. Nicht nur ihre Lehren, sondern auch die deistische Philosophie Voltaires, Rousseaus, der Freimaurer oder Robespierres war religiös geprägt. Für sie war Gott kein entferntes Wesen, das in der Welt nicht wirkte. Die Deisten begründeten keine säkulare Aufklärung, die neben der religiösen existiert hätte – zumindest nicht, wenn man unter „Säkularität" einen Niedergang der Transzendenz und eine Trennung zwischen Religion und Politik versteht.

Daneben gab es aber auch Aufklärer, die den Glauben an einen transzendenten und persönlichen Schöpfergott ablehnten. Im 17. Jahrhundert vertrat Baruch Spinoza (1632–1677), der wegen seiner unorthodoxen Ideen aus der Amsterdamer jüdischen Gemeinde ausgeschlossen worden war, die These, Gott solle man sich nicht anthropomorph vorstellen: Gott und die Welt, der Geist und die Materie seien ein und dasselbe. Gott habe außer den Gesetzen, die die Welt regierten, keinen Willen. Jede Einzelheit (ein Gegenstand, ein Gedanke, ein Vorgang) sei ein notwendiger Bestandteil einer einheitlichen göttlichen Ganzheit. Da Gott von der Natur nicht unterschieden werden könne, hege er keine Gefühle und habe keine besonderen Beziehungen zu einzelnen Menschen oder Menschengruppen. Für Spinoza folgte daraus, die Juden seien kein auserwähltes Volk, sondern nur eine Nation unter anderen. Die Bibel und die religiösen Gesetze seien ebenso wie alle organisierten Religionen Erfindungen der Priester. Die Trennung zwischen den Religionsgemeinschaften erschien Spinoza somit als eine künstliche Barriere, die aufgehoben werden sollte. Entscheidende Impulse für dieses Weltbild hatte Spinoza wohl bei seiner Teilnahme an den Treffen der „Kollegianten" in Amsterdam erhalten, einer Gruppe, die aus dem Remonstrantentum und dem Täufertum hervorgegangen war, den Dogmatismus ablehnte und den Kern der Religion in der Praxis der Nächstenliebe sah.[34]

Spinozas Lehre unterschied sich deutlich vom Deismus, der auf dem Glauben an einen transzendenten Gott gründete. Spinozas Philosophie war jedoch nicht atheistisch,

---

34 Steven Nadler, Spinoza. A Life, Cambridge u. a. 1999; Michael Della Rocca (Hg.), The Oxford Handbook of Spinoza, New York 2017. Über die Kollegianten: Andrew Cooper Fix, Prophecy and Reason. The Dutch Collegiants in the Early Enlightenment, Princeton 1989; Jo Van Cauter/Laura Rediehs, Spiritualism and Rationalism in Dutch Collegiant Thought, Lias 40, 2 (2013), S. 105–175.

sondern pantheistisch: Sie lehnte die Existenz Gottes nicht ab, setzte Gott aber mit dem Universum gleich. Spinozas Lehre leitete somit keine Abkehr von der Religion an sich ein und konnte ganz im Gegenteil eine regelrechte Mystik inspirieren.[35] Dass Spinoza den religiösen Enthusiasmus stimulieren konnte, sieht man an der religiösen Weiterentwicklung John Tolands im frühen 18. Jahrhundert. Toland übernahm Spinozas Pantheismus – er sprach überhaupt als Erster von Pantheismus – und gründete in den 1710er Jahren gar eine neue (philosophische) Religion, die er in einer Art Freimaurerloge in Holland zu institutionalisieren versuchte. Wie die deistischen Freimaurer präsentierte auch Toland seine Religion als eine Wiederbelebung von antiken (römischen, griechischen und druidischen) Kulten. In seinem Buch *Pantheisticon* (1720) fasste er nicht nur die pantheistische Lehre zusammen, sondern regelte auch das Ritual der Zusammenkünfte seiner Logenbrüder.[36]

Zu den bekanntesten Autoren, die vom Pantheismus beeinflusst waren, gehörte auch Paul Henri Thiry, Baron von Holbach (1723–1789), ein in Paris lebender Deutscher, der gemeinhin als einer der konsequentesten atheistischen Denker der französischen Aufklärung gilt.[37] Er veröffentlichte mehrere Abhandlungen gegen den Glauben an eine transzendente Gottheit, wobei es ihm gelang, die Anonymität zu wahren. Holbachs Kernidee, die er in seiner anonym erschienenen Skandalschrift *Das System der Natur* (*Système de la nature*, 1770) verteidigte, besagte, dass es keinen richtigen gesellschaftlichen Fortschritt geben könne, solange die Menschen an eine transzendente und anthropomorphe Gottheit glaubten. Er hatte zwar an dem Glauben an einen Schöpfergott, der nicht in menschliche Belange interveniert, nichts auszusetzen, stufte allerdings die Vorstellung eines anthropomorphen Gottes als schädlich ein. Da es nur die Natur und kein übernatürliches Wesen gebe, solle die Moral nicht auf dem Glauben an Übernatürliches, sondern auf der empirisch erfassbaren Natur aufbauen. Dadurch würden sich die natürlichen Gesetze erkennen lassen, die immer zur Tugend und zum Glück führten. Die Natur „handel[e] durch einfache und einförmige Gesetze“ und bilde ein harmonisches System.[38] Warum das so sei, erklärte Holbach nicht, sondern setzte dies als offensichtlich voraus.

35 Hasse Hämäläinen, Swedenborg's Religious Rationalism, in: Journal of Early Modern Studies 10, 2 (2022), S. 91–114.

36 John Toland, Letters to Serena, London 1704; Ders., Pantheisticon, London 1720; Jacob, The Radical Enlightenment, S. 89, 121–126.

37 Alan Kors, D'Holbach's Coterie. An Enlightenment in Paris, Princeton 1976; Virgil Topiazo, D'Holbach's Moral Philosophy. Its Background and Development, Genf 1956.

38 Hasse Hämäläinen, D'Holbach and Deism, in: Anna Tomaszewska (Hg.), Between Secularization and Reform. Religion in the Enlightenment, Leiden 2022, S. 197–218 (Übersetzung: D.T.).

Holbachs Weltbild ließ wenig Platz für den Zufall, sondern ging von einer wohlgeordneten Welt aus. Shaftesbury hätte es deshalb nicht als wahrhaft atheistisch eingestuft. Und in der Tat blieb es dem christlichen – vor allem dem aristotelisch-scholastischen – sehr ähnlich, obgleich Holbach auf das allmächtige und gütige Höchste Wesen verzichtete, das erklären könnte, weshalb die Natur wohlgeordnet und gut sei. Die Natur trug in Holbachs Ausführungen die Attribute des christlichen Gottes. Sie verkündete Gesetze, sie half und bestrafte die Menschen. Sie trat gar wie eine eifersüchtige Gottheit auf, die keinen anderen Gott neben sich duldete:

> [Die Natur] wird uns Mittel zur Linderung unserer physischen und moralischen Leiden geben, sobald wir sie zu Rate ziehen: Sie straft uns und erweist sich als streng, wenn wir sie verachten, um unseren Weihrauch für die Idole zu verschwenden, die unsere Einbildungskraft auf einen Thron erhebt, der der Natur gebührt. Sie züchtigt alle die, die einen unheilvollen Gott an die Stelle setzen, die sie selbst einnehmen müßte, durch Unsicherheit, Uneinigkeit, Verblendung und Wahnsinn.[39]

Holbach personalisierte, ja vergöttlichte die Natur. Es ist auch wahrscheinlich, dass er in seiner Beschreibung der Natur nicht so sehr an Spinoza, sondern unmittelbar an aristotelisch-scholastische Schriften anknüpfte, die er von seinem Studium an der Universität Leiden in Holland kannte. Die Vorstellung, die Natur verordne moralische Gesetze und erwarte vom Menschen, dass er sein Glück in deren Befolgung suche, lag in der Tat Spinoza fern, war aber der Scholastik geläufig.[40]

Holbachs Werke zeigen, welche originelle Blüten die Idee der natürlichen Ordnung und Religion im 18. Jahrhundert trieb. Auf der Grundlage der Philosophie aristotelisch-scholastischer Provenienz formulierte er eine säkulare Version des christlichen Weltbildes. Holbach wird für gewöhnlich als ein „Materialist" bezeichnet. Dies trifft zu, insofern er in der Regel auf den Gottesbegriff verzichtete, um die Welt zu beschreiben. Dennoch stand er der Gottesidee nicht feindlich gegenüber, solange Gott nicht

39 Henri Thiry baron D'HOLBACH, System der Natur, oder von den Gesetzen der physischen und der moralischen Welt, aus dem Französischen übersetzt von Fritz-Georg Voigt, Frankfurt a. M. 1978, S. 470.

40 Michael Allen GILLESPIE, The Theological Origins of Modernity, Chicago 2008, S. 440–499, insb. 478–479. Die scholastischen Quellen der Religionsphilosophie Holbachs, Helvétius' und Diderots stehen im Zentrum eines Forschungsprojektes von Hasse Hämäläinen, dem ich diese Hinweise verdanke.

als ein übernatürliches Wesen verstanden wurde. Sein Weltbild kann somit eher dem Pantheismus als dem Materialismus zugeordnet werden.

Problematisch ist vor allem ein in Teilen der Forschung postulierter Zusammenhang zwischen republikanisch-demokratischen Einstellungen und dem Pantheismus bzw. Materialismus.[41] Ein Blick auf Holbachs Werk hilft zu verstehen, weshalb dieser Zusammenhang mitnichten zwingend ist. Holbachs Auffassung von Politik war der physiokratischen grundsätzlich ähnlich, trotz ihrer unterschiedlichen Vorstellungen von der richtigen Staatsverfassung. Für Holbach konnte „gesunde Politik" keine menschliche Erfindung, kein Ausdruck des Volkswillens und auch kein Ergebnis von Verhandlungen und Kompromissen zwischen Gruppen sein. Wie die Physiokraten wollte Holbach die Verfassung von der natürlichen Ordnung abgeleitet wissen. Kein Volk könne glücklich sein, wenn es nicht nach den Gesetzen der Natur regiert werde.[42] Diese Naturgesetze stammten für Holbach zwar nicht von Gott, sondern „aus unserer Natur".[43] Der Mensch könne sie aber nicht ändern. Die „zivilen oder positiven Gesetze", wenn sie gut seien, könnten nur die Anwendung der Naturgesetze sein. Die „Zivilgesetze können daher in gewisser Hinsicht als Naturgesetze betrachtet werden".[44]

So waren das Eigentum, die Ungleichheit der Vermögen und Stände, die politische Autorität und die Unterordnung der Frauen Holbach zufolge natürlich und notwendig.[45] Hatte Holbach ein grundsätzlich ähnliches Verständnis von Politik wie die Physiokraten, lehnte er deren Vorstellung einer aufgeklärten Despotie entschieden ab. Seine Ansichten über Politik und Gesellschaft standen stattdessen dem Mainstream des politischen Denkens im vormodernen Europa nahe. Er argumentierte, dass keine Regierungsform perfekt sei, und fand harte Worte gegen die Demokratie und sogar gegen Republiken, denn er hielt jedwede soziale und politische Gleichheit für illusorisch und unnatürlich. Er verdammte Unruhen und Revolutionen. Wie Aristoteles und damit zahlreiche Scholastiker und Humanisten vor ihm bevorzugte Holbach ein gemischtes politisches System. Er hieß die politische Teilnahme der Stände gut und somit die geläufigste Staatsform im Europa der Vormoderne.[46] Trotz der großen

---

41 Margaret Jacob, Radical Enlightenment; Israel, Radical Enlightenment.

42 Henri Thiry, baron d'Holbach, La Politique naturelle, ou Discours sur les vrais principes du gouvernement […], London 1773, Bd. 1, S. v–vii.

43 Ebd., S. 14–15 (dieses Zitat und folgende: Übersetzung D.T.).

44 Ebd., S. 26–29, Zitat S. 28.

45 Ebd., S. 38–45.

46 Ebd., S. 60–80, 112–114, 134–135.

Unterschiede zwischen Holbach und den Physiokraten in Bezug auf das politische System waren ihre Auffassungen vom Recht und von der Suche nach den Prinzipien, die eine gerechte politische Ordnung stifteten, grundsätzlich ähnlich. Genau darin gründete die ablehnende Haltung sowohl Holbachs als auch der Physiokraten gegenüber dem konstitutionellen Republikanismus und der Demokratie. Der fehlende Gottesbezug kann nicht darüber hinwegtäuschen, dass Holbach seine Ideen einem religiös fundierten System entlehnte.

Neben Holbach gilt vor allem Diderot als das Paradebeispiel eines Autors, der politischen Radikalismus mit Materialismus verband. Sein Atheismus – so eine geläufige Annahme in der Diderot-Forschung – musste ihn zu der Überzeugung führen, die soziale und politische Ordnung sei nicht göttlicher Herkunft und könne von den Menschen verändert werden. Die Ablehnung der christlichen Gottheit stelle somit eine wichtige philosophische Grundlage für Diderots demokratische und republikanische Gesinnung dar.[47] Doch ist Diderots politischer Radikalismus bei näherem Hinsehen alles andere als offensichtlich. Aus seinem – im Übrigen nur in Handschriften und vage formulierten – Materialismus zog Diderot keine radikalen Schlüsse in Bezug auf die Gesellschaftsordnung. Diderot griff den Gottesglauben nicht öffentlich an; er schrieb überhaupt wenig über Gott, und vieles davon blieb zeit seines Lebens unveröffentlicht. Der rote Faden, der sich durch sein Werk zieht, ist nicht der Materialismus. Vielmehr sind seine Schriften von der (mitnichten revolutionären) moralphilosophischen Überzeugung geprägt, dass es das Gute und das Böse an sich gebe und dass Tugend und Glück untrennbar seien. Diese Überzeugung hatte Diderot in seiner Jugend von Shaftesbury übernommen und blieb ihr sein ganzes Leben lang treu, ohne zu versuchen, sie philosophisch zu begründen. Als älterer Mann war er sogar überzeugt, dass eine solche Begründung unmöglich und sogar gefährlich (weil anfechtbar) sei.[48]

Der Pantheismus spielte eine relativ marginale Rolle in den europäischen Gesellschaften des 18. Jahrhunderts. Dies gilt umso mehr für Lehren, die dezidiert materialistisch waren und die Welt nur als eine große Maschine wahrnahmen, wie die des am Hofe Friedrichs II. lebenden Franzosen Julien de La Mettrie (1709–1751).[49] Trotz

47 Israel, Democratic Enlightenment, u. a. S. 93–95, 101–102, 637–639.

48 Olivier Tonneau, Diderot, la philosophie sans fondement, 2 Bde., Bd. 1: Matérialisme et moralisme, Diss., Paris IV Sorbonne, 2007.

49 Julien Offray de La Mettrie, Textes choisis. Discours préliminaire ; Traité de l'âme ; Abrégé des systèmes ; Système d'Épicure ; L'Homme-machine ; l'Homme-plante, Marcelle Tisserand (Hg.), Paris 1954.

dieser ideenhistorisch spannenden Einzelfälle war das europäische 18. Jahrhundert eine Epoche, in der der Glaube an eine transzendente Gottheit äußerst dominant blieb. Gott war in der Aufklärung im Allgemeinen kein entferntes Wesen, das mit dem Leben der Menschen nichts gemein hätte, sondern eine Gottheit, die die Welt wohlgeordnet hatte, mit der man interagierte und die sich um menschliche Angelegenheiten kümmerte.

9 Toleranz

Die Idee der natürlichen Religion, die für das 18. Jahrhundert so prägend war, stellte auch die Frage nach den Beziehungen zwischen den etablierten Konfessionen bzw. Religionen. Viele Aufklärungsphilosophen behaupteten, die Durchsetzung einer an der natürlichen Ordnung und der Vernunft orientierten Religion werde eine Eintracht zwischen Religionsgemeinschaften hervorrufen und dem Fanatismus den Garaus machen. Sie stellten sich meist als vehemente Anhänger der Religionstoleranz dar: Rousseau gab beispielsweise vor, ein Fanatiker der Toleranz zu sein.[1]

Die Aufklärungsforschung ist maßgeblich dieser Selbstinszenierung gefolgt. Es ist ein Gemeinplatz, vom 18. Jahrhundert als dem Zeitalter der Religionstoleranz zu sprechen. Damit ist gemeint, dass die Aufklärer fremde Konfessionen und Religionen nicht nur geduldet sehen wollten, sondern ihnen sogar mit Respekt begegneten. Die Aufklärung insgesamt gilt sogar als eine Reaktion auf die religiöse Intoleranz und die Religionskriege des konfessionellen Zeitalters. Eines der Hauptziele der Aufklärer sei es gewesen, Frieden zwischen den Konfessionen zu stiften.[2]

Im Folgenden soll überprüft werden, inwieweit die aufklärerischen Plädoyers für die Religionstoleranz neu waren und inwiefern diese der heutigen liberaldemokratischen Toleranzvorstellung ähneln. Es wird erstens dabei gezeigt, dass unter dem Stichwort Toleranz im Aufklärungszeitalter stark voneinander abweichende und vielfach nicht miteinander kompatible Programme verhandelt wurden. Dies hatte zweitens damit zu tun, dass Toleranzvorstellungen und -theorien auch im 18. Jahrhundert auf religiösen Weltbildern aufbauten. Die religiösen Überzeugungen der jeweiligen Autoren und der Platz ihrer Konfession bzw. Religion in der Gesellschaft bedingten ihre Vorstellungen von dem wünschenswerten Verhältnis zwischen religiösen bzw. konfessionellen Gruppen weitgehend. Oft blieb im 18. Jahrhundert der Einsatz für religiöse Toleranz ein Plädoyer pro domo.

---

1 Jean-Jacques ROUSSEAU, Variante von *Julie ou La Nouvelle Héloïse*, Œuvres complètes, Bernard GAGNEBIN/Marcel RAYMOND (Hg.), 5 Bde., Paris 1959–95, Bd. 2, S. 1782.

2 SCHLÜTER, Toleranz; HAZARD, La Crise de la conscience européenne, S. 81–222; PAGDEN, The Enlightenment, S. 26–30.

9.1 Was ist Toleranz?

Den Grad religiöser Toleranz zu messen, ist eine schwierige Aufgabe, denn Toleranz ist immer stark kontextabhängig. Um die Religionstoleranz in Texten einzuschätzen, können die folgenden drei Kriterien helfen. Erstens soll die jeweilige Schrift die Duldung einer fremden Konfession oder Religion und nicht primär der eigenen fordern. In der Vormoderne stammten Plädoyers für Toleranz in aller Regel von unterdrückten religiösen Gruppierungen wie den Antitrinitariern und den Quäkern. Sie setzten sich zwar für die Tolerierung anderer religiöser Gruppen ein, aber meist nur, weil es notwendig war, damit auch die eigene Gruppe toleriert würde. Die Wahrscheinlichkeit war groß, dass ein Reformierter in einer lutherisch dominierten Gesellschaft für die Tolerierung aller protestantischen Kirchen, ein Katholik in derselben Gesellschaft für die Tolerierung der großen christlichen Konfessionen und ein Quäker für die Tolerierung aller Christen plädierte. Zweitens spielt die Abweichung von dem etablierten Recht eine entscheidende Rolle. Die Tolerierung der Juden in Holland im 18. Jahrhundert gutzuheißen, die gesetzlich verankert war, hatte ganz andere Implikationen als etwa im spanischen Kontext zur gleichen Zeit. Drittens ist es wichtig, genau zu untersuchen, welche Art von Toleranz ein Autor forderte. Rainer Forst unterscheidet drei Formen der Toleranz: die Duldungstoleranz, die die Mehrheit einer religiösen Minderheit einseitig gewährt (*toleration* im Englischen); die Koexistenztoleranz, die sich zwei ähnlich starke religiöse Gruppen gegenseitig gewähren; und die Respekttoleranz, die auf dem individuellen Recht auf Religionsfreiheit beruht.[3]

9.2 War die Frühaufklärung eine Reaktion auf die Konfessionskriege?

Entgegen einer weitverbreiteten Forschungsmeinung zielten in der Frühaufklärung nur wenige Stellungnahmen auf eine Toleranz zwischen Protestanten und Katholiken ab. Während es Humanisten wie Erasmus von Rotterdam im 16. Jahrhundert ein besonderes Anliegen gewesen war, die Konflikte zwischen Katholiken und Protestanten zu entschärfen oder gar die konfessionellen Unterschiede zu beseitigen, dachte John Locke zum Beispiel nicht im Mindesten an eine Duldung des Katholizismus. Locke war ein Klient von Lord Ashley, ab 1672 dem Ersten Earl of Shaftesbury,

---

3 Rainer Forst, Toleranz im Konflikt. Geschichte, Gehalt und Gegenwart eines umstrittenen Begriffs, Frankfurt a. M. 2003, S. 45–48.

der sich gegen König Karl II. und dessen Bruder Jakob verschworen hatte, um einen katholischen Thronfolger auszuschließen. Die Glorious Revolution (1688), die Shaftesbury und Locke unterstützten, war in erster Linie ein antikatholischer Staatsstreich. Die prorevolutionären Whigs, denen Locke nahestand, lehnten sich gegen die Toleranzpolitik des Königs gegenüber den „Papisten" (den Katholiken) auf. So überrascht es kaum, dass Locke in seinem *Letter Concerning Toleration* (1689) zwar eine „gegenseitige Toleranz" christlicher Glaubensrichtungen etabliert sehen wollte, doch gleichzeitig für ein Verbot des Katholizismus in England plädierte mit der traditionellen Begründung, Katholiken seien Hochverräter.[4] Ähnlich ging es in Deutschland den dem Pietismus nahestehenden Pufendorf und Thomasius darum, den Polemiken der Lutheraner gegen die Reformierten, nicht aber gegen die Katholiken ein Ende zu setzen.[5]

Unter den Autoren, die sich für eine Toleranz zwischen Protestantismus und Katholizismus stark machten, ist der Hugenotte Pierre Bayle zu nennen, der damit auf die Verfolgung der Hugenotten durch Ludwig XIV. antwortete. Das Kernelement seiner Toleranzlehre war der Primat des Gewissens: Da das Gewissen die Stimme Gottes im Menschen sei, müsse man ihm folgen; anderweitiges Verhalten sei eine bewusste Auflehnung gegen Gottes Gebote. Selbst wenn sie sich irrten, müssten Ketzer ihrem Glauben anhängen, weil sie sonst ihrem Gewissen nicht gehorchen würden. Die Betonung des Gewissens hatte für Bayle allerdings den Nachteil, dass die Verfolger der Protestanten sich ebenfalls auf ihr Gewissen berufen konnten: Die Stimme Gottes im Menschen konnte den Katholiken auch befehlen, die Hugenotten zu verfolgen. Deswegen stellte Bayle – ganz in der thomistischen Tradition – zwei Kriterien für moralisches Verhalten auf: die Intention und die objektive Qualität der Tat. Es reiche nicht, Gutes tun zu wollen, um tatsächlich Gutes zu tun; die Handlung müsse auch gut an sich sein. Derjenige, der zu einer verkehrten Einschätzung einer Tat gelangt sei, habe nur die Wahl zwischen zwei Übeln: die objektiv schlechte Tat, die ihm sein Gewissen empfehle, zu begehen oder seinem Gewissen nicht zu folgen, was das größere der beiden Übel sei. Allerdings sei der Mensch auch selbst daran schuld, wenn er von seiner Vernunft einen solch schlechten Gebrauch mache. Die Verfolger seien immer im Unrecht, selbst wenn sie ein reines Gewissen haben.[6]

---

4 Maurice CRANSTON, John Locke, Oxford 1985, S. 105–230, 331–333, 360–368; John LOCKE, A Letter Concerning Toleration, London 1689.

5 AHNERT, Religion.

6 SOLÈRE, The Coherence, S. 21–46.

Bayle stellte also eine kohärente und innovative Toleranztheorie auf. Über seine persönlichen religiösen Überzeugungen besteht in der Forschung kein Konsens. Das liegt zum Teil an seinen unsystematischen Stellungnahmen, die in einem besonderen Maße kontextabhängig waren. Bayle scheint aber nicht daran geglaubt zu haben, dass die Vernunft eine Gewissheit bezüglich zentraler christlicher Dogmen geben könne (eine Position, die Fideismus heißt). Dies mochte ihn toleranter gemacht haben: So griff er die Glaubenssätze anderer Konfessionen wie des Katholizismus nicht als unvernünftigen Aberglauben an. Dennoch bestand Bayles Anliegen wohl nicht darin, für die Tolerierung anderer Konfessionen einzutreten. Vielmehr wollte er den Verfolgungen der eigenen Konfessionsgenossen die Legitimitätsgrundlage entziehen. Seine Toleranztheorie war kein Instrument zur Ausweitung der Rechte Andersgläubiger in der Gesellschaft, in der er lebte.

Zu den wenigen namhaften Frühaufklärern, die sich für eine Toleranz anderer christlicher Konfessionen entschieden einsetzten, gehörte Leibniz. Er entstammte einer streng lutherisch-orthodoxen Familie, machte aber eine äußerst ungewöhnliche Karriere als Lutheraner im Dienste katholischer Fürsten. Leibniz bewarb sich aus Eigeninitiative im Jahr 1666 als Jurist beim Mainzer Erzbischof Johann Philipp von Schönborn, der die konfessionelle Spaltung überwunden sehen wollte, und trat, ohne zu konvertieren, in dessen Dienst ein. In Mainz lernte er Herzog Johann Friedrich von Braunschweig-Lüneburg kennen, der zum Katholizismus konvertiert war. 1676 wechselte Leibniz in dessen Dienst und siedelte nach Hannover über. Johann Friedrich von Braunschweig-Lüneburg stand Kaiser Leopold I. nahe und erwirkte bei ihm für Leibniz den Titel eines Reichshofrats mit Pension.

Dass Leibniz' Karriere im Dienste katholischer Fürsten machte, hatte nichts mit religiöser Lauheit, sondern ganz im Gegenteil mit starken religiösen Überzeugungen zu tun. Er hatte als ungewöhnlich begabter Jugendlicher katholische Schriften zum Naturrecht sowie die Veröffentlichungen von Georg Calixt (1586–1656) gelesen. Dieser hatte als Professor an der Universität Helmstedt in der ersten Hälfte des 17. Jahrhunderts dafür plädiert, die Wiedervereinigung der lutherischen, reformierten und katholischen Kirchen auf der Grundlage des alten Kerns der christlichen Lehre, des sogenannten *Consensus antiquitatis*, herbeizuführen.[7] Ein zentrales Anliegen Leibniz' über Jahrzehnte war es, zu einer solchen konfessionellen Wiedervereinigung Europas durch die Wiederherstellung der einen universalen Kirche beizutragen. Dieses ökumenische Programm ging bei Leibniz mit toleranten Vorstellungen einher. Er meinte, der

7 Maria Rosa ANTOGNAZZA, Leibniz. An Intellectual Biography, Cambridge 2009.

Glaube an die Kernelemente des Christentums reiche für das Seelenheil. Den Inhalt dieses Kernglaubens finde man nicht in der Schrift (wie die protestantischen Kirchen meinten), sondern in der Tradition der antiken Kirche. Die unterschiedlichen neuzeitlichen Kirchen könnten also Teile der Wahrheit verkünden. Die ganze Wahrheit könne nur in einem respektvollen Dialog zwischen den Kirchen zum Vorschein kommen. Deshalb müssten sich die christlichen Kirchen gegenseitig tolerieren.[8]

In den Jahrzehnten nach Leibniz' Tod (1716) gewann das ökumenische Programm einer konfessionellen Wiedervereinigung unter deutschen katholischen Intellektuellen an Beliebtheit. Daran hatte das Adelsgeschlecht der Schönborns, das bereits Leibniz gefördert hatte, einen wesentlichen Anteil. Die Schönborns stellten in der ersten Hälfte des 18. Jahrhunderts eine Reihe von Bischöfen und Erzbischöfen und setzten sich stark für den Reformkatholizismus ein, der Episkopalismus, Gallikanismus und Augustinismus verband. Unter der Patronage von Bischof Friedrich Karl von Schönborn (1674–1746) entwickelte sich die Universität Würzburg zu einem intellektuellen Zentrum des Reformkatholizismus, wobei sich besonders der Kirchenrechtler Johann Kaspar Barthel (1697–1771) hervortat. Dessen Schüler Georg Christoph Neller (1709–1783), der dank der Protektion des Trierer Kurfürsten Franz Georg von Schönborn (1682–1756) die Professur für Kirchenrecht an der Mosel erhielt, arbeitete eng mit dem Trierer Weihbischof Johann Nikolaus von Hontheim (1701–1790) an kirchenrechtlichen Abhandlungen, die für Furore im Reich und weit über dessen Grenzen hinaus sorgten. Ziel war eine Reform der katholischen Kirche, die die Macht von Papsttum und Jesuitenorden stark beschneiden würde und auf der Grundlage der bischofszentrierten Strukturen der Urkirche sowie der Ideen der Kirchenväter die Protestanten wieder integrieren würde. Dieses ökumenische Programm ging mit einer größeren Toleranz gegenüber Protestanten und mit einer starken Intoleranz gegenüber den Jesuiten, dem Gebrauch der Philosophie zur Auffindung religiöser und moralischer Wahrheiten sowie vielen Praktiken der Volksfrömmigkeit einher.[9]

---

8 Maria Rosa ANTOGNAZZA, Leibniz and Religious Toleration. The Correspondence with Paul Pellisson-Fontanier, in: American Catholic Philosophical Quarterly 76/4 (2002), S. 601–622.

9 Gunther FRANZ, Neller-Hontheim und der Episkopalismus-Febronianismus, in: DERS. (Hg.), Aufklärung und Tradition. Kurfürstentum und Stadt Trier im 18. Jahrhundert. Ausstellungskatalog und Dokumentation, Trier 1988, S. 101–127; Peter FROWEIN, Analogia Ecclesiae cum Imperio Germanico. Zum Kirchenbild des Trierer Kanonisten G. Chr. Neller (†1784), in: Annalen des Historischen Vereins für den Niederrhein 177 (1975), S. 103–116; Michael TRAUTH, Eine Begegnung von Wissenschaft und Aufklärung. Die Universität Trier im 18. Jahrhundert, Trier 2000.

9.3 Natürliche Religion und die Grenzen der Toleranz

In der Öffentlichkeit wird religiöse Toleranz in der Aufklärung aber seltener mit Leibniz und schon gar nicht mit wenig bekannten Figuren wie Neller und Hontheim, sondern vor allem mit Voltaire in Verbindung gebracht. Kurz nachdem 2015 ein islamistischer Attentäter in die Redaktion der Pariser Satirezeitschrift *Charlie Hebdo* eingedrungen war und mehrere Menschen erschossen hatte, wurde eine 150 Jahre alte Schrift wieder zum Bestseller: Voltaires *Über die Toleranz* (*Traité sur la tolérance*, 1763). Voltaire ist in Frankreich und darüber hinaus ein Symbol für Religionstoleranz. Darstellungen zur Aufklärung verweisen oft auf seine Bejahung der religiösen Pluralität in den *Philosophischen Briefen* (1734):

> Gehen Sie in die Londoner Börse, dieser Ort ist respektierlicher als mancher Hof; Sie sehen dort die Abgesandten aller Völker zum Wohle der Menschheit versammelt. Da handeln der Jude, der Mohammedaner und der Christ einer mit dem anderen, als seien sie desselben Glaubens, und bezeichnen nur die Bankrotteure als untreu; da vertraut sich der Presbyterianer dem Anabaptisten an, und der Anglikaner erhält das Wort des Quäkers. Beim Verlassen dieser friedfertigen und freien Versammlungen gehen die einen zur Synagoge, die anderen trinken; dieser läßt sich in einer großen Wanne taufen im Namen des Vaters durch den Sohn vom Heiligen Geist, jener läßt seinem Sohn die Vorhaut beschneiden und über seinem Kind hebräische Worte murmeln, die es nicht versteht, jene anderen gehen in die Kirche, um die Erleuchtung Gottes mit dem Hut auf dem Kopf abzuwarten; und alle sind zufrieden. Wenn es in England nur einen Glauben gäbe, müßte man Despotismus fürchten; gäbe es zwei, schnitten sie sich die Hälse ab; aber es gibt dreißig davon, und sie leben glücklich und in Frieden.[10]

Diesem Text zufolge führt die Pluralität der Religionen dazu, dass keine dominant wird, und festigt somit den Frieden. Die Anprangerung der religiösen Gewalt ist ein Leitfaden durch Voltaires Werk. Religiös motivierte Gewalt befand er für besonders unerträglich, weil sie auf Dogmen beruhe, die aus deistischer Sicht irrational erschienen, also auf „Aberglauben“.

Für Voltaire war diese Situation religiöser Pluralität aber Mittel zum Zweck und sollte nicht ewig andauern. Er erhoffte sich einen stabileren gesellschaftlichen Frieden durch die Durchsetzung der natürlichen Religion. Langfristig werde die Beseitigung

---

10 Voltaire, Philosophische Briefe. Herausgegeben und übersetzt von Rudolf von Bitter, Frankfurt a. M. 1985, S. 27.

des Aberglaubens den religiösen Kontroversen ein Ende setzen. Es werde nur noch eine vernünftige Religion und keine Streitpunkte mehr geben. Die Bedingung dafür war aber, dass sich Voltaires eigene religiöse Überzeugungen – seine Spielart des Deismus – gegenüber den offenbarten Religionen behaupteten und die religiöse Pluralität nur insofern weiterbestand, als sie mit der natürlichen Religion kompatibel war. Voltaire war deshalb weit von der liberalen Respekttoleranz entfernt. Obwohl er Bayle lobte, war sein Einsatz für die Vernunftreligion nur teilweise mit den Vorstellungen des Amsterdamer Hugenotten vereinbar, wie unter anderem seine Korrespondenz mit Isaac de Pinto zeigt.[11] In seinen Briefen rief er sogar wiederholt zur Hinrichtung von Mitgliedern religiöser Gruppen auf, deren Lehren er ablehnte: „Wäre es für die Welt schlecht, würde man zwei oder drei Jesuiten mit den Eingeweiden von zwei oder drei Jansenisten erwürgen?“[12]

Auch andere Anhänger der reinen natürlichen Religion hatten Schwierigkeiten, sich eine langfristige religiöse Pluralität vorzustellen, sollte sich die Aufklärung durchsetzen. Kant behauptete deshalb:

> Verschiedenheit der Religionen: ein wunderlicher Ausdruck! Gerade, als ob man auch von verschiedenen Moralen spräche. Es kann wohl verschiedene Glaubensarten historischer, nicht in die Religion, sondern in die Geschichte der zu ihrer Beförderung gebrauchten, ins Geld der Gelehrsamkeit einschlagender Mittel und ebenso verschiedene Religionsbücher [...] geben, aber nur eine einzige, für alle Menschen und in allen Zeiten gültige Religion.[13]

Diese Skepsis gegenüber religiöser Pluralität rührte vom Misstrauen gegenüber den etablierten Religionen her. Dies galt umso mehr für Atheisten wie Holbach, die höchstens den voltairschen Deismus für unbedenklich hielten.[14] Von Respekttoleranz waren sie gleichermaßen weit entfernt, weil diese ihnen mit den eigenen religiösen Überzeugungen inkompatibel erschien.

---

11 Pečar/Tricoire, Falsche Freunde, S. 75.

12 Brief an Mme d'Epinay, 25. April 1760, in: Voltaire, Correspondance (La Pleiade), Bd. 5, Paris 1980, S. 882 (Übersetzung: D.T.).

13 Immanuel Kant, Zum ewigen Frieden. Ein philosophischer Entwurf, in: ders., Schriften zur Anthropologie, Geschichtsphilosophie, Politik und Pädagogik (Immanuel Kants Werke in sechs Bänden), Wilhelm Weischedel (Hg.), Wiesbaden 1964, Bd. 6, S. 191–251, hier 225–226. Ich danke Andreas Pečar für diesen Hinweis.

14 Holbach, System der Natur, insb. S. 448–499.

Seiner eigenen Variante des Deismus folgend, polemisierte Rousseau dagegen nicht gegen etablierte Religionen und Konfessionen. Er glaubte vielmehr, dass unter dem Dach der natürlichen Religion Platz für unterschiedliche Glaubensrichtungen und Kirchen sein könne. Theologische Lehren und Riten waren für ihn von zweitrangiger Bedeutung, da der Kern der Religion in der Ethik lag. Wenn Religionen eine gesellschaftsstabilisierende Wirkung zeigten, lobte er sie: So äußerte Rousseau in seiner Schrift *Vom Gesellschaftsvertrag* Bewunderung für Mohammeds Lehren, und zwar unabhängig davon, ob er sie für richtig hielt.[15] Die wichtigste Frage war für ihn weniger, ob Religionen vom Aberglauben geprägt seien, sondern eher, welche gesellschaftliche Wirkung sie hätten. Religion war in seinen Augen notwendig, um die Tugenden der Individuen und folglich der Gesellschaft zu garantieren. Deswegen plädierte er im *Gesellschaftsvertrag* für die Einführung einer Zivilreligion, das heißt einer für alle Bürger verpflichtenden Religion. Diese Religion sollte einen einfachen Kult und nur zwei Dogmen haben: die Anerkennung des Höchsten Wesens und des Lebens nach dem Tod. Genau diese beiden Lehren entsprachen Rousseaus eigenen deistischen Überzeugungen. Die Forderung nach einer Zivilreligion setzte Rousseaus Toleranz aber auch eine Grenze, die einen wichtigen Unterschied zur Respekttoleranz der modernen liberaldemokratischen Regimes markiert: Rousseau zufolge sollten alle Bürger, die nicht bereit waren, diese Zivilreligion zu akzeptieren, mit dem Tod bestraft werden.[16]

9.4 Antijudaismus und Mendelssohns Toleranzlehre

Unter dem Stichwort Toleranz wurden im 18. Jahrhundert ganz unterschiedliche, ja sogar konträre Visionen verhandelt, die manche religiöse Gruppen ein-, andere aber ausschlossen. Aufklärungstheologen wie Deisten zeigten sich für gewöhnlich tolerant gegenüber religiösem Glauben und Praktiken, die in ihren Augen der durch die Philosophie erforschbaren „natürlichen Religion“ nicht widersprachen. Sie verurteilten dagegen oft andere Glaubenssätze und Praktiken, die sie als Aberglauben, also irrationale Glaubenssätze, abstempelten.

Als eine solche irrationale Religion galt vielen Aufklärern das Judentum. Sie kritisierten die angebliche Ausrichtung auf das religiöse Gesetz statt auf die Tugend. In

15 Rousseau, Du contrat social, S. 161.

16 Ebd., S. 158–168 (Kapitel zur Zivilreligion); Ourida Mostefai/John T. Scott (Hg.), Rousseau and l'Infâme. Religion, Toleration, and Fanaticism in the Age of Enlightenment, Amsterdam/New York 2009.

Montesquieus *Persischen Briefen* (*Lettres persanes*, 1721) gelten die Rabbiner als das Paradebeispiel für eine unaufgeklärte Priesterschaft. Vor allem Voltaire attackierte das Judentum und die Juden vielfach und griff dabei auf alte Topoi der christlichen antijüdischen Polemik zurück. In seinen Bemühungen, die Juden von ihrem Thron als auserwähltes Volk zu stoßen, urteilte er scharf, die Juden seien „ein kleines, neues, unwissendes, rohes Volk“, dessen „einzige Wissenschaft Maklertum und Wucherei“ seien. Ihre Lehren seien absurd, und dass sie an ihnen festhielten, zeige ihre Verstocktheit. Die Juden seien arrogant und fanatisch; sie suchten sich stets von anderen Völkern abzusondern und hassten geradezu alle Nichtjuden. Ihr Gott habe ihnen in der Antike befohlen, fremde Völker umzubringen, und falls dies noch religiöses Gesetz sein solle, dann müsse man alle Juden aufs Schafott schicken. Voltaire differenzierte dabei kaum zwischen den Juden des Alten Testaments und seinen Zeitgenossen. Seine Judenfeindlichkeit mochte religiös fundiert sein; sie führte ihn aber zu einer Aversion gegenüber dem jüdischen Volk im Allgemeinen.[17]

Selbst Aufklärer, die in der Forschung meist als judenfreundlich gelten – etwa der Marquis d’Argens (1703–1771)[18] –, propagierten durchaus ein ambivalentes Judenbild: Es stand auch für d’Argens fest, dass es nur wenige aufgeklärte Juden gebe (so wie aus seiner Sicht nur wenige aufgeklärte Jesuiten anzutreffen seien). Ähnlich war auch das Judenbild Gotthold Ephraim Lessings (1729–1781), der mit Mendelssohn eng befreundet war. Zwar steht einerseits im Zentrum von Lessings bekanntem Theaterstück *Nathan der Weise* (1779) eine positive jüdische Figur. Nathan, in dem oft Mendelssohn gesehen wird, vertritt die Auffassung, alle Religionen stimmten im Wesentlichen, also in der Morallehre, überein. Damit lieferte Lessing ein markantes Plädoyer für Religionstoleranz.[19] Andererseits behauptete er aber in seinem religionsphilosophischen Opus magnum *Die Erziehung des Menschengeschlechts* (1780), das Judentum sei eine Religion, die in einem früheren Stadium der Menschheitsgeschichte erfunden worden sei, und zwar für ein Volk, das „so roh, so ungeschickt zu abgezognen Gedanken war, noch so völlig in seiner Kindheit war“.[20]

17 Arthur HERTZBERG, The French Enlightenment and the Jews, New York 1968, S. 275, 280–308, Zitate S. 303; Adam SUTCLIFFE, Myth, Origins, Identity. Voltaire, the Jews and the Enlightenment Notion of Toleration, in: The Eighteenth Century 39, 2 (1998), S. 107–126.

18 Adam SUTCLIFFE, The Enlightenment, French Revolution, Napoleon, in: Albert LINDEMANN/ Richard S. LEVY (Hg.), Antisemitism. A History, Oxford 2010, S. 107–120, hier 111, 117.

19 Gotthold Ephraim LESSING, Nathan der Weise. Ein dramatisches Gedicht in fünf Aufzügen, Berlin 1779.

20 Gotthold Ephraim LESSING, Die Erziehung des Menschengeschlechts, in: DERS., Werke, hg. v. Herbert G. GÖPFERT, 8 Bde., München 1970–79, Bd. 8, S. 489–510, hier 492. Ich danke

Es sei also eine Religion für ein barbarisches Volk. Das Christentum sei dagegen in der nächsten Stufe der menschlichen Entwicklung entstanden und deswegen fortschrittlicher.[21]

Aus dem Bedürfnis heraus, das Judentum vor den Angriffen der christlichen und deistischen Autoren zu schützen, entwickelte Moses Mendelssohn eine der originellsten und gewagtesten Toleranzlehren des 18. Jahrhunderts. Mendelssohn stimmte mit den Deisten rousseauistischer Prägung darin überein, dass die natürliche Religion für das Seelenheil ausreiche. Für ihn waren die etablierten Religionen aber keineswegs menschengemachte Zusätze, die verschwinden könnten oder sollten. Im Gegenteil dazu erklärte er die unterschiedlichen Religionen – zumindest das Judentum und das Christentum – für Werkzeuge Gottes. Das Höchste Wesen bejahe die Pluralität der monotheistischen Religionen. Laut Mendelssohn waren Kirchen lediglich Vereine, deren Mitgliedschaft freiwillig war – eine Konzeption, die sich in modernen liberalen Demokratien durchgesetzt hat. Er plädierte folglich für eine Trennung zwischen Kirche und Staat.[22]

Mendelssohns Religionsphilosophie weist eine große Ähnlichkeit zur modernen Respekttoleranz auf. Nichtsdestotrotz nannte auch er eine Grenze des Tolerierbaren: Wie Rousseau wollte Mendelssohn den Atheismus keineswegs geduldet sehen. Genau dies ist ein Hinweis darauf, dass Mendelssohns Toleranzlehre mit dem Bedürfnis verbunden war, der eigenen Religion einen Platz in der deutschen Gesellschaft zu sichern. Sie war ähnlich wie die älteren Konzeptionen der Antritrinitarier und Quäker oder die neueren Ideen der Deisten ein Stück weit ein Plädoyer pro domo: Sich für Toleranz gegenüber den monotheistischen Religionen stark zu machen, half der Sache der Juden in Europa.

9.5 Politik gegenüber religiösen Minderheiten

Der Einfluss aufklärerischer Toleranzvorstellungen auf die Politik ist oft nicht einfach einzuschätzen. In der Forschung wird teilweise die Wirkung einzelner Autoren wie auch das Ausmaß der Religionstoleranz nicht nur in der Publizistik, sondern auch in Gesetz und Politik überschätzt.[23] Roy Porter suggeriert beispielsweise, in England sei mit dem Act of Toleration im Jahr 1689 eine tolerante Ordnung etabliert worden. Doch blieben im gesamten 18. Jahrhundert der Katholizismus weiterhin illegal und

Andreas Pečar für diesen Hinweis.

21 Ebd.

22 Sorkin, Mendelssohn, S. 109, 120–127.

23 So z. B. in Schlüter, Toleranz.

die Anhänger der dissidentischen protestantischen Kirchen von jedem Amt oder auch vom Universitätsstudium ausgeschlossen.[24] Die Vereinigten Provinzen der Niederlande tolerierten eine Vielzahl von religiösen Gruppierungen. Diese waren aber vielfachen Diskriminierungen ausgesetzt, und ihre Kultfreiheit blieb eingeschränkt.[25]

England und die Niederlande stehen in dem Ruf, die toleranteste Rechtsordnung gehabt zu haben. Dabei ging das multiethnische, multireligiöse und multikonfessionelle Polen-Litauen in der Duldung verschiedener Konfessionen in der Mitte des 18. Jahrhunderts weiter als irgendein anderer europäischer Flächenstaat. Dies gilt auch ungeachtet der Tatsache, dass Polen-Litauen vielen Aufklärern als Hort des religiösen Fanatismus galt.[26] Diese für das Europa des 18. Jahrhunderts ungewöhnlich weitreichende Toleranzordnung hatte freilich nichts mit der Aufklärung zu tun. Bereits im Spätmittelalter waren orthodoxe Adlige rechtlich den Katholiken gleichgestellt. Protestantische Adlige und Stadtbürger durften seit der Verbreitung der Reformation im 16. Jahrhundert nicht nur ihren Kult ausüben, sondern auch Ämter bekleiden. Orthodoxe, Armenier, Muslime und die überaus zahlreichen Juden genossen Kultfreiheit. Von der Ausweisung der Antitrinitarier Mitte des 17. Jahrhunderts und dem Verbot des Abfalls vom Katholizismus abgesehen, änderte sich an dieser Rechtslage bis zur Maiverfassung 1791 nur wenig.[27]

Eine weitgehend religionstolerante Ordnung wies im 18. Jahrhundert auch das Russische Reich auf, neben Polen-Litauen das europäische Vielvölkerreich par excellence. Zwar mussten einerseits ethnische Russen und Staatsdiener russisch-orthodox sein und Juden wurden bis zu den Teilungen Polens im ausgehenden 18. Jahrhundert nicht toleriert. Andererseits genossen aber unterschiedliche christliche Gemeinschaften ebenso wie Muslime Kultfreiheit, zumindest solange sie nicht als ethnisch russisch galten. Die gebürtige Lutheranerin Katharina II. achtete darauf, sich als russisch-orthodoxe Herrscherin zu profilieren, warb aber zugleich deutsche Siedler an. Bis auf eine kurze Zeitspanne im 16. Jahrhundert fanden im Russischen Reich der Frühen Neuzeit keine

---

24 Porter, Enlightenment, S. 24–30.

25 Christine Kooi, Religious Tolerance, in: Helmer J. Helmers/Geert H. Janssen (Hg.), The Cambridge Companion to the Dutch Golden Age, Cambridge 2018, S. 208–224.

26 Ole Peter Grell/Roy Porter, Toleration in Enlightenment Europe, in: dies. (Hg.), Toleration in Enlightenment Europe, Cambridge 2006, S. 1–22.

27 Wojciech Kriegseisen, Protestanten in Polen-Litauen (1696–1763). Rechtliche Lage, Organisation und Beziehungen zwischen den evangelischen Glaubensgemeinschaften, Wiesbaden 2011; Richard Butterwick, The Polish-Lithuanian Commonwealth 1733–1795. Light and Flame, New Haven 2020, S. 28.

Zwangskonversionen von Muslimen und kaum Missionsarbeit unter ihnen statt. Unter „Heiden" wurde seit der ersten Hälfte des 18. Jahrhunderts aktiv missioniert, vor allem weil das Christentum als eine wichtige Grundlage für die Zivilisierungsarbeit galt.[28]

Der erste Staat, der christliche Konfessionen gleichstellte und eine Trennung zwischen Kirchen und Staat etablierte, waren die Vereinigten Staaten von Amerika. In diesem neuen Bundesstaat waren christliche Religionsgemeinschaften gleichberechtigt. Die Grundlage dafür lieferten ähnliche Vorstellungen wie die Rousseaus: Unter dem Dach einer Zivilreligion, deren einziges Dogma das Bekenntnis zu Gott war („In God we trust" steht bis heute auf den Dollarscheinen), fanden die unterschiedlichsten Religionsgemeinschaften Europas Platz zur Entfaltung. Die Symbole der amerikanischen Zivilreligion wurden dabei deistischen Kultgemeinschaften wie der Freimaurerei entlehnt. Hier kann man von einem engen Zusammenhang zwischen Religionstoleranz und Aufklärung ausgehen, auch wenn die Notwendigkeit, Kolonien mit diversen konfessionellen Zusammensetzungen und unterschiedlichen Religionsgesetzen zusammenzuführen, eine große Rolle in der Etablierung einer toleranten Ordnung gespielt haben mag.[29]

Umstritten ist das Ausmaß der Religionstoleranz in Brandenburg-Preußen. Immer wieder wird auf eine spezifische „preußische Toleranz" hingewiesen, die aber bei näherem Hinsehen darin bestand, dass reformierte (calvinistische) Fürsten notgedrungen ihre lutherischen Untertanen tolerierten. Nicht zuletzt deswegen förderten sie Pietisten (evangelikale Lutheraner) und die Einwanderung von Konfessionsgenossen (Hugenotten, das heißt französischen Reformierte).[30] Vor allem stellen aber Fachpublikationen

---

28 Andreas KAPPELER, Russland als Vielvölkerreich. Entstehung – Geschichte – Zerfall, München 2020, S. 29–56; DERS., Die Moskauer „Nationalitätenpolitik" unter Ivan IV, in: Russian History 14, 1–4 (1987), S. 263–282; Ricarda VULPIUS, Civilizing Strategies and the Beginning of Colonial Policy in the Eighteenth-Century Russian Empire, in: Damien TRICOIRE (Hg.), Enlightened Colonialism. Civilization Narratives and Imperial Politics in the Age of Reason, Cham 2017, S. 113–132; Paul W. WERTH, The Tsar's Foreign Faiths. Toleration and the Fate of Religious Freedom in Imperial Russia, Oxford 2014.

29 Raymond HABERSKI, Jr., Civil Religion in America, in: Oxford Research Encyclopedia of Religion, 2018, https://doi.org/10.1093/acrefore/9780199340378.013.441 (zuletzt besucht am 18.05.2022); Robert N. BELLAH, Civil religion in America, in: DERS./Steven M. TIPTON (Hg.), The Robert Bellah reader, Durham 2006, S. 225–245; Donald G. JONES/Russell E. RICHEY, American civil religion, San Francisco 1990; Heinz KLEGER/Alois MÜLLER (Hg.), Religion des Bürgers. Zivilreligion in Amerika und Europa, München 1986; Rolf SCHIEDER, Civil Religion. Die religiöse Dimension der politischen Kultur, Gütersloh 1987.

30 Zur Förderung des hallischen Pietismus: Marianne TAATZ-JACOBI, Erwünschte Harmonie. Die Gründung der Friedrichs-Universität Halle als Instrument brandenburg-preußischer

wie die Öffentlichkeit gewöhnlich König Friedrich II. als toleranten Herrscher dar. In der deutschen Publizistik wird gern sein Spruch „Jeder soll nach seiner Façon selig werden" zitiert. Mit dieser Proklamation der Gewissensfreiheit ging einher, dass Friedrich II. die katholische Kirche in den westdeutschen brandenburg-preußischen Territorien (Kleve, Jülich, Berg, Mark), in Schlesien und in den annektierten Teilen Polen-Litauens tolerierte und ab 1747 sogar einen katholischen Dom in Berlin errichten ließ, die Hedwigskathedrale. Auf der anderen Seite verachtete Friedrich II. als Deist voltairescher Prägung die Offenbarungsreligionen und insbesondere den Katholizismus. Nach der Annexion Schlesiens respektierte Friedrich II. die Gewissensfreiheit seiner neuen katholischen Untertanen. Gleichzeitig wollte er aber zunächst eine katholische Landeskirche aufbauen – das heißt eine von Rom unabhängige Kirche –, selbst wenn dieses Projekt mit dem Gewissen zahlreicher Katholiken kaum zu vereinbaren gewesen wäre. Im Endeffekt ließ der König die Strukturen der schlesischen katholischen Kirche zwar weitgehend unangetastet. Diese Entscheidung ging jedoch weniger auf seine „tolerante" Einstellung, sondern auf die internationalen Verträge (die Friedensverträge mit Österreich) zurück, an die Friedrich II. gebunden war. Im sogenannten Westpreußen, einem Gebiet, das nach der ersten Teilung Polen-Litauens (1772) annektiert wurde, hatte Friedrich II. dagegen freie Hand: Er säkularisierte alle Güter der katholischen Kirche und machte dadurch den katholischen Klerus von sich abhängig.[31]

Gegenüber Juden verfolgte Friedrich II. eine äußerst restriktive Politik: Er erhöhte das sogenannte Schutzgeld von 10.000 auf 25.000 Reichstaler, schränkte die ökonomische Tätigkeit ein und zwang jüdische Unternehmer, Waren aus defizitären staatlichen Betrieben zu kaufen. Friedrichs Ziel war dabei, die Anzahl der Juden in Brandenburg-Preußen zu reduzieren. Ihm zufolge waren Juden im Allgemeinen für die christliche Bevölkerung schädlich, wie er in seinem politischen Testament für seinen Nachfolger behauptete:

> Die Juden sind von allen diesen Sekten die gefährlichste, weil sie den Handel der Christen schädigen und weil sie für den Staat unbrauchbar sind. Wir haben dieses Volk nötig, bestimmten Handel in Polen zu treiben, aber man muss verhindern, dass ihre Zahl wächst[,]

Konfessionspolitik – Motive, Verfahren, Mythos (1680–1713), Berlin 2014; Dies./Pečar, Die Universität Halle.

31 Hans-Wolfgang Bergerhausen, Friedensrecht und Toleranz. Zur Politik des preußischen Staates gegenüber der katholischen Kirche in Schlesien 1740–1806, Berlin 2021; Hans-Jürgen Bömelburg, Zwischen polnischer Ständegesellschaft und preußischem Obrigkeitsstaat, München 1995, S. 310–321.

> und sie nicht nur auf eine bestimmte Zahl von Familien, sondern auf eine bestimmte Zahl von Köpfen festlegen, ihren Handel beschränken und sie hindern, Unternehmungen im großen zu machen, denn sie sollen nur Kleinhändler sein.[32]

Friedrich erreichte sein Ziel: Die Anzahl der jüdischen Familien sank merklich. In Halberstadt lebten zum Beispiel im Jahr 1740 rund 800 jüdische Familien; um 1800 waren es nur noch 80.[33]

Der aufklärerische Diskurs führte unter Friedrich II. somit nur teilweise zu einer Ausweitung der Toleranz. Eine etwas positivere Bilanz kann man dagegen für die Habsburgermonarchie ziehen. 1781 erließ Kaiser Joseph II. Toleranzpatente in den unterschiedlichen Territorien, die seiner Herrschaft unterstanden. Protestanten und Orthodoxe erhielten dieselben bürgerlichen Rechte wie die katholischen Untertanen und wurden im Staatsdienst gleichgestellt. Der Kaiser gestand zudem den Protestanten die Gewissensfreiheit und eine eingeschränkte Kultfreiheit zu: Sie durften nun Gottesdienste feiern, allerdings nur in privaten Räumen, die von der Straße aus nicht zugänglich waren. In den 1780er Jahren erließ Joseph II. zudem eine Reihe von Toleranzpatenten für Juden, womit er sich teilweise von der Politik seiner Mutter Maria Theresia abwandte, die wie Friedrich II. vor allem eine Verringerung der Anzahl der Juden angestrebt hatte. Joseph wollte die jüdische Bevölkerung der Wirtschaft zunutze machen und sie kulturell assimilieren. Er eröffnete Juden deshalb den beruflichen Zugang zu Handwerk, Landwirtschaft und Handel. Er verpflichtete sie, deutsche Nachnamen anzunehmen, und verbot ihnen, Rechnungsbücher und Rechtsdokumente auf Hebräisch und Jiddisch zu verfassen.

Josephs Judenpolitik wich jedoch nur zum Teil von dem Kurs seiner Mutter ab. Auch er hatte ein sehr negatives Bild von den Juden, vor allem von denjenigen, die in den ehemaligen polnischen Gebieten lebten und die er als wahre „Wilde" betrachtete. Aus diesem Grund beschränkte er die Tätigkeitsfelder für Juden. Im annektierten Teil Polen-Litauens, der nun „Galizien" genannt wurde, betätigten sich viele arme Juden als Hausierer. Andere lebten von der Herstellung und dem Verkauf von Alkohol; sie pachteten oft Schenken von Adligen. Diese Erwerbsmöglichkeit verbot Joseph

---

32 FRIEDRICH II., Politisches Testament von 1752, in: Richard DIETRICH (Hg.), Die politischen Testamente der Hohenzollern, Köln/Wien 1986, S. 253–461, hier 315.

33 Tobias SCHENK, Wegbereiter der Emanzipation? Studien zur Judenpolitik des „Aufgeklärten Absolutismus" in Preußen (1763–1812), Berlin 2010. Die ältere Forschung glaubte dagegen, Friedrich II. habe aus ökonomischen Interessen die Ansiedlung von Juden gefördert: Selma STERN, Der preußische Staat und die Juden, 8 Bde., Tübingen 1925–1975.

den Juden kurzerhand und trieb damit einen Teil der Bevölkerung in die Armut. Er verordnete zudem die Ausweisung erwerbsloser Juden und führte eine Heiratssteuer ein – mit dem Ziel, die Anzahl der Familiengründungen zu reduzieren.[34]

Frankreich verabschiedete sich in den 1780er Jahren von der Politik Ludwigs XIV., der den Protestantismus überall außerhalb des Elsass für illegal erklärt hatte. 1787 erließ König Ludwig XVI. ein Toleranzedikt (Édit de tolérance) und legalisierte damit den Protestantismus im ganzen Königreich. Protestantische Eheschließungen wurden anerkannt; die Kultfreiheit blieb jedoch sehr eingeschränkt, denn nur der katholische Kult durfte öffentlich stattfinden. In der Französischen Revolution wurden Christen aller Konfessionen 1789 gleichgestellt, ohne dass es darüber eine große Kontroverse gegeben hätte. Dagegen debattierten die Abgeordneten und die Öffentlichkeit heftig darüber, ob auch Juden französische Bürger sein könnten. Erst im Januar 1790 erhielten sephardische Juden (das heißt die Juden iberischer Herkunft) das Bürgerrecht und die Aschkenasen (die Juden mitteleuropäischer Herkunft) im Elsass mussten gar bis September 1791 warten.

Die österreichische und die französische Geschichte zeigen, dass Eliten in katholischen Ländern im späten 18. Jahrhundert vielfach bereit waren, die Gewissensfreiheit für Christen anderer Konfessionen anzuerkennen und die rechtlichen Diskriminierungen ihnen gegenüber abzubauen. Gleichzeitig blieben sie in der Regel genauso wie Friedrich II. stark von antijüdischen Vorstellungen geleitet.[35]

---

34 Klemens Kaps, Aufklärung, religiöse Toleranz und Nützlichkeit. Die Neudefinition von Ordnungskonzepten des Judentums in Polen-Litauen und der Habsburgermonarchie (1770–1792) – vom Vergleich zum Transfer, in: Christian Preusse u. a. (Hg.), Frühneuzeitliche Reiche. Empires in Early Modern Europe: Das Heilige Römische Reich und Polen-Litauen im Vergleich. The Holy Roman Empire and Poland-Lithuania in Comparison, Wiesbaden 2015, S. 237–257; Janez Krajnc, Das Problem rechtlicher Regelung religiöser Toleranz im Hinblick auf das Toleranzpatent Joseph II., in: Christoph Enders/Michael Kahlo (Hg.), Toleranz als Ordnungsprinzip?, Paderborn 2007, S. 41–70; Rudolf C. Blitz, The Religious Reforms of Joseph II (1780–1790) and their Economic Significance, in: Journal of European Economic History 18, 3 (1989), S. 583–594.

35 Michel Reulos, Louis XVI du serment du sacre à l'Édit de tolérance, in: Bulletin de la Société de l'histoire du protestantisme français 134 (1988), S. 728–730; Yves Krumenacker, Les registres de l'Édit de tolérance, in: Bulletin de la Société de l'histoire du protestantisme français 133 (1987), S. 385–394; Ders., L'Édit de tolérance à Lyon, in: Bulletin de la société de l'histoire du protestantisme français 141 (1995), S. 87–95; Jacques Godechot, La Révolution française et les Juifs, in: Annales historiques de la Révolution française 48, 223 (1976), S. 47–70.

10 Lust und Sex

Was bedeuteten die unterschiedlichen religiösen Entwicklungen und die Vorstellungen von der natürlichen Ordnung für die Sexualmoral in der Aufklärungszeit? Die Aufklärung wird oft als eine Epoche der Emanzipation nicht nur von religiösen Dogmen, sondern auch von der christlichen Moral verstanden. Leibliches Vergnügen habe im 18. Jahrhundert eine größere Akzeptanz als im 17. Jahrhundert genossen, ja es habe eine regelrechte „aufklärerische Exaltierung der Lust“ („Enlightenment exaltation of pleasure“) gegeben.[1] Prominente Aufklärungsforscher und -forscherinnen wie Robert Darnton, Lynn Hunt und Margaret Jacob – die die historische Forschung zur Pornographie überhaupt erst begründet haben – haben im späten 20. Jahrhundert betont, dass die neuartige Verbreitung der pornographischen Literatur im 18. Jahrhundert (vor allem in Frankreich) mit einer religiösen, politischen und moralischen Emanzipation Hand in Hand gegangen sei. Darnton, Hunt und Jacob weisen darauf hin, dass pornographische Romane oft als „philosophische Bücher“ (*livres philosophiques*) bezeichnet worden seien; diese Romane hätten oft die Doppelmoral der Mächtigen angeklagt und eine materialistische Moral vertreten, die Sex für etwas Natürliches und Mechanisches gehalten habe. Jacob sieht die Pornographie des 18. Jahrhunderts als eine indirekte Folge der wissenschaftlichen Revolution, die einen Niedergang der Vorstellung einer transzendenten Ordnung eingeleitet habe. Laut Darnton waren die pornographischen Pamphlete ein entscheidender Faktor in der Desakralisierung der Monarchie und somit ein Motor der Französischen Revolution.[2]

---

1 Roy PORTER, Enlightenment and Pleasure, in: DERS./Mary Mulvey ROBERTS (Hg.), Pleasure in the Eighteenth Century, Basingstoke 1996, S. 1–18; Thomas M. KAVANAGH, Enlightened Pleasure. Eighteenth-Century France and the New Epicureanism, New Haven 2010.

2 Lynn HUNT, Die Erfindung der Pornographie. Obszönität und die Ursprünge der Moderne, Frankfurt a. M. 1994; DIES., Introduction, in: DIES. (Hg.), Eroticism and the Body Politic, Baltimore 1991, S. 1–13; Margaret JACOB, Die materialistische Welt der Pornographie, in: Lynn HUNT (Hg.), Die Erfindung der Pornographie, Frankfurt a. M. 1994, S. 132–182; DARNTON, Forbidden Bestsellers. Siehe auch Jean-Marie GOULEMOT, Gefährliche Bücher.

Diese Thesen sind zum Teil durchaus zutreffend. Die Vorstellungen von einem dem Menschen innewohnenden Reproduktionstrieb und von der Natürlichkeit von Geschlechtsverkehr begründeten im 18. Jahrhundert vielfach eine Infragestellung der rigiden Sexualmoral der christlichen Kirchen und leiteten eine Abkehr von der Vorstellung ein, Sex außerhalb der Ehe sei eine schwere Sünde. In Romanen oder philosophischen Schriften des Aufklärungszeitalters kommt immer wieder eine Toleranz gegenüber dem außerehelichen heterosexuellen Geschlechtsverkehr zum Ausdruck. In manchen Fällen wird der Geschlechtsverkehr zwischen (unverheirateten) Liebenden regelrecht zelebriert.

Dennoch ist die Interpretation, die im 18. Jahrhundert einen Niedergang der rigiden Sexualmoral sieht, allzu einseitig. Die „libertinische" und pornographische Literatur ging meist auch mit moralischen Anforderungen und einer Unterscheidung zwischen „natürlichem" und „unnatürlichem" Sex einher. Die Deutung der aufklärerischen Kultur als Abkehr von einer strengen Sexualmoral und Hinwendung zum Hedonismus vernachlässigt die Tatsache, dass im Aufklärungszeitalter die Natur gewöhnlich als eine moralische Ordnung wahrgenommen wurde. Dass der Geschlechtsverkehr als etwas Natürliches galt, hieß nicht, dass man jede Form von Sexualverhalten billigte. Gerade der Bezug auf die Natur ging mit wachsenden Forderungen nach einer Moralisierung der Gesellschaft einher. Manche sexuellen Praktiken, die bis dahin gesellschaftlich stillschweigend toleriert worden waren, verwarfen aufklärerische Kreise deshalb zunehmend.[3] Freilich brachte dies keine Einheitlichkeit von moralischen Vorstellungen mit sich. Auch bezüglich der Sexualmoral war die Aufklärungszeit eine Epoche heftiger Kontroversen und Verunsicherungen.

10.1 Rigorismus und Toleranz gegenüber außerehelichem Geschlechtsverkehr im 18. Jahrhundert

Der Umgang mit physischer Lust und außerehelichem Sex im 18. Jahrhundert bietet ein kontrastreiches Bild. Auf der einen Seite waren rigoristische Strömungen im Christentum sehr stark (man denke an den Jansenismus oder den Evangelikalismus).

Erotische Literatur, Pornographie, Leser und Zensur im 18. Jahrhundert, Reinbek bei Hamburg 1993, S. 21–39.

3 Lisa Jane Graham, Debauchery and Enlightenment in Eighteenth-Century France (Manuskript), insb. Kapitel 5 („Sexual hygiene: the medicalization of debauchery") und 6 („The Enlightened case for marriage"). Ich danke der Autorin, die ihr unveröffentlichtes Manuskript mit mir geteilt hat.

Auf der anderen Seite zelebrierte die Kultur des Rokoko das physische – darunter das sexuelle – Vergnügen auf eine neue Art und Weise. Die Gemälde von Antoine Watteau (1684–1721) und François Boucher (1703–1770) wie auch manche Literaturwerke strahlen eine große Lebensfreude aus, bejahen die außereheliche Liebe und entfalten eine geradezu feierliche Erotik. Wie in polygamen Gesellschaften galt es für Männer der oberen Schichten als vollkommen normal, ja quasi als eine standesgemäße Pflicht, eine Liebhaberin zu haben. Je höher der Stand, desto mehr außereheliche Beziehungen hatte der Mann. Ein Fürst von königlichem Geblüt hatte in Frankreich in der Regel eine ganze Hierarchie von Mätressen an seiner Seite. Noch erstaunlicher ist die Tatsache, dass etwa im französischen Adel des 18. Jahrhunderts die Tatsache stillschweigend weitgehend toleriert wurde, dass verheiratete Frauen Liebhaber hatten.[4]

Die sozialen Normen der Oberschichten kontrastierten vielfach mit den Lehren der christlichen Kirchen, die jede sexuelle Praxis, die nicht der Reproduktion in der Ehe diente, als Sünde verurteilten. Doch auch die christliche Sexualmoral war in der Frühen Neuzeit diverser und der Mainstream weniger rigide, als man denken könnte. Die These, das 18. Jahrhundert habe eine neuartige hedonistische Kultur des physischen Vergnügens hervorgebracht und eine radikale Abkehr von der christlichen Sexualmoral eingeleitet, beruht zum Teil auf einem überzeichneten Bild des frühneuzeitlichen Christentums. Nicht nur verbreiteten die protestantische wie die katholische Sexualmoral des 17. Jahrhunderts ein positives Bild vom Geschlechtsverkehr in der Ehe zum Zweck der Reproduktion und zur Vermeidung von Ausschweifungen. Auch galt der sexuelle Trieb zumindest im katholischen Europa vielfach nicht als Konsequenz des Sündenfalls, sondern als Teil der von Gott geschaffenen Menschennatur. Die thomistische Scholastik betrachtete in der Tat den Reproduktionstrieb als eine der drei natürlichen Neigungen des Menschen.[5] Zwar hielt die katholische Lehre Zölibat und sexuelle Abstinenz für moralisch grundsätzlich höherwertig als ein sexuell aktives Leben. Sie empfahl aber der breiten Bevölkerung nicht, auf den Geschlechtsverkehr zu verzichten. Der Probabilismus, eine überaus einflussreiche Strömung in der katholischen Moraltheologie des 17. und teilweise noch des 18. Jahrhunderts, war

4 Pascal Firges, The Tacit Rules of Female Adultery. Framing Marital and Extramarital Relationships in Seventeenth- and Eighteenth-Century French Court Society, in: C. Zum Kolk/K. Wilson-Chevalier (Hg.), Femmes à la cour de France. Statuts et fonctions, Moyen Âge – XIXe siècle, Villeneuve-d'Ascq 2018, S. 293–302.

5 Maurice Daumas, Sexualité et mariage. La sexualité dans les traités sur le mariage en France, XVIe–XVIIe siècles, in: Revue d'histoire moderne et contemporaine 51, 1 (2004), S. 7–35, hier 23–27; Greene, Instinct of Nature.

sogar erstaunlich tolerant gegenüber außerehelichem Sex, und eine der Grundlagen für die probabilistische Kasuistik war eben die Erkenntnis, der Reproduktionstrieb sei eine von Gott im Menschen eingepflanzte Neigung. Der Geschlechtsverkehr war Teil der natürlichen Ordnung. Erstaunlicherweise wurde gerade diese probabilistische Moraltheologie von Aufklärern vielfach angegriffen: Diderot oder Voltaire verurteilten oder verspotteten sie als jesuitischen „Laxismus" und als Perversion der natürlichen Ordnung, obwohl sie selbst in ihren Schriften immer wieder Verständnis gegenüber manchen Formen des außerehelichen Geschlechtsverkehrs äußerten.[6]

10.2 Physische Lust und Moral bei Aufklärern

Wie bei anderen Themen auch vertraten Aufklärer in dieser Gesellschaft, die zwischen dem Erstarken des christlichen Rigorismus und einer großen Toleranz gegenüber außerehelichem Sex hin- und hergerissen war, diverse und oft spannungsreiche Meinungen. Einige französische Autoren bauten zumindest in manchen Texten auf der scholastischen Idee einer natürlichen Neigung des Menschen zur Reproduktion auf, um die christliche Verurteilung des außerehelichen Geschlechtsverkehrs als Sünde infrage zu stellen. Auch hier zogen sie aus alten scholastischen Ideen neue Schlussfolgerungen, die Thomas von Aquin und seinen Nachfolgern ferngelegen hatten.

Ein gutes Beispiel dieses Trends ist Diderots *Nachtrag zu Bougainvilles Reise oder Gespräch zwischen A. und B. über die Unsitte, moralische Ideen an gewisse physische Handlungen zu knüpfen* (*Supplément au voyage de Bougainville, ou dialogue entre A et B sur l'inconvénient d'attacher des idées morales à certaines actions physiques qui n'en comportent pas*, 1772). Bei diesem Text handelt es sich um einen Dialog zwischen zwei Figuren, die „A." und „B." heißen, über die Gesellschaft auf Tahiti, einer Pazifikinsel, die der Seefahrer Antoine de Bougainville (1729–1811) einige Jahre zuvor als ein wahrhaftiges Sexparadies geschildert hatte. Diderot greift dieses Klischee auf und nimmt es zum Anlass, einen Dialog im Dialog einzubauen: Hier trifft ein katholischer Priester auf einen Tahitianer, der ihm erklärt, dass Geschlechtsverkehr etwas Natürliches sei. Der Priester wehrt sich gegen diese Liberalisierung der Sexualmoral, ohne Argumente zu liefern, und erliegt im Endeffekt selbst dem natürlichen Trieb. So wird der Priester, der sein Zölibatsgelöbnis nicht brechen möchte und sich dem Charme der jungen

---

6 Denis Diderot, Article „Jésuite", in: Encyclopédie, https://artflsrv03.uchicago.edu/philologic4/encyclopedie0521/navigate/8/2480/ (zuletzt besucht am 12.04.2022); Voltaire, L'Ingénu. Histoire véritable, Utrecht 1767, S. 170–184 (Kapitel XVI).

tahitianischen Frauen doch nicht widersetzen kann, lächerlich gemacht – und mit ihm die als unnatürlich präsentierte Sexualmoral der katholischen Kirche. Wie der Titel schon besagt, sollten keine „moralischen Ideen“ an den Geschlechtsverkehr „geknüpft“ werden.[7] Der Geschlechtsverkehr erscheint unter Diderots Feder als eine natürliche Handlung, die in europäischen Gesellschaften auf widernatürliche Weise auf die Ehe beschränkt wird. Dem Erzähler B. zufolge zeige Tahiti, dass weltliche und religiöse Gesetze im Einklang mit den Naturgesetzen stehen sollten, weil die „Herrschaft [natürlicher Gesetze] nicht aufgehoben werden“ könne.[8] B. kritisiert somit die Institution der Ehe sowie die Schamhaftigkeit und die Eifersucht. Das Unglück der Zivilisierten rühre von Gesetzen her, die die Frau zum Besitz des Mannes erklärten und einen Kampf zwischen Natur und Künstlichkeit im Inneren des Individuums hervorriefen.[9]

Bei diesem Angriff auf die christliche Sexualmoral ist der genaue Kontext zu beachten. Diderot verfasste den *Nachtrag zu Bougainvilles Reisen* für Friedrich Melchior Grimms *Correspondance littéraire*, ein handschriftliches Journal, das lediglich an Fürsten und Fürstinnen verkauft wurde und dementsprechend nur in engen höfischen Kreisen zirkulierte. Er formulierte seine Kritik an der christlichen Einstufung von außerehelichem Geschlechtsverkehr als Sünde in einem aristokratischen Milieu, das Polygynie und sogar Polyandrie praktizierte und akzeptierte. In anderen sozialen Kontexten traten Aufklärer dagegen nicht als Anhänger einer Sexualrevolution, wie ihre Verurteilung des probabilistischen „Laxismus“ zeigt, sondern als Tugendlehrer auf. Nicht nur Rousseau, sondern auch Voltaire und Diderot lehnten die seichte Zelebrierung der physischen Lust in der Rokokokunst ab. Rousseau stand schon der bildenden Kunst im Allgemeinen skeptisch gegenüber; die Rokokokunst verkörperte aber geradezu das Gegenteil seines Ideals der Schlichtheit und Tugend. Voltaire war ein Anhänger des Klassizismus, der seiner Meinung nach die natürliche Moral vermittelte.[10] Auch Diderot trat für eine moralische und moralisierende Kunst ein; er schätzte deshalb die Bilder des Genremalers Jean-Baptiste Greuze (1725–1805) oder auch Richardsons Romane.[11]

7 Denis DIDEROT, Nachtrag zu ‚Bougainvilles Reise‘ oder Gespräch zwischen A. und B. über die Unsitte, moralische Ideen an gewisse physische Handlungen zu knüpfen, zu denen sie nicht passen, Frankfurt a. M. 1965.

8 Ebd., S. 63.

9 Ebd.

10 René POMEAU, Voltaire, Paris 1955, S. 54–61.

11 Emile MAGNIEN, Diderot et Greuze, in: Annales de l’Académie de Mâcon 60 (1984), S. 131; Antoinette EHRARD/Jean EHRARD, Diderot et Greuze : questions sur L’Accordée de village, in: Recherches sur Diderot et sur l’Encyclopédie 49 (2014), S. 31–53.

In der Philosophie des 18. Jahrhunderts wurden vereinzelt durchaus das physische Vergnügen und die Lust losgelöst von Moralvorstellungen gefeiert. Der materialistische Arzt La Mettrie sah den Menschen als eine Maschine an und befürwortete die Maximierung des physischen Vergnügens. Am weitesten ging der – im Übrigen antiklerikale und politisch radikale – Marquis de Sade (1740–1814), der in seinen Romanen Lust und Moral vollkommen trennte und deshalb Gewaltorgien beschrieb (der Begriff Sadismus leitet sich von seinem Nachnamen ab).[12]

So faszinierend und innovativ diese Schriften sein mögen: Sie ändern nichts daran, dass die Lust im 18. Jahrhundert in aller Regel auch in aufklärerischen Kreisen nur dann positiv bewertet wurde, wenn sie gewissen moralischen Normen entsprach. Vielfach unterschieden Aufklärer deshalb zwischen „wahrhaftiger" und „pervertierter" Lust. Als wahrhaftig galt diejenige Lust, die langfristiges Glück begründe, den wahren Interessen des Individuums und der Natur folge, anstatt kurzfristigen und blinden Leidenschaften zu entspringen. Wahrhaftige Lust wurde somit vielfach als ein Beweis verstanden, dass der Mensch die natürliche – für die meisten Autoren also: von Gott erschaffene – Ordnung intuitiv fühle.

Wie gering die Akzeptanz einer von moralischen Implikationen losgelösten Lust in Europa war, wird an der starken Ablehnung gegenüber Sexualitätsformen, die nicht der Zeugung von Nachkommen dienten, sichtbar. Während der maßvolle heterosexuelle Beischlaf als gesund galt, wurden andere sexuelle Praktiken in der Regel als widernatürlich, moralisch verwerflich und gesundheitsschädigend verurteilt. Man stufte sie gewöhnlich als „Ausschweifung" ein und betrachtete sie zunehmend als eine Krankheit. In medizinischen Abhandlungen erschien „Ausschweifung" als eine große Gefahr für die Gesellschaft.[13] Zu diesen devianten Verhaltensformen zählte in der Aufklärungszeit etwa die Homosexualität, vor allem die männliche. Der englische Autor Richard Payne Knight (1750–1824), der die Akzeptanz der Homosexualität und den Priapos-Kult der alten Griechen guthieß und die christliche Moral scharf angriff, war eine Ausnahme.[14] Voltaire setzte zum Beispiel das Motiv der Homosexualität ein, um bestimmte soziale Gruppen wie Soldaten und Priester zu diskreditieren, und für

12 Julien Offray de La Mettrie, L'homme-machine, in: Œuvres philosophiques de La Mettrie, Berlin 1796, S. 95–200; James A. Steintrager, The Autonomy of Pleasure. Libertines, License, and Sexual Revolution, New York 2016.

13 Graham, Debauchery, Kapitel 5 und 6.

14 George Sebastian Rousseau, The Sorrows of Priapus. Anticlericalism, Homosocial Desire, and Richard Payne Knight, in: Ders./Roy Porter (Hg.), Sexual Underworlds of the Enlightenment, Chapel Hill 1988, S. 101–155.

Diderot gehörte „Päderastie" zu den widernatürlichen Praktiken, die Jesuiten angeblich skandalöserweise tolerierten.[15] Männliche Homosexuelle wurden im 18. Jahrhundert wie auch früher meist in Anlehnung an eine geläufige Bibel-Interpretation als „Sodomiten" bezeichnet und manchen Forschern zufolge sogar deutlicher als zuvor von den „normalen" Männern unterschieden. Während englische Gerichte im 17. Jahrhundert nur wenige Männer für „Sodomie" juristisch belangten, häuften sich die Todesurteile für „Sodomiten" um 1800. Die weibliche Homosexualität galt in der Regel als ein leichteres Vergehen. Sie lieferte zwar ein beliebtes Motiv für die pornographische Literatur, doch der Rückgriff mancher Autoren auf diesen Topos, um die Leser in sexuelle Erregung zu versetzen, ist keineswegs mit einer breiten Akzeptanz der Homosexualität zu verwechseln.[16]

Im 18. Jahrhundert begann zudem eine Kampagne gegen die Selbstbefriedigung, die viele Jahrzehnte andauern sollte. Auch diesbezüglich waren Kontinuitäten zu älteren christlichen Moralvorstellungen offensichtlich, denen zufolge die Onanie als Sünde galt. In dieser Kampagne waren Mediziner federführend, die biologisches und moralisches Vokabular stark vermischten. In einer Schrift mit dem Titel *Der Onanie- und Nymphomaniedoctor* (*L'Onanisme*, 1764) prangerte der Schweizer Arzt und Autor von europaweit verbreiteten medizinischen Ratgebern Samuel Auguste Tissot (1728–1797) die männliche „Selbstbefleckung" als eine „lasterhafte Ausschweifung" an, deren „gewaltsames Reiben des männlichen Gliedes" ganz andere Konsequenzen als „die sanfte Friction in der Mutterscheide" habe. Tissot zufolge waren onanierende Männer Kranke, die einer medizinischen Behandlung bedurften. Die Erregung und Erektion des männlichen Gliedes beim Masturbieren sei kein Ausdruck einer natürlichen Lust, sondern nur eine „krampfartige Empfindung". Tissot zufolge verlören durch die Selbstbefriedigung Herz und Gehirn ihre „Spannung", die Haut ihre Farbe und der Körper sein Fett. Die Nerven würden „schlaffer", die Gefäße „welk" und „schwach". Die Augen fielen ein, würden dunkel, matt und schwach, lichtempfindlich und triefend. Die Gesichtszüge verlängerten sich. Fieber, Jucken, Brennen, Krämpfe, Schlaflosigkeit, Verstopfung und Durchfall, eine „gänzliche Vertrocknung

15 Patrick Henry, On the Theme of Homosexuality in „Candide", in: Romance Notes 19, 1 (1978), S. 44–48; Diderot, Jésuite.

16 Randolph Trumbach, Sex and the Gender Revolution, Bd. 1: Heterosexuality and the Third Gender in Enlightenment London, Chicago 1998; Arnold David Harvey, Sex in Georgian England. Attitudes and Prejudices from the 1720s to the 1820s, London 2011, S. 111–153; Peter Wagner, The Discourse on Sex – or Sex as Discourse. Eighteenth-Century Medical and Paramedical Erotica, in: Rousseau/Porter (Hg.), Sexual Underworlds, S. 46–68, hier 50.

des Leibes", Fäulnis des Fleisches, ein ständiges Zittern, Epilepsie, Hypochondrie, Unfruchtbarkeit seien ebenso typische Folgen der Selbstbefriedigung wie Lethargie, Mattigkeit, Trägheit, Traurigkeit, Gleichgültigkeit und Einsamkeit. Die Onanie habe somit sowohl gesundheitliche als auch moralische Folgen. Tissot lieferte nicht nur eine medizinische Erklärung für die Verdammung des Lasters. Er trug maßgeblich zur Entstehung einer Angst vor der Onanie bei, die weit über die traditionelle christliche Verurteilung dieser „Sünde" hinausging und Erziehungsmethoden in den folgenden Jahrzehnten stark beeinflusste.[17]

10.3 Populationismus und Sexualmoral

In der Aufklärungszeit war eine Unterscheidung zwischen „natürlichem" und „widernatürlichem" Sex verbreitet. Der „natürliche" Sex erfüllte den Zweck der Natur (und damit Gottes), denn er diente der Reproduktion. Dass eine hohe Bevölkerungszahl erstrebenswert erschien, machte den Geschlechtsverkehr zu einem Politikum. Die Lust wurde vielfach im Rahmen der Populationsmaximierung positiv bewertet, allerdings auch klar diesem Ziel unterworfen. Deshalb befürworteten viele Autoren der Aufklärungszeit die aus freier Wahl und Zuneigung geschlossene Ehe: Es ging ihnen dabei in aller Regel weniger um die Freiheit oder die Selbstverwirklichung des Individuums, sondern um die Entstehung von stabilen und fruchtbaren Paaren. Wenn Jane Austen etwa in ihren Romanen für die Heirat aus Zuneigung plädierte, verflocht sie diese Idee mit moralischen Erwägungen: Stabile Paare galten als eine Grundlage für eine moralisch bessere Gesellschaft. Sie feierte nicht die Amour fou, die Liebe auf den ersten Blick, die unwiderstehliche physische Anziehung, sondern die Wertschätzung, die Harmonie der Gemüter, die zärtliche Zuwendung und das Verantwortungsgefühl. Gerade weil die Stabilität des Paares als erstrebenswert erschien, befürworteten viele Aufklärer die Einführung der Ehescheidung: Ehepartner, die sich nicht verstanden, müssten sich trennen dürfen, um wieder heiraten, eine stabile Ehe schaffen und Kinder zeugen zu können.[18]

---

17 Samuel Auguste André David Tissot, Onanie- und Nymphomaniedoctor der Mannspersonen und Frauenzimmer, Lausanne 1776, S. 1–25; Maren Lorenz, Menschenzucht. Frühe Ideen und Strategien, 1500–1870, Göttingen 2018, S. 74, 82.

18 Graham, Debauchery, Kapitel 6; dies., Domesticating Pleasure. The Sexual Politics of the French Enlightenment, in: Nina Kushner/Andrew Israel Ross (Hg.), Histories of French Sexuality: Enlightenment to the Present, Lincoln 2023 (im Druck).

Manche Aufklärer entwarfen neuartige Reformpläne, die sich den (männlichen) Sexualtrieb zum Zwecke der Bevölkerungsvermehrung zunutze machen sollten. Der berühmte Kameralist Justi dachte darüber nach, Mädchen bereits mit 15 Jahren zwangszuverheiraten oder „Menschereyen“ nach dem Modell der Schäfereien einzurichten. Gesunde junge Frauen, die bis 24 keinen Heiratspartner fänden, könnten freiwillig unter der Aufsicht von Beamten in öffentlichen Anstalten als Prostituierte arbeiten, sich schwängern lassen und ihre Kinder in der „Menscherey“ großziehen.[19] Nicht nur Justi, sondern auch Restif de La Bretonne (1734–1806) oder auch Brissot stellten sich die Errichtung staatlicher Freudenhäuser vor, die den männlichen Sexualimpuls kanalisieren, die Sexualkrankheiten eindämmen und den Bevölkerungswachstum befördern würden.[20]

Freilich mündeten Justis oder Restif de La Bretonnes Gedankenexperimente nicht in konkrete Projekte. Die populationistischen Phantasien waren jedoch ein fester Bestandteil der aufklärerischen Kultur und trieben im 18. Jahrhundert bisweilen markante literarische Blüten. Dies zeigt auch Diderots *Nachtrag zu Bougainvilles Reise*, der nicht nur die christliche Sexualmoral verurteilte, sondern auch ein populationistisches Gedankenexperiment darstellte. Im Dialog beschreibt der Erzähler B. Tahiti als eine Gesellschaft, die ganz auf die Populationsmaximierung ausgerichtet ist. Diesem von Diderot selbst als fiktiv gekennzeichneten Bild zufolge dienten tahitianische soziale Institutionen einem einzigen Zweck: der Bevölkerungsvermehrung durch eine gesteigerte sexuelle Aktivität. Die Tahitianer bänden die Europäer als eugenischen Faktor in diesen Plan ein: Sie sollten ihren angeborenen, angeblich überlegenen Intellekt den ihrerseits physisch überlegenen Tahitianern „vererben“.[21] Gerade aufgrund des populationistischen Imperativs sollte Diderots Tahiti nicht mit einer Gesellschaft verwechselt werden, in der die Sexualität vollkommen frei wäre. So dürfen Frauen, die unfruchtbar oder nicht mehr fruchtbar sind, überhaupt keinen Sex haben. Die Lust ist in dieser Utopie ganz dem Zweck der Bevölkerungsvermehrung untergeordnet. Anstatt auf jegliche Verknüpfung von Moral und Sex zu verzichten, führt Diderot eine neue Moral ein, die für bedeutende Teile der Bevölkerung ein totales Verbot der Sexualität bedeutet.

Diderots unterhaltsamer Dialog ist ein weiteres Indiz dafür, dass der Populationismus zu einem dominanten Diskurs im 18. Jahrhundert avancierte. Als dagegen im

---

19 Lorenz, Menschenzucht, S. 74, 76.

20 Rétif de La Bretonne [eigentlich: Nicolas Edme], Le Pornographe, ou Idées d’un honnête-homme sur un projet de règlement pour les prostituées, London 1770; Zu Brissots Ideen dazu: Archives nationales, 446AP/1, Dossier 2, Nr. 25.

21 Diderot, Nachtrag zu ‚Bougainvilles Reise‘.

frühen 19. Jahrhundert eine Angst vor einer allzu rapiden Bevölkerungszunahme aufkam, dachten manche Intellektuelle über radikale Methoden nach, die sexuelle Aktivität der Bevölkerung einzuschränken. Der hallische Medizinprofessor Carl August von Weinhold (1782–1829) schlug vor, unverheiratete Männer der unteren Stände zwangsweise zu „infibulieren“, das heißt, ihnen einen Bleidraht durch die Vorhaut zu ziehen, um sie am Geschlechtsverkehr zu hindern. Dieser Vorschlag wurde allerdings von der Mehrheit seiner Kollegen scharf zurückgewiesen.[22]

10.4 Libertinismus und Moral

Die Geschichte der Sexualmoral in der Aufklärungszeit ist zu ambivalent und vielseitig, um die Aufklärung im Allgemeinen als eine Zeit zu definieren, die eine Enttabuisierung des Sex oder gar eine sexuelle Befreiung eingeleitet hätte. Einerseits wurde in manchen Romanen des 18. Jahrhunderts Liebe auch dann gefeiert, wenn sie zum außerehelichen Geschlechtsverkehr führte. Andererseits heißt dies aber nicht, dass jede Form von außerehelichem Sex gutgeheißen worden wäre, auch nicht von heterosexuellem. Meist wiesen selbst diese Romane eine moralische Dimension auf und unterschieden zwischen dem außerehelichen Beischlaf, der gutgeheißen werden könne, und dem moralisch verwerflichen, wenn auch heterosexuellen Sex. Die übliche Bezeichnung dieser Werke als „libertinisch“, die den Akzent auf die Befreiung legt, trifft nur für die eine Seite dieser Literaturgattung zu.

Ein gutes Beispiel für einen solchen Roman ist Claude Prosper de Crébillons (genannt „Crébillon fils“, 1707–1777) *Das Sofa, moralisches Märchen* (*Le Sopha, conte moral*, 1742). Dieses verspielte Werk knüpft parodistisch an das Prinzip von *Tausendundeiner Nacht* an. Am Mogulhof in Indien ergreift ein Mann das Wort, um den Sultan und die Hofgesellschaft zu unterhalten. Er behauptet, als Hindu an die Seelenwanderung zu glauben, und erzählt, seine Seele sei in einem früheren Leben in einem Sofa gefangen gewesen. Die Gottheit Brahma habe verfügt, dass er erst davon erlöst werde, wenn sich zwei jungfräuliche Menschen auf ihm einander hingäben. Das Sofa galt im 18. Jahrhundert als das Möbelstück für den Geschlechtsverkehr schlechthin, und so berichtete der Erzähler über das geheime sexuelle Leben am Mogulhof. Tugendhafte Frauen entpuppen sich als eifrige Leserinnen pornographischer Literatur, die ihre Ehemänner betrügen. Fromme Frauen und Priester schlafen miteinander – offensichtlich

22 LORENZ, Menschenzucht, S. 93.

nicht zum ersten Mal, denn auch dies erlöst den Erzähler nicht von seiner merkwürdigen Gefangenschaft. Berechnung, Verstellung und gefühlskalter Libertinismus werden eindeutig verurteilt. Der Untertitel des Romans trügt nicht: *Das Sofa* ist wirklich ein moralisches Märchen. Dennoch unterscheidet sich die hier vertretene Moral von der Norm, der zufolge der Geschlechtsverkehr nur in der Ehe legitim sei: Am Ende des Romans wird der Erzähler dadurch befreit, dass zwei junge unverheiratete Liebende zueinander finden. Dabei zelebriert die Erzählung die Schönheit der wahren Liebe mit einer verhaltenen Erotik.[23]

Einige Jahre später veröffentlichte Diderot einen Roman, der sowohl bei Crébillon als auch bei den derben Volkserzählungen (*fabliaux*) früherer Jahrhunderte Inspiration schöpfte: *Die indiskreten Kleinode* (*Les bijoux indiscrets*, 1748; auf Deutsch auch unter dem Titel *Die geschwätzigen Kleinode* bekannt). Der Kern des Plots besteht darin, dass der Sultan einen magischen Ring hat, der Vaginen zum Sprechen bringt. Die Vaginen freuen sich, endlich ihre Erfahrungen zum Besten geben zu können, und offenbaren die Heuchelei und das Laster der Höflinge und Bürger. Ähnlich den Schriften Rousseaus ist dieser Roman von einer Angst vor dem Graben zwischen dem Schein und dem Sein durchzogen. Obwohl *Die indiskreten Kleinode* oft als „libertinisch" bezeichnet werden, liegt dem Werk keine freiheitlichere Moral zugrunde.[24]

Freilich kann man sich fragen, ob der Moralismus in Crébillons und Diderots literarischen Werken nicht lediglich ein Mittel war, diesen heiklen Romanen einen Anschein von Respektabilität zu verleihen. Ein wichtiges Ziel war sicherlich, durch gewagte Erzählungen Aufmerksamkeit zu erregen und die Verkaufszahlen anzukurbeln. Dennoch war die Verbindung von Moral und Literatur in der Aufklärungszeit so stark, dass eine belehrende Dimension – neben der als legitim erachteten Unterhaltung – als ein Muss galt. Dies zeigt auch eines der großartigsten literarischen Werke des 18. Jahrhunderts, das oft ebenfalls als libertinisch bezeichnet wird: Choderlos de Laclos' *Die gefährlichen Liebschaften* (1782). In diesem Briefroman spinnen zwei Hochadlige, ein Mann namens Valmont und eine Frau namens Mme de Merteuil, Intrigen über Intrigen. Sie verachten die Liebe und betrachten es als eine Art Kunst, Frauen und Männer zu verführen. Dabei überbieten sie sich gegenseitig und nehmen in Kauf, dass sie viele Menschen ins Unglück stürzen. Stolz und Rache sind ihre Antriebskräfte (wobei Valmont eine etwas nuanciertere Figur abgibt). Beider Boshaftigkeit – vor allem die von Mme de Merteuil – führt am Ende des Romans dazu, dass sie sich gegenseitig

23 Claude de CRÉBILLON, Der Sopha. Moralische Erzählungen, Peking [Berlin] 1765; Jean SGARD, Crébillon fils, le libertin moraliste, Paris 2002.

24 Denis DIDEROT, Die geschwätzigen Kleinode. Eine moralische Erzehlung, Frankfurt 1776.

bekriegen. Dadurch kommt die ganze Wahrheit über Valmonts und Mme de Merteuils Machenschaften ans Licht, mit verheerenden Konsequenzen für beide Hauptfiguren. Valmont muss sich duellieren und erliegt seinen Verletzungen. Mme de Merteuil wird zum Gespött von ganz Paris; zu allem Überfluss wird sie durch die Pocken entstellt und verliert in einem Prozess ihr ganzes Vermögen. Durch und durch entehrt, verlässt sie Frankreich, um im Exil in der Anonymität zu leben.

Die Libertins in *Gefährlichen Liebschaften* werden für ihre Kaltherzigkeit und Rücksichtslosigkeit hart bestraft. In diesem Sinne weist der Roman eine moralisierende Dimension auf, auch wenn diese den hohen Unterhaltungswert, die Faszination für das Unmoralische und die unterschwellige Erotik keineswegs mindert. Laclos knüpfte an ein bereits etabliertes Genre an: Warnungen vor den Gefahren, die Beziehungen mit unaufrichtigen Männern und Frauen von Welt bergen. Er stellte seinem Roman ein Zitat aus Rousseaus *Nouvelle Héloïse* voran. Laclos verehrte Rousseau und identifizierte sich ebenso wie seine Ehefrau persönlich mit den Hauptfiguren der *Nouvelle Héloïse. Die gefährlichen Liebschaften* sind also kein libertinischer Roman, sondern weisen auf der ideenhistorischen Ebene eine enge Verwandtschaft mit Rousseaus Werken auf. Sowohl bei Rousseau als auch bei Laclos dominiert eine Angst vor der – vor allem weiblichen – Verstellungskunst und der korrumpierenden Selbstliebe, die Individuen und die Gesellschaft ins Verderben führten. Laclos' Roman propagierte keine freiere Sexualmoral, sondern stellte die Verdorbenheit der zivilisierten Gesellschaft bloß.[25]

10.5 Pornographische Literatur und Philosophie

Darnton, Hunt und Jacob haben die These aufgestellt, es habe im 18. Jahrhundert eine enge Verbindung zwischen pornographischer Literatur und Aufklärung gegeben. Die pornographischen Bücher hätten auf einer neuen mechanistischen oder materialistischen Philosophie aufgebaut, die sie damit bewusst oder unbewusst verbreitet hätten. Ferner bescheinigt diese Forschungsrichtung diesen Schriften eine große politische Wirkung: Die pornographischen Pamphlete gegen Marie-Antoinette etwa hätten wesentlich zur Delegitimierung der Monarchie beigetragen, die wiederum eine wichtige Voraussetzung für die Französische Revolution gewesen sei.[26]

---

25 Biancamaria FONTANA, Politique de Laclos, Paris 1996, S. 23–27, 39–45, 65–87.

26 HUNT, Die Erfindung der Pornographie; DIES., Introduction; JACOB, Die materialistische Welt der Pornographie; DARNTON, Forbidden Bestsellers. Siehe auch GOULEMOT, Gefährliche Bücher, S. 24–39.

Diese historiographische Strömung hat die Relevanz pornographischer Werke für die Erforschung der aufklärerischen Ideenwelt und Kultur aufgezeigt: Sexdarstellungen und Philosophie konnten durchaus Hand in Hand gehen. Dennoch kann diese Deutung nicht völlig überzeugen: Erstens überschätzt sie die Verbreitung pornographischer Schriften deutlich. Gerade die Pamphlete gegen Marie-Antoinette dürfte vor der Revolution so gut wie niemand gelesen haben, da sie von der Polizei beschlagnahmt wurden.[27] Zweitens werden Texte als pornographisch klassifiziert, die bei näherer Betrachtung kaum Beschreibungen von sexuellen Handlungen oder Organen aufweisen, wie zum Beispiel Diderots *Die indiskreten Kleinode*.[28] Drittens übertreiben Darnton, Hunt und Jacob den Einfluss der materialistischen Philosophie auf die pornographische Literatur.

Das beste Beispiel des philosophischen Pornographieromans ist *Thérèse philosophe* (1748; auf Deutsch bekannt unter dem weniger aussagekräftigen Titel *Die weise Therese*), der dem Marquis d'Argens zugeschrieben wird. In diesem Roman wird die junge Protagonistin Thérèse im Alter von elf Jahren von ihrer Mutter in einen Konvent geschickt, wo sie schwer erkrankt, weil sie ihren Geschlechtstrieb nicht ausleben kann. Als sie mit 23 aus dem Konvent nach Hause zurückkehrt, wird sie Schülerin des Jesuiten Pater Dirrag und sieht, wie er einem jungen Mädchen namens Eradice eine sehr eigenartige Variante der spirituellen Exerzitien beibringt: Sie solle ihren Geist von ihrem Körper lösen. In Wirklichkeit wird sie dabei vom Pater penetriert. Nachdem Thérèse zum ersten Mal Menschen beim Geschlechtsverkehr zugesehen hat, beginnt für sie eine Phase der sowohl sexuellen als auch philosophischen Bildung. Sie erlernt nicht nur unter der Anleitung einer Prostituierten verschiedene Sextechniken, sondern beobachtet auch, wie erfahrene Libertins vor und während des Geschlechtsakts über materialistische Philosophie sprechen. Thérèse wird somit zu einer „Philosophin". Die zentrale Botschaft des Romans ist, dass der Sex das Ergebnis einer natürlichen Bewegung der Materie sei. Sich dieser Bewegung zu widersetzen, könne nur zu Krankheit und Unglück führen.[29]

Thérèse philosophe entwirft somit eine alternative Moral auf der Grundlage einer materialistischen Philosophie, die eine gewisse Verwandtschaft mit La Mettries Ideen aufweist. Dieser pornographische Roman war recht erfolgreich, wenn auch – anders als von Darnton suggeriert – kein Besteller. Dennoch stellt er mit dieser offenen

---

27 Burrows, Blackmail, S. 14.

28 Zum Beispiel in Hunt, Die Erfindung der Pornographie, S. 28.

29 Jean Baptiste de Boyer d'Argens, Die weise Thérèse. Eine erotische Beichte. Aus dem Französischen von Heinrich Conrad, Karsten Schmidt (Hg.), Berlin 2001.

Vermischung von Pornographie und Materialismus eher eine Ausnahme als die Regel in der pornographischen Literatur des 18. Jahrhunderts dar.[30] Sicherlich gehörte die Verurteilung des außerehelichen Geschlechtsverkehrs nicht zu den Kennzeichen dieser Gattung; schließlich ging es primär darum, die Leser sexuell zu erregen, und der erhobene Zeigefinger konnte dabei nur kontraproduktiv sein. Doch andere berühmte pornographische Werke feiern den außerehelichen Sex nicht so unverhohlen wie *Thérèse philosophe* und weisen keine klare philosophische Linie auf.

Ein gutes Beispiel stellt jenes Werk dar, das das Genre des pornographischen Romans überhaupt etablierte und wohl im 18. Jahrhundert die populärste pornographische Erzählung schlechthin war: John Clelands (1709–1789) *Fanny Hill* (1748). In der Forschung wird diskutiert, inwiefern *Fanny Hill* eine traditionelle Sexualmoral propagierte oder im Gegenteil in materialistischer Manier jeden Sex billigte, der anderen Menschen nicht schade.[31] *Fanny Hill* ist „Pornographie" im etymologischen Sinne, das heißt eine Schrift über Prostituierte. Die titelgebende Hauptfigur erzählt in zwei langen Briefen, wie sie sich durch das Leben schlug. Während sie im ersten Band eine Mätresse wohlhabender Männer ist, arbeitet sie im zweiten Teil als Prostituierte in einem Freudenhaus. Dieses Etablissement wird überaus positiv dargestellt: Es sei das einzige Haus in London, das guten Geschmack, Sicherheit und Ordnung aufweise. Hier trifft sich eine Gesellschaft von vornehmen und galanten Libertins, die mit großer Hingabe und gar Liebe mit den jungen Frauen des Hauses schlafen. Sie stilisieren sich zu „Wiederherstellern der Freiheit des Goldenen Zeitalters und der Einfachheit damaliger Vergnügen, die später auf eine so ungerechte Weise Ursachen von Schuld und Schande wurden".[32] Etwas später im Roman erklärt sich Fanny bereit, gegen eine ansehnliche Summe mit einem jungen Sadomasochisten zu schlafen, ihn dabei zu peitschen und sich selbst peitschen zu lassen. Die Leiterin des Bordells zögert anfangs, heißt dann aber diese Entscheidung gut, mit dem Hinweis, dass jedes Vergnügen in Ordnung sei, solange niemand dabei Schaden nehme.[33]

Dennoch weist *Fanny Hill* ein hohes Maß an Ambiguität zu. Nicht alle Figuren vertreten libertinische Lehren und es lassen sich keine Spuren der materialistischen

---

30 Burrows, Enlightenment Bestsellers, S. 128.

31 Vgl. B. Slepian/L. J. Morrissey, What is *Fanny Hill*?, in: Essays in Criticism 14, 1 (1964), S. 65–75; Randolph Trumbach, Modern Prostitution and Gender in *Fanny Hill*. Libertine and Domesticated Fantasy, in: Rousseau/Porter (Hg.), Sexual Underworlds, S. 69–85.

32 John Cleland, Fanny Hill. Memoirs of a Woman of Pleasure, London 1749, Bd. 2, S. 11. Mehr zur Sexualmoral dieser Gesellschaft: ebd., S. 58, 60 (Übersetzung: D.T.).

33 Ebd., Bd. 2, S. 142.

Philosophie in diesem Roman feststellen. Das Ideal in *Fanny Hill* ist eine stabile Liebesbeziehung zwischen Mann und Frau. Der Sex solle mit Zuneigung einhergehen und der beste Rahmen für diese Verbindung sei die Ehe. Genau diese Erfolgsgeschichte wird auch in *Fanny Hill* erzählt: Am Ende wird die glückliche Fanny reich, heiratet aus Liebe und führt ein komfortables Leben als eine bourgeoise Mutter.

Fanny Hill sollte nicht der materialistischen Philosophie zugerechnet werden. Dieser Roman vertritt eine Sexualmoral, die näher an Crébillons Roman *Das Sofa* als an *Thérèse philosophe* ist. Er heißt eine alternative, durchaus freizügigere Sexualmoral gut, die dem liebevollen Sex außerhalb der Ehe offen gegenübersteht, die Liebe in der Ehe aber als ein Ideal feiert. Dieses pornographische Werk zeugt von der aufklärerischen Suche nach dem Einklang zwischen Natur und Gesellschaftsordnung. Die Liebe als Grundlage für guten Sex und eine stabile Gesellschaftsordnung, wie sie in *Fanny Hill* propagiert wird, war eine zentrale Idee der Aufklärung.

11 Rassismus

Das Nachdenken über die Natur und natürliche Ordnung machte im 18. Jahrhundert vor einer Analyse physischer Unterschiede zwischen Menschengruppen nicht halt. Die Entwicklung rassistischer Theorien in der Aufklärung bietet einen großen Kontrast zum liberaldemokratischen Erinnerungsort „Aufklärung". Sie ist auch in der historischen Forschung lange Zeit nur ein randständiges Thema gewesen, hat jedoch in den letzten Jahrzehnten einen immer wichtigeren Platz eingenommen. Diese Aufdeckung rassistischen Gedankenguts im 18. Jahrhundert wirft Fragen auf: Welchen Stellenwert hatten die aufklärerischen Theorien in der Geschichte der rassistischen Diskriminierung, Unterdrückung, Gewalt und Genozide? Sind Voltaire und Kant für die Gräuel der Moderne oder gar für die Schoah mit verantwortlich? Manche Historiker und Historikerinnen haben tatsächlich eine solche Genealogie der Verbrechen der Kolonialmächte oder auch des nationalsozialistischen Deutschlands ausgemacht.[1]

Der Rassismus – das heißt die Einteilung von Menschen in Rassen, die als höher- oder minderwertig gedacht werden – war zwar keine Erfindung der Aufklärer: Diese Ideologie sollte die Herrschaftsverhältnisse in den Kolonien rechtfertigen und hatte sich deutlich vor der Aufklärung etabliert.[2] Dennoch nimmt die Aufklärung einen wichtigen Platz in der Geschichte des Rassismus ein. Rassistische Aufklärer wie Voltaire oder Kant legitimierten diese Ideologie, indem sie sie philosophisch untermauerten. Auch in der Vorgeschichte rassistischer Verbrechen spielten zumindest manche Aufklärer eine Rolle: Zwar lagen rassistische Genozide außerhalb des Vorstellungsraums der meisten Aufklärungsphilosophen, doch einige Autoren dieser Zeit dachten die Vernichtung der „nichtweißen Rassen" durch die „Weißen" oder auch die Vertreibung aller Juden aus Deutschland durchaus vor.

Diese Diagnose wirft auch methodologische Fragen auf: War der Rassismus vieler Aufklärer ideenhistorisch betrachtet ein Randphänomen, das mit den sonstigen Ideen dieser Autoren nichts oder wenig zu tun hatte, oder waren diese verschiedenen Vorstellungen eng miteinander verknüpft? Während der Zusammenhang zwischen der

1 Mosse, Toward the Final Solution.

2 Jean Frédéric Schaub, Race is about Politics. Lessons from History, Princeton 2019.

Aufklärung und der Behauptung einer zivilisatorischen Hierarchie zwischen den Völkern auf der Hand liegt, erscheint die Koexistenz von Rassismus und einer universalistischen Rhetorik über die Menschenrechte und die natürliche Gleichheit unter den Menschen wie ein Widerspruch.

Ein Weg, den Widerspruch zwischen Universalismus und Rassismus aufzulösen, besteht in der Behauptung, die rassistischen Aufklärer seien von ökonomischen Interessen geleitet gewesen. Voltaire oder auch Hume investierten in Handelskompanien, die mit dem Sklavenhandel Profit machten. Diese Philosophen seien von ihren materiellen Interessen beeinflusst gewesen, als sie sich rassistisch äußerten.[3] Ein anderer Erklärungsansatz macht einen ideellen Zusammenhang zwischen Rassismus und Aufklärung aus: Es ist oft zu lesen, dass die Aufklärung als Erbin der wissenschaftlichen Revolution die Welt systematisch habe erfassen wollen und deshalb unter anderem auch Varietäten des Menschengeschlechts ausgemacht habe. Aus dieser Perspektive erscheinen rassische Klassifizierungen und Rassismus als zwei zu unterscheidende Phänomene.[4] Die Schwäche dieser Interpretation ist jedoch, dass aufklärerische rassische Klassifizierungen stets mit dem Postulat einer Hierarchie zwischen Rassen einhergingen und der naturhistorische Drang nach Klassifizierung nicht zu erklären vermag, weshalb ausgerechnet rassistische Deutungsmuster für die Erfassung der Welt zum Einsatz kommen mussten und nicht ein Klassifikationsmodell, das keine Hierarchie zwischen den Erscheinungsformen des Menschengeschlechts etablierte.

Manche Forscher gehen deshalb weiter und machen einen inhärenten und notwendigen Zusammenhang zwischen Universalismus und Rassismus aus. Der Philosoph Étienne Balibar meint, es könne keinen Universalismus ohne Rassismus geben, da jede Beschreibung der universellen menschlichen Natur normativ sei und Hierarchien impliziere.[5] In der Tat stellten Definitionen der Menschennatur im 18. Jahrhundert oft ein Menschheitsideal dar, an dem Menschengruppen gemessen wurden, sodass Universalismus und Rassismus immer wieder Hand in Hand gingen.

Warum dies so war, wird erst verständlich, wenn man sich die Kontinuitäten zwischen der aufklärerischen und der christlichen Weltvorstellung bewusst macht – so die in diesem Kapitel vertretene These. Der Zusammenhang zwischen aufklärerischer Weltsicht und

---

3 Louis SALA-MOLIN, Les misères des Lumières, Paris 1992, S. 26–27; Tyler Edward STOVALL, White Freedom. The Racial History of an Idea, Princeton 2021, S. 107–108.

4 Zum Beispiel in NUTZ, „Varietäten des Menschengeschlechts“, S. 119–141; Devin J. VARTIJA, The Color of Equality. Race and Common Humanity on Enlightenment Thought, Philadelphia 2021.

5 Étienne BALIBAR, Le racisme : encore un universalisme, in: Mots 18 (März 1989), S. 7–20.

Rassismus ergab sich daraus, dass die Autoren des 18. Jahrhunderts gewöhnlich die natürliche (göttliche) Ordnung zum obersten Normsystem für Gesellschaften erhoben. Da die Schöpfung – im Einklang mit der christlichen Tradition – meist als hierarchisch verstanden wurde, lag die Organisation des Menschengeschlechts nach hierarchischen Stufen nahe. Freilich bedeutet dies keineswegs, dass die aufklärerischen rassistischen Theorien nicht neuartig gewesen wären oder allesamt einen christlichen Charakter gehabt hätten. Auch vertraten unterschiedliche Aufklärer unterschiedliche, teilweise konträre Theorien und führten oft Federkriege gegeneinander. Aber es ist unmöglich, die aufklärerischen Rassentheorien, ihre damalige Ausstrahlung und die heftigen Debatten zum Thema Rasse zu verstehen, wenn man übersieht, dass sie direkt oder indirekt von religiösen Vorstellungen geprägt und sogar meistens unmittelbar Teil von religiösen Kontroversen waren.

11.1 Die Geburt des modernen Antisemitismus

Die meisten Philosophen des 18. Jahrhunderts lehnten nicht nur das Judentum als eine unaufgeklärte Religion ab, sondern pflegten auch ein negatives Bild der Juden als Volk. In dieser Zeit verloren zwar manche alten Stereotype an Bedeutung – so war weniger als früher von Ritualmorden oder Brunnenvergiftungen die Rede –, andere erfreuten sich aber einer ungebrochenen Beliebtheit. Voltaire und viele andere Aufklärer bezichtigten die Juden, auf Kosten der christlichen Bevölkerung zu leben, geldgierig, arrogant und verstockt zu sein. Die traditionelle Judenfeindlichkeit bestand also im 18. Jahrhundert weiter.

In der Forschung ist die These vertreten worden, dass die Aufklärung einen Übergang zu einer neuen Form des Antisemitismus eingeleitet habe. In den 1960er Jahren behauptete Arthur Hertzberg, der moderne, säkulare Antisemitismus sei keine Reaktion auf die Aufklärung, sondern vielmehr eines ihrer Produkte. Dafür machte Hertzberg vor allem Voltaire verantwortlich: Dessen Hass auf die Juden sei keineswegs nur in einer Ablehnung von christlicher und jüdischer Religion begründet gewesen. Voltaire sei vielmehr ein Feind des jüdischen Volkes gewesen, und zwar nicht nur der antiken Juden, sondern auch seiner jüdischen Zeitgenossen. Die breite Rezeption von Voltaires Schriften bilde eine Brücke zwischen dem alten und dem modernen Antisemitismus.[6] Gegen diese These wurde eingewendet, dass Voltaire niemals Maßnahmen gegen Juden befürwortet und stattdessen nur die seinerzeit „unaufgeklärten“ Juden kritisiert habe.

6 Hertzberg, The French Enlightenment and the Jews.

Juden seien nie die eigentliche Zielscheibe seiner Polemik gewesen. Vor allem habe er in den Juden keine andersartige Rasse gesehen.[7]

Voltaires Werk beinhaltet allzu viele aggressive Formulierungen gegen die Juden als Volk, als dass man seinen Antisemitismus kleinreden könnte. So bezeichnete er sie im *Philosophischen Wörterbuch* als „die abscheulichste [Nation], die die Erde je besudelt hat".[8] Dennoch bleibt unklar, inwieweit Voltaire die angeblich negativen Züge des jüdischen Volkes auf biologische Eigenschaften zurückführte. In einigen Texten unterstellte er ihnen, besonders oft von der Lepra befallen zu sein und einen üblen Geruch zu verbreiten; eine ausformulierte rassistische Lehre findet sich in seinem Werk in Bezug auf Juden jedoch nicht. Sein Antisemitismus blieb weitgehend vormodern.

Den Weg in den modernen Antisemitismus schlugen andere aufklärerische Autoren ein. In der ideenhistorischen Entstehung des modernen Antisemitismus spielten Professoren aus Göttingen die größte Rolle. Der Anthropologe Johann Friedrich Blumenbach behauptete, man könne Juden an der Gesichtsform erkennen. Da physische Merkmale Blumenbach zufolge auf Umwelteinflüsse zurückgingen und Juden seit Langem in Europa lebten, passte die Behauptung, Juden hätten über Jahrhunderte hinweg bestimmte körperliche Eigenschaften beibehalten, nicht zu seinen allgemeinen Theorien. Eine Erklärung blieb Blumenbach schuldig. Er stellte jedoch keinen Zusammenhang zwischen diesen angeblichen physischen und etwaigen geistig-moralischen Merkmalen her.[9] Einen gewissen Beitrag zur Erfindung moderner antisemitischer Vorstellungen leistete auch Blumenbachs Kollege August Ludwig von Schlözer (1735–1809). Unter dem Einfluss der linguistischen Erkenntnisse des englischen Richters in Indien Sir William Jones (1746–1794) ordnete Schlözer die Völker nach Sprachfamilien. Für eine Reihe nahöstlicher Völker, deren Sprachen sich ähnelten, verwendete Schlözer den Begriff „Semiten". Somit schienen Juden in Schlözers Modell einem anderen Zweig der Menschheit anzugehören als die Indoeuropäer.[10]

---

7 Bertram Eugene SCHWARZBACH, Voltaire et les Juifs : bilan et plaidoyer, in: Studies on Voltaire and the Eighteenth Century 358 (1997), S. 27–91.

8 „C'est à regret que je parle des juifs: cette *nation* est, à bien des égards, la plus détestable qui ait jamais *souillé la terre*." Dazu: Urs MARTI-BRANDER, Voltaire – Toleranz und Intoleranz, in: Norbert CAMPAGNA/Rüdiger VOIGT (Hg.), Das Jahrhundert Voltaires. Vordenker der europäischen Aufklärung, Baden-Baden 2020, S. 36–47, hier 43 (Übersetzung: D.T.).

9 Georg LILIENTHAL, Die jüdischen „Rassenmerkmale". Zur Geschichte der Anthropologie der Juden, in: Medizinhistorisches Journal 28, 2/3 (1993), S. 173–198, hier 175.

10 Zu Schlözer: Arno BORST, Der Turmbau zu Babel. Geschichte der Meinungen über Ursprung und Vielfalt der Sprachen und Völker. Bd. 3., Stuttgart 1995, S. 1501–1502. Zu Jones: Garland CANNON, Sir William Jones, Language Families, and Indo-European, in: Word 43 (1992), S. 49–59.

Die wichtigste Rolle bei der Erfindung des modernen Antisemitismus spielte jedoch der Göttinger Theologe Johann David Michaelis (1717–1791), der heutzutage vor allem als ein Vertreter der Bibelkritik und als der geistige Vater der Arabienexpedition von Carsten Niebuhr (1761–1767) erinnert wird. In seiner Schrift *Mosaisches Recht* (1770–1775) stellte Michaelis den alttestamentlichen Propheten Moses als Staatsgründer dar, der ägyptische Gesetze übernommen und mit dem jüdischen Gewohnheitsrecht vermischt habe. Das mosaische Gesetz interpretierte er anders als in der christlichen Tradition nicht als einen Meilenstein der Offenbarungsgeschichte. Er stellte es vielmehr als ein Produkt einer archaischen historischen Kultur dar. Michaelis' Hauptziel war es, dem in der Bibel enthaltenen Recht die Relevanz für die Gegenwart abzusprechen. *Mosaisches Recht* war also ein Beitrag zur Säkularisierung des Rechts, genauer gesagt zur Trennung zwischen staatlichem Recht und Christentum. Zugleich zeigte sich bereits in diesem Werk, dass Michaelis ein ausgesprochen negatives Bild der alten Juden propagierte. Dieses hatte außerdem einen großen Einfluss darauf, wie er seine jüdischen Zeitgenossen bewertete: Das mosaische Gesetz sei kindisch und grausam, weil die alten Juden kindisch und grausam gewesen seien. Wer an diesem Gesetz festhalte, wie es die modernen Juden immer noch täten, sei zivilisatorisch zurückgeblieben.[11]

Eindeutig rassistisch äußerte sich Michaelis im Zusammenhang mit der Debatte um die sogenannte Judenemanzipation. Auf Christian Wilhelm von Dohms Vorstoß, die Juden in die deutsche Gesellschaft zu integrieren, antwortete er in mehreren Hetzreden. Michaelis attestierte den Juden, physisch wie moralisch unterlegen und mit der deutschen Gesellschaft inkompatibel zu sein. Das Selbstbild der Juden als auserwähltes Volk und ihr Gesetz machten ihm zufolge jegliche Integration unmöglich. Da sie die Ankunft des Messias erwarteten, könnten Juden keine deutschen Patrioten werden. Aber selbst Juden, die ihrer Religion abgeschworen hätten, könne man nicht vertrauen. Zudem gebe es laut Michaelis ein gravierendes Problem mit den physischen Eigenschaften der Juden: Ihr Gehirn sei dermaßen „korrumpiert", dass man sie unmöglich zu Staatsbürgern erklären könne. Juden hätten eine stärkere Neigung zur Kriminalität: Sie begingen 25 Mal häufiger Straftaten als Deutsche. Sie gehörten einer anderen, südlichen Rasse an und sollten deshalb nicht in Deutschland, sondern in einem südlichen Klima leben. Michaelis schlug sogar vor, Juden auf eine Zuckerinsel zu deportieren, um sie dort in sklavereiähnlichen Verhältnissen auf den Plantagen zur Arbeit zu zwingen.[12]

---

11 Johann David MICHAELIS, Mosaisches Recht, Frankfurt a. M. 1770–1775.

12 Jonathan M. HESS, Michaelis and the colonial Imaginary, in: Jewish Social Studies 6, 2 (2000), S. 56–101.

Auch wenn der gewaltsame Charakter dieses Plans im späten 18. Jahrhundert sogar unter Judenfeinden hervorstach, verbreiteten sich rassistische Deutungsmuster gegenüber Juden in dieser Zeit rasant. Selbst prominente Anhänger der sogenannten Judenemanzipation wie der Berliner Aufklärer Dohm und einflussreiche Maskilim gingen davon aus, dass die Juden physisch wie moralisch degeneriert seien.[13] Am deutlichsten zeigt sich diese Vorstellung in Abbé Henri Grégoires *Versuch über die physische, moralische und politische Regenerierung der Juden* (*Essai sur la régénération physique, morale et politique des juifs*, 1789). Grégoire (1750–1831) gilt heute nicht ohne Grund als ein Vorkämpfer für die Rechte der Juden sowie der farbigen Menschen und Sklaven. Er plädierte ähnlich wie Dohm für eine enge gesellschaftliche Integration der Juden. Dennoch war das Bild, das Grégoire von seinen jüdischen Zeitgenossen zeichnete, vernichtend. Zwar gab er zu, es gebe viele tugendhafte Juden. Doch hielt er zugleich die Juden im Allgemeinen für lüstern: Die Mädchen neigten ihm zufolge zu Nymphomanie. In seiner Beschreibung des „physischen Zustands" der Juden stützte sich Grégoire auf Lavater und Michaelis. Die Jüdinnen seien selten schön. Juden hätten ein bleiches Gesicht, eine Hakennase, tiefsitzende Augen, ein hervorstehendes Kinn. Sie seien von kleiner Statur und hätten gekräuselte Haare sowie eine dunklere Hautfarbe als Nordeuropäer. Der spärliche Bartwuchs sei ein Zeichen ihrer Verweichlichung. Die Frauen seien mager, hätten eine schwache Sehkraft. Juden verstreuten einen üblen Geruch, seien „klapprig" und neigten zu Krankheiten wie Lepra und Skorbut, die durch verdorbenes Blut verursacht würden. Männer litten unter Hämorrhoiden. Grégoire schlussfolgerte daraus, dass es gefährlich sei, Juden „im jetzigen Zustand" zu tolerieren. Dafür hassten die Juden andere Völker zu sehr; sie seien fanatisch und hätten eine allzu lasche Moral. Sie hätten das Geld zu ihrem Götzen gemacht und seien ohne Vaterland. Dennoch sah Grégoire die Lösung nicht in der Vertreibung der Juden, denn dies wäre ein Unrecht. Wie Dohm glaubte er, die moralische und physische Entartung der Juden sei größtenteils ein Ergebnis ihres Ausschlusses aus der Gesellschaft. Sie könnten also regeneriert werden, wenn die Diskriminierung aufgehoben werde. Sie könnten sich als Bauern, Handwerker und Soldaten nützlich für die Gesellschaft erweisen. Dafür müssten sie allerdings jegliche Art von Autonomie aufgeben. Man solle die jüdischen Gemeinden als Körperschaften auflösen und die Juden assimilieren. Grégoires fernes Ziel war ihre Konversion zum Christentum.[14]

---

13 Siehe z. B. Lazarus Bendavid, Etwas zur Charackteristick der Juden, Leipzig 1793.

14 Henri Baptiste Grégoire, Essai sur la régénération physique, morale et politique des juifs, Metz 1789.

11.2 Rassismus und christliches Weltbild

Grégoires Schriften sind ein gutes Beispiel dafür, dass das Werk zahlreicher Aufklärer zutiefst christlich geprägt war. In der Geschichtsschreibung finden sich unterschiedliche Thesen zum Verhältnis zwischen Christentum und Rassismus. Manche Forscher vertreten die Ansicht, das Christentum habe die Entwicklung des Rassismus gebremst, weil es den Glauben verbreitet habe, alle Menschen stammten von Adam und Eva ab. Andere behaupten, erst die Überwindung des christlichen Weltbilds in der materialistischen, radikalen Aufklärung habe das Aufkommen des Antirassismus ermöglicht. In dieser Perspektive erscheint das Christentum als ein Hindernis für den *Anti*rassismus, nicht für den Rassismus.[15]

Linnés *System der Natur* stellt ein gutes Fallbeispiel dar, um zu überprüfen, inwiefern es einen Zusammenhang zwischen Rassismus und Christentum gab. Der schwedische Naturforscher und Universitätsprofessor verstand die Natur als ein hierarchisches, unveränderliches und göttliches System. Diese Vorstellung war von der Theorie der Großen Kette der Wesen beeinflusst. Linné zufolge bildeten alle Wesen ein hierarchisches System: Sie seien gleichsam die Sprossen einer Leiter, die von dem minderwertigsten zum höchsten Wesen führe. Auf der niedrigsten Stufe standen Steine, auf der höchsten der Mensch. Die Übergänge zwischen den Stufen waren fließend. In der Ausgabe von 1735 unterteilte Linné das Geschlecht (*genus*) „Homo" in vier „Varietäten" (*varietetes*), die er anhand von Hautfarbe definierte: „weißer Europäer, rötlicher Amerikaner [das heißt Ureinwohner Amerikas, D. T.], dunkler Asiate, schwarzer Afrikaner". Da Linné sein gesamtes System der Natur hierarchisch organisierte und die erstgenannten Kategorien in dieser Hierarchie stets höher standen als die nachfolgenden, kann man hier bereits eine implizit bleibende, aber dennoch deutliche rassistische Behauptung der Überlegenheit der „weißen Rasse" und der Unterlegenheit des „schwarzen Afrikaners" ablesen.[16]

In der Ausgabe von 1758 präzisierte und modifizierte Linné zugleich seine Beschreibung des Menschengeschlechts. Er unterschied nun zwischen zwei „Spezies" (*species*) von Menschen: dem „Tagmenschen" (*Homo diurnus*) und dem „Nacht- oder Höhlenmenschen" (*Homo nocturnus, troglodytes*). In letzterer Kategorie fasste er den „Waldmenschen oder Orang Utan" sowie vermeintliche Völker von Albinos zusammen, über deren Existenz im 18. Jahrhundert noch viele Berichte zirkulierten. Diese „Nachtmenschen" hatten

15 Vgl. etwa Colin KIDD, The Forging of Races. Race and Scripture in the Protestant Atlantic World, 1600–2000, Cambridge 2006 mit ISRAEL, A Revolution of Mind.

16 Carl von LINNÉ, Systema naturae sistens Regna tria naturae in classes et ordines, genera et species, Stockholm 1748, S. 3.

in Linnés System die Funktion, den sanften Übergang zwischen dem Menschen- und dem Affengeschlecht darzustellen, den es laut der Theorie der Großen Kette der Wesen geben musste. Linné fügte zu den vier Varietäten des nun „Tagmensch" genannten Menschen eine fünfte hinzu: den unter dem Afrikaner stehenden „monsterhaften Menschen". Darunter verstand Linné sowohl „natürliche Monster" wie die Alpenbewohner, die klein, agil und schüchtern seien, als auch „künstliche Monster" wie die „Hottentotten" (Khoisans Südafrikas), die sich Linné zufolge einen Hoden abschnitten, oder auch europäische Mädchen, deren Brustkorb durch das Korsetttragen deformiert sei.

Linné änderte in der Ausgabe von 1758 auch die Reihenfolge der bereits in älteren Ausgaben genannten vier Menschenvarietäten: An erster Stelle stand nun der „rote Amerikaner", gefolgt vom „weißen Europäer", dem „gelben Asiaten" und dem „schwarzen Afrikaner". Über die Gründe für die Beförderung der Ureinwohner Amerikas auf den ersten Platz kann nur spekuliert werden; in der ersten Hälfte des 18. Jahrhunderts hatten im Allgemeinen die „Indianer" in Europa noch vielfach den Ruf, schön, groß, stark und weise zu sein. Diese menschlichen Varietäten charakterisierte Linné nun kurz und offenbarte damit den rassistischen Charakter seiner Klassifikation. Die seit der griechischen Antike etablierte Viersäftelehre, der zufolge Gesundheit und Krankheit, Charakter und Erscheinungsbild des Menschen sich aus dem (Un-)Gleichgewicht zwischen Blut, Schleim (Phlegma), schwarzer Galle und gelber Galle ergaben, ermöglichte es ihm, einen Zusammenhang zwischen physischer Verfasstheit, angeblichen geistig-moralischen Eigenschaften, Sitten und Regierungsform zu postulieren. Der „weiße" Europäer sei zum Beispiel Sanguiniker, muskulös, einfallsreich, erfinderisch, bedecke sich mit Kleidung und werde durch „Regeln" regiert, während der „gelbe" Asiate melancholisch, steif, streng und geizig sei, die Pracht liebe und nur durch „Meinungen" – also relativ willkürlich – regiert werde. Am schlechtesten schneidet im *Systema naturae* der „schwarze" Afrikaner ab, der zwar als pfiffig beschrieben wird, aber auch als phlegmatisch, schlaff, träge und leichtsinnig; seine Regierungsweise sei die reine Willkür.[17]

11.3 Physiognomik

Die Viersäftelehre schlug eine Brücke zwischen physischem Erscheinungsbild und unterstellten moralischen Eigenschaften, weshalb Aufklärer oft postulierten, dass schöne Menschen in der Regel auch moralisch und geistig besser, während umgekehrt hässliche

---

17 Linné, Systema naturae, 1758, S. 20–24.

Menschen, kollektiv gesehen, schlechter und dümmer seien. Diese im 18. Jahrhundert einflussreiche – wenn auch umstrittene – Theorie wird Physiognomik genannt und wurde im 18. Jahrhundert vor allem von dem Schweizer Pfarrer Johann Caspar Lavater im Detail entwickelt.[18] Ihre Grundprinzipien waren alles andere als neu: Sie gingen auf die pseudoaristotelische Schrift *Physiognomica* zurück, auf der in der Renaissance unter anderem Giambattista della Porta (*De humana physiognomica*, 1586) eine eigene Lehre aufgebaut hatte.[19]

Die Physiognomik wurde im 18. Jahrhundert ausgiebig benutzt: nicht nur, um unterschiedliche Charaktertypen innerhalb der europäischen Bevölkerung auszumachen, sondern auch, um den vermeintlichen Charakter von Völkern und ihre moralisch-geistigen Eigenschaften zu beschreiben. Dieser Logik folgte zum Beispiel George-Leclerc de Buffon (1707–1788), einer der einflussreichsten Naturforscher des 18. Jahrhunderts, im anthropologischen Teil seiner *Allgemeinen Historie der Natur* (*Histoire naturelle*, 1749–1804, 44 Bände). Besonders schlecht schnitten darin die nordischen Völker Eurasiens ab:

> so findet man in Lappland, und auf den nordlichen Küsten der Tartarey, eine Art Menschen von einer kleinen und wunderlichen Gestalt, deren Gesichtsbildung so wild ist, als ihre Sitten. […] Dieses Geschlecht ist, wie man sieht, von den andern sehr unterschieden; es scheint eine ganz besondere Gattung, und alle dazu gehörige Leute vor der Zeit gebohrne Kinder [also Frühchen] zu seyn. Denn wofern ein Unterscheid unter diesen Völkern ist, so äußert sich derselbe doch bloß in der größern oder kleinern Häßlichkeit. […] Bey all diesen Völkern sind die Weiber so häßlich als die Männer […]. Diese Völker sind sich unter einander nicht nur in der Häßlichkeit […] ähnlich, sondern sie haben auch alle fast einerley Gemüthsneigungen und einerley Sitten; sie sind alle gleich ungeschickt, abergläubisch und dumm. […] Die meisten sind Götzendiener, und alle mit einander höchst abergläubisch; sie sind noch unstäthiger als wild, sie besitzen keine Herzhaftigkeit, keine Scham und keine Ehrerbiethung gegen sich selbst. Diese niederträchtigen Völker haben sonst keine Sitten, außer so viele, als hinlänglich sind, sie verächtlich zu machen.[20]

18 Johann Caspar LAVATER, Physiognomische Fragmente, Leipzig 1778; LORENZ, Menschenzucht, S. 57–60.

19 Cecilia MURATORI, From Animal Bodies to Human Souls. (Pseudo-)Aristotelian Animals in Della Porta's Physiognomics, in: Early Science and Medicine 22/1 (2017), S. 1–23.

20 Georges Louis Le Clerc de BUFFON, Allgemeine Historie der Natur nach allen ihren besondern Theilen abgehandelt […], Bd. 2, Hamburg und Leipzig 1752, S. 233–235.

Besonders frappierend ist, dass der Zusammenhang zwischen physischem Erscheinungsbild und moralisch-geistigen Qualitäten Buffon nicht erklärungsbedürftig gewesen zu sein scheint. Hässlichkeit und Dummheit gingen für ihn Hand in Hand. Die Grundprinzipien dieser „Völkerphysiognomik" wurden als selbstverständlich vorausgesetzt und gingen mit einer großen Bereitschaft, ästhetische wie moralische Urteile über die unterschiedlichen Völker auszusprechen, einher.[21]

Berühmtheit erlangte im 18. Jahrhundert auch die Gesichtswinkeltheorie des niederländischen Zeichners und Zoologen Petrus Camper (1722–1798). Camper behauptete, die Unterschiede in den Gesichtszügen der Völker lägen im unterschiedlichen Winkel begründet, den eine Linie von der Stirn bis zur Oberlippe mit einer senkrechten Linie bilde. Auf klassisch-griechischen Statuen sei erstere Linie beinahe senkrecht, während sie beim Affen einen weiten Winkel zur senkrechten bilde (Abb. 16). In der Forschung ist umstritten, ob und inwiefern diese Beschreibung physischer Unterschiede mit rassistischen Urteilen einherging. Während Klassiker der Rassismusgeschichte in Camper einen Vorläufer der rassistischen Kraniologie des 19. Jahrhunderts sehen, interpretieren andere Forschungsbeiträge die Gesichtswinkeltheorie entweder als eine „pragmatische ästhetische Theorie" – das heißt als eine praktische Hilfestellung für Zeichner – oder unterstellen Camper gar eine antirassistische Intention: Campers Ziel sei es gewesen, die großen Unterschiede zwischen den Afrikanern und den Menschenaffen aufzuzeigen.[22] Letztere These lässt sich jedoch nicht halten: Camper betonte ausdrücklich die vermeintlichen Ähnlichkeiten in den Gesichtszügen zwischen Afrikanern und Affen. Seine Gesichtswinkeltheorie war auch nicht nur als eine pragmatische Stütze für Zeichner gedacht, sondern ging mit einer ästhetischen Hierarchisierung zwischen den Völkern einher. Camper lehnte sich ausdrücklich an Buffon an, wenn er die nordischen und die Steppenvölker Eurasiens als die hässlichsten, die die Natur je erschaffen habe, bezeichnete. Er attestierte den Europäern ein „nobleres" Aussehen. Dennoch findet sich bei Camper keine Theorie, die moralische Fähigkeiten oder die Intelligenz mit der Schädelform in Verbindung brächte.

---

21 David BINDMAN, Ape to Apollo. Aesthetics and the Idea of Race in the Eighteenth Century, London 2002.

22 Camper als Rassist: Winthrop JORDAN, White over Black. American Attitudes Toward the Negro 1550–1812, Chapel Hill 1968, S. 237, 498; MOSSE, Toward the Final Solution, S. 21–24. Eine nichtrassistische Theorie für Zeichner: Jay GOULD, Petrus Camper's Angle. The Grandfather of Scientific Racism Has Gotten a Bum Rap, in: Natural History 96 (1987), S. 12–16. Camper als Antirassist: Miriam Claude MEIJER, Race and Aesthetics in the Anthropology of Petrus Camper, Den Haag 1999.

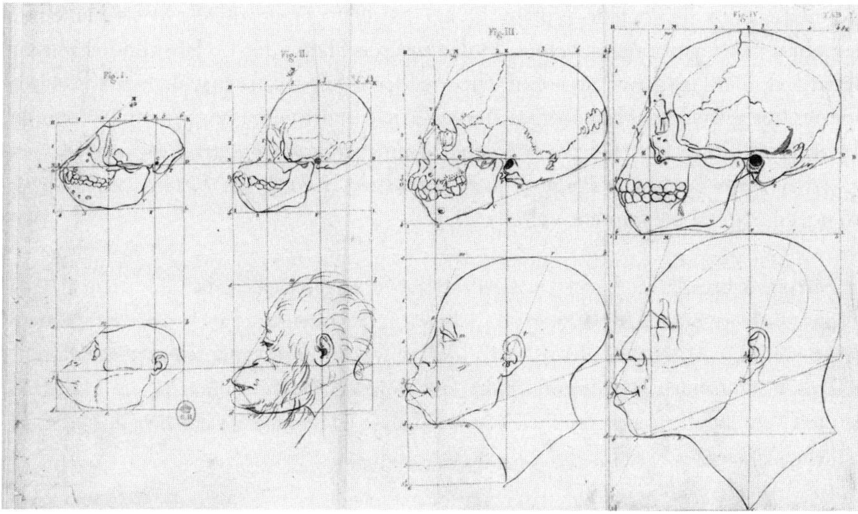

Abb. 16 Petrus Camper, Gesichtswinkel vom Orang-Utan zum „Mohren", Kupferstich in: ders., Verhandeling van Petrus Camper over het natuurlijk verschil der wezenstrekken in menschen van onderscheiden landaart en ouderdom; over het schoon in antyke beelden en gesneedene steenen. Gevolgd door een voorstel van eene nieuwe manier om hoofden van allerleye menschen met zekerheid te tekenen. Naa des Schrijvers dood uitgegeven door zijnen zoon Adriaan Gilles Camper, Utrecht 1791 (Quelle: Bibliothèque nationale de France)

Der Gesichtswinkel ergibt sich in seiner Theorie nicht durch eine andere Form der Gehirnhöhle, sondern durch die Form der Kiefer.[23]

11.4 Monogenismus versus Polygenismus

Bei der Entwicklung einer rassischen Kategorisierung hatte sich Linné an der spätantik-christlichen Idee der Großen Kette der Wesen orientiert. Das System der Natur war für ihn in seiner Vollständigkeit und in seinem hierarchischen Charakter Ausdruck der Allmacht und Weisheit Gottes. So lässt sich in Linnés Werk durchaus ein Zusammenhang zwischen christlichem Weltbild und Rassismus ausmachen. Wie dies mit der biblischen Schöpfungsgeschichte, in der Menschen von Adam und Eva abstammen, zu

23 Petrus Camper, Ueber den natürlichen Unterschied der Gesichtszüge in Menschen verschiedener Gegenden u. verschiedenen Alters: über das Schöne antiker Bildsäulen, Berlin 1792.

vereinbaren war, ließ er jedoch offen. Dabei wurde die Frage, ob alle Menschen einen gemeinsamen Ursprung aufweisen, in der zweiten Hälfte des 18. Jahrhunderts heftig debattiert. Der Polygenismus – eine Theorie, der zufolge die menschlichen Varietäten Spezies mit getrennter Herkunft seien – fand in Voltaire einen prominenten Vertreter. Besonders offensiv propagierte er solche Ideen in *Philosophie der Geschichte des verstorbenen Abtes Bazin* (*La Philosophie de l'histoire, par feu l'abbé Bazin*, 1765). Gleich im ersten Kapitel behauptete Voltaire:

> Nur einem Blinden muß man den Zweifel erlauben, ob die Weißen, die Schwarzen, die Albinos, die Hottentotten, die Lappen, die Chinesen, die Amerikaner auch völlig verschiedene Arten sind. [...] [Die] runde[n] Augen [der Schwarzen], ihre stumpfe Nase, ihre dicke[n] Lippen, ihre anders gebildete[n] Ohren, die Wolle auf ihrem Kopf, selbst das Maas [sic!] ihres Verstandes, machen zwischen ihnen und andern Gattungen Menschen einen erstaunlichen Unterscheid [sic!].[24]

Für Voltaire reichten diese oberflächlichen physischen Unterschiede aus, um aus Afrikanern eine vom „weißen Menschen" vollkommen verschiedene Gattung zu machen. Aus seiner Sicht vermochten klimatische Einflüsse diese Unterschiede nicht zu erklären, denn „Neger und Negerinnen" brächten, „wenn sie auch in die kältesten Länder versetzt werden, daselbst einmal Thiere ihrer Art hervor".[25] Auffällig ist, dass dieser heftige Angriff auf die Würde der Afrikaner im Zusammenhang mit der Zerstörung der christlichen Heilsgeschichte stand, die zweifellos das Hauptziel Voltaires in der *Philosophie der Geschichte* darstellte. Offensichtlich ging die Überwindung des Christentums also nicht unbedingt mit einem Niedergang rassistischer Weltbilder einher.

Doch auch die Rassentheoretiker, die ausdrücklich an der Idee eines gemeinsamen Ursprungs aller Menschen – dem sogenannten Monogenismus – festhielten, vertraten meist ausgesprochen rassistische Ansichten. Dies lag daran, dass im 18. Jahrhundert „farbige Rassen" gewöhnlich als Ergebnis eines Entartungsprozesses galten. Monogenisten wie Buffon, der Präsident der Berliner Akademie der Wissenschaften Maupertuis oder auch Kant und Blumenbach meinten, die ursprüngliche Menschheit sei weiß gewesen, habe aber unter dem meist schädlichen Einfluss des Klimas unterschiedliche Gestalten und Hautfarben angenommen.[26] Während Blumenbach – entgegen seinem Ruf als

24 Voltaire, Die Philosophie der Geschichte, S. 7.

25 Ebd.

26 Sarah Reimann, Die Entstehung des wissenschaftlichen Rassismus, Stuttgart 2017, S. 100–129, 168–181; Andrew S. Curran, The Anatomy of Blackness. Science and Slavery in an Age of

Vater des „wissenschaftlichen" Rassismus – keinen moralischen oder intellektuellen Unterschied zwischen Europäern und Afrikanern ausmachte,[27] glaubte Kant dezidiert an die Unterlegenheit der Afrikaner. Anders als Linné stufte Kant die Ureinwohner Amerikas noch tiefer als die Afrikaner ein. In seiner *Physischen Geographie* (1801), die auf den Vorlesungen basierte, die er jahrzehntelang hielt, behauptete er:

> Die Menschheit ist in ihrer größten Vollkommenheit in der Race der Weißen. Die gelben Indianer [das heißt Inder, D.T.] haben schon ein geringeres Talent. Die Neger sind weit tiefer, und am tiefsten steht ein Theil der amerikanischen Völkerschaften. [...] Der Einwohner des gemäßigten Erdstrichs, vornehmlich des mittleren Teils desselben, ist schöner an Körper, arbeitsamer, scherzhafter, gemäßigter in seinen Leidenschaften, verständiger als irgend eine andere Gattung der Menschen in der Welt. Daher haben diese Völker zu allen Zeiten die anderen belehrt und durch die Waffen bezwungen.[28]

Über die physische Konstitution und die geistigen Merkmale einzelner afrikanischer Völker fällte Kant ausgesprochen rassistische Urteile.[29] In seinen Vorlesungsnotizen aus den 1780er Jahren behauptete er gar, die „Rasse der Weißen" werde aufgrund ihrer klaren Überlegenheit alle anderen „Rassen" ausrotten:

> Der Neger kan disciplinirt und cultivirt, niemals aber ächt civilisirt werden. Er verfällt von selbst in die Wildheit.
> Alle racen werden ausgerottet werden (Amerikaner und Neger können sich nicht selbst regiren. Dienen also nur zu Sclaven), nur nicht die der Weissen.[30]

Kant behauptete, jeglicher Fortschritt in der Menschheitsgeschichte gehe auf die „weiße Rasse" zurück. Die „Weißen" seien auch noch heute „die einzige[n], welche immer

---

Enlightenment, Baltimore 2011.

27 Johann Friedrich Blumenbach, Verschiedenheiten im Menschengeschlechte, Leipzig 1798; Sarah Lentz, „Wer helfen kann, der helfe!" Deutsche SklavereigegnerInnen und die atlantische Abolitionsbewegung, 1780–1860, Göttingen 2020, S. 80–106.

28 Immanuel Kant, Physische Geographie, in: ders., Kant's gesammelte Schriften, Königlich-Preussische Akademie der Wissenschaften (Hg.), Bd. 9, Berlin und Leipzig 1923, S. 151–436, hier 316–317.

29 Zum Beispiel Kant, Physische Geographie, S. 408, 419.

30 Kant's handschriftlicher Nachlaß, Bd. 2, Zweite Hälfte: Anthropologie, Berlin/Leipzig 1923, S. 878.

in Vollkommenheit fortschreiten".[31] Kant verurteilte die „rassische Mischung": „Es ist nicht gut, daß sie sich vermischen."[32]

Diese Stellen in Kants Werk verstören, ja schockieren regelrecht angesichts seiner sonstigen philosophischen Leistungen. Sie bilden einen starken Kontrast zu seinen vielgelobten kosmopolitischen Schriften. Berühmt ist Kant für Texte wie *Idee zu einer allgemeinen Geschichte in weltbürgerlicher Absicht* (1784), in denen der Königsberger Philosoph schlicht von *dem* Menschen schrieb. Eine Möglichkeit, die Diskrepanz zwischen den rassistischen und den kosmopolitischen Schriften zu erklären, besteht in der Annahme, Kant habe in den 1780er und 1790er Jahren seine früheren rassistischen Ansichten revidiert. Diese These wird oft von seinen Apologeten vertreten.[33] Allerdings spricht einiges dagegen: Kant veröffentlichte erst 1790 die *Kritik der Urteilskraft*, die eindeutig rassistische Passagen enthält, und ließ seine wohl rassistischste Schrift, die *Physische Geographie*, sogar erst ab 1801 drucken.[34]

Eine andere Möglichkeit, Kants rassistische Aussagen mit seinen kosmopolitischen Ansichten in Einklang zu bringen, besteht in der Abkehr von dem Versuch, um jeden Preis eine Kohärenz im Werk Kants oder auch anderer Autoren auszumachen: Wenn man der Cambridge School folgend Texte als „Sprechakte" versteht, kann man sie als kontextbezogene Äußerungen interpretieren, die mit einem bestimmten Zweck verbunden waren. Kant dürfte sich vor allem aus zwei Gründen für die Frage nach den Varietäten des Menschengeschlechts interessiert haben: Einerseits wollte er Voltaires Polygenismus eine Theorie entgegenstellen. Obwohl Kant ein Vertreter der rationalistischen Theologie war und sich merklich von christlichen Dogmen distanzierte, stand dieses Anliegen im Einklang mit älteren christlichen Vorstellungen. Es war ihm wichtig, die Vorstellung einer von Gott wohlgeordneten Welt aufrechtzuerhalten. Auch wenn die Naturhistoriker des 18. Jahrhunderts nur noch selten Bezug auf die Bibel nahmen, blieben die Theorien der Monogenisten stark vom Christentum geprägt.[35] Voltaires Behauptung, es gebe unterschiedliche „Menschengattungen", die an verschiedenen Orten parallel zueinander entstanden seien, nannte Kant verächtlich „keinen üblen Einfall für einen Dichter".[36] Kant sah sich mit dem Problem konfrontiert, die These

31 Ebd., S. 878–879 (Zitat, S. 878).

32 Ebd., S. 878.

33 Z. B. in Pagden, The Enlightenment, S. 140–141.

34 Kant, Physische Geographie.

35 Kidd, The Forging of Race; April G. Shelford, Race and Scripture in the Eighteenth-Century French Caribbean, in: Atlantic Studies 10, 1 (2013), S. 69–87.

36 Immanuel Kant, Von den verschiedenen Racen der Menschen, Königsberg 1775, S. 12.

eines gemeinsamen Ursprungs aller Menschen mit der Beobachtung in Einklang zu bringen, dass „schwarze" Menschen auch in kalten Klimazonen „schwarze" Kinder zeugten. Während er also die Klimatheorie verteidigen musste, die von der „Entartung" des ursprünglich weißen Menschen infolge von klimatischen Bedingungen ausging, barg zugleich genau diese Theorie ein Problem für die Konzeption der Natur und somit ihres Schöpfers. Die Polygenisten argumentierten, die Klimatheorie stelle eine Beleidigung Gottes dar: Wie konnte die Natur voller degenerierter Wesen sein, die keineswegs den Intentionen des Schöpfers entsprachen? Wenn man ein wenig Vertrauen in die göttliche Vorsehung habe, dann müsse man davon ausgehen, dass Gott diese unterschiedlichen Spezies geschaffen habe.[37]

Kants Antwort auf dieses zweifache Problem war die Keimtheorie. Ihm zufolge habe die Natur in jeden Menschen „Keime" gelegt, die das Potential der Entwicklung des Menschen zu einer der drei von Kant definierten, „nichtweißen" Rassen beinhaltet hätten. Mit Hilfe dieser Keime habe sich der Mensch an unterschiedliche Klimata anpassen können. Seien die Keime allerdings einmal aufgegangen, dann lasse sich eine gewisse Beständigkeit der entwickelten Merkmale beobachten. An diesem Punkt werden Kants Ausführungen zwar recht vage; wie beständig diese Merkmale sein sollten, geht aus seinen Schriften nicht hervor. Die Keimtheorie erlaubte es Kant dennoch, die Beobachtung, „schwarze" Menschen brächten überall „schwarze" Kinder zur Welt, mit der Klimatheorie in Einklang zu bringen. Zudem konnte Kant behaupten, alles in der Natur sei zweckgebunden und deshalb sei der Philosoph noch mehr als der empirisch arbeitende Naturhistoriker dazu berufen, die Natur zu interpretieren. Mit der Keimtheorie vertrat Kant somit ein teleologisches Bild der Natur, das der Philosophie die Königsrolle zuwies.[38]

---

37 José-Michel MOUREAUX, Race et Altérité dans l'anthropologie voltairienne, in: Sarga MOUSSA (Hg.), L'Idée de „race" dans les sciences humaines et la littérature (XVIIIe et XIXe siècles). Actes du colloque international de Lyon (16–18 novembre 2000), Paris 2003, S. 39–53, hier 50; Edward LONG, The History of Jamaica or, a General Survey of the Antient and Modern State of that Island with Reflections on its Situation, Settlements, Inhabitants, Climate, Products, Commerce, Laws, and Government. In Three Volumes, London 1774, Bd. 2, S. 371–372.

38 KANT, Von den verschiedenen Racen; DERS., Über den Gebrauch teleologischer Prinzipien in der Philosophie, in: DERS., Kritik der Urteilskraft und Schriften zur Naturphilosophie, Immanuel Kant in sechs Bänden, Wilhelm WEISCHEDEL (Hg.), Bd. 5, Wiesbaden 1987, S. 139–170. Auf ähnliche Weise behauptete Kant den teleologischen Charakter der Geschichte und somit die Deutungshoheit der Philosophen gegenüber den Historikern: Immanuel KANT, Idee zu einer allgemeinen Geschichte in weltbürgerlicher Absicht (1784), Göttingen 2019.

Die kantische Bestimmung des Begriffs Rasse gilt in Teilen der Forschung als eine entscheidende Etappe hin zur Entwicklung des „wissenschaftlichen“ Rassismus.[39] Ungeachtet aller Unterschiede zwischen ihren Ideen und späteren Rassentheorien trugen Kant und andere Aufklärer sicherlich dazu bei, den Rassismus philosophisch zu begründen. Auch zeigt Kants Beispiel, dass Monogenisten mitnichten weniger rassistisch waren als Polygenisten. Der Glaube an eine gemeinsame Herkunft der Menschen stellte aufgrund der Degenerierungstheorie keine Hürde für die Entwicklung des Rassismus dar.

11.5 Rassismus gegenüber Ureinwohnern Amerikas und Highlandern

Wenn Kant die Ureinwohner Amerikas auf der untersten Stufe in der Rangfolge der „Rassen“ einordnete, folgte er einem neuen Trend in der zweiten Hälfte des 18. Jahrhunderts: In der Spätaufklärung entwickelte sich der Rassismus nicht nur gegenüber Afrikanern, sondern auch gegenüber Gruppen, die zuvor nicht als physisch unterlegen gegolten hatten. Die Ureinwohner großer Teile Amerikas waren zwar seit dem späten 15. Jahrhundert gewöhnlich als „Wilde“ bezeichnet worden, jedoch unterstellte man in der Regel keinen Zusammenhang zwischen angeblichen körperlichen Merkmalen und vermeintlichen geistig-intellektuellen Eigenschaften. Einen ersten Schritt in diese Richtung bildete eine Theorie, der zufolge die „Amerikaner“ körperlich schwächer als die Europäer seien. Diese Theorie war von spanischen Autoren im 16. Jahrhundert formuliert worden, um die Krone zum Schutz der neuen amerikanischen Untertanen zu bewegen, die massiv an Epidemien starben. Die Behauptung, die „Indianer“ seien von „zärtlicher Konstitution“, war dabei nicht abwertend gemeint. Diese Autoren zogen eine Parallele zu der Zartheit des Adels, der genauso wenig wie die „Indios“ zu schwerer körperlicher Arbeit bestimmt sei. Dennoch konnte diese Theorie die Europäer dazu verleiten, ein Gefühl der eigenen Überlegenheit zu entwickeln.[40]

---

39 Robert BERNASCONI, Kant as an Unfamiliar Source of Racism, in: Julie K. WARD/Tommy L. LOTT (Hg.), Philosophers on Race. Critical Essays, Oxford 2002, S. 145–166; REIMANN, Die Entstehung, S. 168–181.

40 Joyce E. CHAPLIN, Natural Philosophy and an Early Racial Idiom in North America. Comparing English and Indian Bodies, in: The William and Mary Quarterly 54 (1997), S. 229–252.

Ebendiese Vorstellungen griff im 18. Jahrhundert der Niederländer Cornelius de Pauw auf, der ein seinerzeit erfolgreiches Buch über das vermeintlich „entartete" Wesen der „Amerikaner" 1771 veröffentlichte. Pauw folgte Buffons Theorie, wonach das amerikanische Klima rau, warm und feucht und sämtliche Tierarten deshalb kleiner und schwächer geworden seien. Er unterstellte den Ureinwohnern Amerikas eine mangelnde Virilität – sie müssten Schlangengift einnehmen, um überhaupt eine Erektion zu haben – und behauptete, sie seien „jedem Europäer unterlegen", wiesen „keinerlei Intelligenz" auf, hätten allenfalls „grobschlächtige Ideen" und seien nicht verbesserungsfähig.[41] Warum Pauw eine derart aggressive Rhetorik pflegte, ist noch nicht hinreichend geklärt. Er wollte wahrscheinlich mit provokativen Thesen Aufmerksamkeit erregen – was er auch in einem Buch tat, in dem er die Chinesen herabsetzte – und bediente auch antispanische und antikatholische Erwartungen.[42]

Pauws Ideen erfreuten sich jedenfalls einer großen Popularität, und der Niederländer wurde vom einflussreichen französischen Starverleger Charles Joseph Panckoucke (1736–1798) beauftragt, für den Ergänzungsband (*Supplément*) zur *Encyclopédie* – mit dem Diderot nichts mehr zu tun hatte – den Artikel *Amérique* zu verfassen.[43]

In der zweiten Hälfte des 18. Jahrhunderts formulierten manche Autoren rassistische Theorien auch in Bezug auf europäische Bevölkerungsgruppen. Zu nennen sind beispielsweise John Pinkertons (1758–1826) Aussagen über die Bewohner der schottischen Highlands in seiner *Dissertation on the Origins and Progress of the Scythians or Goths* (1787). Dieser Edinburgher Historiker machte in Schottland zwei deutlich unterschiedliche Rassen aus: die keltische und die skythische bzw. gotische. Die Highlander stammten von den keltischen Pikten ab, die wild gewesen und erst von den eingewanderten Skythen, einem von den Goten abstammenden Volk, zivilisiert worden seien. Der Unterschied zwischen Skythen und Pikten sei laut Pinkerton so groß wie der zwischen Europäern und Afrikanern: „Die Kelten waren so unterlegen […],

41 Cornelius DE PAUW, Philosophische Untersuchungen über die Amerikaner, oder wichtige Beyträge zur Geschichte des menschlichen Geschlechts, o. O. 1769.

42 Polemik gegen Spanier und Missionare: Cornelius DE PAUW, Philosophische Untersuchungen, Vorwort und S. 44, 49, 224, 283–294. De Pauws Herabsetzung der alten Chinesen: DERS., Recherches philosophiques sur les Égyptiens et les Chinois, Amsterdam 1773.

43 Cornelius de PAUW, Amérique, in: Supplément à l'Encyclopédie ou Dictionnaire raisonné des sciences, des arts et des métiers, Bd. 1: A – Blomkrabble, Paris 1776–1777, S. 343–362. Zum Supplementband: Kathleen HARDESTY, The Supplément to the Encyclopédie, Den Haag 1977; A. M. CHOUILLET, Les signatures dans le Supplément de l'Encyclopédie, in: Recherches sur Diderot et l'Encyclopédie 5 (1988), S. 152–158.

sie waren dem Skythen gegenüber so [unterlegen] wie der Neger dem Europäer, [...] sodass sie, kaum dass man sie sah, schon erobert waren; [...] sie hatten keine eigenen Künste, keine eigenen Erfindungen."[44] Pinkerton zufolge habe Gott die unterschiedlichen Menschenrassen ungleich erschaffen.[45] Deswegen könne sich die keltische Rasse auch nicht verbessern: „Sie sind Wilde, sind Wilde seit Anbeginn der Welt gewesen und werden immer Wilde bleiben," denn „der Charakter von Nationen ändert sich, der [Charakter] der Rassen [jedoch] nie."[46] Pinkerton war ein früher Vertreter einer Lehre, die im 19. Jahrhundert zur vollen Blüte gelangte: der Theorie einer natürlichen und beständigen Überlegenheit der germanischen „Rasse".

11.6 Angst vor Degenerierung und Aufkommen der Eugenik

Vorstellungen von der Überlegenheit einer europäischen Bevölkerungsgruppe gegenüber einer anderen oder von der Überlegenheit der Europäer insgesamt gegenüber nichteuropäischen „Rassen" bestanden im 18. Jahrhundert neben einer pessimistischen Diagnose über den physischen Zustand der Europäer. Besonders zwei zu ihren Lebzeiten berühmte französische Mediziner, die heutzutage weitgehend vergessen sind, trugen entscheidend dazu bei, letztere Ansicht zu verbreiten: Charles-Augustin Vandermonde (1727–1762) und Antoine Le Camus (1722–1772). Beide gingen von der unhinterfragten Prämisse aus, ihre europäischen Zeitgenossen seien im Vergleich zu ihren Vorfahren entartet. Der zivilisierte Mensch sei weniger stark, schön und gesund als die in den Wäldern lebenden Barbaren. Diese Vorstellung, die zum Beispiel auch Gutsmuths' Förderung der Gymnastik zugrunde lag, baute auf der Idee auf, dass im Laufe des Lebens erworbene Eigenschaften an nachfolgende Generationen weitergegeben würden. Ein unnatürlicher und unmoralischer Lebensstil eines Individuums habe nicht nur Auswirkungen auf dessen eigenen physischen und moralischen Zustand, sondern

44 „The Celts were so inferior [...], being to the Scythians as a negro to a European, that [...] to see them, was to conquer them; [...] and [...] they had no arts, nor inventions, of their own." John PINKERTON, Dissertation on the Origins and Progress of the Scythians or Goths, London 1787, S. 123 (Übersetzung: D.T.). Ich danke Sarah Wiechert für den Hinweis auf diesen Text.

45 Ebd., S. 33.

46 „[...] they are savages, have been savages since the world began, and will be for ever savages"; „characters of nations change, characters of savage RACES never." Ebd., S. 68–69 (Kapitälchen im Original).

auch auf die angeborenen Merkmale seiner Nachkommen. Gerade Ausschweifungen provozierten eine physische Degenerierung ganzer Bevölkerungen, so eine geläufige These im 18. Jahrhundert. Der Kampf der Aufklärer um die moralische Verbesserung ihrer Landsleute war somit also auch ein Kampf um ihre physische Regenerierung.[47]

Vandermonde und Le Camus machten mehrere Vorschläge, wie man die Menschen regenerieren könne, und leisteten somit wichtige Beiträge zur Entstehung der Eugenik. Le Camus veröffentlichte 1757 seine eugenischen Ideen. Ihm zufolge war der Hauptgrund für die Degenerierung europäischer Bevölkerungen darin zu suchen, dass die gesunden jungen Männer zum Militär geschickt würden oder in den Klerus einträten und folglich nur wenig Nachkommen zeugten. Er plädierte dafür, Menschen mit physischen „Defekten" in den geistlichen Stand eintreten zu lassen oder aber Regimenter aus ihnen zu bilden. Wenn es schon Einäugige, Lahme und Bucklige gebe, so sollten sie zumindest als Kanonenfutter dienen – so Le Camus' Gedanke.[48] Bereits ein Jahr zuvor hatte Vandermonde in seiner Abhandlung *Essay über die Art, die Menschengattung zu vollenden* (*Essai sur la manière de perfectionner l'espèce humaine*, 1756) eine breite Palette von eugenischen Ratschlägen formuliert, die von der Lebenshygiene schwangerer Frauen bis hin zur Vermeidung von Ausschweifungen gingen. Von besonderem Interesse war für ihn die Vorstellung, man könne durch die Anbahnung von geeigneten Eheschließungen viel Unheil vermeiden, ja überlegene „Menschenrassen" züchten. Obgleich Ehepartner in Vandermondes Idealvorstellung sich physisch ähneln sollten, trat er für eine gezielte „Kreuzung" von „Rassen" ein, um dem Degenerierungsprozess entgegenzuwirken, denn jede „Rasse" entarte, wenn sie sich in einem bestimmten Klima niedergelassen habe. Wenn Mitglieder einer „Rasse" untereinander heirateten, so Vandermonde, führten sie eine „Entartung" der Nachkommen herbei. Ihm zufolge waren die Juden das beste Beispiel für eine solche degenerierte „Rasse" – eine Idee, die in der zweiten Hälfte des 18. Jahrhunderts kaum hinterfragt wurde. Auf der anderen Seite hieß Vandermonde nicht jegliche „Kreuzung" gut: Er verurteilte die Spanier dafür, sich in der Neuen Welt mit „Indianerinnen" und „Negerinnen" vermischt zu haben, denn er hielt „Schwarzhäutige" für klar unterlegen.[49] Vandermondes

47 M. VANDERMONDE, Essai sur la manière d'améliorer et de perfectionner l'espèce humaine, 2 Bde., Paris 1755/1756; Antoine LE CAMUS, Projet pour conserver l'espèce d'hommes bien faits, réserver les hommes vigoureux pour la culture des terres, et augmenter le nombre de soldats, in: Mémoires sur divers sujets de médecine, Paris 1760, S. 285–314; GUTSMUTHS, Gymnastik für die Jugend.

48 LE CAMUS, Projet.

49 VANDERMONDE, Essai.

eugenische Phantasien waren von Maupertuis' Vorschlägen beeinflusst: Bereits 1745 hatte dieser in einer Abhandlung über den Ursprung der „schwarzen" Haut sich vorgestellt, wie ein Sultan seinen Harem benutzen könne, um schönere und kräftigere Menschenrassen zu züchten, genauso wie man Hunderassen verbessere.[50]

Solche Vorschläge fanden in der zweiten Hälfte des 18. Jahrhunderts eine weite Verbreitung in Schriften, die sich an ein breites Publikum richteten. Im Heiligen Römischen Reich spielte dabei der Arzt Johann Peter Frank (1745–1821) eine Schlüsselrolle, indem er ein einflussreiches System zur Vermeidung „ungesunder" Ehen und zur Ausmusterung des „schlechten Samens" entwickelte. Viele Autoren des 18. Jahrhunderts hielten „das gesunde teutsche Blut" für gefährdet, wie Johann Michael von Loën (1694–1776) es formulierte. In der Kameralistik wurde es deshalb Standard, eine staatliche Kontrolle der Eheschließungen zu verlangen. Die Deutschen sollten physisch wie sittlich verbessert werden.[51]

Die Theorie, die Europäer seien degeneriert, wurde wie andere rassistische Theorien des 18. Jahrhunderts von Autoren vertreten, die sich philosophisch betätigten und die man für gewöhnlich der Aufklärung zurechnet. Ihre rassistischen Ideen waren auch eng mit Vorstellungen von der natürlichen Ordnung, dem Streben nach geistig-moralischem Fortschritt und Ängsten vor dem Niedergang ganzer Gesellschaften verwoben. Sie waren mit der aufklärerischen Imagination aufs Innigste verbunden und sollten deshalb als ein integraler Bestandteil der Aufklärungsgeschichte verstanden werden.

50 Pierre-Louis Moreau de MAUPERTUIS, Vénus physique, o. O. 1745, S. 140–145.

51 LORENZ, Menschenzucht, S. 67–148.

12 Kolonialismus

Mit ihren rassistischen Theorien wollten die Aufklärer in der Regel nicht die Herrschaftsverhältnisse oder die Sklaverei in Übersee legitimieren. Voltaire, Kant und andere Aufklärungsphilosophen bezogen vielmehr Position in Debatten um die Glaubwürdigkeit der biblischen Schöpfungsgeschichte oder um das Verhältnis von Philosophie und empirischer Naturforschung. Dennoch wurden ihre Theorien von Autoren aufgegriffen, deren Ziel es war, Sklavenhandel und -haltung zu rechtfertigen. In der Forschung berüchtigt ist der Fall Edward Longs, eines Bewohners von Jamaika, der 1774 unter dem Titel *History of Jamaica* eine Beschreibung seiner Insel veröffentlichte.[1] Long verteidigte in dieser Schrift die Autonomie Jamaikas gegenüber den Repräsentanten der britischen Krone, die er der Tyrannei bezichtigte.[2] In diesem Zusammenhang nahm er die Sklaverei vor den Kritikern aus Übersee in Schutz. Long zufolge war die Sklaverei in der Karibik aufgrund des heißen Klimas notwendig – ein Argument, das karibische Juristen unterschiedlicher Nationen zu dieser Zeit in kreativer Aneignung von Montesquieus *Vom Geist der Gesetze* (*De l'Esprit des lois*) entwickelten.[3] Er griff aber auch auf die polygenistische Rassentheorie zurück und

1 LONG, The History of Jamaica. Zu diesem Werk: Ann THOMSON, Issues at Stake in Eighteenth-Century Racial Classification, in: Cromohs 8 (2003), S. 1–20, hier 11; David N. LIVINGSTONE, Adam's Ancestors. Race, Religion, and the Politics of Human Origins, Baltimore 2008, S. 68–70; C. Loring BRACE, „Race" is a four-letter word. The Genesis of the Concept, New York/Oxford 2005, S. 40; Joyce E. CHAPLIN, Race, in: David ARMITAGE/Michael J. BRADDICK (Hg.), The British Atlantic World, 1500–1800, Basingstoke 2002, S. 154–172, hier 166; SEBASTIANI, The Scottish Enlightenment, S. 13.

2 LONG, The History of Jamaica, Bd. 1, S. 3–4.

3 Émilien PETIT, Traité sur le Gouvernement des esclaves, Paris 1777; Louis-Ély MOREAU DE SAINT-MÉRY, Loix et constitutions des colonies françoises de l'Amérique sous le Vent […], Paris 1784–1785; DERS., Fragment sur les mœurs de Saint-Domingue, o. O. o. D.; Dominique TAFFIN (Hg.), Moreau de Saint-Méry ou les ambiguïtés d'un créole des Lumières, o. O. 2006; Malick GHACHEM, The Age of Code noir in French Political Economy, 2004, http://www-sul.stanford.edu/depts/hasrg/frnit/pdfs_gimon/ghachemfinal.pdf (zuletzt besucht am 22.08.2022); GHACHEM, Montesquieu in the Caribbean.

entfaltete eine besonders aggressive rassistische Rhetorik. In seinen Augen waren „Neger" von Natur aus unfähig, Fortschritte in Moral und Wissenschaft zu erzielen. Dieser „abscheulichste Teil der Menschheit" sei dumm, verräterisch, blutrünstig, abergläubisch, faul, misstrauisch, feige, diebisch und wollüstig. Auf über 20 Seiten erläuterte Long, wie gering der Unterschied zwischen einem Afrikaner und einem Orang-Utan angeblich sei.[4]

In der Aufklärungsforschung galten bis zum späten 20. Jahrhundert das Leben und Werk karibischer Autoren wie Long als ein randständiges Thema. Wenn der Kolonialismus thematisiert wurde, dann stand in der Regel die Kritik von Aufklärern an der Kolonialexpansion und der Sklaverei im Vordergrund, wobei besonders Raynals *Geschichte beider Indien* als eine „Kriegsmaschine gegen den Kolonialismus" gefeiert wurde.[5] Bereits Anfang der 1970er Jahre machte jedoch Michèle Duchet darauf aufmerksam, dass berühmte französische Aufklärungsphilosophen die Kolonialexpansion unterstützt hätten.[6] Die postkoloniale Aufklärungskritik zeigte daraufhin, dass führende Intellektuelle des 18. Jahrhunderts viele außereuropäische Kulturen als unterlegen eingestuft und die eigene Zivilisation zum Maßstab erhoben hätten.[7] Diese Position entfachte eine Kontroverse. Manche Kritiker postkolonialer Thesen wie Robert Darnton oder Jürgen Osterhammel wollten am Bild einer nicht-ethnozentrischen Aufklärung festhalten; andere plädierten für eine Unterscheidung

4 LONG, The History of Jamaica, Bd. 2, S. 351–380.

5 Hans WOLPE, Raynal et sa machine de guerre. L'*Histoire des deux Indes* et ses perfectionnements, Stanford 1957; Sankar MUTHU, Enlightenment against Empire, Princeton 2003, Kapitel 3; ISRAEL, Democratic Enlightenment, S. 413–442; Hans-Jürgen LÜSEBRINK, Présentation du livre VIII, in: Guillaume-Thomas RAYNAL, Histoire philosophique et politique des établissements et du commerce des Européens dans les deux Indes. Édition critique sous la direction d'Anthony STRUGNELL/Gianluigi GOGGI/Kenta OHJI, Bd. II, Bücher VI–IX, Ferney-Voltaire 2018, S. 218.

6 DUCHET, Anthropologie et Histoire, insb. S. 18.

7 GRAY, After the New Liberalism; Robert WOKLER, Projecting the Enlightenment, in: John HORTON/Susan MENDUS (Hg.), After MacIntyre. Critical Perspectives on the Work of Alasdair MacIntyre, Notre Dame, IN, 1994, S. 108–127; MACINTYRE, After Virtue (dt.: Der Verlust der Tugend. Zur moralischen Krise der Gegenwart, Frankfurt a. M. 1987); Gayatri SPIVAK, A Critique of Postcolonial Reason. Toward a History of the Vanishing Present, Cambridge, Mass., 1999; Uday MEHTA, Liberal Strategies of Exclusion, in: Frederick COOPER (Hg.), Tensions of Empire. Colonial Cultures in a Bourgeois World, Berkeley 1997, S. 59–87; DERS., Liberalism and Empire. India in British Liberal Thought, New Delhi 1999.

zwischen einer moderaten, kolonialfreundlichen, und einer radikalen, kolonialismuskritischen Aufklärung.[8]

Neuere Forschungen zeigen, dass aufklärerische Vorstellungen, Deutungsmuster und Narrative einen großen Einfluss auf die Formulierung der Politik in den europäischen Kolonial- und Kontinentalreichen hatten.[9] Dabei nahm die rassistische Prämisse einer physischen Unterlegenheit nichteuropäischer Völker eine untergeordnete Stelle ein, zumindest außerhalb der Plantagenkolonien. Entscheidend für die kolonialpolitischen Reformpläne war eher die ethnozentrische, herrschaftslegitimierende und paternalistische Vorstellung, die meisten Überseevölker seien den Europäern zivilisatorisch unterlegen und sollten von ihnen auf eine höhere Entwicklungsstufe gehoben werden. Auch wenn diese Haltung heutzutage umgangssprachlich als „rassistisch" bezeichnet wird, unterscheidet sie sich im Kern grundsätzlich vom Rassismus: Die Hierarchisierung der Völker auf der Grundlage der Zivilisationstheorie beruhte auf der Annahme, die angeblich weniger entwickelten nichteuropäischen Nationen seien prinzipiell genauso zur Zivilisation fähig wie die Europäer. In dieser Perspektive wurden Nichteuropäer nicht anders betrachtet als die unteren Schichten europäischer Gesellschaften und sogar die Bevölkerung weiter Teile des Kontinents, die den selbsternannten aufgeklärten Eliten ebenso als wild, abergläubig und kindisch erschienen und ebenfalls zivilisiert werden sollten. Dieser Zivilisationsgedanke inspirierte denn auch eine andere Politik als der Rassismus. In der Aufklärungszeit kamen spezifische Formen der Kolonialpolitik auf, die die Assimilierung nichteuropäischer Völker zum Ziel hatten. Dies ging oft mit einer Infragestellung der etablierten Kolonialordnung einher, deren Pfeiler vielerorts das Primat des Mutterlands über die Kolonien und die Sklaverei waren. Die Suche nach einer stabileren, natürlicheren und moralischeren Ordnung inspirierte unterschiedliche Reformkonzepte und entfachte neue politische Debatten.

12.1 Kolonialreformen

Das Leitprogramm der Zivilisierungspolitik war Teil eines breiteren Umdenkens im Bereich der Kolonialpolitik. In der zweiten Hälfte des 18. Jahrhunderts bemühten sich mehrere europäische Mächte, flächendeckend eine direkte Herrschaft in ihrem

---

8 Robert Darnton, George Washingtons falsche Zähne; Osterhammel, Die Entzauberung Asiens; Muthu, Enlightenment against Empire; Israel, Democratic Enlightenment.

9 Siehe die Beiträge in Damien Tricoire (Hg.), Enlightened Colonialism. Civilization Narratives and Imperial Politics in the Age of Reason, Cham 2017.

Kolonialreich auszuüben, um die Überseegebiete profitabler zu machen. Die Könige der Bourbonendynastie, die im Zuge des Spanischen Erbfolgekriegs im frühen 18. Jahrhundert auf den spanischen Thron kamen, verabschiedeten weitreichende Reformen (die sogenannten bourbonischen Reformen), die für viele Gegenden Amerikas einen tiefen Einschnitt bedeuteten: Die Krone ernannte nun nicht mehr Kreolen (das heißt Spanier aus Amerika), sondern gebürtige Kastilier zu Kronbeamten. Auch unterstellte sie die Missionsgebiete katholischer Orden ihrer unmittelbaren Kontrolle. In der zweiten Hälfte des 16. Jahrhunderts hatten die Könige von Spanien nämlich weitgehend aufgehört, die Konquistadoren in ihren gewalttätigen Expansionsunternehmen zu unterstützen, und stattdessen auf eine Expansion durch katholische Orden gesetzt. Diese – vor allem die Franziskaner, Dominikaner und Jesuiten – hatten unter dem Schutz der Krone an den Grenzen der Vizekönigreiche Neuspanien (Mesoamerika) und Peru Missionsgebiete (sogenannte Reduktionen) etabliert, die sie verwalteten und in denen Indigene oft eine große Autonomie genossen. Viele dieser Missionsgebiete wurden nun aufgelöst; die staatliche Verwaltung ersetzte die vormals klerikale Administration in allen weltlichen Belangen.[10]

Auch im französischen Kolonialreich leitete das Streben nach direkter staatlicher Kontrolle einen Einschnitt in der Kolonialpolitik ein: Nach dem Siebenjährigen Krieg übernahm die Krone die Verwaltung der „ostindischen" Niederlassungen, die zuvor in der Hand der sukzessiven französischen Indienkompanien gewesen waren. Die französischen kolonialpolitischen Reformen dieser Zeit standen im Einklang mit physiokratischen Ideen. Laut der Physiokratie, die in jedem Bereich die göttlich-natürliche Ordnung zur Geltung bringen wollte, sollten die Kolonien nicht als den Interessen des Mutterlands untergeordnete Gebiete, sondern als ein integraler Bestandteil der Nation behandelt werden. Deshalb kritisierten Physiokraten unter anderem die Verordnungen, die es den Kolonien untersagten, mit fremden Mächten Handelsbeziehungen zu unterhalten (den *système de l'exclusif*). Die Überseeterritorien sollten sich freier entfalten und wie jede französische Provinz Außenhandel treiben können. Die Plantagenbesitzer der französischen Karibik eigneten sich dieses Programm an, das ihren finanziellen Interessen entsprach, und führten eine Kampagne gegen die Händler der Hafenstädte, die am *exclusif* festhalten wollten. Nach dem Siebenjährigen Krieg gelangten manche karibischen Plantagenbesitzer in einflussreiche Positionen im französischen Marine-

10 Gabriel Paquette, Enlightenment, Governance, and Reform in Spain and Its Empire, 1759–1808, Basingstoke u. a. 2008; Lía Quarleri, New Forms of Colonialism on the Frontiers of Hispanic America: Assimilationist Projects and Economic Disputes (Río de la Plata, Late Eighteenth Century), in: Tricoire (Hg.), Enlightened Colonialism, S. 93–110.

ministerium und konnten Reformen durchsetzen, die zum Teil das Siegel der Physiokratie trugen. So wurde der *système de l'exclusif* gelockert.[11]

Ebenso von der Physiokratie beeinflusst waren die Bestrebungen, die Grenzen des Kolonialreichs mittels einer Zivilisierungs- und Assimilierungspolitik zu erweitern. Hier ließen sich Autoren und Kolonialverwalter direkt oder indirekt von den katholischen Missionaren inspirieren. Ein Kernanliegen katholischer Missionare – vor allem der Dominikaner und Jesuiten – hatte seit dem 16. Jahrhundert darin bestanden, die Expansionspolitik in Übersee mit einer Zivilisierungspolitik zu verbinden. In den amerikanischen Missionsgebieten hatten sie die oft halbnomadische Bevölkerung in Dörfern versammelt und sie akkulturiert, ohne jedoch die indigenen Kulturen vollständig zu zerstören.[12] Dieses Modell – vor allem das „Jesuitenreich" in Paraguay – beeindruckte viele Aufklärer und galt ihnen vielfach als eine humanere Form des Kolonialismus.[13]

Wie so oft übernahmen die Aufklärer zutiefst religiöse Ideen und säkularisierten sie zum Teil. Eine entscheidende Rolle spielte dabei einer der Väter der Physiokratie, der Marquis de Mirabeau, damals ein Star unter den Aufklärern. In seiner Schrift *Der Menschenfreund* (*L'Ami des hommes*, 1756) – der ein beachtlicher Erfolg beschert war – verteidigte Mirabeau die These, das Ziel der Kolonialpolitik solle nicht die Herrschaft über fremde Völker sein, sondern die Besiedlung der Erde, die die wirtschaftliche Entwicklung fördere. Dabei solle auf die Sklaverei verzichtet werden. Im Anschluss an Mirabeau formulierten weniger bekannte und heute außerhalb von Spezialistenkreisen weitgehend vergessene Autoren die Ziele der Zivilisierungspolitik. In den 1760er Jahren verknüpfte der Herausgeber der physiokratischen Zeitschrift *Die Ephemeriden des Bürgers* (*Les Éphémérides du citoyen*), der Abbé Nicolas Baudeau (1730–1792), die Kolonialexpansion mit der Zivilisierungspolitik. Etwas später plädierte der Abbé Pierre-Joseph-André Roubaud (1731–1791) dafür, Afrika zu zivilisieren und den transatlantischen Sklavenhandel abzuschaffen.[14]

---

11 Philippe HAUDRÈRE, L'Empire des rois, Paris 1997, S. 161–373; RØGE, Économistes.

12 Daniel CASTRO, Another Face of Empire. Bartolomé de Las Casas, Indigenous Rights, and Ecclesiastical Imperialism, Durham 2007; José de ACOSTA, De procuranda Indorum salute, Madrid 1984; Claudio BURGALETA, José de Acosta, SJ. His Life and Thought, Chicago 1999.

13 Z. B. RAYNAL, Philosophische und politische Geschichte, Bd. 4, Buch 8, S. 264–269.

14 RØGE, Économistes, S. 67–74, 95–102; Damien TRICOIRE, Aux origines de la mission civilisatrice: Les Lumières, l'idéologie coloniale et Madagascar, in: Pascale PELLERIN (Hg.), Les Lumières, l'esclavage et l'idéologie coloniale du dix-huitième au vingtième siècle, Paris 2019, S. 52–61.

Diese ursprünglich stark religiös inspirierten Projekte beeinflussten teilweise die französische Kolonialpolitik. Dabei spielten in den Kolonien tätige Aufklärer eine entscheidende Rolle. So schlug der Graf von Maudave dem französischen Marineminister im Jahre 1767 vor, Madagaskar durch eine Assimilierungspolitik dem französischen Kolonialreich einzuverleiben. Seiner Meinung nach würden sich die Madagassen bald freiwillig unter die Obhut des französischen Königs begeben, weil sie die zivilisatorische Überlegenheit der Franzosen erkennen würden. Maudave war seinerzeit als Gouverneur der indischen Niederlassung in Karaikal angestellt gewesen, ließ sich anschließend auf Mauritius nieder und gehörte zu dem physiokratischen Kreis von Pierre Poivre, dem obersten königlichen Verwalter dieser Insel. Der Marineminister ließ sich von Maudaves Argumenten überzeugen. In den folgenden Jahrzehnten versuchte die französische Regierung mehrmals, dieses Projekt umzusetzen, und scheiterte dabei kläglich.[15] Auch in Westafrika wurden Kolonialexpansionspläne verfolgt, die mit einer „Zivilisierung" der Indigenen einhergehen sollten – ebenfalls ohne nennenswerten Erfolg.[16]

In anderen Kolonialreichen trug der neue assimilationistische Ansatz langfristigere Früchte. Auch in Spanien entfalteten Zivilisationstheorien einen deutlichen Einfluss auf die Politik. Ab den 1760er Jahren verfolgte die neue spanische Verwaltung in den ehemaligen Missionsgebieten nicht wie die Missionare einen bloß zivilisatorischen, sondern einen assimilatorischen Ansatz. Während die Missionare nur die Polygamie bekämpft hatten, versuchten die bourbonischen Beamten, das europäische Modell der Kernfamilie eins zu eins durchzusetzen. Während die Missionare den Gebrauch der indigenen Sprachen toleriert oder gar gefördert hatten, sollten nun alle Untertanen Spanisch sprechen. Die indigene Autonomie wurde stark beschnitten, und der Schutz der Einheimischen vor den spanischen Siedlern nahm ab.[17]

Spanien stand mit dieser Assimilierungspolitik nicht allein. Ähnliche Tendenzen waren etwa im portugiesischen Brasilien zu beobachten.[18] Auch im Russischen Reich versuchten nun staatliche Amtsträger, die Lebensweise ganzer Bevölkerungsgruppen

15 Damien Tricoire, Der koloniale Traum. Imperiales Wissen und die französisch-madagassischen Begegnungen im Zeitalter der Aufklärung, Göttingen 2018, S. 85–134.

16 Røge, Économistes, S. 153–203.

17 Quarleri, New Forms.

18 Maria Regina Celestino de Almeida, Portuguese Indigenous Policy and Indigenous Politics in the Age of Enlightenment: Assimilationist Ideals and the Preservation of Native Identities, in: Damien Tricoire (Hg.), Enlightened Colonialism. Civilization Narratives and Imperial Politics in the Age of Reason, Cham 2017, S. 73–92.

radikal umzugestalten. Bereits in der ersten Hälfte des 18. Jahrhunderts fing Peter I. an, orthodoxe Missionen zu fördern. Sein Ziel war dabei weniger das Seelenheil der Neuchristen als vielmehr ihre „Versittlichung", also ihre Zivilisierung. Von der zweiten Hälfte des 18. Jahrhunderts an bemühten sich russische Amtsträger, die Bewohner der Steppe – unter anderem Kalmücken, Baschkiren und Kasachen – zu zwingen, sesshaft zu werden. Dabei wurde massive Gewalt eingesetzt. Söhne der Oberschicht dieser nomadischen Völkerschaften wurden in Geiselhaft genommen, um zu Russen gemacht zu werden; neue Befestigungslinien schnitten die Nomaden von Weiden ab und ermöglichten die Kolonisation der neu eingegliederten Gebiete durch europäische Siedler (darunter Deutsche, die sich unter Katharina II. vor allem an der Wolga und in der ukrainischen Steppe niederließen).[19]

12.2 Ein aufklärerischer Antikolonialismus?

Die Geschichte der Physiokratie belegt, dass die Idee einer auf Gott zurückgehenden, natürlichen Ordnung neue koloniale Expansionspläne inspirierte und dass dabei unmittelbar auf klerikale Vorbilder zurückgegriffen wurde. Ein Teil der Forschung unterscheidet jedoch zwischen „moderater" und „radikaler Aufklärung" und behauptet, nur Erstere sei kolonialistisch eingestellt gewesen, während die Radikalen gegen die Kolonialexpansion Position bezogen hätten. Dieser Forschungsrichtung zufolge habe der Antikolonialismus seine Entstehung den vom Materialismus beeinflussten, radikalaufklärerischen Autoren im 18. Jahrhundert zu verdanken.[20]

Gegen eine solche Zweiteilung der Aufklärung bezüglich der Kolonialpolitik lässt sich einiges einwenden. Gerade die als moderat geltenden Physiokraten waren oft auch Kritiker der gewaltsamen Kolonialexpansion, für die die spanische Eroberung von Meso- und von Teilen Südamerikas in der ersten Hälfte des 16. Jahrhunderts als Paradebeispiel galt. Hier knüpften diese Aufklärungsphilosophen an die Kritik der gewaltsamen Eroberung an, die spanische Missionare und Universitätsgelehrte bereits im 16. Jahrhundert formuliert hatten. Dominikaner wie Bartolomé de Las Casas (1484–1566) hatten die Gewaltausübung durch ihre Landsleute lautstark verurteilt; Francisco de Vitoria (1483–1546), der Begründer der spätscholastischen Schule von Salamanca, hatte die Eroberung Meso- und Südamerikas als ein Unternehmen kritisiert, das gegen das Naturrecht verstoße. Diese katholischen Kleriker hatten nicht

19 Vulpius, Civilizing Strategies.

20 Israel, Democratic Enlightenment, S. 413–442.

jegliche Expansionspolitik abgelehnt; doch in ihren Augen hatte der König auf sanftem Wege, durch die Überzeugungsarbeit der Missionare, seine Herrschaft auszudehnen und die Religion zu verbreiten.[21]

Bei näherer Betrachtung zeigt sich, dass auch das Buch, dem nachgesagt wird, den Grundstein für den Antikolonialismus gelegt zu haben, in vielerlei Hinsicht diese Tradition fortsetzte: Raynals *Geschichte beider Indien*.[22] Vor allem der heute weitgehend vergessene Physiokrat Roubaud dürfte einen entscheidenden Einfluss auf die Vorstellungen gehabt haben, die sich in diesem Geschichtswerk wiederfinden.[23] Somit dürfte nicht nur die Zweiteilung der Aufklärung in eine moderate und eine radikale Strömung, sondern auch die Assoziation von Radikalaufklärung und Säkularisierung zu hinterfragen sein. Die Kritik kolonialer Praktiken entfaltete sich auf der Grundlage von letztlich religiösen Vorstellungen.

Die antikolonialistischen Positionen der *Geschichte beider Indien* werden in der Forschung zur radikalen Aufklärung vor allem in einigen Kapiteleinleitungen ausgemacht, die Diderot verfasste. Auf den ersten Blick spricht durchaus einiges für die Deutung, dieser Bestseller der Spätaufklärung habe den ideellen Grundstein für den Antikolonialismus gelegt. Die Autoren der *Geschichte beider Indien* behaupteten, die bisherige europäische Kolonialexpansion sei in mehrfacher Hinsicht schlechten Prinzipien gefolgt. Sie verurteilten die gewalttätige Eroberung Amerikas durch die Spanier als abscheulichen Akt wider die Menschlichkeit. Dieses Geschichtswerk – und insbesondere manche Passagen Diderots – sind von der Angst durchzogen, Europäer würden in Übersee angesichts des Wegfalls von sozialer Kontrolle und zivilisatorischen Schranken ihre Menschlichkeit verlieren und sich in wahrhaftige Tiger verwandeln. Nicht zuletzt findet sich in der *Geschichte beider Indien* eine scharfe Kritik der Sklaverei (aus der Feder des wenig bekannten Jean de Pechméja) sowie eine Warnung vor einem zukünftigen Sklavenaufstand (in einer Passage von Diderot).

Dennoch hält die These, die *Geschichte beider Indien* weise dezidiert antikoloniale Passagen auf, keiner Überprüfung stand. Die Autoren – auch Diderot – traten ebenso

---

21 Castro, Another Face of Empire; Burgaleta, Acosta; Duve/Egio/Birr (Hg.), The School of Salamanca; Birr/Decock, Recht und Moral; Francisco Castilla Urbano, The Salamanca School on Slavery. From Naturalism to Culture and Awareness, in: Max Planck Institute for European Legal History Research Paper Series 2 (2020), http://dx.doi.org/10.2139/ssrn.3526000 (zuletzt besucht am 22. 03. 2022).

22 Wolpe, Raynal et sa machine de guerre; Muthu, Enlightenment against Empire, Kapitel 3; Lüsebrink, Présentation, S. 218.

23 Røge, Economistes, S. 103.

wie die Physiokraten und die katholischen Missionare vor ihnen für eine „sanfte“ Expansion ein, die mit der Besiedlung anderer Kontinente durch Europäer einhergehen sollte. Diderot gestand den nomadischen und halbnomadischen Völkern kein Recht zu, gegen die Kolonisation ihres Landes durch die Europäer vorzugehen. Seine Erörterungen des Kolonisierungsrechts stützten sich wohl auf die Schriften Lockes, in denen dieser die englische Kolonialexpansion in Nordamerika verteidigt, zugleich aber die spanische Eroberung von Teilen des Kontinents kritisiert hatte.[24] Damit stellte sich Diderot in die Tradition der antispanischen Polemik und legitimierte die französische Expansion in Amerika. Die Autoren der *Geschichte beider Indien* hießen auch die „Zivilisierung“ der vermeintlich barbarischen oder wilden Nichteuropäer gut. Ihre Vorstellungen waren weit weniger revolutionär als meist behauptet und bewegten sich vielmehr im Fahrwasser der Physiokratie.[25]

12.3 Abolitionismus

Physiokratische Schriften und die *Geschichte beider Indien* waren dennoch in einem Punkt besonders gewagt: Sie formulierten ab den 1770er Jahren eine Kritik der Sklaverei, die in den 1780er Jahren in die Gründung abolitionistischer Gesellschaften – Sozietäten gegen die Sklaverei – in Großbritannien und Frankreich mündete.[26] Auch die abolitionistischen Ideen stammten ursprünglich weitgehend von Kirchenmännern, und noch im 18. Jahrhundert blieb die Bewegung zur Abschaffung der Sklaverei in der

24 William Pencak, Natural Law in Late Scholastic Hispanic Thought, the British Counter-Example, and the Practical Consequences, in: Vera Lex 9, 1–2 (2008), S. 19–47; Barbara Arneil, John Locke and America. The Defence of English Colonialism, Oxford 2011.

25 Tricoire, Raynal's and Diderot's Patriotic History; Anthony Strugnell, Diderot's Anticolonialism: a Problematic Notion, in: James Fowler (Hg.), New Essays on Diderot, Cambridge 2011, S. 74–85; Røge, Économistes, S. 102–103.

26 Jean-Pierre Barlier, La Société des Amis des Noirs, 1788–1791. Aux origines de la première abolition de l'esclavage (4 février 1794), Paris 2010; Marcel Dorigny/Bernard Gainot, La Société des Amis des Noirs, 1788–1799. Contribution à l'histoire de l'abolition de l'esclavage, Paris 1998; Serge Daget, A Model of the French Abolitionist Movements and Its Variations, in: Christine Bolt/Seymour Drescher (Hg.), Anti-Slavery, Religion & Reform. Essays in Memory of Roger Anstey, Folkstone 1980, S. 64–79; Daniel P. Resnick, The Société des Amis des Noirs and the Abolition of Slavery, in: French Historical Studies 7, 4 (1972), S. 558–570; Eleonore Loft, Quakers, Brissot and Eighteenth-Century Abolitionists, in: Journal of the Friends' Historical Society 55, 8 (1989), S. 277–289.

englischsprachigen Welt in erster Linie christlich geprägt. Die einflussreichste abolitionistische Bewegung, die britische, war wesentlich von evangelikalen Milieus und protestantischen Sekten wie den Quäkern getragen und ist deshalb nur bedingt Teil der Aufklärungsgeschichte. Wenig bekannt ist, dass es auch im Katholizismus des 17. Jahrhunderts abolitionistische Strömungen gab: Kapuzinermönche wie Francisco José de Jaca (1645–1690) und Epifanio de Moirans (1644–1689) bezogen bereits damals für die Abschaffung der Sklaverei Stellung und konnten damit sogar Papst Innozenz XI. überzeugen. Ihre Schriften blieben allerdings ungedruckt und initiierten letztendlich keine breite Bewegung außerhalb ihres Ordens.[27]

In Großbritannien und den britischen Kolonien waren die abolitionistischen Aktivisten im späten 18. Jahrhundert vor allem dem evangelikalen Flügel der englischen und der schottischen Kirche zuzurechnen oder gehörten den Nonconformists, das heißt lediglich geduldeten Minderheitsrichtungen des Protestantismus, an. Nonconformists waren damals von allen Ämtern ausgeschlossen und durften nicht einmal an der Universität studieren. Für sie bot der Abolitionismus die Möglichkeit, sich in der Öffentlichkeit als Teil der britischen Gesellschaft zu präsentieren, Bündnisse mit frommen Zirkeln der englischen und der schottischen Kirche zu schmieden und somit „moralisches Kapital" zu akkumulieren.[28] Evangelikale sowohl innerhalb als auch außerhalb der beiden Staatskirchen fürchteten sich zudem vor der göttlichen Strafe dafür, dass der Sklavenhandel in Großbritannien legal war und gar staatlicherseits gefördert wurde.[29] In den USA waren es ebenfalls

---

27 Pius Onyemechi ADIELE, The Popes, the Catholic Church and the Transatlantic Enslavement of the Black Africans, Hildesheim/Zürich/New York 2017; Richard GRAY, The Papacy and the Atlantic Slave Trade. Lourenço da Silva, the Capuchins and the Decisions of the Holy Office, in: Past & Present 115 (1987), S. 52–68; Miguel Anxo PEÑA GONZÁLEZ, Un documento singular de fray Francisco José de Jaca, acerca de la esclavitud práctica de los indios, Madrid 2001; DERS., Doctrina antiesclavista de Epifanio de Moirans en su „Servi Liberi", in: Naturaleza y gracia. Revista cuatrimestral de ciencias eclesiásticas 2 (2005), S. 279–327; DERS., La lucha por la libertad de naturales y africanos en las Indias Occidentales (siglos XVI–XVII), in: Revista Española de Derecho Canónico 71, 176 (2014), S. 369–399; Maria Teresa FATTORI, „Licere-Non licere." La legittimità della schiavitù nelle decisioni della Sede Apostolica Romana tra XVII e XIX secolo, in: Rivista Storica Italiana 132, 2 (2020), S. 393–436.

28 Christopher Leslie BROWN, Moral Capital. Foundations of British Abolitionism, Chapel Hill 2006.

29 Granville SHARP, The Law of Retribution, or, A Serious Warning to Great Britain and her Colonies, London 1776; Richard HUZZEY, The Moral Geography of British Anti-slavery

evangelische Minderheiten, die für die Abolition warben und sie in manchen Staaten sogar durchsetzten.[30]

Der Abolitionismus war im 18. Jahrhundert somit in erster Linie von christlichen Erneuerungsbewegungen getragen. Nichtsdestotrotz spielten Aufklärer eine nicht zu unterschätzende Rolle in der Geschichte des Abolitionismus, vor allem weil sie entscheidende naturrechtliche, wirtschaftliche und politische Argumente lieferten. Auch hier waren es die Physiokraten, die neue Ideen in die Welt setzten. Vor den Physiokraten hatten Aufklärer keine umfassende Kritik der Sklaverei in den Kolonien formuliert. Bekanntlich hatte Montesquieu im *Geist der Gesetze* (1748) eine Reihe von Argumenten zur Rechtfertigung der Sklaverei mit Sarkasmen zu entkräften versucht. Zugleich hatte er jedoch einen Zusammenhang zwischen Sklaverei und warmem Klima postuliert, mit dem sich die Sklaverei in den tropischen Kolonien sehr gut legitimieren ließ. Dabei hatte er die koloniale Sklaverei gar nicht im Blick, sondern benutzte diesen Konnex als ein weiteres Argument für seine Behauptung, dass Frankreich keine Despotie sein könne.[31] Voltaire polemisierte seinerseits nur am Rande gegen die Sklaverei in Übersee: Sein äußerst umfängliches Werk enthält nur wenige Zeilen, die die Lebensumstände versklavter Afrikaner in europäischen Kolonien anprangern. So beschreibt Voltaire etwa in seinem philosophischen Märchen *Candide* (1759) das Leid eines afrikanischstämmigen Sklaven und verweist darauf, dass dies der Preis für den Zuckerkonsum sei.[32]

Eine umfassende Kritik der Sklaverei kam erst um 1770 in physiokratischen Kreisen auf. Eine herausragende Rolle spielte dabei ein Autor, der heute weitgehend unbekannt ist: der Abbé Nicolas Baudeau. Er knüpfte an Mirabeaus kolonialpolitische Ideen an, um den Kauf und die Knechtschaft der versklavten Afrikaner und Afrikanerinnen anzuprangern. Die Physiokraten glaubten in guter thomistischer Tradition, das Naturrecht habe nicht nur in einem – in ihren Augen sowieso fiktiven – Naturzustand, sondern stets und überall Geltung. Dies bedeutete für sie, dass Leibeigenschaft und Sklaverei widernatürliche Anomalien und ein Verstoß gegen

---

Responsibilities, in: Transactions of the Royal Historical Society 22 (2012), S. 111–139.

30 Seymour Drescher, Abolition. A History of Slavery and Antislavery, Cambridge 2009, S. 113–180, 267–332; Markus Rediker, The Fearless Benjamin Lay. The Quaker Dwarf Who Became the First Revolutionary Abolitionist, Boston 2017.

31 Charles de Secondat, baron de Montesquieu, Vom Geist der Gesetze, Ernst Forsthoff (Hg.), 2 Bde., Tübingen 1992, Bd. 1, S. 329–338; Pečar/Tricoire, Falsche Freunde, S. 116–121.

32 Voltaire, Candide ou De l'optimisme, traduit de l'allemand par le Docteur Ralph, o. O. 1759, S. 136.

göttliche Gesetze seien. Gott habe die Menschen frei geschaffen, und es stehe dem Menschen nicht zu, seinesgleichen zu knechten und versklaven.

Entscheidend für das Aufkommen einer abolitionistischen Bewegung war zudem die Formulierung neuer physiokratischer Wirtschaftstheorien, die eine Abschaffung der Sklaverei ohne größeren wirtschaftlichen Schaden überhaupt erst denkbar machten. 1771 veröffentlichte Baudeau in seiner Zeitschrift *Les Éphémérides du Citoyen* Berechnungen von Pierre Samuel Dupont de Nemours (1739–1817), aus denen hervorging, dass freie Arbeit rentabler als Sklavenarbeit sei.[33] Dies zeigte in den Augen der Abolitionisten, dass man sich nicht zwischen der Moral und finanziellen Interessen entscheiden müsse, denn sie stünden nicht im Widerspruch zueinander. Im Übrigen entsprach diese Sichtweise dem physiokratischen Weltbild, dem zufolge es stets im Interesse des Menschen sei, die gottgewollte, natürliche Ordnung zu respektieren. Physiokraten imaginierten eine Kolonialexpansion ohne Sklaven und konnten sogar den Hauptminister Choiseul dazu bewegen, in Guyana eine Kolonie nach diesen Prinzipien aufzubauen (dieses Projekt scheiterte jedoch auf ganzer Linie und kostete Tausenden zumeist deutschen Siedlern das Leben).[34]

Die Physiokratie gab die entscheidenden ideenhistorischen Impulse für die Etablierung einer abolitionistischen Bewegung in Frankreich, die sich 1788 mit der Gründung der Gesellschaft der Freunde der Schwarzen (Société des Amis des Noirs) institutionalisierte.[35] Jacques Pierre Brissot (1754–1793), der anderthalb Jahre ein Kollege Baudeaus im Dienste des Herzogs von Orléans gewesen war, eignete sich physiokratische Ideen an, obwohl er im Allgemeinen unter dem Einfluss des Rousseauismus stand. Eine wichtige Rolle bei den Amis des Noirs spielte der Sohn des Marquis de Mirabeau, der Comte de Mirabeau, der sich bald zu einem der führenden Revolutionäre entwickeln sollte. Auch Condorcet, der als langjähriger Mitarbeiter und Freund des einflussreichen Physiokraten und Ministers Anne-Robert Turgot von der Physiokratie stark geprägt war, trat dieser Sozietät bei. Condorcet hatte bereits einige Jahre zuvor die programmatische Schrift der französischen abolitionistischen Bewegung vorgelegt, *Überlegungen zur Negersklaverei* (*Réflexions sur l'esclavage des nègres*, 1781).

33 Pierre Samuel Du Pont de Nemours, Observations sur l'esclavage des nègres, in: Éphémérides du citoyen, Jahrgang 1771, S. 162–246; Marcel Dorigny, The Question of Slavery in the Physiocratic Texts. A Re-reading of an Old Debate, in: Manuela Albertone/Antonino De Francesco (Hg.), Rethinking the Atlantic World. Europe and America in the Age of Democratic Revolutions, London 2009, S. 147–162.

34 Marion Godfroy, Kourou, 1763. Le rêve perdu de l'Amérique française, Paris 2011.

35 Dorigny/Gainot, La Société des Amis des Noirs; Dorigny, The Question of Slavery.

In seiner Abhandlung hatte er die Sklaverei mit Rückgriff auf die natürlichen Rechte des Menschen verurteilt:

> Einen Menschen in die Sklaverei zu zwingen, ihn zu kaufen, zu verkaufen, ihn in Knechtschaft zu halten, das sind wahrhaftige Verbrechen – Verbrechen, die schlimmer sind als Raub. [...] Wenn es eine Moral gibt, dann gilt das folgende Prinzip: Mag auch die öffentliche Meinung solche Verbrechen hinnehmen, mag auch das Gesetz des Landes sie dulden, weder die öffentliche Meinung noch das Gesetz können die Natur der Taten ändern. Und würde die gesamte Menschheit in jener Meinung übereinstimmen, und hätte das versammelte Menschengeschlecht einstimmig jenes Gesetz beschlossen: Das Verbrechen bliebe doch immer ein Verbrechen![36]

In *Überlegungen zur Negersklaverei* widerlegte Condorcet den Einwand, die Sklaverei sei für den Anbau von Kolonialpflanzen notwendig. Er betonte zugleich: Selbst wenn dem so wäre, würde dies das Verbrechen der Sklaverei nicht rechtfertigen.[37]

Trotz dieser scharfen Verurteilung der Sklaverei hatte Condorcets Abolitionismus auch Grenzen. Er folgte nicht nur der Logik der Naturrechtslehre, sondern betrachtete die Sklaverei und ihre Abschaffung auch unter pragmatischen Gesichtspunkten, was zu einer deutlichen Relativierung seines naturrechtlich untermauerten abolitionistischen Plädoyers führte: „Diese [moralische] Pflicht [das heißt die Pflicht, die Sklaverei abzuschaffen, D.T.] ist an sich absolut, doch gibt es Umstände, unter denen die Moral nur den Willen fordert, sie zu erfüllen, und der Klugheit die Wahl der Mittel und des Zeitpunkts überlässt." Eine sofortige Abschaffung könne Condorcet zufolge deshalb gesamte Kolonien ins Verderben stürzen, weil die Sklaven für die Freiheit nicht bereit seien. Sie seien allzu korrumpiert und müssten erst zu guten Bürgern erzogen werden. Deshalb plädierte Condorcet für eine schrittweise Abschaffung der Sklaverei, die etliche Jahrzehnte in Anspruch nehmen würde, und schlug für die Übergangsperiode vor, die Lebensbedingungen der Sklaven zu verbessern.[38]

---

36 Marie Jean Antoine Caritat, marquis de CONDORCET, Überlegungen zur Negersklaverei (1781), in: DERS., Freiheit, Revolution, Verfassung. Kleine politische Schriften, Daniel SCHULZ (Hg.), Berlin 2010, S. 53–92, hier 55.

37 Ebd., S. 58.

38 Ebd., S. 69–76. Siehe dazu David WILLIAMS, Condorcet and the Abolition of Slavery in the French colonies, in: Susan MANNING/Peter FRANCE (Hg.), Enlightenment and Emancipation, Lewisburg 2006, S. 15–29.

Diesem Gedanken entsprechend strebte die Société des Amis des Noirs keine sofortige Abschaffung der Sklaverei an. Die aufklärerischen abolitionistischen Schriften hatten zwar dazu beigetragen, dass die koloniale Sklaverei zunehmend als ein moralisches Problem erkannt wurde und die Abolition langfristig denkbar geworden war. Während der Begriff Sklaverei um die Mitte des 18. Jahrhunderts vor allem mit der griechisch-römischen Antike oder dem Orient assoziiert war – wie zum Beispiel das Werk Montesquieus zeigt[39] –, wurde ab den 1770er Jahren in der Öffentlichkeit die Tatsache immer deutlicher präsent, dass sich in Übersee Hunderttausende von Sklaven für die Herstellung von Konsumgütern plagten und litten. Aufrufe zur Empathie erklangen vielfach in Literatur und Publizistik. Dennoch dachten auch die Abolitionisten, dass die Sklaven für die Freiheit noch nicht bereit seien und zuerst zivilisiert werden sollten.

Bei Condorcet war dieses Bild nicht rassistisch begründet: Er glaubte eher, dass die moralische Degenerierung ein Ergebnis der Versklavung selbst sei und Afrikaner und Afrikanischstämmige durchaus wie die übrige französische Bevölkerung frei sein könnten. Andere Aufklärer dagegen, die die Sklaverei für schädlich und moralisch verwerflich hielten, waren allzu sehr von rassistischen Theorien beeinflusst, um eine Abschaffung der Sklaverei zu befürworten. Diese Sichtweise wird besonders am Beispiel von Thomas Jefferson (1743–1826) deutlich. Der spätere US-Präsident war der Meinung, die Sklavenhaltung verderbe die Moral der Plantagenbesitzer und mache sie zu Tyrannen, die ihren Launen folgten. Die Sklaverei war für Jefferson mit dem Geist einer freien Republik nur schwer vereinbar. Doch an die Abschaffung der Sklaverei war ihm zufolge nicht zu denken: Sie hätte ein Heer von vermeintlich geistig und moralisch unterlegenen Menschen in die Freiheit entlassen, die seiner Meinung nach keine Vollbürger werden könnten. Die Abolition konnte Jefferson sich deshalb nur vorstellen, wenn sie mit einer Massenvertreibung der „Schwarzen" nach Afrika einhergehe.[40]

---

39 Madeleine Dobie, Trading Places. Colonization and Slavery in Eighteenth-Century French Culture, Ithaca, NY/London 2010; Damien Tricoire, Sklaverei, in: Joachim Jacob/Johannes Süssmann (Hg.), Der Neue Pauly, Supplementsband 13: Das 18. Jahrhundert. Lexikon zur Antikerezeption in Aufklärung und Klassizismus, Stuttgart 2018, Sp. 855–859.

40 Thomas Jefferson, Notes on the State of Virginia, zitiert nach: Emmanuel Chukwudi Eze (Hg.). Race and Enlightenment. A Reader, Cambridge 1997, S. 97–103; Sean Wilentz, No Property in Man. Slavery and Antislavery at the Nation's Founding, Cambridge 2019.

12.4 Freiheit und Unfreiheit von Saint-Domingue bis Haiti

Condorcets und Jeffersons Schriften sind jüngst vom amerikanischen Historiker Tyler Stovall als Belege für die These angeführt worden, dass Freiheit im Revolutionszeitalter „rassisiert" (*racialized*) worden sei: das heißt, dass ein enger Zusammenhang zwischen „weißer" Identität und Freiheit hergestellt worden sei.[41] Stovall stellt sich mit dieser These gegen die liberale Historiographie (im englischsprachigen Kontext manchmal Whig History genannt), die die Geschichte als einen Prozess der allmählichen Durchsetzung und Ausweitung der Freiheit in Europa und der Welt versteht. Die britische Whig History unterstrich den Beitrag abolitionistischer Eliten, meist „weißer" Männer in Europa, die sich aus Idealismus für die Abschaffung eingesetzt hätten. Bereits in der zweiten Hälfte des 20. Jahrhunderts wandte sich ein Teil der Forschung explizit gegen diese historiographische Tradition und betonte, dass erst der Kampf der Unterdrückten eine solche Ausweitung der Freiheit bewirkt habe. Vor allem der Kampf der Sklaven der französischen Kolonie Saint-Domingue in der Haitianischen Revolution (1791–1804) habe die Freiheit universalisiert, während die europäischen Eliten unter dem Einfluss des Rassismus oder aus niederträchtigen Interessen die Freiheit einer „weißen" Elite hätten vorbehalten wollen.[42]

An dieser Gegenerzählung ist sicherlich richtig, dass die Aufklärer oft zwei Deutungsmuster anwandten, um Nichteuropäer oder Menschen nichteuropäischer Herkunft von dem Genuss der natürlichen Freiheitsrechte auszuschließen: die Zivilisation und die „Rasse". Zugleich folgten aber diese beiden Kategorisierungssysteme unterschiedlichen Logiken, die unterschiedliche Implikationen hatten. Aus rassistischen Vorstellungen ließ sich ableiten, dass die als minderwertig angesehenen Menschen prinzipiell nicht imstande seien, frei zu sein. Nach der Zivilisationslogik hingegen – der zum Beispiel Condorcet anhing – konnte jeder Mensch dazu erzogen werden, der Freiheit würdig zu sein, ja war vielleicht sogar dazu bestimmt. Diese beiden Deutungsmuster standen im 18. Jahrhundert in einem Spannungsverhältnis zueinander und dies heißt auch, dass Freiheit – anders als die Sklaverei – niemals vollständig „rassisiert" worden ist: Während die Europäer und die Europäischstämmigen in der atlantischen Welt im 18. Jahrhundert die „weiße" Sklaverei für illegitim hielten, war für sie die Existenz von „freien Farbigen" kein Skandal. Die Freiheit für alle Menschen blieb in der

---

41 Stovall, White Freedom, S. 99–134.

42 Zum Beispiel Carolyn E. Fick, The Making of Haiti. The Saint Domingue Revolution From Below, Knoxville 1990; Seymour Drescher u. a. (Hg.), Who Abolished Slavery? Slave Revolts and Abolitionism – a Debate with João Pedro Marques, New York u. a. 2010.

europäischen Weltanschauung im 18. Jahrhundert doch die Norm, und die Sklaverei wurde in der Regel als eine unerfreuliche Ausnahme verstanden.

Freilich wurden „freie Farbige" – das heißt freie Menschen afrikanischer oder europäisch-afrikanischer Abstammung – in den amerikanischen Kolonien des 18. Jahrhunderts stark diskriminiert. Die gesamte Logik der ständischen Gesellschaft im Ancien Régime beruhte auf einer Ungleichheit zwischen den Ständen, einer Abstufung der Rechte und einer Kopplung der Ehre mit der Herkunft (mit dem „Blut" der Familie). Die „Reinheit des Blutes" war ein zentraler ideologischer Baustein der alten ständischen Gesellschaft. Dieses System wurde in der Karibik dahingehend adaptiert, dass die Abstammung der „freien Farbigen" von Sklaven als ein Makel galt. Diejenigen Angehörigen der kolonialen Eliten, die glaubten, Vorfahren eines höheren Rangs zu besitzen, dachten oft, ihre eigene Ehre sei durch den Umgang mit solchen Menschen gefährdet. Sie forderten eine Diskriminierung der „freien Farbigen", um die eigene herausragende Position in der Gesellschaft zu festigen. Die Regierungen in den Mutterländern waren von solchen kolonialen Eliten abhängig und erließen, um sich deren Loyalität zu sichern, „rassisch" diskriminierende Gesetze.[43]

Der Ausbruch der Französischen Revolution im Jahr 1789 änderte an der Diskriminierung der „freien Farbigen" im französischen Kolonialreich erst einmal nichts. Den „weißen" Plantagenbesitzern gelang es, die Arbeit an der Kolonialgesetzgebung an ein von ihnen kontrolliertes Komitee delegieren zu lassen. „Freie Farbige" kämpften mit der Feder oder mit Waffen gegen ihre Diskriminierung und verbündeten sich dafür teilweise mit der Société des Amis des Noirs. Dadurch verlagerte sich die Agenda dieser abolitionistischen Gesellschaft. Sie gab das Vorhaben, ein Verbot des Sklavenhandels zu erwirken, vorerst auf und setzte sich stattdessen nun vor allem für die Verleihung der Bürgerrechte an die „freien Farbigen" ein.[44] Dass ein solcher

43 John D. GARRIGUS, Before Haiti. Race and Citizenship in French Saint-Domingue, New York 2006; Dominique ROGERS, De l'origine du préjugé de couleur en Haïti, in: Outre-mers 90, 340 (2003), S. 83–101; DIES., Raciser la société. Un projet administratif pour une société domingoise complexe (1760–1791), in: Journal de la Société des Américanistes 95, 2 (2009), S. 235–260; Frédéric RÉGENT, Préjugé de couleur, esclavage et citoyennetés, in: La Révolution française 9 (2015), https://doi.org/10.4000/lrf.1403 (zuletzt besucht am 22. 03. 2022); DERS., La fabrication des Blancs dans les colonies françaises, in: Sylvie LAURENT/Thierry LECLÈRE (Hg.), De quelle couleur sont les blancs? Des „petits Blancs" des colonies au „racisme anti-Blancs", Paris 2013, S. 65–75.

44 Jeremy POPKIN, Colonial Enlightenment and the French Revolution. Julien Raymond and Milscent Créole, in: TRICOIRE (Hg.), Enlightened Colonialism, S. 269–286; Marcel DORIGNY, Mirabeau et l'abolition de la traite des Noirs. Genèse d'un discours *non prononcé*,

Kampf überhaupt nötig war, belegt tatsächlich eine gewisse „Rassisierung“ von Freiheit im 18. Jahrhundert. Das Ende der rechtlichen Diskriminierung der „freien Farbigen“ 1791/1792 ist aber ein Hinweis darauf, dass viele Zeitgenossen die Proklamation von Universalrechten und den Ausschluss eines Teils der Menschheit auf der Grundlage der „Rasse“ für einen Widerspruch hielten. Freiheit wurde in der Französischen Revolution nicht als ein Privileg der „Weißen“ gedacht, sondern als ein natürliches Recht eines jeden Menschen.

Im Zuge der Französischen Revolution geriet auch die Abschaffung der Sklaverei auf die Agenda. Der Kampf für die Abolition, den ein Teil der aufklärerischen Eliten des Mutterlands aufgenommen hatte, war zwar zu Beginn der Revolution stark in den Hintergrund geraten. Doch der Aufstand der Sklaven im Norden Saint-Domingues im Sommer 1791 – der sich zur Haitianischen Revolution entwickeln sollte – warf die Frage auf, wie man mit der kolonialen Sklaverei in Zukunft umgehen sollte. Inzwischen waren die Plantagenbesitzer im Zuge der politischen Radikalisierung in Frankreich marginalisiert. An die Abolition dachten dennoch nur die wenigsten französischen Politiker ernsthaft. Dieses Projekt lag nur einer kleinen Minderheit von Revolutionären am Herzen, nämlich vor allem Brissot, der die Société des Amis des Noirs anführte und freilich 1792 zu den einflussreichsten Politikern gehörte. Paradoxerweise gefährdete gerade der Aufstand der Sklaven zunächst die Abolition: Nicht nur die Plantagenbesitzer, sondern auch Brissots Rivale Maximilien Robespierre (1758–1794), schrieben Brissot und seinen Parteigängern eine Mitschuld an dem Aufstand zu. Diese Vorwürfe halfen der Bergpartei (dem Lager Robespierres und Saint-Justs), die Inhaftierung und Hinrichtung der „Brissotisten“ (auch „Girondisten“ genannt) zu rechtfertigen. Deren Verhaftung im Juni 1793 schien deshalb das Schicksal des Abolitionsprojekts zu besiegeln.

Doch just zu dieser Zeit entschloss sich Léger-Félicité Sonthonax (1763–1813), der französische Kommissar im Norden Saint-Domingues, den die Brissotisten nach Saint-Domingue geschickt hatten, um die Ordnung wiederherzustellen, zu einem überraschenden Schritt: In einer für die Franzosen schwierigen militärischen Lage versprach er den Sklaven die Freiheit. Die aufständischen Sklaven hatten sich nämlich unter den Schutz des spanischen Königs gestellt, der über die östliche Hälfte der Insel herrschte und nun versuchte, den französischen Teil zu erobern. Sonthonax, der persönlich abolitionistische Sympathien hegte, bemühte sich, mit der Ankündigung

---

in: Anja Bandau/Rebekka von Mallinckrodt/Marcel Dorigny (Hg.), Les mondes coloniaux à Paris au XVIIIe siècle. Circulation et enchevêtrement des savoirs, Paris 2010, S. 201–228.

einer künftigen Abschaffung der Sklaverei die Aufständischen auf die Seite der französischen Republik zu ziehen.

Obwohl in der Zwischenzeit die Bergpartei um Robespierre an die Macht gekommen war und die Girondisten vernichtet hatte, weitete die Französische Nationalversammlung (zu diesem Zeitpunkt Nationalkonvent genannt) im folgenden Jahr (1794) die Abschaffung der Sklaverei auf alle französischen Kolonien aus. Die Menschenrechtsidee lieferte entscheidende Argumente für einen solchen gewagten Schritt. Dennoch hatte die Bergpartei nicht primär das Wohl der Sklaven im Blick: Es ging diesen Politikern darum, sich als Verfechter der Menschenrechte zu profilieren sowie die karibischen Plantagenbesitzer für deren Unterstützung für Robespierres Gegner zu bestrafen. Die Sklaverei im französischen Kolonialreich wurde also aus kurzfristigen taktischen Überlegungen heraus abgeschafft, bei denen es nicht in erster Linie um die Sklaven, sondern um innerfranzösische politische Kämpfe ging. Wie wenig der Nationalkonvent das Schicksal der Sklaven im Blick hatte, zeigt auch die Kolonialpolitik, die auf die Proklamation der Abolition folgte. Als neuen Bevollmächtigten schickte die Bergpartei Victor Hugues (1762–1826), den „Robespierre der Karibik", in die Antillen, um ihre Herrschaft zu sichern, obwohl dieser ein erklärter Gegner der Abolition war. Die französischen Politiker entließen die Sklaven ohnehin nicht einfach in die Freiheit, sondern zwangen sie, weiterhin auf den Plantagen zu arbeiten. Obwohl der Begriff nur selten verwendet wurde, waren die Sklaven nun so etwas wie Leibeigene. Schließlich wurde das Gesetz, das die Abolition einleitete, in vielen Kolonien aus verschiedenen Gründen gar nicht erst angewandt. De facto bestand die Unfreiheit für die Mehrheit der Sklaven weiter und 1802 wurde die Sklaverei unter Napoléon Bonaparte sowieso wieder offiziell eingeführt.[45]

Obgleich der Aufstand der Sklaven im Norden Saint-Domingues, der die Haitianische Revolution einleitete, gewöhnlich als eine Revolte gegen die Sklaverei interpretiert wird, hatten die Rebellenführer und ihre Anhänger ursprünglich keine allgemeine Abschaffung der Sklaverei im Blick. Die 1794 ohnehin eher theoretische denn reale Ausweitung der Freiheit auf alle Einwohner des französischen Kolonialreichs war vielmehr das Ergebnis einer Interaktion zwischen einer Minderheit rebellischer Sklaven und den Interessen der französischen revolutionären Eliten. Die Sklaven revoltierten 1791 im Namen des Königs und der katholischen Religion. Sie strebten ursprünglich nur die Freiheit für sich selbst, ihre Verwandten und ihre Freunde an. Konsequenterweise

45 Jeremy D. Popkin, You Are All Free. The Haitian Revolution and the Abolition of Slavery, New York 2010; Flavio Eichmann, Krieg und Revolution in der Karibik. Die Kleinen Antillen, 1789–1815, Berlin/München/Boston 2019.

traten sie in den Dienst der spanischen Krone ein, die ihnen die Freiheit und den Status von Vasallen des Königs zusicherte. Manche von ihnen – darunter ihr wichtigster Anführer in dieser Zeit, Jean-François Pétécou (um 1765 – um 1805) – besaßen selbst Sklaven. Als Sonthonax die Abschaffung der Sklaverei auf Saint-Domingue proklamieren ließ, reagierten die Aufständischen zunächst skeptisch.

Erst im Frühling 1795 entschloss sich einer der Anführer, Toussaint Louverture (1743–1803), den Dienst der spanischen Krone zu quittieren und sich den Franzosen anzuschließen.[46] Diese Positionierung war von Erfolg gekrönt: Louverture gelang es, sich als offizieller Repräsentant der französischen Republik auf Saint-Domingue durchzusetzen und immer mehr Autonomie von Paris zu gewinnen. Er hielt an der von französischen Politikern etablierten Leibeigenschaft fest. Da er immer weiter auf dem Weg der Unabhängigkeit voranschritt und ein eigenes autoritäres Regime aufbaute und da Napoléon Bonaparte 1802 beschloss, die Sklaverei wiedereinzuführen, schickte der französische Diktator Truppen nach Saint-Domingue, die einen genozidären Feldzug führten. Louverture wurde verhaftet und verstarb in Haft in einer Burg im kalten französischen Juragebirge. Als Antwort auf Napoléons brutale militärische Kampagne beging der neue Anführer auf Saint-Domingue, Jean-Jacques Dessalines (1758–1804), seinerseits einen Genozid (diesmal an der „weißen" Bevölkerung). Dessalines konnte sich durchsetzen: Er schuf einen neuen Staat, Haiti – nicht die „first Black republic", wie oft zu lesen ist, sondern ein karibisches Kaiserreich (ab 1811 Königreich).

Obgleich Haiti in den folgenden Jahren unter einer großen politischen Instabilität zu leiden hatte, brachte die Unabhängigkeit dieser ehemaligen französischen Kolonie immerhin die persönliche Freiheit für deren Bewohner.[47] Auf die Abschaffung der Sklaverei mussten die Geknechteten der übrigen europäischen Kolonien längere Zeit warten. Das britische Parlament schaffte den Sklavenhandel zwar 1807 ab, die Sklaverei jedoch nicht vor 1833. Frankreich ging erst 1848 daran, die Niederlande 1863 und Brasilien sogar erst 1888. Von der Aufklärung waren sowohl Impulse für die Abschaffung der Sklaverei als auch Ideen ausgegangen, die die Abolition erschwerten. Einerseits hatten Physiokraten und frühe liberale Wirtschaftstheoretiker herausgearbeitet, dass die freie Arbeit der Sklaverei immer vorzuziehen sei, und für

46 David P. Geggus, The ‚Volte-Face' of Toussaint Louverture, in: ders., Haitian Revolutionary Studies, Bloomington, Ind. 2002, S. 119–136; Miriam Franchina, From Slave to Royal Vassal. Jean-François's Negotiation Strategies in the Haitian Revolution, in: Slavery & Abolition 42, 4 (2021), S. 777–802.

47 Laurent Dubois, Haiti. The Aftershocks of History, New York 2011.

die Abschaffung der Sklaverei im Namen der natürlichen Ordnung plädiert. Auf der anderen Seite hatten sowohl der aufklärerische Rassismus als auch der Zivilisationsdiskurs hohe Hürden für die Befreiung der afrikanischstämmigen Sklaven aufgestellt. Die Abschaffung der Sklaverei im französischen Kolonialreich 1794 sollte deswegen weder eine wahrhaftige Befreiung einleiten noch von Dauer sein. Der christlich getragene britische Abolitionismus trug zwar späte Früchte, die aber von langer Dauer waren.

13 Ausblick: Der Verlust der Ganzheit

Die Haitianische Revolution wurde im 19. Jahrhundert nicht als diejenige Revolution erinnert, die die Menschenrechte universalisiert hatte, sondern genoss als „Rebellion der Sklaven von Saint-Domingue" einen zweifelhaften Ruf. Die blutigen Ereignisse in der Karibik galten vielfach ebenso wie die Französische Revolution als Ausdruck eines wilden Fanatismus. Oft machte man die Aufklärer des 18. Jahrhunderts für das Blutvergießen der 1790er Jahre mitverantwortlich: Mit ihren umstürzlerischen Ideen hätten diese verantwortungslosen Intellektuellen unwissende Menschen zur Gewalt angestachelt. Mit dieser Deutung folgte das konservative Lager der Selbstinszenierung der französischen Revolutionäre, die sich zu Erben der Aufklärung stilisiert hatten. Während die französischen Revolutionäre für sich beanspruchten, die geistigen Errungenschaften der Aufklärung in die Tat umgesetzt zu haben, konstruierten ihre Gegner eine kausale Verbindung zwischen den Übeln der Revolution und den *philosophes* des 18. Jahrhunderts. Es war in ihren Augen eben die „Schuld von Voltaire" und die „Schuld von Rousseau", wenn die Religion umgestürzt und viele Tausende Menschen getötet worden waren. Die französische Republik hatte den Monarchien Europas den Krieg erklärt, weiträumige Gebiete besetzt oder annektiert. Unter Napoléon Bonaparte hatte Frankreich große Teile Europas unterworfen. In zahlreichen Staaten wurden Reformen durchgeführt, mit denen der aus der Aufklärung stammende Anspruch verbunden war, die Gesellschaft stärker nach natürlichen Normen auszurichten. Diese Umstürze und Reformen provozierten Widerstände in unterschiedlichen sozialen Schichten. So hatten die französischen Revolutionäre und das napoleonische Regime ungewollt dazu beigetragen, dass die Aufklärung bei einem gewichtigen Teil der Europäer in Verruf geriet.

Es ist nicht Aufgabe einer Einführung in die Geschichte und Kultur des 18. Jahrhunderts, im Detail zu analysieren, was die folgenden Jahrhunderte sich von der Aufklärung aneigneten, was sie verwarfen oder auch vergaßen. Dazu fehlt dem Autor des vorliegenden Buches erstens schlicht die Kompetenz; zweitens ist es zweifelhaft, dass eine Untersuchung neuzeitlicher Entwicklungen einem besseren Verständnis der Gesellschaften und Kulturen des 18. Jahrhunderts dienen würde. Allzu oft stand die Aufklärung im Dienste einer Erinnerungspolitik, die auch in der Forschung zu anachronistischen Interpretationen führte.

Anstatt nach einem Erbe der Aufklärung für uns heutzutage zu suchen, sollen hier also nur einige Schlaglichter auf ideenhistorische Entwicklungen des 19. Jahrhunderts helfen, die Aufklärung als Epoche zeitlich einzugrenzen. Die Abkehr von aufklärerischen Kernideen und Weltbildern war ein tiefgreifender Wandel, der nicht nur politisch motiviert war. Die Reaktion auf die aufklärerische Philosophie ging vielfach mit einer Veränderung der Weltanschauung einher.

Die Grundidee der Aufklärung bestand darin, dass die Philosophie Individuum und Gesellschaft moralisch bessern könne. Die Philosophie wurde im 18. Jahrhundert nicht als eine gelehrte universitäre Disziplin verstanden, sondern als eine vorurteilsfreie Suche nach allgemeingültigen Prinzipien. Diese wurden meist – besonders in der Spätaufklärung – mit den natürlichen Normen der physischen und moralischen Welt, des Lebens, der Gesellschaft, der Politik gleichgesetzt. Diese Normen galten als allgemeinverständlich, ja als simpel und dem überwiegenden Teil der Bevölkerung zugänglich. Sie hatten überall und zu jeder Zeit uneingeschränkt zu gelten. Der Philosoph sollte den Menschen die Augen öffnen und sie somit zur Tugend führen sowie die Gesellschaft verbessern. Um Philosoph zu werden, brauchte man in der Vorstellung des 18. Jahrhunderts keine besondere Ausbildung und kein Fachwissen. Man sollte sich lediglich von seinen Vorurteilen befreien und seine Vernunft einsetzen bzw. den natürlichen Regungen seines Herzens folgen und auf sein Gewissen hören. Unter dem Einfluss religiöser Weltanschauungen verstanden Aufklärer und ihr Publikum die Natur in der Regel als ein System von einfachen Gesetzen, die Individuum und Gesellschaft zu befolgen hatten, um tugendhaft zu werden. Das Gute und das Böse, das Schöne und das Hässliche erschienen in dieser Perspektive als allgemeingültige natürliche Größen und nicht als Produkte menschlichen Tuns, die je nach Zeit und Ort variieren konnten. Für Leibniz, Shaftesbury, Wolff, Voltaire, die Physiokraten, Smith, Rousseau, Diderot, Brissot oder Kant bestand jenseits des überall zu beobachtenden Aberglaubens, Chaos, Leids, der Ungerechtigkeit und Unmenschlichkeit eine Ordnung. Jedes Wesen, jedes Element des Universums trug seine Bestimmung, sein Telos in sich, und genau dies gab Anlass zur Hoffnung, dass der Fortschritt möglich sei.

Freilich waren die Aufklärer keineswegs einem grenzenlosen Optimismus verfallen. Sie fürchteten stets, die Philosophie könnte daran scheitern, den Aberglauben abzuschütteln und die Menschen zu den natürlichen – und für die meisten: göttlichen – Normen zu führen. Auch waren sie sich dessen bewusst, dass unterschiedliche individuelle und gesellschaftliche Erfahrungen oder auch verschiedene natürliche Rahmenbedingungen zur Etablierung unterschiedlicher Normen führten. Es gab im gesamten 18. Jahrhundert einen Strang aufklärerischen Denkens, der sich an Montesquieu anlehnte und die Relativität vieler menschlicher Institutionen zu lokalen (meist natürlichen) Faktoren in den Blick nahm. Das Anliegen der Aufklärer war aber in der Regel, eine Distanz zu kontingenten Normen zu schaffen, um den natürlichen zum Durchbruch zu verhelfen. Obgleich zahlreiche Autoren der Aufklärungszeit von der Angst vor dem Scheitern dieses Projekts geplagt waren und teilweise im Privaten Zweifel an ihren eigenen Theorien hegten, suchten sie meist nach Wegen, mit Rückgriff auf die natürlichen Normen unter dem Vorzeichen der Tugend eine allgemeine Harmonie zu etablieren oder wiederherzustellen: die Harmonie zwischen dem Menschen und der Natur, zwischen Verstand und Gefühl, zwischen gesellschaftlichen Gruppen, zwischen den Völkern.

All diese aufklärerischen Grundprinzipien gerieten im 19. Jahrhundert zunehmend ins Wanken. In der ersten Hälfte des 19. Jahrhunderts galt die Aufklärung oft als gescheitert oder gar gefährlich. Der Anspruch, die universalen Normen auffinden zu können und dementsprechend Politik, Gesellschaft, Religion und Moral zu reformieren, hatte – so eine verbreitete Wahrnehmung – Europa in einen Trümmerhaufen verwandelt. Das Verständnis von der Philosophie als der allgemeinen und allgemeinverständlichen Weisheit von vorurteilsfreien Menschen, das im 18. Jahrhundert dominiert hatte, wurde allmählich aufgegeben. Die Philosophie entwickelte sich immer mehr zu einer Geisteswissenschaft, neben der sich andere gelehrte Disziplinen etablierten: die Naturwissenschaften, die Geschichts-, die Literatur- und die Wirtschaftswissenschaft, die Kunstgeschichte, die Völkerkunde und um 1900 schließlich auch die Soziologie. Das Auseinanderfallen der Philosophie in unterschiedliche Disziplinen und die zunehmende Spezialisierung des Wissens begünstigten eine stärkere Ausdifferenzierung zwischen Religion, Moral und Wissenschaft, die quer zu der aufklärerischen Konzeption von der „Philosophie" stand.

Dieser Wandel der Philosophie bewirkte eine allmähliche Auflösung der Persona des Aufklärungsphilosophen. Durch die Französische Revolution und die französische Herrschaft in Europa waren die *philosophes* in Verruf geraten, und so gehörte es für Herrscher, Minister und Aristokraten nicht mehr zum guten Ton, sich mit Philosophen zu umgeben. Sie buhlten nicht mehr so sehr um die Gunst der herausragenden Geister und suchten weniger als zuvor, ihre Höfe, Verwaltungen und Salons mit ihnen zu schmücken. Höfe verloren ihrerseits gegenüber Regierung und Verwaltung an politischem Einfluss. Der Philosoph spielte nicht mehr die öffentliche Rolle des Tugendlehrers. Er war nunmehr ein Gelehrter, der hochspezialisiertes Wissen produzierte und es mit Fachbegriffen ausdrückte, die sich dem intuitiven Verständnis entzogen. Der Aufklärungsphilosoph hatte zwar einen Nachfolger, den engagierten Intellektuellen; dieser galt aber politisch als „Linker". Der engagierte Intellektuelle stand in der Tradition der Revolution und war deshalb nur noch bedingt salonfähig.

Während die Philosophen des 18. Jahrhunderts sich berufen fühlten, Urteile über die Kunst, die Natur, die Gesellschaft und politische Systeme zu fällen, rechtfertigte jede Sozial- und Geisteswissenschaft nun ihre Existenz in Abgrenzung zu den anderen. Der Universalanspruch der Philosophie stieß zunehmend auf Ablehnung. Die Geistes- und Sozialwissenschaften spezialisierten sich allmählich und entwickelten eigene Methoden, die Vertretern anderer Disziplinen immer weniger zugänglich waren. Dieser Spezialisierungsprozess wurde immer offener als ein Fortschritt gefeiert. Das Auffinden natürlicher Normen zum Zwecke der moralischen Läuterung der Allgemeinheit verlor als Ziel intellektueller Produktion im 19. Jahrhundert an Bedeutung. Stattdessen geriet die (Kausal-)Analyse spezifischer Phänomene wie der Herrschaft eines Königs, eines künstlerischen Stils oder einer bestimmten Entwicklung des Außenhandels immer mehr in den Vordergrund. Dabei zeigten die Wissenschaftler die Neigung, lokale und historische Normen und Institutionen als legitim zu akzeptieren. In der Geschichtswissenschaft kam mit dem Historismus der Gedanke auf, „jede Epoche [sei] unmittelbar zu Gott", wie der berühmte Historiker Leopold von Ranke (1795–1886) es formulierte.[1] In dieser Perspektive sollten – anders als in der philosophischen Geschichtsschreibung des 18. Jahrhunderts – die historischen Gesellschaften nicht mehr nach ihrem vermeintlichen Zivilisierungsgrad bewertet, sondern ihren eigenen Logiken gemäß beschrieben werden. Die Kunstgeschichte entwickelte ein größeres Gespür für die Relativität ästhetischer Normen als in der Aufklärungszeit. Der Rechtspositivismus, der in der ersten Hälfte des 19. Jahrhunderts unter anderem in den Arbeiten des Engländers John Austin (1790–1859) aufkam, maß die Rechtsnormen ebenfalls nicht mehr an vermeintlich natürlichen und universellen Prinzipien. Stattdessen beschrieb er das geltende Recht als ein Recht, das von Menschen gesetzt werde. Das Recht wurde im 19. Jahrhundert weniger als im Jahrhundert zuvor als universell verstanden, sondern erschien als von dem jeweiligen gesellschaftlichen Kontext abhängig. Austin war vom Utilitarismus seines Förderers Jeremy Bentham (1748–1832) stark geprägt. Der Utilitarismus stellte die Grundgedanken der unterschiedlichen dominanten Richtungen der Aufklärungsphilosophie infrage. Um den moralischen Wert einer Handlung zu ermessen, betrachtete der Utilitarismus nicht mehr die Intention oder den intrinsischen moralischen Gehalt einer Tat, sondern lediglich ihre Konsequenzen. Das Gute und das Böse existierten in dieser Perspektive

1 Leopold von Ranke, Über die Epochen der neueren Geschichte. Vorträge dem Könige Maximillian II. von Bayern im Herbst 1854 zu Berchtesgaden gehalten. Vortrag vom 25. September 1854. Historisch-kritische Ausgabe, Theodor Schieder/Helmut Berding (Hg.), München 1971, S. 60.

nicht mehr an sich, sondern stets in Relation zu einem gesellschaftlichen Kontext. Im Vergleich zum 18. Jahrhundert zeichnete sich das 19. Jahrhundert durch die Neigung aus, gesellschaftliche Phänomene relativistisch zu analysieren und zu historisieren.[2]

Eine markante Entwicklung der ersten Hälfte des 19. Jahrhunderts ist auch die Tendenz, Vernunft und Gefühl als gegensätzliche Pole im Menschen zu begreifen. In der Aufklärungszeit waren unterschiedliche Theorien vertreten worden, wie Menschen zu natürlichen Normen und somit zur Moral finden könnten. Manche Autoren betonten die Rolle der Vernunft, andere die des Herzens. Doch auch die Anhänger der Idee, der Mensch habe ein affektives intuitives Verständnis von Gut und Böse, sahen für die Vernunft eine wichtige Rolle bei der Moralisierung der Gesellschaft vor: Sie sollte den Menschen von seinen Vorurteilen, das heißt von seinen fehlgeleiteten, unnatürlichen Moralvorstellungen befreien. Verstand und Gefühl sollten Hand in Hand gehen. Die Autoren der Romantik maßen dagegen dem persönlichen Gefühl eine größere Bedeutung für das Auffinden des Wahren und Guten als der Vernunft bei. Während in der Aufklärungszeit eine natürliche Religion ausgemacht worden war, die man mittels der Vernunft erfassen konnte, verstanden die Romantiker die Religion oft als eine rein gefühlte Wahrheit, die sich der Vernunft entziehe. Mit dem Supranaturalismus vertraten nun auch zahlreiche protestantische Theologen die Idee, dass religiöse Wahrheiten rational nicht nachzuvollziehen seien. Grundsätzlich hatten Romantiker ein ganz anderes Verständnis von Natur: Für sie war die Natur kein mit der Vernunft zu analysierendes Ensemble von Normen, die dem menschlichen Verhalten Orientierung boten, sondern eine intellektuell nicht zu erfassende Größe.

Die Romantik überhöhte die Gefühle des Ichs. Die Subjektivität galt ihr als legitim, was auch von einer wachsenden Tendenz zeugt, das Partikulare zu akzeptieren. Deutlicher als je zuvor wurde in der ersten Hälfte des 19. Jahrhunderts das Individuum als die Grundeinheit der Gesellschaft verstanden. Der Liberalismus gestand den individuellen Vorlieben und Interessen eine größere Legitimität zu als die Aufklärer. Selbst diejenigen Aufklärer wie Adam Smith, die man für gewöhnlich dem frühen Liberalismus zurechnet, hatten dem Individuum und seinen „Leidenschaften" misstraut. Sie hatten befürchtet, dass der moderne Individualismus den Gemeinsinn zerstören würde, und das klassisch-römische Ideal einer Unterordnung der individuellen Interessen unter die *res publica* bewundert. Liberale Vordenker des frühen 19. Jahrhunderts wie Benjamin Constant (1767–1830) stellten dagegen die „Freiheit der Modernen" der „Freiheit der Alten" gegenüber. Die Freiheit, die modernen Gesellschaften angemessen war, bedeutete für

2 Thomas Nipperdey, Deutsche Geschichte, 1800–1866, München 1983, S. 498–533.

sie weniger eine politische Teilhabe der Individuen, das Engagement für das Gemeinwohl oder gar eine Aufopferung der Eigeninteressen für die Republik. Aus der Sicht der Liberalen sollte vor allem das Individuum sich frei entfalten können und vor der Tyrannei der Allgemeinheit geschützt werden.[3] Diese liberalen Gedanken trugen dazu bei, dass die Revolutionen von 1830 und 1848 einen anderen Charakter hatten als die Französische Revolution. Sie setzten der Legitimität politischer Gewalt engere Grenzen.

Ab der Mitte des 19. Jahrhunderts wurde die Gesellschaft stärker als im Jahrhundert zuvor als ein Schauplatz unvermeidlicher Kämpfe verstanden. Die Linke fing an, die Geschichte als einen ständigen und gar notwendigen Kampf zwischen sozialen Klassen aufzufassen. Karl Marx (1818–1883) und seine Nachfolger verwarfen den Paternalismus, der in der politischen Theorie der Aufklärungszeit das dominante Ideal gewesen war, und forderten die Ausgebeuteten auf, sich gegen die Herrschaft der Bourgeoisie aufzulehnen. Der Weg zur Harmonie und zu einer grundlegenden Veränderung gesellschaftlicher Strukturen schien den Marxisten zwangsläufig über die Revolution, das heißt über massive physische Gewalt zu führen. Ideen und Kultur verstanden sie als Instrumente sozialer Klassen, um Herrschaftsverhältnisse zu rechtfertigen oder eine neue Ordnung durchzusetzen. Dieser Theorie folgend erschien die Aufklärung den Marxisten als eine bourgeoise Bewegung.

Den Aufklärern wären diese Gedanken vollkommen fremd gewesen, glaubten sie doch an die Möglichkeit eines Fortschritts durch Philosophie und an die Aufgabe der Philosophie, natürliche Prinzipien offenzulegen. Nicht dass Aufklärer das naive Ideal einer konfliktlosen Gesellschaft vertreten hätten: Kant hatte beispielsweise in *Idee zu einer allgemeinen Geschichte in weltbürgerlicher Absicht* (1784) die These verteidigt, Menschen seien zugleich gesellig und ungesellig, was zwangsweise Konkurrenz und Konflikte zwischen ihnen hervorrufe. Er hatte dabei jedoch individuelle Leidenschaften, die sich aus bereits in der Scholastik identifizierten natürlichen Neigungen des Menschen ergaben (der natürlichen Soziabilität und der Selbstliebe), und nicht einen notwendigen Kampf zwischen Menschengruppen im Blick. Kant verstand die Spannung zwischen der Geselligkeit und den individuellen Leidenschaften als eine List der Natur, die dadurch den Menschen zum Fortschritt durch eine größere Vernünftigkeit zwinge. Diese teleologische Vision einer durch die Natur hervorgerufenen Ordnung implizierte letztlich eine natürliche Harmonie, die jenseits der zwischenmenschlichen Konflikte bestehe. Ein solches Verständnis von Geschichte unterschied sich grundlegend vom späteren marxistischen.

---

3 De Dijn, French Political Thought; dies., Freedom, an Unruly History.

Im 19. Jahrhundert glaubten nicht nur die Linken, dass Menschengruppen permanent in Konkurrenz zueinander stünden und konflikthafte Beziehungen zueinander unterhielten. Für zahlreiche Intellektuelle dieser Epoche kämpften soziale Klassen, Nationen und Rassen zwangsläufig miteinander. Bereits im frühen 19. Jahrhundert etablierte sich die Idee, die germanische „Rasse“ müsse geradezu in Konkurrenz und Konflikt zu der romanischen, der keltischen oder der jüdischen stehen. Von den „Weißen“ erwartete man, dass sie langfristig unausweichlich die „Dunkelhäutigen“ unterwerfen würden. Dieser Weltanschauung zufolge würden nur die Gewinner überleben und die Gewinner waren die vermeintlich „rassisch“ Überlegenen. Gegen Ende des 18. Jahrhunderts waren die Grundzüge dieser Vision eines Wettbewerbs zwischen „Rassen“ gelegt worden; im Laufe des 19. Jahrhunderts wurde diese Vorstellung derart populär, dass sie die Hoffnungen auf eine allgemeine und friedliche Verbesserung der Menschheit ein Stück weit zunichte machte. Der Sozialdarwinismus übertrug in der zweiten Hälfte des 19. Jahrhunderts die darwinistischen Denkschemata von der Biologie auf die Gesellschaft und interpretierte das gesellschaftliche Zusammenleben als einen ständigen „Kampf ums Dasein“.

Dass die rassistischen und sozialdarwinistischen Theorien eines notwendigen Kampfes ab der Mitte des 19. Jahrhunderts großen Anklang fanden, hatte mit tiefgreifenden weltanschaulichen Veränderungen zu tun: Es kamen Alternativen zu teleologischen Interpretationen der Natur auf. Frühe Evolutionstheorien legten nahe, dass Spezies sich ändern könnten, ohne einem in ihnen angelegten Zweck zu folgen. Die Natur erschien in dieser Perspektive nicht mehr wie noch im 18. Jahrhundert als ein großes, für allemal wohlgeordnetes System. Intellektuelle entfernten sich von mittelalterlichen scholastischen Vorstellungen von der Natur und dem Menschen, die im 18. Jahrhundert so prägend gewesen waren. Mit dem Abklingen der Aufklärung gingen nicht nur das klassisch-republikanische Ideal einer Einheit der Gesellschaft im Zeichen des Allgemeinwohls, wofür sich Humanisten stark gemacht hatten, sondern auch die mittelalterlich-scholastische Vorstellung einer allumfassenden und alles regelnden göttlichen Ordnung weitgehend verloren.

Abbildungsverzeichnis

Abb. 1 Porträt von Guillaume-Thomas Raynal, Kupferstich in: Guillaume-Thomas Raynal, Histoire philosophique et politique du commerce et des établissements des européens dans les deux Indes. Bd. 1, Genève 1780 (Quelle: Wikipedia; gemeinfrei)

Abb. 2 Étienne-Louis Boullée, Perspektivische Ansicht vom Kenotaph für Isaac Newton, Kupferstich, 1784 (Quelle: Bibliothèque nationale de France)

Abb. 3 Étienne-Louis Boullée, Schnitt vom Kenotaph für Isaac Newton, mit künstlicher Sonne, Kupferstich, 1784 (Quelle: Bibliothèque nationale de France)

Abb. 4 Jean Huber, Voltaire diktiert beim Anziehen seinem Sekretär einen Brief, Öl auf Leinwand, c. 1772 (Quelle: Wikipedia; gemeinfrei)

Abb. 5 Bildnis Kaiser Joseph II. am Schreibtisch, Öl auf Kupfer, österreichische Schule, zweite Hälfte des 18. Jahrhunderts (Quelle: Wikipedia; gemeinfrei)

Abb. 6 Elisabeth Vigée-Lebrun, Porträt der Königin Marie-Antoinette, Öl auf Leinwand, nach 1785 (Quelle: Wikipedia; gemeinfrei)

Abb. 7 Elisabeth Vigée-Lebrun, Königin Marie-Antoinette mit ihren Kindern, Öl auf Leinwand, 1787 (Quelle: Wikipedia; gemeinfrei)

Abb. 8 Allan Ramsay, Porträt von David Hume, Öl auf Leinwand, 1766 (Quelle: Wikipedia; gemeinfrei)

Abb. 9 Allan Ramsay, Porträt von Jean-Jacques Rousseau, Öl auf Leinwand, 1766 (Quelle: Wikipedia; gemeinfrei)

Abb. 10 Porträt von Siegmund Jakob Baumgarten, Kupferstich, 18. Jahrhundert (Quelle: Wikipedia; gemeinfrei)

Abb. 11 Giovanni Battista Piranesi, Kerker (Le Carceri d'Invenzione, Stich Nr. 10: Häftlinge auf einer Plattform), Kupferstich, um 1745–1750 (Quelle: Wikipedia; gemeinfrei)

Abb. 12 Étienne-Maurice Falconet, Reiterstatue von Peter I. von Russland (Quelle: Heidas, Wikimedia Commons, CC BY-SA 3.0)

Abb. 13 Jacques Le Barbier, Die Menschenrechts- und Bürgerrechtserklärung, Öl auf Holz, 1789 (Quelle: Wikipedia; gemeinfrei)

Abb. 14 Etienne-Louis Boullée, Ansicht der Ehrenhalle des „Musaeums", Kupferstich, 1783 (Quelle: Bibliothèque nationale de France)

Abb. 15 Jacques-Louis David, Der Tod des Marat, Öl auf Leinwand, 1793 (Quelle: Wikipedia; gemeinfrei)

Abb. 16 Petrus Camper, Gesichtswinkel vom Orang-Utan zum „Mohren“, Kupferstich in: ders., Verhandeling van Petrus Camper over het natuurlijk verschil der wezenstrekken in menschen van onderscheiden landaart en ouderdom; over het schoon in antyke beelden en gesneedene steenen. Gevolgd door een voorstel van eene nieuwe manier om hoofden van allerleye menschen met zekerheid te tekenen. Naa des Schrijvers dood uitgegeven door zijnen zoon Adriaan Gilles Camper, Utrecht 1791 (Quelle: Bibliothèque nationale de France)

Quellen

Thomas Abbt, Vom Tode für das Vaterland, Berlin 1761.

José de Acosta, De procuranda Indorum salute, Madrid 1984.

Jean Baptiste de Boyer d'Argens, Die weise Thérèse. Eine erotische Beichte. Aus dem Französischen von Heinrich Conrad, Karsten Schmidt (Hg.), Berlin 2001.

Aristoteles, Nikomachische Ethik, Otfried Höffe (Hg.), Berlin 2010.

Jane Austen, Sense and Sensibility, London 1811.

Dies., Pride and Prejudice, London 1813.

Dies., Emma, London 1815.

Dies., Northanger Abbey, London 1817.

Carl Friedrich Bahrdt, Carl Friedrich Bahrdts Geschichte seines Lebens, seiner Meinungen und Schicksale, Berlin 1791.

Cesare Beccaria, Von den Verbrechen und Strafen [...], Ulm 1767.

Lazarus Bendavid, Etwas zur Charackteristick der Juden, Leipzig 1793.

Johann Friedrich Blumenbach, Verschiedenheiten im Menschengeschlechte, Leipzig 1798.

James Boswell, Journal of a Tour to the Hebrides with Samuel Johnson, London 1786.

Jacques Pierre Brissot de Warville, Lettre à l'Empereur sur l'atrocité des supplices qu'il a substités comme adoucissement à la peine de mort, Brüssel [eigentlich Paris] 1787.

Ders., Observations d'un républicain sur les différens systèmes d'Administrations provinciales, particulièrement sur ceux de MM. Turgot et Necker, et sur le bien qu'on peut espérer dans les gouvernemens, o. O. [1787]

Georges Louis Leclerc de Buffon, Histoire naturelle, générale et particulière. Avec la description du cabinet du roi, Paris 1749–1804.

Ders., Allgemeine Historie der Natur nach allen ihren besondern Theilen abgehandelt [...], Bd. 2, Hamburg und Leipzig 1752.

Frances Burney, Evelina, or a Young Lady's Entrance into the World, London 1778.

Petrus Camper, Ueber den natürlichen Unterschied der Gesichtszüge in Menschen verschiedener Gegenden u. verschiedenen Alters: über das Schöne antiker Bildsäulen, Berlin 1792.

Marcus Tullius Cicero, De finibus bonorum et malorum libri quinque, deutsch = Über das höchste Gut und das größte Übel, Stuttgart 1989.

John Cleland, Fanny Hill. Memoirs of a Woman of Pleasure, London 1749.

Marie Jean Antoine Nicolas Caritat, marquis de Condorcet, Sur l'admission des femmes au droit de cité, in: Journal de la Société de 1789, 5 (3. Juli 1790), S. 1–13.

DERS., Entwurf eines historischen Gemäldes der Fortschritte des menschlichen Geistes, Tübingen 1796.

DERS., Cinq mémoires sur l'instruction publique, Charles COUTEL/Catherine KINTZLE (Hg.), Paris 1994.

DERS., Überlegungen zur Negersklaverei (1781), in: DERS., Freiheit, Revolution, Verfassung. Kleine politische Schriften, Daniel SCHULZ (Hg.), Berlin 2010, S. 53–92.

Claude de CRÉBILLON, Der Sopha: Moralische Erzählungen, Peking [Berlin] 1765.

René DESCARTES, Les Passions de l'âme, Paris 1664.

DERS., Le Discours de la méthode, in: DERS., Œuvres, Charles ADAM/Paul TANNERY (Hg.), 12 Bde., Bd. 6, Paris 1902, S. 1–78.

Denis DIDEROT, Principes de la philosophie morale, ou Essai de S*** sur le mérite et la vertu, Amsterdam 1745.

DERS., Die geschwätzigen Kleinode. Eine moralische Erzehlung, Frankfurt 1776.

DERS., Sur les femmes, in: Œuvres complètes, J. ASSÉZAT (Hg.), 1875–1877, Bd. 2, S. 251–262.

DERS., Nachtrag zu ‚Bougainvilles Reise' oder Gespräch zwischen A. und B. über die Unsitte, moralische Ideen an gewisse physische Handlungen zu knüpfen, zu denen sie nicht passen, Frankfurt a. M. 1965.

DERS., Sur le génie, in: DERS., Œuvres esthétiques, Paul VERNIÈRE (Hg.), Paris 1968, S. 19–20.

DERS., Le Drame bourgeois, Fictions II, Œuvres complètes, Bd. 10, édition critique et annotée, présentée par Jacques Chouillet et Anne-Marie Chouillet, Paris 1980.

DERS., Éloge de Richardson, in: DERS., Œuvres complètes, Bd. 13: Arts et Lettres, Jean VARLOOT (Hg.), Paris 1980, S. 181–208.

DERS., Œuvres, Laurent VERSINI (Hg.), Bd. 5: Correspondance, Paris 1997.

DERS., Article „Jésuite", in: Encyclopédie, https://artflsrv03.uchicago.edu/philologic4/encyclopedie0521/navigate/8/2480/.

Richard DIETRICH (Hg.), Die politischen Testamente der Hohenzollern, Köln 1986.

Discours prononcés dans l'assemblée générale et dans le temple de la Raison de la section régénérée de Beaurepaire, à l'occasion de l'inauguration des bustes des martyrs de la liberté, Marat et Le Pelletier, et de la fête de la Raison, les 20 et 25 nivôse an II (9 et 14 janvier 1794), Paris 1794.

Pierre Samuel DU PONT DE NEMOURS, Observations sur l'esclavage des nègres, in: Éphémérides du citoyen, Jahrgang 1771, S. 162–246.

Egalité, liberté, fraternité. Procès verbal des monuments, de l'ordre de la marche et des tableaux de la fête de la Raison, du triomphe de la Liberté, et de l'inauguration des bustes de ses martyrs, célébrée par la Société populaire et la commune de Montlhéry réunies, le décadi 20 pluviôse, l'an second de la République une et indivisible. Paris, o. D.

Olaudah EQUIANO, The Interesting Narrative of the Life of Olaudah Equiano, or Gustavus Vassa, the African, London 1789.

David FASSMANN, Leben und Thaten des [...] Königs von Preußen Friderici Wilhelmi, Hamburg 1735.

Adam FERGUSON, Reflections Previous to the Establishment of a Militia, London 1756.

DERS., An Essay on the History of Civil Society, Dublin 1767.

Friedrich II. von Preußen, Politisches Testament von 1752, in: Richard Dietrich (Hg.), Die politischen Testamente der Hohenzollern, Köln/Wien 1986, S. 253–461.

Friedrich II. von Preußen/Voltaire, Briefwechsel Friedrichs des Großen mit Voltaire. Bd. 3, Briefwechsel König Friedrichs, 1753–1778, Reinhold Koser/Hans Droysen (Hg.), Osnabrück 1968.

Edward Gibbon, The History of the Decline and Fall of the Roman Empire, London 1776–1789.

Olympe de Gouges, „Femme, réveille-toi !" Déclaration des droits de la femme et de la citoyenne et autres écrits, Paris 2014.

Henri Baptiste Grégoire, Essai sur la régénération physique, morale et politique des juifs, Metz 1789.

Hugo Grotius, De iure belli ac pacis libri tres, Paris 1625.

Johann Christoph Friedrich Gutsmuths, Gymnastik für die Jugend. Enthaltend eine praktische Anweisung zu Leibesübungen. Ein Beytrag zur nöthigen Verbesserung der körperlichen Erziehung, Schnepfenthal 1793.

Norbert Hinske (Hg.), Was ist Aufklärung? Beiträge aus der Berlinischen Monatsschrift, Darmstadt 1973.

Thomas Hobbes, Leviathan (1656), London 1985.

Ders., Vom Menschen – Vom Bürger, Günter Gawlick (Hg.), Hamburg 1994.

[Henri Thiry, baron d'Holbach,] La Politique naturelle, ou Discours sur les vrais principes du gouvernement […], London 1773.

Ders., System der Natur, oder von den Gesetzen der physischen und der moralischen Welt, aus dem Französischen übersetzt von Fritz-Georg Voigt, Frankfurt a. M. 1978.

Thomas Jefferson, Notes on the State of Virginia, zitiert nach: Emmanuel Chukwudi Eze (Hg.). Race and Enlightenment. A Reader, Cambridge 1997, S. 97–103.

Immanuel Kant, Von den verschiedenen Racen der Menschen, Königsberg 1775.

Ders., Beantwortung der Frage: Was ist Aufklärung?, in: Berlinische Monatsschrift (1784), Bd. 2, S. 481–494.

Ders., Physische Geographie, in: ders., Kant's gesammelte Schriften, Bd. 9, Königlich-Preussische Akademie der Wissenschaften (Hg.), Berlin/Leipzig 1923, S. 151–436.

Ders., Kant's handschriftlicher Nachlaß, Bd. 2, Zweite Hälfte: Anthropologie, Königlich-Preussische Akademie der Wissenschaften (Hg.), Berlin/Leipzig 1923.

Ders., Zum ewigen Frieden. Ein philosophischer Entwurf, in: ders., Schriften zur Anthropologie, Geschichtsphilosophie, Politik und Pädagogik. Immanuel Kants Werke in sechs Bänden, Wilhelm Weischedel (Hg.), Wiesbaden 1964, Bd. 6, S. 191–251.

Ders., Über den Gebrauch teleologischer Prinzipien in der Philosophie, in: ders., Kritik der Urteilskraft und Schriften zur Naturphilosophie, Immanuel Kant in sechs Bänden, Wilhelm Weischedel (Hg.), Bd. 5, Wiesbaden 1987, S. 139–170.

Ders., Idee zu einer allgemeinen Geschichte in weltbürgerlicher Absicht (1784), Göttingen 2019.

Julien Offray de La Mettrie, Textes choisis. Discours préliminaire ; Traité de l'âme ; Abrégé des systèmes ; Système d'Épicure ; L'Homme-machine ; l'Homme-plante, Marcelle Tisserand (Hg.), Paris 1954.

Ders., L'homme-machine, in: Œuvres philosophiques de La Mettrie, Berlin 1796, S. 95–200.

Louis-Armand de Lom d'Arce, baron de LAHONTAN, Dialogues de Monsieur le baron de Lahontan et d'un sauvage dans l'Amerique. Contenant une description exacte des mœurs & des coutumes de ces peuples sauvages, Amsterdam 1704.

Friedrich Christian LAUKHARD, Laukhards Leben und Schicksale, von ihm selber beschrieben [...], Halle 1792.

Johann Caspar LAVATER, Physiognomische Fragmente, Leipzig 1778.

Gottfried Wilhelm LEIBNIZ, „Mémoire pour les personnes éclairées et de bonne intention" (1692), in: DERS., Lettres et opuscules inédits de Leibniz, précédés d'une introduction, A. FOUCHER DE CAREIL (Hg.), Paris 1854, S. 274–292.

Antoine LE CAMUS, Projet pour conserver l'espèce d'hommes bien faits, réserver les hommes vigoureux pour la culture des terres, et augmenter le nombre de soldats, in: Mémoires sur divers sujets de médecine, Paris 1760, S. 285–314.

Gotthold Ephraim LESSING, Nathan der Weise. Ein dramatisches Gedicht in fünf Aufzügen, Berlin 1779.

DERS., Die Erziehung des Menschengeschlechts, in: DERS., Werke, Herbert G. GÖPFERT (Hg.), 8 Bde., München 1970–1979, Bd. 8, S. 489–510.

Carl von LINNÉ, Systema naturae, sive regna tria naturae systematice per classes, ordines, genera, & species, Lyon 1735.

DERS., Systema naturae sistens Regna tria naturae in classes et ordines, genera et species, Stockholm 1748.

DERS., Systema naturae per regna tria naturae, secundum classes, ordines, genera, species [...], Stockholm 1758.

John LOCKE, A Letter Concerning Toleration, London 1689.

DERS., Two Treatises of Government [...], London 1690.

DERS., An Essay Concerning Human Understanding, London 1690.

DERS., Some Thoughts Concerning Education, London 1693.

DERS., The Reasonableness of Christianity as Delivered by Scriptures, London 1695.

Edward LONG, The History of Jamaica, or, a General Survey of the Antient and Modern State of that Island with Reflections on its Situation, Settlements, Inhabitants, Climate, Products, Commerce, Laws, and Government, 3 Bde., London 1774.

Thomas Babington MACAULAY, History of England, Complete works, Bd. III, Philadelphia 1998.

Nicholas de MALEBRANCHE, Traité de morale, Paris 1882.

Pierre-Louis Moreau de MAUPERTUIS, Vénus physique, o. O. 1745.

Mémoires secrets de la République des lettres, 36 Bde., 1777–1789.

Moses MENDELSSOHN, Jerusalem oder über religiöse Macht und Judentum (1783), in: DERS., Schriften zum Judentum II. Bearbeitet von Alexander ALTMANN, Stuttgart-Bad Cannstatt 1983, S. 99–204.

Jacques-Louis MÉNÉTRA, Journal de ma vie, Paris 1982.

Louis-Sébastien MERCIER, Tableau de Paris, 12 Bde., Paris 1782–1788.

DERS., Das Jahr 2440. Ein Traum aller Träume, Frankfurt a. M. 1989.

Johann David MICHAELIS, Mosaisches Recht, Frankfurt a. M. 1770–1775.

Victor Riqueti de Mirabeau, L'Ami des hommes, ou Traité de la population, Avignon 1756.

Charles Louis de Secondat de Montesquieu, Considérations sur les causes de la grandeur des Romains et de leur décadence, Amsterdam 1735.

Ders., De l'Esprit des lois, 2 Bde., Paris 1995.

[Charles Palissot de Montenoy,] Petites lettres sur de grands philosophes, Paris 1757.

Ders., Les Philosophes. Comédie en trois actes, en vers, présentée pour la première fois par les Comédiens français [...] le 2 mai 1760, Paris 1760.

Jacob Nicolas Moreau, Nouveau mémoire sur les Cacouacs, Amsterdam 1757.

Louis-Ély Moreau de Saint-Méry, Loix et constitutions des colonies françoises de l'Amérique sous le Vent [...], Paris 1784–1785.

Ders., Fragment sur les mœurs de Saint-Domingue, o. O. o. D.

Ludovico Antonio Muratori, Della felicità publica, Lucca 1749.

Ders., Il Cristianesimo felice nelle missioni de' padri della Compagnia di Gesù nel Paraguay, Venedig 1792.

Ders., Anfangsgründe der Regierungskunst für junge Fürsten, Leipzig 1798.

[Blaise Pascal,] Les Provinciales ou Les lettres écrites par Louis de Montalte à un provincial de ses amis, Paris 1656.

Ders., Œuvres complètes, Paris 1976.

Cornelius de Pauw, Philosophische Untersuchungen über die Amerikaner, oder wichtige Beyträge zur Geschichte des menschlichen Geschlechts, o. O. 1769.

Ders., Recherches philosophiques sur les Grecs, Berlin 1788.

Ders., Recherches philosophiques sur les Égyptiens et les Chinois, Amsterdam 1773.

Ders., Amérique, in: Supplément à l'Encyclopédie ou Dictionnaire raisonné des sciences, des arts et des métiers, Bd. 1: A – Blomkrabble, Paris 1776–1777, S. 343–362.

Émilien Petit, Traité sur le Gouvernement des esclaves, Paris 1777.

Johann Ernst Philippi: III. Herrn M. Amo, Eines gelehrten Mohrens, galanter Liebes-Antrag An die Mademoiselle Astrine, eine schöne Brünette/IV. Der Mademoiselle Astrine Parodische Antwort auf vorstehendes Gedichte eines verliebten Mohrens, in: ders.: Belustigende Poetische Schaubühne, Frankfurt a. M. 1749, S. 10–19.

John Pinkerton, A Dissertation on the Origins and Progress of the Scythians or Goths, Edinburgh 1787.

Karl Friedrich Pockels, Der Mann, Halle 1805–1808.

François Quesnay, Despotisme de la Chine, in: ders., Œuvres économiques et philosophiques. Accompagnées des éloges et d'autres travaux biographiques sur Quesnay par différents auteurs. Publiées avec une introduction et des notes par Auguste Oncken, Aalen 1965, S. 563–661.

Leopold von Ranke, Über die Epochen der neueren Geschichte. Vorträge dem Könige Maximillian II. von Bayern im Herbst 1854 zu Berchtesgaden gehalten. Vortrag vom 25. September 1854. Historisch-kritische Ausgabe, Theodor Schieder/Helmut Berding (Hg.), München 1971.

Guillaume-Thomas François Raynal, Histoire philosophique et politique du commerce et des établissements des Européens dans les deux Indes, 7 Bde., Maestricht 1774–1775.

DERS., Histoire philosophique et politique du commerce et des établissements des Européens dans les deux Indes, 10 Bde., Genf 1782.

DERS., A Philosophical and Political History of the Settlements and Trade of the Europeans in the East and West Indies, 10 Bde., London 1783.

DERS., Philosophische und politische Geschichte der Besitzungen und Handlung der Europäer in beyden Indien, 10 Bde., Kempten 1783–1788.

RÉTIF DE LA BRETONNE [Nicolas Edme], Le Pornographe, ou Idées d'un honnête-homme sur un projet de règlement pour les prostituées, London 1770.

Samuel RICHARDSON, Pamela, or Virtue Rewarded, London [1740].

Jean-Jacques ROUSSEAU, Discours qui a remporté le prix à l'académie de Dijon en l'année 1750. Sur cette question proposée par la même académie : si le rétablissement des sciences et des arts a contribué à épurer les mœurs. Par un citoyen de Genève, Genève 1750.

DERS., Lettres de deux amans, habitans d'une petite ville au pied des Alpes, Amsterdam 1761.

DERS., Du contract social; ou principes du droit politique, Amsterdam 1762.

DERS., Sozialphilosophische und politische Schriften, Eckhart KOCH (Hg.), München 1981.

DERS., Variante von *Julie ou La Nouvelle Héloïse*, Œuvres complètes, Bernard GAGNEBIN/Marcel RAYMOND (Hg.), 5 Bde., Paris 1959–1995, Bd. 2, S. 1782.

DERS., Les Confessions de Jean-Jacques Rousseau, suivies des rêveries du promeneur solitaire, Genève o. D.

Ignatius SANCHO, Letters of the Late Ignatius Sancho, an African. To Which Are Prefixed Memoirs of his Life, 2 Bde., Cambridge 1782.

Lucius Annaeus SENECA, Vom glücklichen Leben = De vita beata, Düsseldorf 1946.

DERS., Philosophische Schriften. Vollständige Studienausgabe, Wiesbaden 2004.

Anthony Ashley Cooper, Third Earl of SHAFTESBURY, Characteristicks of Men, Bd. 2: An Inquiry Concerning Virtue, or Merit, London 1714.

Granville SHARP, The Law of Retribution, or, A Serious Warning to Great Britain and her Colonies, London 1776.

Adam SMITH, An Inquiry into the Nature and Causes of the Wealth of Nations, London 1776.

Francisco SUÁREZ, Defensio Fidei III. Principatus politicus o la soberania popular, Madrid 1965.

Christian THOMASIUS, Einleitung zur Sittenlehre, Halle 1692.

DERS., Ausübung der Sittenlehre, Halle 1696.

DERS., Summarischer Entwurff derer Grund-Lehren, die einem Studioso Iuris zu wissen, und auff Universitäten zu lernen nöthig, Halle 1699.

Samuel Auguste André David TISSOT, Onanie- und Nymphomaniedoctor der Mannspersonen und Frauenzimmer, Lausanne 1776.

John TOLAND, Christianity Not Mysterious, London 1696.

DERS., Letters to Serena, London 1704.

DERS., Pantheisticon, London 1720.

Tom Halliard, o. O. o. D. (illustriertes Flugblatt, Kupferstich mit Gedicht).

M. VANDERMONDE, Essai sur la manière d'améliorer et de perfectionner l'espèce humaine, 2 Bde., Paris 1755–1756.

VOLTAIRE, Lettres philosophiques, Amsterdam 1734.

DERS., Essay sur l'histoire générale, et sur les mœurs et l'esprit des nations, depuis Charlemagne jusqu'à nos jours, o. O. 1757.

[DERS.,] Candide ou De l'optimisme, traduit de l'allemand par le Docteur Ralph, o. O. 1759.

[DERS.,] Dictionnaire philosophique portatif, London 1764.

DERS., Additions à l'Essai sur l'histoire générale, et sur l'esprit et les mœurs des nations depuis Charlemagne jusqu'à nos jours. Tirées de l'édition augmentée de 1761–1763 imprimée en VII volumes. Pour servir de supplément à l'édition de 1757 en VII volumes, Genève 1764.

[DERS.,] L'Ingénu. Histoire véritable, Utrecht 1767.

[DERS.,] Die Philosophie der Geschichte nach dem verstorbenen Abt Bazin, Leipzig 1768.

DERS., Éléments de physique, Neufchâtel 1772.

[DERS.,] Questions sur l'Encyclopédie par des amateurs, Genf 1774.

DERS., Correspondance, Theodor BESTERMAN (Hg.), Paris 1964–1992.

DERS., Histoire de l'Empire de Russie sous Pierre le Grand, [Paris] o. D.

VOLTAIRE, Philosophische Briefe. Herausgegeben und übersetzt von Rudolf von BITTER, Frankfurt a. M. 1985.

DERS./KATHARINA II., Monsieur – Madame. Der Briefwechsel zwischen der Zarin und dem Philosophen, Hans SCHUMANN (Hg.), Zürich 1991.

Wöchentliche Hallische Frage- und Anzeigungs-Nachrichten 18 (1729).

Christian WOLFF, Rede über die praktische Philosophie der Chinesen. Übers., Michael ALBRECHT (Hg.), Hamburg 1985.

Mary WOLLSTONECRAFT, A Vindication of the Rights of Woman [...], Boston 1792.

Forschungsliteratur

Guido ABBATISTA, At the Roots of the „Great Divergence“. Europe and China in an Eighteenth-Century Debate, in: Matthias MIDDELL (Hg.), Cultural Transfers, Encounters and Connections in the Global 18th Century, Leipzig 2014, S. 113–163.

Kirill ABROSIMOV, Wissensordnungen der Aufklärung. Diderots Kommunikationsstrategien zwischen der „Encyclopédie“ und der „Correspondance littéraire“ von Friedrich Melchior Grimm, in: Francia 38 (2011), S. 93–126.

DERS., Aufklärung jenseits der Öffentlichkeit. Friedrich Melchior Grimms *Correspondance littéraire* (1753–1773) zwischen der „république des lettres“ und europäischen Fürstenhöfen, Paris 2014.

Pius Onyemechi ADIELE, The Popes, the Catholic Church and the Transatlantic Enslavement of the Black Africans, Hildesheim/Zürich/New York 2017.

Theodor W. ADORNO/Max HORKHEIMER, Dialektik der Aufklärung. Philosophische Fragmente, Frankfurt a. M. 1969.

Thomas AHNERT, Religion and the Origins of the German Enlightenment. Faith and the Reform of Learning in the Thought of Christian Thomasius, Rochester, NY 2006.

Samer AKKACH, 'Abd al-Ghani al-Nabulusi: Islam and the Enlightenment, Oxford 2007.

Antonella ALIMENTO, Raynal, Accarias de Sérionne et le Pacte de Famille, in: Antonella ALIMENTO/Gianluigi GOGGI (Hg.), Autour de l'abbé Raynal: genèse et enjeux politiques de l'*Histoire des deux Indes*, Ferney-Voltaire 2018, S. 33–45.

Maria Rosa ANTOGNAZZA, Leibniz and Religious Toleration. The Correspondence with Paul Pellisson-Fontanier, in: American Catholic Philosophical Quarterly 76, 4 (2002), S. 601–622.

DIES., Leibniz. An Intellectual Biography, Cambridge 2009.

Barbara ARNEIL, John Locke and America. The Defence of English Colonialism, Oxford 2011.

Per Pippin ASPAAS/László KONTLER, Maximilian Hell (1720–92) and the Ends of Jesuit Science in Enlightenment Europe, Leiden/Boston 2020.

Jan ASSMANN, Religio Duplex. Ägyptische Mysterien und europäische Aufklärung, Berlin 2010.

Jesús ASTIGARRAGA, Economic Societies and the Politicisation of the Spanish Enlightenment, in: DERS. (Hg.), The Spanish Enlightenment Revisited, Oxford 2015, S. 63–81.

Alphonse AULARD, Le Culte de la Raison et le Culte de l'Être suprême, Paris 1892.

Marianne AWERBUCH, Moses Mendelssohns Judentum, in: Marianne AWERBUCH/Stefi JERSCH-WENZEL (Hg.), Bild und Selbstbild der Juden Berlins zwischen Aufklärung und Romantik. Beiträge zu einer Tagung, Berlin 1992, S. 21–41.

Andres AYALA, The Radical Difference between Aquinas and Kant. Human Understanding and the Agent Intellect in Aquinas, Chillum 2021.

Oliver BACH/Norbert BRIESKORN/Gideon STIENING, „Nam lex naturalis in homine est, quia non est in deo". Das Naturrechtsdenken des Francisco Suárez, in: DIES. (Hg.), Die Naturrechtslehre des Francisco Suárez, Berlin/Boston 2017, S. 3–21.

Elisabeth BADINTER/Robert BADINTER, Condorcet (1743–1794). Un intellectuel en politique, Paris 1988.

Paul J. BAGLEY, On the Moral Philosophy of René Descartes or How Morals Are Derived from Method, in: Tijdschrift voor Filosofie 58, 4 (1996), S. 673–696.

Keith Michael BAKER, Transformations of Classical Republicanism in Eighteenth-Century France, in: Journal of Modern History 73, 1 (2001), S. 32–53.

Étienne BALIBAR, Le racisme : encore un universalisme, in: Mots 18 (1989), S. 7–20.

Jordan Joseph BALLOR/Matthew T. GAETANO/David S. SYTSMA (Hg.), Beyond Dordt and De Auxiliis. The Dynamics of Protestant and Catholic Soteriology in the Sixteenth and Seventeenth centuries, Leiden 2019.

Jean-Pierre BARLIER, La Société des Amis des Noirs, 1788–1791. Aux origines de la première abolition de l'esclavage (4 février 1794), Paris 2010.

S. J. BARNETT, The Enlightenment and Religion. The Myths of Modernity, Manchester 2003.

Corina BASTIAN/Eva DADE/Eva OTT, Weibliche Diplomatie? Frauen als außenpolitische Akteurinnen im 18. Jahrhundert, in: Corina BASTIAN u. a. (Hg.), Das Geschlecht der Diplomatie. Geschlechterrollen in den Außenbeziehungen vom Spätmittelalter bis zum 20. Jahrhundert, Köln 2014, S. 103–114.

DIES., Höfische Diplomatie in der Frühen Neuzeit. Die Korrespondenz der Madame de Maintenon und der Princesse des Ursins, in: Marie Isabel MATTHEWS-SCHLINZIG u. a. (Hg.), Handbuch Brief. Von der Frühen Neuzeit bis zur Gegenwart, Bd. 1, Berlin 2020, S. 848–861.

Hermann BAUM, Das Licht des Gewissens. Zu Denkstrukturen Bonaventuras, Frankfurt a. M. u. a. 1990.

Moritz BAUMSTARK, Barbarians Who Inhabit the Shores of the Thames. Englandbilder schottischer Aufklärer zwischen Überlegenheitsanspruch und Untergangsvision, in: Susan RICHTER/Michael ROTH/Sebastian MEURER (Hg.), Konstruktionen Europas in der Frühen Neuzeit. Geographische und historische Imaginationen. Beiträge zur 11. Arbeitstagung der Arbeitsgemeinschaft Frühe Neuzeit, Heidelberg 2017, S. 139–153.

Moritz BAUMSTARK/Robert FORKEL/Stefan KÜHNEN/Marc WEILAND (Hg.), Historisierung. Begriff, Geschichte, Praxisfelder, Stuttgart 2016.

Inge BAXMANN, Von der Egalité im Salon zur Citoyenne. Einige Aspekte der Genese des bürgerlichen Frauenbildes, in: Annette KUHN/Jörn RÜSEN (Hg.), Frauen in der Geschichte, Bd. 3, Düsseldorf 1983, S. 109–137.

Derek BEALES, Joseph II. und der Josephinismus, in: Helmut REINALTER/Harm KLUETING (Hg.), Der aufgeklärte Absolutismus im europäischen Vergleich, Köln 2002, S. 35–54.

Yves BEAUREPAIRE, L'Espace des Francs-maçons. Une sociabilité européenne au XVIIIe siècle, Rennes 2003.

Carl L. BECKER, The Heavenly City of Eighteenth-Century Philosophers, New Haven 1932.

Paul BECKUS, What Makes Enlightenment Princes Enlightened? The Representation of Franz of Anhalt-Dessau and Frederick August of Anhalt-Zerbst, in: Thomas BISKUP/Benjamin MARSCHKE/Andreas PEČAR/Damien TRICOIRE (Hg.), Enlightenment at Court. Patrons, Philosophes, and Reformers in Eighteenth-Century Europe, Liverpool 2022, S. 161–180.

Emalee BEDDOES, The Art of Tea. Late Victorian Visual Culture and the Normalization of an International National Icon, M. Phil., University of Birmingham, 2014, https://etheses.bham.ac.uk/id/eprint/4915/.

Christian BEGEMANN, Erhabene Natur. Zur Übertragung des Begriffs des Erhabenen auf Gegenstände der äußeren Natur in den deutschen Kunsttheorien des 18. Jahrhunderts, in: Deutsche Vierteljahresschrift für Literaturwissenschaft und Geistesgeschichte 58 (1984), S. 74–110.

Nouchine BEHBAHANI, Paysages rêvés, paysages vécus dans *La Nouvelle Héloïse* de J. J. Rousseau, Oxford 1989.

David A. BELL, The Cult of Nation in France. Inventing Nationalism, 1680–1800, Cambridge, Mass. 2001.

DERS., The First Total War. Napoleon's Europe and the Birth of Modern Warfare, London 2007.

DERS., Men on Horseback. The Power of Charisma in the Age of Revolution, New York 2020.

DERS., For a New Social History of the Enlightenment. Authors, Readers, and Commercial Capitalism, in: Modern Intellectual History (2022), S. 1–25.

Robert N. BELLAH, Civil religion in America, in: DERS./Steven M. TIPTON (Hg.), The Robert Bellah reader, Durham 2006, S. 225–245.

Paul BÉNICHOU, Le Sacre de l'écrivain, 1750–1830, Paris 1973.

Ernst BENZ, Franz Anton Mesmer und die philosophischen Grundlagen des „animalischen Magnetismus", Mainz 1977.

Hans-Wolfgang BERGERHAUSEN, Friedensrecht und Toleranz. Zur Politik des preußischen Staates gegenüber der katholischen Kirche in Schlesien 1740–1806, Berlin 2021.

Martin BERNAL, Black Athena. The Afroasiatic Roots of Classical Civilization, New Brunswick, N. J. 1987.

Robert BERNASCONI, Kant as an Unfamiliar Source of Racism, in: Julie K. WARD/Tommy L. LOTT (Hg.), Philosophers on Race. Critical Essays, Oxford 2002, S. 145–166.

Christopher BERRY, The Social Theory of the Scottish Enlightenment, Edinburgh 1997.

Alexander BEVILACQUA, A Republic of Arabic Letters. Islam and the European Enlightenment, Cambridge 2018.

Paola BIANCHI, Peter Gay and the Enlightenment, in: Giuseppe RICUPERATI (Hg.), Historiographie et usages des Lumières, Berlin 2002, S. 213–228.

David BINDMAN, Ape to Apollo. Aesthetics and the Idea of Race in the Eighteenth Century, London 2002.

Wendell BIRD, Liberties of Press and Speech. ‚Evidence Does Not Exist To Contradict the … Blackstonian Sense' in Late 18th Century England?, in: Oxford Journal of Legal Studies 36, 1 (2015), S. 1–25.

Raymond BIRN, Royal Censorship of Books in Eighteenth-Century France, Stanford 2012.

Christiane BIRR/Wim DECOCK, Recht und Moral in der Scholastik der Frühen Neuzeit 1500–1750, Berlin/Boston 2016.

Günter BIRTSCH, Die preußische Sozialverfassung im Spiegel des Allgemeinen Landrechts für die preußischen Staaten von 1794, in: Jörg WOLFF (Hg.), Das Preußische Allgemeine Landrecht. Politische, rechtliche und soziale Wechsel- und Fortwirkungen, Heidelberg 1995, S. 133–148.

Thomas BISKUP, Friedrichs Größe. Inszenierungen des Preußenkönigs in Fest und Zeremoniell 1740–1815, Frankfurt a. M. 2012.

Thomas BISKUP/Benjamin MARSCHKE/Andreas PEČAR/Damien TRICOIRE (Hg.), Enlightenment at Court. Patrons, Philosophes, and Reformers in Eighteenth-Century Europe, Liverpool 2022.

Horst Walter BLANKE/Jörn RÜSEN (Hg.), Von der Aufklärung zum Historismus. Zum Strukturwandel des historischen Denkens, Paderborn 1984.

Timothy BLANNING, The Culture of Power and the Power of Culture, Oxford 2002.

Rudolf C. BLITZ, The Religious Reforms of Joseph II (1780–1790) and their Economic Significance, in: Journal of European Economic History 18, 3 (1989), S. 583–594.

Hans W. BLOM, Styles of Heterodoxy and Intellectual Achievement. Grotius and Arminianism, in: Sarah MORTIMER/John ROBERTSON (Hg.), The Intellectual Consequences of Religious Heterodoxy 1600–1750, Leiden/Boston 2012, S. 47–73.

A. BOEHM, Leibniz et la scolastique contemporaine, in: Proceedings of the Tenth International Congress of Philosophy 2 (1949), S. 1148–1152.

Hans-Jürgen BÖMELBURG, Zwischen polnischer Ständegesellschaft und preußischem Obrigkeitsstaat, München 1995.

DERS., Friedrich II. zwischen Deutschland und Polen. Ereignis- und Erinnerungsgeschichte, Stuttgart 2011.

Holger BÖNING, Zur Bedeutung der „Landschulordnung von 1753" für die Entwicklung des niederen Schulwesens im Herzogtum Braunschweig-Wolfenbüttel, in: Ernst HINRICHS/Peter ALBRECHT (Hg.), Kultur und Gesellschaft in Nordwestdeutschland zur Zeit der Aufklärung. Das niedere Schulwesen im Übergang vom 18. zum 19. Jahrhundert, Tübingen 1998, S. 75–108.

Arno BORST, Der Turmbau zu Babel. Geschichte der Meinungen über Ursprung und Vielfalt der Sprachen und Völker, Bd. 3., Stuttgart 1995.

Josiane BOULAD-AYOUB, Les récurrences du platonisme chez Descartes, in: Philosophiques, 23, 2 (1996), S. 405–415.

Pierre BOURDIEU, Les Règles de l'art. Genèse et structure du champ littéraire, Paris 1992.

Vernon J. BOURKE, Is Thomas Aquinas a Natural Ethicist?, in: The Monist 58, 1 (1974), S. 52–66.

C. Loring BRACE, „Race" is a Four-Letter Word. The Genesis of the Concept, New York/Oxford 2005.

Lodovica BRAIDA, Les almanachs italiens du XVIIIe siècle : véhicules de „faux préjugés" ou „puissants moyens d'éducation" ?, in: Hans-Jürgen LÜSEBRINK (Hg.), Les lectures du peuple en Europe et dans les Amériques du XVIIe au XXe siècle, Brüssel 2003, S. 259–270.

Marion BRÉTÉCHÉ, Les Compagnons de Mercure. Journalisme et politique dans l'Europe de Louis XIV, Paris 2015.

John BREWER, The Pleasures of Imagination. English Culture in the Eighteenth Century, London 2013.

Johannes BRONISCH, Der Mäzen der Aufklarung. Ernst Christoph von Manteuffel und das Netzwerk des Wolffianismus, Berlin 2010.

DERS., Was ist Aufklärung? Vernunft und Religion bei Christian Wolff, in: Denkströme 7 (2011), S. 251–256.

John Hedley BROOKE, Science and Religion, in: Roy PORTER (Hg.), The Cambridge History of Science, Bd. 4, Cambridge 2008, S. 741–761.

Christopher Leslie BROWN, Moral Capital. Foundations of British Abolitionism, Chapel Hill 2006.

Gregory S. BROWN, A Field of Honor. Writers, Court Culture and Public Theatre in French Literary Life From Racine to the Revolution, New York 2005.

Claude BRUNEEL/Bruno BERNARD, Les prémices de l'identité belge avant 1830?, Brüssel 2006.

Claudio BURGALETA, José de Acosta, SJ. His Life and Thought, Chicago 1999.

Simon BURROWS, Blackmail, Scandal, and Revolution. London's French libellistes, 1758–1792, Manchester 2006.

DERS., Police and Political Pamphleteering in Pre-Revolutionary France. The Testimony of J.-P. Lenoir, Lieutenant-Général of Police, in: David ADAMS/Adrian ARMSTRONG (Hg.), Print and Power in France and England, Aldershot 2006, S. 99–112.

DERS., French Censorship on the Eve of the Revolution, in: Nicole MOOERE (Hg.), Censorship and the Limits of the Literary, New York 2015, S. 13–31.

DERS., Enlightenment Bestsellers, London 2018.

Jeffrey D. BURSON, The Rise and Fall of the Theological Enlightenment. Jean-Martin de Prades and Ideological Polarization in Eighteenth-Century France, Notre-Dame 2010.

DERS., Reflections on the Pluralization of Enlightenment and the Notion of Theological Enlightenment as Process, in: French History 26, 4 (2012), S. 524–537.

Annika BÜSCHING, Politik, in: Robert THEIS/Alexander AICHELE (Hg.), Handbuch Christian Wolff, Wiesbaden 2018, S. 315–333.

Richard BUTTERWICK, The Polish-Lithuanian Commonwealth 1733–1795. Light and Flame, New Haven 2020.

Peter BYRNE, Natural Religion and the Legacy of Deism, London 1989.

E. Claire CAGE, The Sartorial Self. Neoclassical Fashion and Gender Identity in France, 1797–1804, in: Eighteenth-Century Studies 42, 2 (2009), S. 193–215.

Clarissa CAMPBELL-ORR, Celebrity, Status, and Gender at the late Hanoverian Court. The Careers of Charles Burney (1726–1814) and Frances Burney (1752–1840), in: Thomas BISKUP/Ben MARSCHKE/Andreas PEČAR/Damien TRICOIRE (Hg.), Enlightenment at Court. Patrons, Philosophes and Reformers in Eighteenth-Century Europe, Liverpool 2022, S. 69–95.

Garland CANNON, Sir William Jones, Language Families, and Indo-European, in: Word 43 (1992), S. 49–59.

Jeremy L. Caradonna, The Enlightenment in Practice. Academic Prize Contest and Intellectual Culture in France, 1670–1794, Ithaca/London 2012.

Ders., There Was No Counter-Enlightenment, in: Eighteenth-Century Studies 49 1 (2015), S. 51–70.

Vincent Carretta, Equiano, the African. Biography of a Self-Made Man, Athens 2005.

Philip Carter, Men and the Emergence of Polite Society, Britain 1660–1800, London 2016.

Thérence Carvalho, The Role of Physiocracy in the Birth of Human Rights, in: Opera historica 21, 1 (2020), S. 61–71.

Ernst Cassirer, Die Philosophie der Aufklärung, Tübingen 1973.

Francisco Castilla Urbano, The Salamanca School on Slavery. From Naturalism to Culture and Awareness, in: Max Planck Institute for European Legal History Research Paper Series 2 (2020), http://dx.doi.org/10.2139/ssrn.3526000.

Daniel Castro, Another Face of Empire. Bartolomé de Las Casas, Indigenous Rights, and Ecclesiastical Imperialism, Durham 2007.

Joyce E. Chaplin, Natural Philosophy and an Early Racial Idiom in North America. Comparing English and Indian Bodies, in: The William and Mary Quarterly 54 (1997), S. 229–252.

Ders., Race, in: David Armitage/Michael J. Braddick (Hg.), The British Atlantic World, 1500–1800, Basingstoke 2002.

Guy Chaussinand-Nogaret, Choiseul. Naissance de la gauche, Paris 1998.

Arianne Chernock, Cultivating Woman. Men's Pursuit of Intellectual Equality in the Late British Enlightenment, in: Journal of British Studies 45, 3 (2006), S. 511–531.

Harvey Chisick, The Limits of Reform in the Enlightenment. Attitudes toward the Education of the Lower Classes in Eighteenth-Century France, Princeton 1981.

Ders., Interpreting the Enlightenment, in: The European Legacy 13, 1 (2008), S. 35–57.

A. M. Chouillet, Les signatures dans le Supplément de l'Encyclopédie, in: Recherches sur Diderot et l'Encyclopédie 5 (1988), S. 152–158.

Lauren R. Clay, Stagestruck. The Business of Theater in Eighteenth-Century France and Its Colonies, Ithaca 2013.

Richard Louis Cleary, The Places Royales of Louis XIV and Louis XV, PhD Diss., Columbia University, Ann Arbor 1986.

Ders., The Place Royale and Urban Design in the Ancien Régime, Cambridge 1999.

Louis Cognet, Le Jansénisme, Paris 1961.

Michèle Cohen, „Manners" Make the Man. Politeness, Chivalry, and the Construction of Masculinity, 1750–1830, in: Journal of British Studies 44, 2 (2005), S. 312–329.

Linda Colley, Britons. Forging the Nation, 1707–1837, New Haven 1992.

Karen Collis, Reading the Bible in the Early Enlightenment, in: Erudition and the Republic of Letters 1, 2 (2016), S. 121–150.

Raewyn Connell, Der Gemachte Mann. Konstruktion und Krise von Männlichkeiten, Wiesbaden 2015.

Hermann CONRAD, Rechtsstaatliche Bestrebungen im Absolutismus Preußens und Österreichs am Ende des 18. Jahrhunderts, Köln 1961.

Sebastian CONRAD, Enlightenment in Global History. A Historiographical Critique, in: American Historical Review 117, 4 (2012), S. 999–1027.

Bärbel CÖPPICUS-WEX, Der Verlust der Alternative. Zur Disqualifizierung weiblicher Bildungsideale im letzten Drittel des 18. Jahrhunderts am Beispiel zweier Ausgaben des *Nutzbaren, galanten und curiösen Frauenzimmer-Lexicons*, in: Claudia OPITZ/Ulrike WECKEL/Elke KLEINAU (Hg.), Tugend, Vernunft und Gefühl. Geschlechterdiskurse der Aufklärung und weibliche Lebenswelten, Münster 2000, S. 271–285.

Marie-Helène COTONI, La polémique contre les modernes matérialistes dans les professions de foi théistes de Rousseau, in: Déismes et déistes à l'âge classique (= La lettre clandestine 21 [2013]), S. 191–212.

Monique COTTRET, Jansénisme et Lumières. Pour un autre XVIIIe siècle, Paris 1998.

Jean-Paul COUJOU, Political Thought and Legal Theory in Suárez, in: Victor SALAS (Hg.), A Companion to Francisco Suárez, Boston 2015, S. 21–71.

Brian William COWAN, The Social Life of Coffee. The Emergence of the British Coffee House, New Haven 2005.

Ronald S. CRANE, Suggestions Toward a Genealogy of the Man of Feeling, in: Journal of English Literary History 1, 3 (1934), S. 205–230.

Maurice CRANSTON, John Locke, Oxford 1985.

Michael CULOMA, La Religion civile de Rousseau à Robespierre, Paris 2010.

James Stevens CURL, Egyptomania. The Egyptian Revival. A Recurring Theme in the History of Taste, Manchester 1994.

Andrew S. CURRAN, The Anatomy of Blackness. Science and Slavery in an Age of Enlightenment, Baltimore 2011.

Simon DAGENAIS, L'almanach de Mathieu Laensbergh. L'émergence d'une marque (XVIIe–XIXe siècles), Diss., Université du Québec à Montréal, 2016, https://oatd.org/oatd/record?record=oai%5C%3Aarchipel.uqam.ca%5C%3A9111.

Serge DAGET, A Model of the French Abolitionist Movements and Its Variations, in: Christine BOLT/Seymour DRESCHER (Hg.), Anti-Slavery, Religion & Reform. Essays in Memory of Roger Anstey, Folkstone 1980, S. 64–79.

Ivano DAL PRETE, „Being the World Eternal ...“. The Age of Earth in Renaissance Italy, in: Isis 105,2 (2014), S. 292–317.

DERS., On the Edge of Eternity. The Antiquity of the Earth in Medieval and Early Modern Europe, Oxford 2022.

Ahmad DALLAL, „Being the World Eternal ...“. The Age of the Earth in Renaissance Italy, in: Isis 105, 2 (2014), S. 292–317.

DERS., Rethinking Authority. Trends in Eighteenth-Century Hadith Studies, in: Florian ZEMMIN/Johannes STEPHAN/Monica CORRADO (Hg.), Islam in der Moderne, Moderne im Islam. Eine Festschrift für Reinhard Schulze zum 65. Geburtstag, Leiden/Boston 2018, S. 212–233.

Robert DARNTON, The Grub Street Style of Revolution. J.-P. Brissot, Police Spy, in: The Journal of Modern History 40, 3 (1968), S. 302–327.

DERS., The High Enlightenment and the Low-Life of Literature in Pre-Revolutionary France, in: Past & Present 51 (1971), S. 81–115.

DERS., Der Mesmerismus und das Ende der Aufklärung in Frankreich, Frankfurt a. M. 1986.

DERS., The Forbidden Bestsellers of Pre-Revolutionary France, New York 1994.

DERS., George Washingtons falsche Zähne oder noch einmal: Was ist Aufklärung, München 1996.

DERS., Readers Respond to Rousseau. The Fabrication of Romantic Sensitivity, in: DERS., The Great Cat Massacre and Other Episodes in French Cultural History, London 2001, S. 215–256.

Maurice DAUMAS, Sexualité et mariage. La sexualité dans les traités sur le mariage en France, XVIe–XVIIe siècles, in: Revue d'histoire moderne et contemporaine 51, 1 (2004), S. 7–35.

Leonore DAVIDOFF/Catherine HALL, Family Fortunes. Men and Women of the English Middle Class 1780–1850, London 1987.

Robert Glenn DAVIS, The Weight of Love. Affect, Ecstasy, and Union in the Theology of Bonaventure, New York 2016.

Walter W. DAVIS, China, The Confucian Ideal, and the European Age of Enlightenment, in: Journal of the History of Ideas 44, 4 (1983), S. 523–548.

Maria Regina Celestino DE ALMEIDA, Portuguese Indigenous Policy and Indigenous Politics in the Age of Enlightenment. Assimilationist Ideals and the Preservation of Native Identities, in: Damien TRICOIRE (Hg.), Enlightened Colonialism. Civilization Narratives and Imperial Politics in the Age of Reason, Cham 2017, S. 73–92.

Christopher DE BELLAIGUE, The Islamic Enlightenment. The Modern Struggle between Faith and Reason, London 2018.

Annelien DE DIJN, French Political Thought from Montesquieu to Tocqueville. Liberty in a Levelled Society? Cambridge 2008.

DIES., Freedom. An Unruly History, Cambridge, Mass. 2020.

Koassi Simplice DE SOUZA, La dimension théologico-politique de la pensée de Jean-Jacques Rousseau, Rom 2015.

Mark-Georg DEHRMANN, Das „Orakel der Deisten". Shaftesbury und die deutsche Aufklärung, Göttingen 2008.

Michael DELLA ROCCA (Hg.), The Oxford Handbook of Spinoza, New York 2017.

Horst DENZER, Moralphilosophie und Naturrecht bei Pufendorf. Geburt des Naturrechts aus der praktischen Philosophie, München 1972.

Gerd DETHLEFS, Sinnbild milder Herrschaft. Politische Ikonographie an der fürstbischöflichen Residenz zu Münster, in: Jürgen OVERHOFF/Andreas OBERDORF (Hg.), Katholische Aufklärung in Europa und Nordamerika, Göttingen 2019, S. 500–516.

Mauri DI CIOCCIO, Elementarschulreformen in katholischen Gebieten der Schweiz im späten 18. Jahrhundert, in: Jürgen OVERHOFF/Andreas OBERDORF (Hg.), Katholische Aufklärung in Europa und Nordamerika, Göttingen 2019, S. 79–95.

Geneviève Di Rosa, Rousseau et la Bible. Pensée du religieux d'un philosophe des lumières, Leiden/Boston 2016.

Nicholas B. Dirks, Colonialism and Culture, Ann Arbor 1992.

Madeleine Dobie, Trading Places. Colonization and Slavery in Eighteenth-Century French Culture, Ithaca, NY/London 2010.

Normand Doiron, Rhétorique jésuite de l'éloquence sauvage au XVIIe siècle. Les relations de Paul Lejeune (1632–1642), in: Dix-septième siècle 43 (1991), S. 375–402.

Marcel Dorigny, The Question of Slavery in the Physiocratic Texts. A Re-reading of an Old Debate, in: Manuela Albertone/Antonino De Francesco (Hg.), Rethinking the Atlantic World. Europe and America in the Age of Democratic Revolutions, London 2009, S. 147–162.

Ders., Mirabeau et l'abolition de la traite des Noirs. Genèse d'un discours *non prononcé*, in: Anja Bandau/Rebekka von Mallinckrodt/Marcel Dorigny (Hg.), Les mondes coloniaux à Paris au XVIIIe siècle. Circulation et enchevêtrement des savoirs, Paris 2010, S. 201–228.

Marcel Dorigny/Bernard Gainot, La Société des Amis des Noirs, 1788–1799. Contribution à l'histoire de l'abolition de l'esclavage, Paris 1998.

Detlef Döring, Säkularisierung und Moraltheologie bei Pufendorf, in: Zeitschrift für Theologie und Kirche 90, 2 (1993), S. 156–174.

Seymour Drescher, Abolition. A History of Slavery and Antislavery, Cambridge 2009.

Ders. u. a. (Hg.), Who Abolished Slavery? Slave Revolts and Abolitionism – a Debate with João Pedro Marques, New York u. a. 2010.

Justin Du Rivage, Revolution against Empire. Taxes, Politics and the Origins of American Independence, New Haven 2017.

Laurent Dubois, Haiti. The Aftershocks of History, New York 2011.

Sébastien Dubois, L'Invention de la Belgique. Genèse d'un État-Nation, 1648–1830, Brüssel 2005.

Michèle Duchet, Anthropologie et Histoire au siècle des Lumières, Paris 1971.

Hélène Ducini, Faire voir, faire croire. L'opinion publique sous Louis XIII, Seyssel 2003.

Thomas Duve/Losé Luis Egío/Christiane Birr (Hg.), The School of Salamanca. A Case of Global Knowledge Production, Leiden/Boston 2021.

Durand Echeverria, The Maupeou Revolution. A Study in the History of Libertarianism. France, 1770–1774, Baton Rouge 1985.

Dan Edelstein, The Enlightenment. A Genealogy, Chicago 2010.

Ders., The Terror of Natural Right. Republicanism, the Cult of Nature, and the French Revolution, Chicago 2010.

Ders., On the Spirit of Rights, Chicago 2019.

Antoinette Ehrard/Jean Ehrard, Diderot et Greuze : questions sur L'Accordée de village, in: Recherches sur Diderot et sur l'Encyclopédie 49 (2014), S. 31–53.

Flavio Eichmann, Krieg und Revolution in der Karibik. Die Kleinen Antillen, 1789–1815, Berlin/München/Boston 2019.

Andreas Erb, Die Deutschen Gesellschaften des 18. Jahrhunderts, Habilitationsschrift, Martin-Luther-Universität Halle-Wittenberg, 2020.

Klaus-Dieter ERTLER, Moralische Wochenschriften in Spanien, Tübingen 2003.

René ÉTIEMBLE, L'Europe chinoise, Bd. 2: De la sinophilie à la sinophobie, Paris 1989.

Ottmar ETTE, Anton Wilhelm Amo. Philosophieren ohne festen Wohnsitz. Eine Philosophie der Aufklärung zwischen Europa und Afrika, Berlin 2014.

Jane E. EVERSON/Denis REIDY/Lisa SAMPSON (Hg.), The Italian Academies, 1525–1700. Networks of Culture, Innovation and Dissent, London 2016.

Alexei EVSTRATOV, Clemency in the Boudoir. Favoritism and Imperial Virtues at the Russian Court (1740s–1790s), in: Thomas BISKUP/Benjamin MARSCHKE/Andreas PEČAR/Damien TRICOIRE (Hg.), Enlightenment at Court. Patrons, Philosophes, and Reformers in Eighteenth-Century Europe, Liverpool 2022, S. 205–230.

Christopher FANNING, Sterne and Print Culture, in: Thomas KEYMER (Hg.), The Cambridge Companion to Laurence Sterne, Cambridge 2009, S. 125–141.

Arlette FARGE, Dire et mal dire. L'opinion publique au XVIIIe siècle, Paris 1992.

Maria Teresa FATTORI, „Licere-Non licere." La legittimità della schiavitù nelle decisioni della Sede Apostolica Romana tra XVII e XIX secolo, in: Rivista Storica Italiana 132, 2 (2020), S. 393–436.

Shmuel FEINER, Haskala – Jüdische Aufklärung. Geschichte einer kulturellen Revolution, Hildesheim u. a. 2007.

Shmuel FEINER/David SORKIN (Hg.), New Perspectives on the Haskalah, Oxford 2001.

Carolyn E. FICK, The Making of Haiti. The Saint Domingue Revolution From Below, Knoxville 1990.

Franz L. FILLAFER, Aufklärung habsburgisch. Staatsbildung, Wissenskultur und Geschichtspolitik in Zentraleuropa 1750–1850, Göttingen 2020.

Jörg-Peter FINDEISEN, Der aufgeklärte Absolutismus in Schweden und Dänemark, in: Helmut REINALTER/Harm KLUETING (Hg.), Der aufgeklärte Absolutismus im europäischen Vergleich, Köln 2002, S. 157–180.

Pascal FIRGES, The Tacit Rules of Female Adultery. Framing Marital and Extramarital Relationships in Seventeenth- and Eighteenth-Century French Court Society, in: C. ZUM KOLK/K. WILSON-CHEVALIER (Hg.), Femmes à la cour de France. Statuts et fonctions, Moyen Âge – XIXe siècle, Villeneuve-d'Ascq 2018, S. 293–302.

Andrew Cooper FIX, Prophecy and Reason. The Dutch Collegiants in the Early Enlightenment, Princeton 1989.

Iris FLESSENKÄMPER, Considerations – Encouragements – Improvements: Die *Select Society* in Edinburgh 1754–1764. Soziale Zusammensetzung und kommunikative Praxis einer schottischen Gelehrtengesellschaft zur Zeit der Aufklärung, Berlin 2010.

Biancamaria FONTANA, Politique de Laclos, Paris 1996.

Pierre FORCE, Self-Interest before Adam Smith. A Genealogy of Economic Science, Cambridge 2003.

Steven FORDE, Natural law, Theology, and Morality in Locke, in: American Journal of Political Science 45, 2 (2001), S. 396–409.

Rainer FORST, Toleranz im Konflikt. Geschichte, Gehalt und Gegenwart eines umstrittenen Begriffs, Frankfurt a. M. 2003.

Michel FOUCAULT, Wahnsinn und Gesellschaft. Eine Geschichte des Wahns im Zeitalter der Vernunft, Frankfurt a. M. 1969.

DERS., Archäologie des Wissens, Frankfurt a. M. 1969.

DERS., L'ordre du discours. Leçon inaugurale au Collège de France prononcé le 2 décembre 1970, Paris 1970.

DERS., Die Ordnung der Dinge. Eine Archäologie der Humanwissenschaften, Frankfurt a. M. 1971.

DERS., Überwachen und Strafen. Die Geburt des Gefängnisses, Frankfurt a. M. 1976.

DERS., Die Geburt der Klinik. Eine Archäologie des ärztlichen Blicks, Frankfurt a. M. 1976.

DERS., Die Geburt der Biopolitik. Vorlesung am Collège de France 1978–1979, Frankfurt a. M. 2004.

DERS., Geschichte der Gouvernementalität, 2 Bde., Frankfurt a. M. 2006.

Miriam FRANCHINA, From Slave to Royal Vassal. Jean-François's Negotiation Strategies in the Haitian Revolution, in: Slavery & Abolition 42, 4 (2021), S. 777–802.

Gunther FRANZ, Neller-Hontheim und der Episkopalismus-Febronianismus, in: DERS. (Hg.): Aufklärung und Tradition. Kurfürstentum und Stadt Trier im 18. Jahrhundert. Ausstellungskatalog und Dokumentation, Trier 1988, S. 101–127.

Ronald H. FRITZE, Egyptomania. A History of Fascination, Obsession and Fantasy, London 2016.

Peter FROWEIN, Analogia Ecclesiae cum Imperio Germanico. Zum Kirchenbild des Trierer Kanonisten G. Chr. Neller (†1784), in: Annalen des Historischen Vereins für den Niederrhein 177 (1975), S. 103–116.

Wolfram Malte FUES, Das Geschlecht der Vernunft. „Raison“ und „Esprit“ im Denken der Aufklärung, in: Claudia OPITZ/Ulrike WECKEL/Elke KLEINAU (Hg.), Tugend, Vernunft und Gefühl. Geschlechterdiskurse der Aufklärung und weibliche Lebenswelten, Münster 2000, S. 173–193.

Daniel FULDA, Wissenschaft aus Kunst. Die Entstehung der modernen deutschen Geschichtsschreibung 1760–1860, Berlin/New York 1996.

DERS., Wann begann die offene Zukunft?, in: Wolfgang BREUL/Jan Carsten SCHNURR (Hg.), Geschichtsbewusstsein und Zukunftserwartung in Pietismus und Erweckungsbewegung, Göttingen 2013, S. 141–172

Marc FUMAROLI, Voltaire jésuite, in: Commentaire 69, 1 (1995), S. 101–114.

David M. GALLAGHER, Thomas Aquinas on Self-Love as the Basis for Love of Others, in: Acta Philosophica 8, 1 (1999), S. 23–44.

Doris L. GARRAWAY, Black Athena in Haiti. Universal History, Colonization, and the African Origins of Civilization in Postrevolutionary Haitian Writing, in: Damien TRICOIRE (Hg.), Enlightened Colonialism. Civilization Narratives and Imperial Politics in the Age of Reason, Cham 2017, S. 287–309.

John D. GARRIGUS, Before Haiti. Race and Citizenship in French Saint-Domingue, New York 2006.

Claude GAUVARD, Qu'est-ce que l'opinion avant l'invention de l'imprimerie ?, in: Claude GAUVARD/Alain CORBIN/Christian DELPORTE/Jean-François SIRINELLI (Hg.), L'opinion. Information, rumeur, propagande par ou avec les images, Nantes 2008, S. 21–59.

Peter GAY, The Enlightenment: An Interpretation, 2 Bde., New York 1966–1969.

DERS., Voltaire's Politics. The Poet as Realist, New Haven 1988.

David P. GEGGUS, The ‚Volte-Face' of Toussaint Louverture, in: DERS., Haitian Revolutionary Studies, Bloomington, Ind. 2002, S. 119–136.

Malick W. GHACHEM, Montesquieu in the Caribbean. The Colonial Enlightenment between „Code Noir" and „Code Civil", in: Historical Reflections/Réflexions Historiques 25, 2 (1999), S. 183–210.

DERS., The Age of Code noir in French Political Economy, 2004, http://www-sul.stanford.edu/depts/hasrg/frnit/pdfs_gimon/ghachemfinal.pdf.

Michael B. GILL, Ethics and Sentiment. Shaftesbury and Hutcheson, in: John SKORUPSKI (Hg.), The Routledge Companion to Ethics, London 2010, S. 111–121.

Michael Allen GILLESPIE, The Theological Origins of Modernity, Chicago 2008.

Jacques GODECHOT, La Révolution française et les Juifs, in: Annales historiques de la Révolution française 48, 223 (1976), S. 47–70.

Marion GODFROY, Kourou, 1763. Le rêve perdu de l'Amérique française, Paris 2011.

Dominique GODINEAU, Die Frau der Aufklärung, in: Michel VOVELLE (Hg.), Der Mensch der Aufklärung, Frankfurt a. M. 1996, S. 321–358.

Erving GOFFMAN, Wir alle spielen Theater. Die Selbstdarstellung im Alltag, München 1973.

Lucien GOLDMANN, La pensée des „Lumières", in: Annales. Économies, sociétés, civilisations 22, 4 (1967), S. 752–779.

Dena GOODMAN, Enlightenment Salons. The Convergence of Female and Philosophic Ambitions, in: Eighteenth-Century Studies 22, 3 (1989), S. 329–350.

DIES., The Republic of Letters. A Cultural History of the French Enlightenment, Ithaca 1994.

Jay GOULD, Petrus Camper's Angle. The Grandfather of Scientific Racism Has Gotten a Bum Rap, in: Natural History 96 (1987), S. 12–16.

Jean-Marie GOULEMOT, Gefährliche Bücher. Erotische Literatur, Pornographie, Leser und Zensur im 18. Jahrhundert, Reinbek bei Hamburg 1993.

Lisa Jane GRAHAM, Domesticating Pleasure. The Sexual Politics of the French Enlightenment, in: Nina KUSHNER/Andrew Israel ROSS (Hg.), Histories of French Sexuality: Enlightenment to the Present, Lincoln 2023 (im Druck).

DIES., Debauchery and Enlightenment in Eighteenth-Century France (Manuskript).

John GRAY, After the New Liberalism, in: DERS., Enlightenment's Wake. Politics and Culture at the Close of the Modern Age, London/New York 1995, S. 120–131.

Richard GRAY, The Papacy and the Atlantic Slave Trade. Lourenço da Silva, the Capuchins and the Decisions of the Holy Office, in: Past & Present 115 (1987), S. 52–68.

Donald GREENE, Latitudinarianism and Sensibility. The Genealogy of the „Man of Feeling" Reconsidered, in: Modern Philology. Critical and Historical Studies in Literature, Medieval through Contemporary 75, 2 (1977), S. 159–183.

Robert A. GREENE, Instinct of Nature. Natural Law, Synderesis, and the Moral Sense, in: Journal of the History of Ideas 58, 2 (1997), S. 173–198.

Ole Peter GRELL/Roy PORTER, Toleration in Enlightenment Europe, in: DIES. (Hg.), Toleration in Enlightenment Europe, Cambridge 2006, S. 1–22.

Martin I. J. GRIFFIN, Latitudinarianism in the Seventeenth-Century Church of England, Leiden/New York/Köln 1992.

Richard H. GROVE, Green Imperialism. Colonial Expansion, Tropical Island Edens and the Origins of Environmentalism, 1600–1860, Cambridge 2003.

William GRUEN, Montaigne, Sceptic or Apologist?, in: The Sewanee Review 46, 1 (1938), S. 70–73.

Frank GRUNERT, Normbegründung und politische Legitimität. Zur Rechts- und Staatsphilosophie der deutschen Frühaufklärung, Tübingen 2000.

Bernard GUENÉE, L'Opinion publique à la fin du Moyen Âge, Paris 2002.

Jacques GUILHAUMOU/Martine LAPIED, L'action politique des femmes pendant la Révolution française, in: Christine FAURÉ (Hg.), Nouvelle Encyclopédie historique et politique des femmes, Paris 2010, S. 208–246.

Knud HAAKONSSEN, From Natural Law to the Rights of Man. A European Perspective on American Debates, in: Michael LACEY/Knud HAAKONSSEN (Hg.), A Culture of Rights. The Bill of Rights in Philosophy, Politics and Law, 1791 and 1991, Cambridge 1991, S. 19–61.

DERS., Natural Law and Moral Philosophy. From Grotius to the Scottish Enlightenment, Cambridge 1996.

Ernst HABERKERN, Limitierte Aufklärung. Die protestantische Spätaufklärung in Preußen am Beispiel der Berliner Mittwochgesellschaft, Marburg 2005.

Jürgen HABERMAS, Strukturwandel der Öffentlichkeit. Untersuchungen zu einer Kategorie der bürgerlichen Gesellschaft, Neuwied 1976.

Raymond HABERSKI, Jr., Civil Religion in America, in: Oxford Research Encyclopedia of Religion, 2018, https://doi.org/10.1093/acrefore/9780199340378.013.441.

Gottfried HAGEN/Tilman SEIDENSTICKER, Reinhard Schulzes Hypothese einer islamischen Aufklärung. Kritik einer historiographischen Kritik, in: Zeitschrift der Deutschen Morgenländischen Gesellschaft 148, 1 (1998), S. 83–110.

Hasse HÄMÄLÄINEN, Swedenborg's Religious Rationalism, in: Journal of Early Modern Studies 10, 2 (2022), S. 91–114.

DERS., D'Holbach and Deism, in: Anna TOMASZEWSKA (Hg.), Between Secularization and Reform. Religion in the Enlightenment, Leiden 2022, S. 197–218.

James HANKINS, Virtue Politics. Soulcraft and Statecraft in Renaissance Italy, Cambridge, Mass. 2019.

Kathleen HARDESTY, The Supplément to the Encyclopédie, Den Haag 1977.

Arnold David HARVEY, Sex in Georgian England. Attitudes and Prejudices from the 1720s to the 1820s, London 2011.

Gerda HASSLER, Sprachbewußtsein und Tradition in der spanischen und portugiesischen Aufklärung, in: Christoph FRANK (Hg.), Spanien und Portugal im Zeitalter der Aufklärung, Frankfurt a. M. 1998, S. 15–30.

Hans HATTENHAUER, Preußen auf dem Wege zum Rechtsstaat, in: Jörg WOLFF (Hg.), Das Preußische Allgemeine Landrecht. Politische, rechtliche und soziale Wechsel- und Fortwirkungen, Heidelberg 1995, S. 49–68.

Philippe HAUDRÈRE, L'Empire des rois, Paris 1997.

Paul HAZARD, La Crise de la conscience européenne, Paris 1961.

Eckhart HELLMUTH, Naturrechtsphilosophie und bürokratischer Werthorizont. Studien zur preußischen Geistes- und Sozialgeschichte des 18. Jahrhunderts, Göttingen 1985.

DERS., Noch einmal: Freiheit und Eigentum. Zum politisch-gesellschaftlichen Bewußtsein der Landrechtsautoren Carl Gottlieb Svarez und Ernst Ferdinand Klein, in: Günter BIRTSCH/Dietmar WILLOWEIT (Hg.), Reformabsolutismus und ständische Gesellschaft. Zweihundert Jahre Preußisches Allgemeines Landrecht, Berlin 1998, S. 1–27.

Patrick HENRY, On the Theme of Homosexuality in „Candide", in: Romance Notes 19, 1 (1978), S. 44–48.

Richard HERR, The Eighteenth-Century Revolution in Spain, Princeton 1958.

James HERRICK, The Radical Rhetoric of the English Deists. The Discourse of Skepticism, 1680–1750, Columbia, S. C. 1997.

DERS., Blasphemy in the Eighteenth Century. Contours of a Rhetorical Crime, in: Wayne HUDSON/Diego LUCCI (Hg.), Atheism and Deism Revalued. Heterodox Religious Identities in Britain, 1650–1800, Farnham 2014, S. 101–118.

Arthur HERTZBERG, The French Enlightenment and the Jews, New York 1968.

Christoph HERZOG, Aufklärung und Osmanisches Reich. Annäherung an ein historisches Problem, in: Geschichte und Gesellschaft, Sonderheft, 23 (2010), S. 291–321.

Jonathan M. HESS, Michaelis and the colonial Imaginary, in: Jewish Social Studies 6, 2 (2000), S. 56–101.

Carla HESSE, The Other Enlightenment. How French Women Became Modern, Princeton 2001.

John Mark HICKS, Righteousness of Saving Faith – Arminian versus Remonstrant Grace, in: Evangelical Journal 9 (1991), S. 27–39.

Michael W. HICKSON, Pierre Bayle and the Secularization of Conscience, in: Journal of the History of Ideas 79, 2 (2018), S. 199–220.

Karsten HOLSTE, Das Wechselspiel von Fremd und Selbstexotisierung polnisch-litauischer Eliten im letzten Drittel des 18. Jahrhunderts, in: Susan RICHTER/Michael ROTH/Sebastian MEURER (Hg.), Konstruktionen Europas in der Frühen Neuzeit. Geographische und historische Imaginationen. Beiträge zur 11. Arbeitstagung der Arbeitsgemeinschaft Frühe Neuzeit, Heidelberg 2017, S. 97–117.

Holger HOOCK, Scars of Independence. America's Violent Birth, New York 2017.

Leonhard HOROWSKI, Die Belagerung des Thrones. Machtstrukturen und Karrieremechanismen am Hof von Frankreich 1661–1789, Ostfildern 2012.

Wayne HUDSON, Enlightenment and Modernity. The English Deists and Reform, London 2009.

DERS., Atheism and Deism Demythologized, in: Wayne HUDSON/Diego LUCCI (Hg.), Atheism and Deism Revalued. Heterodox Religious Identities in Britain, 1650–1800, Farnham 2014, S. 13–23.

Wayne HUDSON/Diego LUCCI/Jeffrey R. WIGELSWORTH, Introduction, in: Wayne HUDSON/Diego LUCCI (Hg.), Atheism and Deism Revalued. Heterodox Religious Identities in Britain, 1650–1800, Farnham 2014, S. 1–11.

Olwen H. HUFTON, Women and the Limits of Citizenship in the French Revolution, Toronto 1992.

David HULL, Science as a Process. An Evolutionary Account of the Social and Conceptual Development of Science, Chicago 1988.

Jean-Marcel HUMBERT/Michael PANTAZZI/Christiane ZIEGLER, Egyptomania. Egypt in Western Art, 1730–1930, Ottawa 1994.

Lynn HUNT, Introduction, in: DIES. (Hg.), Eroticism and the Body Politic, Baltimore 1991, S. 1–13.

DIES., Die Erfindung der Pornographie. Obszönität und die Ursprünge der Moderne, Frankfurt a. M. 1994.

DIES., Introduction, in: Sarah KNOTT/Barbara TAYLOR (Hg.), Women, Gender and Enlightenment, Basingstoke 2007, S. 565–569.

DIES., Inventing Human Rights, New York 2008.

Ian HUNTER, The Secularization of the Confessional State. The Political Thought of Christian Thomasius, Cambridge 2007.

DERS., Secularization. The Birth of a Modern Combat Concept, in: Modern Intellectual History 12, 1 (2014), S. 1–32.

Aldous HUXLEY/Jean ADHÉMAR, Giovanni Battista Piranesi: Prisons. With the „Carceri" Etchings by G. B. Piranesi. Critical Study by Jean Adhémar, London 1949.

Richard HUZZEY, The Moral Geography of British Anti-slavery Responsibilities, in: Transactions of the Royal Historical Society 22 (2012), S. 111–139.

Rob ILIFFE, Philosophy of Science, in: Roy PORTER (Hg.), The Cambridge History of Science, Bd. 4, Cambridge 2003, S. 267–284.

DERS., Priest of Nature. The Religious Worlds of Isaac Newton, New York 2019.

Terence IRWIN, The Development of Ethics, Bd. 2: From Suarez to Rousseau, Oxford 2011.

Jonathan I. ISRAEL, Radical Enlightenment. Philosophy and the Making of Modernity, 1650–1750, Oxford 2001.

DERS., Enlightenment Contested. Philosophy, Modernity, and the Emancipation of Man, 1670–1752, Oxford 2006.

DERS., Democratic Enlightenment. Philosophy, Revolution, and Human Rights 1750–1790, Oxford 2011.

DERS., A Revolution of the Mind. Radical Enlightenment and the Intellectual Origins of Modern Democracy, Princeton 2011.

DERS., Revolutionary Ideas. An Intellectual History of the French Revolution from The Rights of Man to Robespierre, Oxford 2014.

DERS., The Enlightenment That Failed. Ideas, Revolution, and Democratic Defeat, 1748–1830, Oxford 2019.

John R. IVERSON, A Female Member of the Republic of Letters. Du Châtelet's Portrait in the Bilder-Sal […] berühmter Schrifftsteller, in: Judith P. ZINSSER/Julie Candler HAYES (Hg.), Emilie Du Châtelet. Rewriting Enlightenment Philosophy and Science, Oxford 2006, S. 35–64.

Margaret C. JACOB, The Radical Enlightenment. Pantheists, Freemasons, and Republicans, London/Boston 1981.

DIES., Die materialistische Welt der Pornographie, in: Lynn HUNT (Hg.), Die Erfindung der Pornographie, Frankfurt a. M. 1994, S. 132–182.

DIES., The Secular Enlightenment, Princeton 2019.

Christian JACQUET, La pensée religieuse de Jean-Jacques Rousseau, Louvain 1975.

Donald G. JONES/Russell E. RICHEY, American Civil Religion, San Francisco 1990.

Winthrop JORDAN, White over Black. American Attitudes Toward the Negro 1550–1812, Chapel Hill 1968.

Jane C. JUDGE, The United States of Belgium. The Story of the First Belgian Revolution, Leuven 2018.

Siegfried JÜTTNER, Der Aufklärer als Historiker. Ein politischer Mythos im Zeichen des aufgeklärten Absolutismus, in: DERS. (Hg.), Spanien und Europa im Zeichen der Aufklärung, Frankfurt a. M. 1991, S. 109–126.

Andreas KALYVAS/Ira KATZELSON, Liberal Beginnings. Making a Republic for the Moderns, Cambridge 2008.

Andreas KAPPELER, Die Moskauer „Nationalitätenpolitik" unter Ivan IV, in: Russian History 14, 1–4 (1987), S. 263–282.

DERS., Russland als Vielvölkerreich. Entstehung – Geschichte – Zerfall, München 2020, S. 29–56.

Klemens KAPS, Aufklärung, religiöse Toleranz und Nützlichkeit. Die Neudefinition von Ordnungskonzepten des Judentums in Polen-Litauen und der Habsburgermonarchie (1770–1792) – vom Vergleich zum Transfer, in: Christian PREUSSE/Damien TRICOIRE/Alan ROSS/Tomasz GROMELSKI (Hg.), Frühneuzeitliche Reiche. Empires in Early Modern Europe: Das Heilige Römische Reich und Polen-Litauen im Vergleich. The Holy Roman Empire and Poland-Lithuania in Comparison, Wiesbaden 2015, S. 237–257.

Simon KARSTENS, Lehrer, Schriftsteller, Staatsreformer. Die Karriere des Joseph von Sonnenfels (1733–1817), Wien 2011.

Matthias KAUFMANN (Hg.), A Companion to Luis de Molina, Boston 2013.

DERS., School of Salamanca, in: Stanford Encyclopedia of Philosophy, Stanford 2019, https://plato.stanford.edu/archives/spr2019/entries/school-salamanca/.

Thomas M. KAVANAGH, Enlightened Pleasure. Eighteenth-Century France and the New Epicureanism, New Haven 2010.

Colin KIDD, The Forging of Races. Race and Scripture in the Protestant Atlantic World, 1600–2000, Cambridge 2006.

Kathryn R. KING, A Political Biography of Eliza Haywood, London 2016.

Peter KING, Augustine's Encounter with Neoplatonism, in: The Modern Schoolman 82, 3 (2005), S. 213–226.

Paschalis M. KITROMILDES (Hg.), Enlightenment and Religion in the Orthodox World, Oxford 2016.

Heinz KLEGER/Alois MÜLLER (Hg.), Religion des Bürgers. Zivilreligion in Amerika und Europa, München 1986.

Gerd KLEINHEYER, Staat und Bürger im Recht. Die Vorträge des Carl Gottlieb Svarez vor dem preußischen Kronprinzen 1791–1792, Bonn 1959.

Hans-Otto KLEINMANN, Der aufgeklärte Absolutismus in Spanien, in: Helmut REINALTER/Harm KLUETING (Hg.), Der aufgeklärte Absolutismus im europäischen Vergleich, Köln 2002, S. 113–128.
Diethelm KLIPPEL/Louis PAHLOW, Freiheit und aufgeklärter Absolutismus. Das Allgemeine Landrecht in der Geschichte der Menschen- und Bürgerrechte, in: Günter BIRTSCH/Dietmar WILLOWEIT (Hg.), Reformabsolutismus und ständische Gesellschaft. Zweihundert Jahre Preußisches Allgemeines Landrecht, Berlin 1998, S. 215–254.
Harm KLUETING (Hg.), Katholische Aufklärung – Aufklärung im katholischen Deutschland, Hamburg 1990.
Ulla KÖLVING/Olivier COURCELLE (Hg.), Émilie Du Châtelet. Éclairages & documents nouveaux, Ferney-Voltaire 2008.
Christine KOOI, Religious Tolerance, in: Helmer J. HELMERS/Geert H. JANSSEN (Hg.), The Cambridge Companion to the Dutch Golden Age, Cambridge 2018, S. 208–224.
Alan KORS, D'Holbach's Coterie. An Enlightenment in Paris, Princeton 1976.
Reinhart KOSELLECK, Historia magistra vitae. Über die Auflösung des Topos im Kontext neuzeitlich bewegter Geschichte, in: DERS., Vergangene Zukunft, Frankfurt a. M. 1979, S. 38–66.
DERS., ‚Neuzeit'. Zur Semantik moderner Begriffsgeschichte, in: ebd., S. 300–348.
Craig KOSLOFSKY, Parisian Cafés in European Perspective. Contexts of Consumption, 1600–1730, in: French History 31 (2017), S. 39–62.
Janez KRAJNC, Das Problem rechtlicher Regelung religiöser Toleranz im Hinblick auf das Toleranzpatent Joseph II., in: Christoph ENDERS/Michael KAHLO (Hg.), Toleranz als Ordnungsprinzip?, Paderborn 2007, S. 41–70.
Peter KRAUSE, Das gemeine Recht und seine Kodifikation durch das Allgemeine Landrecht, in: Jörg WOLFF (Hg.), Das Preußische Allgemeine Landrecht. Politische, rechtliche und soziale Wechsel- und Fortwirkungen, Heidelberg 1995, S. 69–96.
DERS., Der Monarch als Depositar des Allgemeinwillens, in: Walther GOSE/Thomas WÜRTENBERGER (Hg.), Zur Ideen- und Rezeptionsgeschichte des Preußischen Allgemeinen Landrechts, Stuttgart 1999, S. 155–184.
Werner KRAUSS, Die Aufklärung in Spanien, Portugal und Lateinamerika, München 1973.
Huguette KRIEF, Le génie féminin. Propos et contre-propos au XVIIIe siècle, in: Éliane VIENNOT/Nicole PELLEGRIN (Hg.), Revisiter la „Querelle des femmes". Discours sur l'égalité/l'inégalité des sexes, de 1750 aux lendemains de la Révolution, Saint-Étienne 2012, S. 61–76.
Wojciech KRIEGSEISEN, Protestanten in Polen-Litauen (1696–1763). Rechtliche Lage, Organisation und Beziehungen zwischen den evangelischen Glaubensgemeinschaften, Wiesbaden 2011.
Yves KRUMENACKER, Les registres de l'Édit de tolérance, in: Bulletin de la Société de l'histoire du protestantisme français 133 (1987), S. 385–394.
DERS., L'Édit de tolérance à Lyon, in: Bulletin de la société de l'histoire du protestantisme français 141 (1995), S. 87–95.
Christoph KUCKLICK, Das unmoralische Geschlecht. Zur Geburt der negativen Andrologie, Frankfurt a. M. 2008.

Hans-Jörg KÜSTER/Ansgar HOPPE, Das Gartenreich Dessau-Wörlitz, Landschaft und Geschichte, München 2010.

Sterling LAMPRECHT, Innate Ideas in the Cambridge Platonists, in: The Philosophical Review 35 (1926), S. 553–573.

Joan B. LANDES, Women and the Public Sphere in the Age of the French Revolution, Ithaca 1988.

Maximilian LÄSSIG, Radikale Aufklärung in Deutschland. Karl von Knoblauch, Andreas Riem und Johann Christian Schmohl, Berlin 2020.

Jacques LE GOFF, Histoire et Mémoire, Paris 1988.

Christian LEDUC, Sources of Wolff's Philosophy: Scholastics/Leibniz, in: Robert THEIS/Alexander AICHELE (Hg.), Handbuch Christian Wolff, Wiesbaden 2018, S. 35–53.

Ulrich L. LEHNER, The Catholic Enlightenment. The Forgotten History of a Global Movement, New York 2016.

Ulrich L. LEHNER/Michael PRINTY (Hg.), A Companion to the Catholic Enlightenment in Europe, Leiden/Boston 2010.

John LEIGH, Voltaire. A Sense of History, Oxford 2004.

Sandrine LELY, „La massue d'Hercule soulevée par la main des grâces". Le débat sur la place des femmes dans l'art, entre 1747 et 1793, in: Éliane VIENNOT/Nicole PELLEGRIN (Hg.), Revisiter la „querelle des femmes". Discours sur l'égalité/l'inégalité des sexes, de 1750 aux lendemains de la Révolution, Saint-Étienne 2012, S. 45–55.

Sarah LENTZ, „Wer helfen kann, der helfe!" Deutsche SklavereigegnerInnen und die atlantische Abolitionsbewegung, 1780–1860, Göttingen 2020.

Frank LESTRINGANT, Jean de Léry ou l'Invention du sauvage. Essai sur *l'Histoire d'un voyage faict en la terre du Brésil*, Paris 1999.

Wolfgang von LEYDEN, John Locke and Natural Law, in: Philosophy 31 (1956), S. 23–35.

Robert LIBERLES, Dohm's Treatise on the Jews. A Defence of the Enlightenment, in: The Leo Baeck Institute Yearbook 33, 1 (1988), S. 29–42.

Georg LILIENTHAL, Die jüdischen „Rassenmerkmale". Zur Geschichte der Anthropologie der Juden, in: Medizinhistorisches Journal 28, 2/3 (1993), S. 173–198.

Antoine LILTI, Le Monde des salons. Sociabilité et mondanité à Paris au XVIIIe siècle, Paris 2005.

DERS., Comment écrit-on l'histoire intellectuelle des Lumieres ? Spinozisme, radicalisme et philosophie, in: Annales Histoire Sciences Sociales 64, 1 (2009), S. 171–206.

DERS., Figures publiques. L'invention de la célébrité, Paris 2014.

DERS., L'héritage des Lumières. Ambivalences de la modernité, Paris 2019.

Elaine LIMBRICK, Was Montaigne Really a Pyrrhonian?, Genf 1977.

Marisa LINTON, Making the Man of Virtue, 1755–70, in: DIES., The Politics of Virtue in Enlightenment France, London 2001, S. 101–128.

DIES., Choosing Terror. Virtue, Friendship, and Authenticity in the French Revolution, Oxford 2015.

David N. LIVINGSTONE, Adam's Ancestors. Race, Religion, and the Politics of Human Origins, Baltimore 2008.

Eleonore LOFT, Quakers, Brissot and Eighteenth-Century Abolitionists, in: Journal of the Friends' Historical Society 55, 8 (1989), S. 277–289.

Maren LORENZ, Menschenzucht. Frühe Ideen und Strategien, 1500–1870, Göttingen 2018.

John LOUGH, Reflections on ‚Enlightenment' and ‚Lumières', in: Francesco VENTURI (Hg.), L'Età dei Lumi. Studi storici sul settecento europeo in onore di Francesco Venturi, Bd. 1, Neapel 1985, S. 35–56.

Arthur Oncken LOVEJOY, The Great Chain of Beings. A Study of the History of an Idea, London 2017.

Diego LUCCI, Scripture and Deism. The Biblical Criticism of the Eighteenth-Century British Deists, Bern 2009.

Jürgen LUH, Der Große. Friedrich II. von Preußen, München 2011.

R. D. LUMB, The Scholastic Doctrine of Natural Law, in: Melbourne University Law Review 2 (1959), S. 205–221.

Hans-Jürgen LÜSEBRINK, Transferts culturels transatlantiques et circulation des savoirs dans les cultures populaires. Le cas des almanachs de Benjamin Franklin, in: Tangence 72 (2003), S. 27–40.

DERS., Présentation du livre VIII, in: Guillaume-Thomas RAYNAL, Histoire philosophique et politique des établissements et du commerce des Européens dans les deux Indes. Édition critique sous la direction d'Anthony STRUGNELL/Gianluigi GOGGI/Kenta OHJI, Bd. II, Bücher VI–IX, Ferney-Voltaire 2018, S. 217–223.

Alasdair MACINTYRE, After Virtue. A Study in Moral Theory, Notre Dame, Ind. 1980.

C. B. MACPHERSON, The Political Theory of Possessive Individualism, Oxford 1962.

Philippe MADEC, Étienne-Louis Boullée, Paris 1989.

Emile MAGNIEN, Diderot et Greuze, in: Annales de l'Académie de Mâcon 60 (1984), S. 131.

Joseph MARÉCHAL, Le Point de départ de la métaphysique. Leçons sur le développement historique et théorique du problème de la connaissance, 3 Bde., Brügge 1922–1923.

Anne MARISS, „A new world of things". Praktiken der Naturgeschichte bei Johann Reinhold Forster, Frankfurt a. M. 2015.

Benjamin MARSCHKE, „Von dem am königl. Preußischen Hofe abgeschafften Ceremoniel". Monarchical Representation and Court Ceremony in Frederick William I's Prussia, in: Randolph C. HEAD/Daniel CHRISTENSEN (Hg.), Orthodoxies and Heterodoxies in Early Modern German Culture, Leiden 2007, S. 227–252.

DERS., Prince's Power, Aristocratic Norms, and Personal Eccentricities. Le Caractère Bizarre of Frederick William I of Prussia (1713–1740), in: Jason Philip COY/Benjamin MARSCHKE/David Warren SABEAN (Hg.), The Holy Roman Empire Reconsidered, New York 2010, S. 49–70.

Wolfgang MARTENS, Die Botschaft der Tugend. Die Aufklärung im Spiegel der deutschen moralischen Wochenschriften, Stuttgart 1968.

Urs MARTI-BRANDER, Voltaire – Toleranz und Intoleranz, in: Norbert CAMPAGNA/Rüdiger VOIGT (Hg.), Das Jahrhundert Voltaires. Vordenker der europäischen Aufklärung, Baden-Baden 2020, S. 36–47.

Steffen MARTUS, Aufklärung. Das deutsche 18. Jahrhundert. Ein Epochenbild, Reinbek bei Hamburg 2018.

Robert Aleksander MARYKS, Saint Cicero and the Jesuits. The Influence of the Liberal Arts on the Adoption of Moral Probabilism, Aldershot 2008.

Louise MASLOW, Enlightenment in Courtly Garden Art – Enlightenment Ideas and Anti-Court Sociability in the *Sanspareil* Rock Garden of Wilhelmine of Bayreuth, in: Thomas BISKUP/Benjamin MARSCHKE/Andreas PEČAR/Damien TRICOIRE (Hg.), Enlightenment at Court. Patrons, Philosophes, and Reformers in Eighteenth-Century Europe, Liverpool 2022, S. 181–203.

Haydn MASON, The State of Happiness? Ancient Sparta and the French Enlightenment, in: Susan HARROW/Timothy UNWIN (Hg.), Joie de vivre in French Literature and Culture, Leiden 2009, S. 177–191.

Albert MATHIEZ, La Théophilantropie et le Culte décadaire. Essai sur l'histoire religieuse de la Révolution, Paris 1904.

Alexander MAXWELL, Patriots against Fashion. Clothing and Nationalism in Europe's Age of Revolutions, Basingstoke 2014.

James E. MCCLELLAN, Colonialism and Science, Baltimore 1992.

Kathleen Theodora MCCRUDDEN, Fraternité, Liberté, Égalité. Sophie de Grouchy, Moral Republicanism, and the History of Liberalism, 1785–1815, Diss. Yale University, New Haven, 2021.

John O. MCGINNIS, The Human Constitution and Constitutive Law. A Prolegomenon, in: Journal of Contemporary Legal Issues 8 (1997), S. 211–239.

Andrew MCKENZIE-MCHARG, Überlegungen zur Radikalaufklärung am Beispiel von Carl Friedrich Bahrdt, in: Aufklärung 24 (2012), S. 207–240.

Darrin M. MCMAHON, Enemies of the Enlightenment. The French Counter-Enlightenment and the Making of Modernity, New York/Oxford 2001.

DERS., The Fate of Nations Is the Work of Genius. The French Revolution and the Great Man Theory of History, in: David A. BELL/Yair MINTZKER (Hg.), Rethinking the Age of Revolutions. France and the Birth of the Modern World, Oxford 2018, 134–153.

Uday MEHTA, Liberal Strategies of Exclusion, in: Frederick COOPER (Hg.), Tensions of Empire. Colonial Cultures in a Bourgeois World, Berkeley 1997, S. 59–87.

DERS., Liberalism and Empire. India in British Liberal Thought, New Delhi 1999.

Miriam Claude MEIJER, Race and Aesthetics in the Anthropology of Petrus Camper, Den Haag 1999.

Sarah E. MELZER, Colonizer or Colonized. The Hidden Stories of Early Modern French Culture, Philadelphia 2012.

Christiane MERVAUD, Voltaire et Frédéric II. Une dramaturgie des lumières, 1736–1778, Oxford 1985.

Crédic MICHON, Du bon usage de l'anachronisme en histoire. L'opinion publique à la Renaissance, in: Lucien BÉLY (Hg.), L'opinion publique en Europe (1600–1800), Paris 2011, S. 39–67.

Horst MÖLLER, Vernunft und Kritik. Deutsche Aufklärung im 17. und 18. Jahrhundert, Frankfurt a. M. 1986.

Jean MONDOT, Aufklärung, in: Pim den BOER/Heinz DUCHHARDT/Georg KREIS/Wolfgang SCHMALE (Hg.), Europäische Erinnerungsorte, Bd. 1: Mythen und Grundbegriffe des europäischen Selbstverständnisses, München 2012, S. 147–161.

James Moore, Hume and Hutcheson, in: M. A. Stewart/John P. Wright (Hg.), Hume and Hume's Connexions, Edinburgh 1994, S. 23–57.

Mary Catherine Moran, Between the Savage and the Civil. Dr John Gregory's Natural History of Femininity, in: Sarah Knott/Barbara Taylor (Hg.), Women, Gender, and Enlightenment, Basingstoke 2007, S. 8–29.

Sergio Moravia, Beobachtende Vernunft. Philosophie und Anthropologie in der Aufklärung, Frankfurt a. M. 1972.

Roland Mortier, „Lumière" et „Lumières". Histoire d'une image et d'une idée, in: ders. (Hg.), Clartés et ombres du siècle des Lumières. Etudes sur le XVIIIe siècle littéraire, Genève 1969, S. 13–59.

Anne Morvan, Théories de la famille, différence des sexes et émergence de la science sociale. Rousseau, Guiraudet et Bonald, in: Éliane Viennot/Nicole Pellegrin (Hg.), Revisiter la „Querelle des femmes". Discours sur l'égalité/l'inégalité des sexes, de 1750 aux lendemains de la Révolution, Saint-Étienne 2012, S. 149–160.

George L. Mosse, Toward the Final Solution. A history of European Racism, New York 1978.

Ders., The Image of Man. The Creation of Modern Masculinity, Oxford 1996.

Ourida Mostefai/John T. Scott (Hg.), Rousseau and l'Infâme. Religion, Toleration, and Fanaticism in the Age of Enlightenment, Amsterdam/New York 2009.

José-Michel Moureaux, Race et Altérité dans l'anthropologie voltairienne, in: Sarga Moussa (Hg.), L'Idée de „race" dans les sciences humaines et la littérature (XVIIIe et XIXe siècles). Actes du colloque international de Lyon (16–18 novembre 2000), Paris 2003, S. 39–53.

Samuel Moyn, The Last Utopia. Human Rights in History, Cambridge 2010.

Ders., Mind the Enlightenment, in: The Nation, 31. Mai 2010, https://www.thenation.com/article/archive/mind-enlightenment/.

Martin Mulsow, Vernünftige Metempsychosis. Über Monadenlehre, Esoterik und geheime Aufklärungsgesellschaften im 18. Jahrhundert, in: Monika Neugebauer-Wölk (Hg.), Esoterische Bünde und Bürgerliche Gesellschaft. Entwicklungen zur modernen Welt im Geheimbundwesen des 18. Jahrhunderts, Göttingen 1995, S. 211–271.

Ders., Moderne aus dem Untergrund. Radikale Frühaufklärung in Deutschland, 1680–1720, Hamburg 2002.

Ders. (Hg.), Radikale Spätaufklärung in Deutschland. Einzelschicksale, Konstellationen, Netzwerke, Hamburg 2012.

Cecilia Muratori, From Animal Bodies to Human Souls. (Pseudo-)Aristotelian Animals in Della Porta's Physiognomics, in: Early Science and Medicine 22/1 (2017), S. 1–23.

Sankar Muthu, Enlightenment against Empire, Princeton 2003.

Steven Nadler, Spinoza. A Life, Cambridge u. a. 1999.

Eric Nelson, The Royalist Revolution. Monarchy and the American Founding, Cambridge, Mass. 2017.

Monika Neugebauer-Wölk (Hg.), Aufklärung und Esoterik, Hamburg 1999.

Gerald Newman, The Rise of English Nationalism. A Cultural History, 1740–1830, London 1997.

Justus NIPPERDEY, Die Erfindung der Bevölkerungspolitik. Staat, politische Theorie und Population in der Frühen Neuzeit, Göttingen 2012.

Thomas NIPPERDEY, Deutsche Geschichte, 1800–1866, München 1983.

Pierre NORA (Hg.), Les Lieux de mémoire, Paris 1984.

Larry NORMAN, The Shock of the Ancient. Literature and History in Early Modern France, Chicago 2011.

Robert Edward NORTON, The Myth of the Counter-Enlightenment, in: Journal of the History of Ideas 68, 4 (2007), S. 635–658.

Thomas NUTZ, „Varietäten des Menschengeschlechts". Die Wissenschaft vom Menschen in der Zeit der Aufklärung, Köln 2009.

Tim O'HAGAN, Jean-Jacques Rousseau (1712–1778): The Novel of Sensibility, in: Michael BELL (Hg.), The Cambridge Companion to the European Novelists, Cambridge 2012, S. 89–105.

Kenta OHJI, Raynal, Necker et la Compagnie des Indes. Quelques aspects inconnus de la genèse et de l'évolution de *l'Histoire des deux Indes*, in: Gilles BANCARE (Hg.), Raynal et ses réseaux, Paris 2011, S. 105–182.

Andreas ÖNNERFORS, Fraternal Kingdom? Freemasonry at the Court of Gustav III of Sweden (1772–1792), in: Thomas BISKUP/Benjamin MARSCHKE/Andreas PEČAR/Damien TRICOIRE (Hg.), Enlightenment at Court. Patrons, Philosophes, and Reformers in Eighteenth-Century Europe, Liverpool 2022, S. 231–257.

Claudia OPITZ, Aufklärung der Geschlechter, Revolution der Geschlechterordnung. Studien zur Politik- und Kulturgeschichte des 18. Jahrhunderts, Münster 2002.

Kirill OSPOVAT, Sovereignty and the Politics of Knowledge. Royal Society, Leibniz, Wolff, and Peter the Great's Academy of Sciences, in: Thomas BISKUP/Benjamin MARSCHKE/Andreas PEČAR/Damien TRICOIRE (Hg.), Enlightenment at Court. Patrons, *Philosophes*, and Reformers in Eighteenth-Century Europe, Liverpool 2022 S. 259–279.

Jürgen OSTERHAMMEL, Die Entzauberung Asiens. Europa und die asiatischen Reiche im 18. Jahrhundert, München 1998.

Dorinda OUTRAM, The Enlightenment, Cambridge 1995.

Jürgen OVERHOFF/Andreas OBERDORF (Hg.), Katholische Aufklärung in Europa und Nordamerika, Göttingen 2019.

Fania OZ-SALZBERGER, Translating the Enlightenment. Scottish Civic Discourse in Eighteenth-Century Germany, Oxford 1995.

Anthony PAGDEN, The Enlightenment, and Why It Still Matters, Oxford 2013.

Robert PALMER, Catholics and Unbelievers in Eighteenth-Century France, Princeton 1938.

Gabriel PAQUETTE, Enlightened Narratives and Imperial Rivalries in Bourbon Spain. The Case of Almodóvar's *Historia Política de los Establecimientos Ultramarinos de las Naciones Europeas* (1784–1790), in: The Eighteenth Century 48, 1 (2007), S. 61–80.

DERS., Enlightenment, Governance, and Reform in Spain and Its Empire, 1759–1808, Basingstoke u. a. 2008.

Thomas Maynard PARKER, Arminianism and Laudianism in Seventeenth-Century England, in: Studies in Church History 1 (1964), S. 20–34.

Andreas PEČAR, Ästhetische Vorbilder – politische Wahlverwandtschaft? Das Country House als Ausdruck politischer Identität in England und das Problem der Übertragbarkeit, in: Andreas PEČAR/Holger ZAUNSTÖCK (Hg.), Politische Gartenkunst? Landschaftsgestaltung und Herrschaftsrepräsentation des Fürsten Franz von Anhalt-Dessau in vergleichender Perspektive – Wörlitz, Sanssouci und Schwetzingen, Halle (Saale) 2015, S. 83–94.

DERS., Die Masken des Königs. Friedrich II. von Preußen als Schriftsteller, Frankfurt a. M. 2016.

DERS./Damien TRICOIRE, Falsche Freunde, oder: War die Aufklärung wirklich die Geburtsstunde der Moderne?, Frankfurt a. M. 2015.

DIES., Diderot the Courtier?, in: Thomas BISKUP/Benjamin MARSCHKE/Andreas PEČAR/Damien TRICOIRE (Hg.), Enlightenment at Court. Patrons, Philosophes, and Reformers in Eighteenth-Century Europe, Liverpool 2022, S. 33–68.

DERS./Holger ZAUNSTÖCK (Hg.), Politische Gartenkunst? Landschaftsgestaltung und Herrschaftsrepräsentation des Fürsten Franz von Anhalt-Dessau in vergleichender Perspektive – Wörlitz, Sanssouci und Schwetzingen, Halle (Saale) 2015.

Miguel Anxo PEÑA GONZÁLEZ, Un documento singular de fray Francisco José de Jaca, acerca de la esclavitud práctica de los indios, Madrid 2001.

DERS., Doctrina antiesclavista de Epifanio de Moirans en su „Servi Liberi“, in: Naturaleza y gracia. Revista cuatrimestral de ciencias eclesiásticas 2 (2005), S. 279–327.

DERS., La lucha por la libertad de naturales y africanos en las Indias Occidentales (siglos XVI–XVII), in: Revista Española de Derecho Canónico 71, 176 (2014), S. 369–399.

William PENCAK, Natural Law in Late Scholastic Hispanic Thought, the British Counter-Example, and the Practical Consequences, in: Vera Lex 9, 1/2 (2008), S. 19–47.

Jean-Marie PÉROUSE DE MONTCLOS, Jacques-Germain Soufflot, Paris 2004, S. 35–40.

Ingo PFEIFER, Dynastische Repräsentation im Wörlitzer Gartenreich, in: Andreas PEČAR/Holger ZAUNSTÖCK (Hg.), Politische Gartenkunst? Landschaftsgestaltung und Herrschaftsrepräsentation des Fürsten Franz von Anhalt-Dessau in vergleichender Perspektive: Wörlitz, Sanssouci und Schwetzingen, Halle (Saale) 2015, S. 25–34.

Dirk PFEIFFER, Arminianismus in England und den Niederlanden. Ein Beitrag zur Konfessionalisierungsdebatte?, in: Thomas BROCKMANN (Hg.), Das Konfessionalisierungsparadigma. Leistungen, Probleme, Grenzen, Münster 2013, S. 221–234.

Steven PINKER, Enlightenment Now. The Case for Reason, Science, Humanism and Progress, New York 2018.

Maria-Christina PITASSI, Entre croire et savoir. Le problème de la méthode critique chez Jean Le Clerc, Leiden 1987.

John G. A. POCOCK, 1776: The Revolution against Parliament, in: DERS. (Hg.), Three British Revolutions: 1641, 1688, 1776, Princeton 1980, S. 265–288.

DERS., Politics, Language, and Time. Essays on Political Thought and History, Chicago 1989.

DERS., Historiography and Enlightenment. A View of their History, in: Modern Intellectual History 5, 1 (2008) S. 83–96.

DERS., Political Thought and History. Essays on Theory and Method, Cambridge 2009.

DERS., The Machiavellian Moment. Florentine Political Thought and the Atlantic Republican Tradition, Princeton 2016.

Janet L. POLASKY, Revolution in Brussels, 1787–1793, Brüssel 1985.

Wioleta POLINSKA, John Locke and Latitudinarianism, in: Zeitschrift für Neuere Theologiegeschichte 6, 2 (1999), S. 173–194.

René POMEAU, Voltaire, Paris 1955.

DERS., La Religion de Voltaire, Paris 1995.

DERS. u. a., Voltaire en son temps, 2 Bde., Oxford 1995.

Jeremy POPKIN, News and Politics in the Age of Revolution. Jean Luzac's Gazette de Leyde, Ithaca/London 1989.

DERS., Pamphlet Journalism at the End of the Old Regime, in: Eighteenth Century Studies 22, 3 (1989), S. 351–367.

DERS. (Hg.), The Mémoires Secrets and the Culture of Publicity in Eighteenth-Century France, Oxford 1998.

DERS., You Are All Free. The Haitian Revolution and the Abolition of Slavery, New York 2010.

DERS., Colonial Enlightenment and the French Revolution. Julien Raymond and Milscent Créole, in: Damien TRICOIRE (Hg.), Enlightened Colonialism. Civilization Narratives and Imperial Politics in the Age of Reason, Cham 2017, S. 269–286.

Richard H. POPKIN, The Philosophical Basis of Eighteenth-Century Racism, in: Studies in Eighteenth-Century Culture 3 (1974), S. 245–262.

DERS., The History of Scepticism from Erasmus to Spinoza, Berkeley/London 1979.

Roy PORTER, Enlightenment. Britain and the Creation of the Modern World, London 2000.

DERS., Enlightenment and Pleasure, in: Roy PORTER/Mary Mulvey ROBERTS (Hg.), Pleasure in the Eighteenth Century, Basingstoke 1996, S. 1–18.

Roy PORTER/Mikuláš TEICH (Hg.), The Enlightenment in National Context, Cambridge 1981.

Lía QUARLERI, New Forms of Colonialism on the Frontiers of Hispanic America: Assimilationist Projects and Economic Disputes (Río de la Plata, Late Eighteenth Century), in: Damien TRICOIRE (Hg.), Enlightened Colonialism. Civilization Narratives and Imperial Politics in the Age of Reason, Cham 2017, S. 93–110.

John F. QUINN, The Moral Philosophy of St. Bonaventure, in: Robert W. SHAHAN (Hg.), Bonaventure and Aquinas. Enduring Philosophers, Norman 1976, S. 25–56.

Bernd RADTKE, Erleuchtung und Aufklärung. Islamische Mystik und europäischer Rationalismus, in: Die Welt des Islams 34 (1994), S. 48–66.

Bärbel RASCHKE, The Relationships of Androgynous Secret Orders With Freemasonry. Documents on the *Ordre des Hermites de bonne humeur* in Sachsen-Gotha, in: Alexandra HEIDLE/Joannes Augustinus Maria SNOEK (Hg.), Women's Agency and Rituals in Mixed and Female Masonic Orders, Leiden/Boston 2008, S. 21–49.

Markus REDIKER, The Fearless Benjamin Lay. The Quaker Dwarf Who Became the First Revolutionary Abolitionist, Boston 2017.

Frédéric RÉGENT, La fabrication des Blancs dans les colonies françaises, in: Sylvie LAURENT/Thierry LECLÈRE (Hg.), De quelle couleur sont les blancs? Des „petits Blancs" des colonies au „racisme anti-Blancs", Paris 2013, S. 65–75.

DERS., Préjugé de couleur, esclavage et citoyennetés, in: La Révolution française 9 (2015), https://doi.org/10.4000/lrf.1403.

Stefan REICHMUTH, Arabic Literature and Islamic Scholarship in the 17th/18th Centuries. Introduction, in: Die Welt des Islams 42, 3 (2002), S. 281–288.

Peter Hanns REILL, The Legacy of the „Scientific Revolution", in: Roy PORTER (Hg.), The Cambridge History of Science, Bd. 4, Cambridge 2003, S. 23–43.

Sarah REIMANN, Die Entstehung des wissenschaftlichen Rassismus, Stuttgart 2017.

Helmut REINALTER (Hg.), Josephinismus als aufgeklärter Absolutismus, Wien 2008.

Jane RENDALL, The Origins of the Scottish Enlightenment, London 1978.

DIES., The Origins of Modern Feminism. Women in Britain, France, and the United States 1780–1860, Basingstoke 1985.

Daniel P. RESNICK, The Société des Amis des Noirs and the Abolition of Slavery, in: French Historical Studies 7, 4 (1972), S. 558–570.

Michel REULOS, Louis XVI du serment du sacre à l'Édit de tolérance, in: Bulletin de la Société de l'histoire du protestantisme français 134 (1988), S. 728–730.

Walter E. REX, Two Scenes from the Neveu de Rameau, in: Diderot Studies 20 (1981), S. 245–266.

Patrick RILEY, Malebranche's Moral Philosophy, in: Steven NADLER (Hg.), The Cambridge Companion to Malebranche, Cambridge 2006, S. 288–304.

Jessica RISKIN, Science in the Age of Sensibility. The Sentimental Empiricists of the French Enlightenment, Chicago 2003.

Meghan K. ROBERTS, Sentimental Savants. Philosophical Families in Enlightenment France, Chicago 2016.

John ROBERTSON, The Case for the Enlightenment. Scotland and Naples 1680–1760, Cambridge 2005.

Daniel ROCHE, Le Siècle des Lumières en province. Académies et académiciens provinciaux, 1680–1789, Paris 1978.

Pernille RØGE, Economistes and the Reinvention of Empire. France in the Americas and Africa, c. 1750–1802, Cambridge 2019.

Dominique ROGERS, De l'origine du préjugé de couleur en Haïti, in: Outre-mers 90, 340 (2003), S. 83–101.

DIES., Raciser la société. Un projet administratif pour une société domingoise complexe (1760–1791), in: Journal de la Société des Américanistes 95, 2 (2009), S. 235–260.

Helena ROSENBLATT, Rousseau's Gift to Geneva, in: Modern Intellectual History 3, 1 (2006), S. 65–73.

Philipp RÖSSNER, Wirtschaftsgeschichte neu denken, Stuttgart 2017.

Claudio ROSSO, Inventing „illuminismo“ (and „enlightenment“): The Emergence of a Word and of a Concept, in: Giuseppe RICUPERATI (Hg.), Historiographie et usages des Lumières, Berlin 2002, S. 123–132.

Rodris ROTH, Tea Drinking in Eighteenth-Century America. Its Etiquette and Equipage, Glasgow 2021.

Murray ROTHBARD, New Light on the Prehistory of the Austrian School, in: Edwin G. DOLAN (Hg.), The Foundations of Modern Austrian Economics, Kansas City 1976, S. 52–74.

George Sebastian ROUSSEAU, The Sorrows of Priapus. Anticlericalism, Homosocial Desire, and Richard Payne Knight, in: DERS./Roy PORTER (Hg.), Sexual Underworlds of the Enlightenment, Chapel Hill 1988, S. 101–155.

Bertrand RUSSELL, Philosophie des Abendlandes, München 2004.

Edward W. SAID, Orientalismus, Frankfurt a. M. 1981.

Louis SALA-MOLIN, Les misères des Lumières, Paris 1992.

Daria SAMBUK, Wächter der Gesundheit. Staat und lokale Gesellschaften beim Aufbau des Medizinalwesens im Russischen Reich 1762–1831, Köln 2015.

Jean SARRAILH, L'Espagne éclairée de la seconde moitié du XVIIIe siècle, Paris 1954.

Willibald SAUERLÄNDER, Ein Versuch über die Gesichter Houdons, München 2002.

Jeffrey K. SAWYER, Printed Poison. Pamphlet Propaganda, Faction Politics and the Public Sphere in Early Seventeenth-Century France, Berkeley 1990.

Jean-Pierre SCHANDELER, Les Interprétations de Condorcet. Symboles et concepts, Oxford 2000.

Nicolas SCHAPIRA, Le „salon“ écrit par les professionnels des lettres (France, XVIIe siècle), in: Papers on French Seventeenth-Century Literature 38, 75 (2011), S. 315–327.

Jean Frédéric SCHAUB, Race Is about Politics. Lessons from History, Princeton 2019.

Tobias SCHENK, Wegbereiter der Emanzipation? Studien zur Judenpolitik des „Aufgeklärten Absolutismus“ in Preußen (1763–1812), Berlin 2010.

Rolf SCHIEDER, Civil Religion. Die religiöse Dimension der politischen Kultur, Gütersloh 1987.

Michael SCHIPPAN, Die Aufklärung in Russland im 18. Jahrhundert, Wiesbaden 2012.

Albert SCHIRRMEISTER, Triumph des Dichters. Gekrönte Intellektuelle im 16. Jahrhundert, Köln/Weimar/Wien 2003.

Wolfgang SCHIVELBUSCH, Das Paradies, der Geschmack und die Vernunft. Eine Geschichte der Genussmittel, Frankfurt a. M. 2002.

Dorothy B. SCHLEGEL, Shaftesbury and the French Deists, Chapel Hill 1969.

Marianne SCHLOSSER, Cognitio et amor. Zum kognitiven und voluntativen Grund der Gotteserfahrung nach Bonaventura, Paderborn 1990.

Jürgen SCHLUMBOHM, Gesetze, die nicht durchgesetzt werden – ein Strukturmerkmal des frühneuzeitlichen Staates?, in: Geschichte und Gesellschaft, 23, 4 (1997), S. 647–663.

Gisela SCHLÜTER, San Gennaro oder die Ohnmacht der Vernunft. Zum Fall Pietro Giannone, in: Romanische Studien 108, 1/2 (1996), S. 50–88.

DIES., Toleranz, in: Heinz THOMA (Hg.), Handbuch Europäische Aufklärung. Begriffe, Konzepte, Wirkung, Stuttgart 2015, S. 497–505.

Wolfgang SCHMALE, Geschichte der Männlichkeit in Europa (1450–2000), Wien 2003.

James SCHMIDT, Inventing the Enlightenments. Anti-Jacobins, British Hegelians, and the Oxford English Dictionary, in: Journal of the History of Ideas 64 (2003), S. 421–443.

DERS., „Inventing a Counter-Enlightenment. Liberalism, Nihilism, and Totalitarianism", Vortrag auf der Tagung der American Historical Association, Boston, 6. Januar 2011, http://people.bu.edu/jschmidt/James_Schmidt/Welcome_files/CounterE%28AHA%29.pdf.

Christoph SCHMITT-MAASS, Fénelons „Télémaque" in der deutschsprachigen Aufklärung (1700–1832), Berlin/Boston 2018.

Jerome B. SCHNEEWIND, Moral Philosophy from Montaigne to Kant, Cambridge 1990.

DERS., The Invention of Autonomy. A History of Modern Moral Philosophy, Cambridge 1997.

Hans-Peter SCHNEIDER, Justitia Universalis. Quellenstudien zur Geschichte des Christlichen Naturrechts bei Leibniz, Frankfurt a. M. 1967.

Werner SCHNEIDERS, Naturrecht und Gerechtigkeit bei Leibniz, in: Zeitschrift für philosophische Forschung 20, 3/4 (1966), S. 607–650.

DERS., Respublica optima. Zur metaphysischen und moralischen Fundierung der Politik bei Leibniz, in: Studia Leibnitiana 9, 1 (1977), S. 1–26.

Anne L. SCHRODER, Going Public against the Academy in 1784. Mme de Genlis Speaks Out on Gender Bias, Baltimore 1999.

Winfried SCHRÖDER, Der Deismus in der Philosophie der Neuzeit, in: DERS. (Hg.), Gestalten des Deismus in Europa, Wiesbaden 2013, S. 7–27.

Christina SCHRÖER, Republik im Experiment. Symbolische Politik im revolutionären Frankreich (1792–1799), Köln 2014.

Reinhard SCHULZE, Was ist islamische Aufklärung?, in: Die Welt des Islams 36 (1996), S. 276–325.

Joseph A. SCHUMPETER, History of Economic Analysis, London 1954.

Clemens SCHWAIGER, Ethik, in: Robert THEIS/Alexander AICHELE (Hg.), Handbuch Christian Wolff, Wiesbaden 2018, S. 253–268.

Bertram Eugene SCHWARZBACH, Voltaire et les Juifs. Bilan et plaidoyer, in: Studies on Voltaire and the Eighteenth Century 358 (1997), S. 27–91.

Joan Wallach SCOTT, French Feminists and the Rights of ‚Man'. Olympe de Gouges's Declarations, in: History Workshop 28 (1989), S. 1–21.

Louise SEAWARD, Censorship through Cooperation. The Société Typographique de Neuchâtel (STN) and the French Government, 1769–89, in: French History 28, 1 (2014), S. 23–42.

DIES., The Société Typographique de Neuchâtel and the Politics of the Book Trade in Late Eighteenth-Century Europe, 1769–1789, in: European History Quarterly 44, 3 (2014), S. 439–457.

Silvia SEBASTIANI, Storia universale e teoria stadiale negli Sketches of the History of Man di Lord Kames, in: Studi Storici 39, 1 (1998), S. 113–136.

DIES., Race, Women, and Progress in the Late Scottish Enlightenment, in: Sarah KNOTT/Barbara TAYLOR (Hg.), Women, Gender, and Enlightenment, Basingstoke 2007, S. 75–96.

DIES., The Scottish Enlightenment. Race, Gender, and the Limits of Progress, New York 2013.

René SÈVE, Leibniz et l'École moderne du droit naturel, Paris 1989.

William H. SEWELL, Capitalism and the Emergence of Civic Equality in Eighteenth-Century France, Chicago 2021.

Jean SGARD, Crébillon fils, le libertin moraliste, Paris 2002.

Robert SHACKLETON, Montesquieu. A Critical Biography, Oxford 1963.

John Bennett SHANK, The Newton Wars and the Beginning of the French Enlightenment, Chicago 2008.

Steven SHAPIN, The Scientific Revolution, Chicago 2019.

April G. SHELFORD, Race and Scripture in the Eighteenth-Century French Caribbean, in: Atlantic Studies 10, 1 (2013), S. 69–87.

John SHOVLIN, The Political Economy of Virtue. Luxury, Patriotism, and the Origins of the French Revolution, Ithaca/London 2006.

Alison SIMMONS, Jesuit Aristotelian Education. The De anima Commentaries, in: John W. O'MALLEY/Gauvin Alexander BAILEY/Steven J. HARRIS/T. Frank KENNEDY (Hg.), The Jesuits. Culture, Learning and the Arts, 1540–1773, Toronto 1999, S. 522–357.

Linda SIMONIS, Die Kunst des Geheimen. Esoterische Kommunikation und ästhetische Darstellung im 18. Jahrhundert, Heidelberg 2002.

Quentin SKINNER, Social Meaning and the Explanation of Social Action, in: James TULLY (Hg.), Meaning and Context. Quentin Skinner and his Critics, Cambridge 1982, S. 79–97.

DERS., Liberty before Liberalism, Cambridge 1988.

B. SLEPIAN/L. J. MORRISSEY, What is *Fanny Hill?*, in: Essays in Criticism 14, 1 (1964), S. 65–75.

Helmut Walser SMITH, Germany, a Nation in Its Time. Before, during and after Nationalism, 1500–2000, New York 2020.

Albert SOBOUL, Sentiment religieux et cultes populaires pendant la Révolution. Saintes patriotes et martyrs de la liberté, in: Archives de sociologie des religions 148 (1957), S. 193–213.

DERS. (mit Walter MARKOV), 1789. Die Große Revolution der Franzosen, Berlin 1973.

Jean-Luc SOLÈRE, The Coherence of Bayle's Theory of Toleration, in: Journal of the History of Philosophy 54, 1 (2016), S. 21–46.

Mathias SONNLEITHNER, „Auf Erden kein anderes Reich als deines anerkennen". Soziale Hierarchie als göttliche Ordnung in der „egalitären" Gesellschaft des revolutionären Frankreichs, in: Zeitschrift für Historische Forschung 48, 4 (2021), S. 695–726.

David SORKIN, Moses Mendelssohn and the Religious Enlightenment, London 1996.

DERS., The Religious Enlightenment. Protestants, Jews, and Catholics from London to Vienna, Princeton 2008.

E. C. SPARY, The „Nature" of Enlightenment, in: William CLARK (Hg.), The Sciences in Enlightened Europe, Chicago 1999, S. 272–304.

Gayatri SPIVAK, A Critique of Postcolonial Reason. Toward a History of the Vanishing Present, Cambridge, Mass., 1999.

Keith D. STANGLIN/Thomas MCCALL, Jacob Arminius. Theologian of Grace, New York 2012.

James A. STEINTRAGER, The Autonomy of Pleasure. Libertines, License, and Sexual Revolution, New York 2016.

Friedemann STENGEL, Aufklärung bis zum Himmel. Emanuel Swedenborg im Kontext der Theologie und Philosophie des 18. Jahrhunderts, Tübingen 2011.

Selma STERN, Der preußische Staat und die Juden, 8 Bde., Tübingen 1925–1975.

Tyler Edward STOVALL, White Freedom. The Racial History of an Idea, Princeton 2021.

Leo STRAUSS, Locke's Doctrine of Natural Law, in: American Political Science Review 52, 2 (1958), S. 490–501.

DERS., Naturrecht und Geschichte, Frankfurt a. M. 1977.

Anthony STRUGNELL, Diderot's Anticolonialism: A Problematic Notion, in: James FOWLER (Hg.), New Essays on Diderot, Cambridge 2011, S. 74–85.

Robert SULLIVAN, John Toland and the Deist Controversy. A Study in Adaptation, Cambridge, Mass. 1982.

Adam SUTCLIFFE, Myth, Origins, Identity. Voltaire, the Jews and the Enlightenment Notion of Toleration, in: The Eighteenth Century 39, 2 (1998), S. 107–126.

DERS., The Enlightenment, French Revolution, Napoleon, in: Albert LINDEMANN/Richard S. LEVY (Hg.), Antisemitism. A History, Oxford 2010, S. 107–120.

Marianne TAATZ-JACOBI, Erwünschte Harmonie. Die Gründung der Friedrichs-Universität Halle als Instrument brandenburg-preußischer Konfessionspolitik – Motive, Verfahren, Mythos (1680–1713), Berlin 2014.

Marianne TAATZ-JACOBI/Andreas PEČAR, Die Universität Halle und der Berliner Hof. Eine höfisch-akademische Beziehungsgeschichte, Stuttgart 2021.

Dominique TAFFIN (Hg.), Moreau de Saint-Méry ou les ambiguïtés d'un créole des Lumières, o. O. 2006.

Charles TAYLOR, A Secular Age, Cambridge, Mass. 2007.

Betty Jo TEETER DOBBS, The Foundations of Newton's Alchemy or „The Hunting of the Green Lion", Cambridge 1983.

Robert THEIS/Alexander AICHELE (Hg.), Handbuch Christian Wolff, Wiesbaden 2018.

Ann THOMSON, Issues at Stake in Eighteenth-Century Racial Classification, in: Cromohs 8 (2003), S. 1–20.

Manfred TIETZ, Quintanas *Vidas de españoles célebres*. Zur Frage der nationalen Identität in der spanischen Spätaufklärung, in: Siegfried JÜTTNER (Hg.), Spanien und Europa im Zeichen der Aufklärung, Frankfurt a. M. 1991, S. 319–345.

Jean TIROL, L'Économie du bien commun, Paris 2016.

Olivier TONNEAU, Diderot, la philosophie sans fondement, 2 Bde., Diss., Paris IV Sorbonne, 2007.

Virgil TOPIAZO, D'Holbach's Moral Philosophy. Its Background and Development, Genf 1956.

Michael TRAUTH, Eine Begegnung von Wissenschaft und Aufklärung. Die Universität Trier im 18. Jahrhundert, Trier 2000.

Damien TRICOIRE, What Was the Catholic Reformation? Marian Piety and the Universalization of Divine Love, in: The Catholic Historical Review 103, 1 (2017), S. 20–49.

DERS., Die Selbstkolonisierung Frankreichs. Die Angst der Aufklärer vor der französischen Barbarei, in: Susan RICHTER/Michael ROTH/Sebastian MEURER (Hg.), Konstruktionen Europas in der

Frühen Neuzeit. Geographische und historische Imaginationen. Beiträge zur 11. Arbeitstagung der Arbeitsgemeinschaft Frühe Neuzeit, Heidelberg 2017, S. 131–138.

Ders. (Hg.), Enlightened Colonialism. Civilization Narratives and Imperial Politics in the Age of Reason, Cham 2017.

Ders., France's Self-colonization, the Enlightenment, and the Politics of Civilization, in: ders. (Hg.), Enlightened Colonialism. Civilization Narratives and Imperial Politics in the Age of Reason, Cham 2017, S. 25–45.

Ders., Der koloniale Traum. Imperiales Wissen und die französisch-madagassischen Begegnungen im Zeitalter der Aufklärung, Göttingen 2018.

Ders., The Fabrication of the Philosophe. Catholicism, Court Culture, and the Origins of Enlightenment Moralism in France, in: Eighteenth-century studies 51, 4 (2018), S. 453–478.

Ders., Raynal's and Diderot's Patriotic History of the Two Indies, or The Problem of Anti-Colonialism in the Eighteenth Century, in: The Eighteenth Century. Theory and Interpretation 59, 4 (2018), S. 428–448.

Ders., Sklaverei, in: Joachim Jacob/Johannes Süssmann (Hg.), Der Neue Pauly, Supplementsband 13: Das 18. Jahrhundert. Lexikon zur Antikerezeption in Aufklärung und Klassizismus, Stuttgart 2018, Sp. 855–859.

Ders., Aux origines de la mission civilisatrice. Les Lumières, l'idéologie coloniale et Madagascar, in: Pascale Pellerin (Hg.), Les Lumières, l'esclavage et l'idéologie coloniale du dix-huitième au vingtième siècle, Paris 2019, S. 52–61.

Ders., „Eine Staatsangelegenheit". Patronage und Voltaires politische Stellungnahmen, in: Norbert Campagna/Rüdiger Voigt (Hg.), Das Jahrhundert Voltaires. Vordenker der europäischen Aufklärung, Baden-Baden 2020, S. 159–189.

Ders., Von der Sinophilie zur Sinophobie? Aufklärerische Geltungsansprüche und Chinabilder im 18. Jahrhundert, in: Andreas Pečar/Thomas Biskup (Hg.), Die Klassifikation der Staatenwelt im langen achtzehnten Jahrhundert, Berlin/Boston 2021, S. 151–173.

Ders., Suárez liest Diderot oder Von der Recht-und-Ordnung-Ideologie der *Encyclopédie*, in: Andreas Heyer (Hg.), Der lange Weg zur Revolution. Das politische Denken Denis Diderots, Baden-Baden 2021, S. 123–140.

Ders., „Hey France, your coffee is f***ing off!" or How to Interpret Unauthorized Literature in Late Ancien Régime France? Courtly Patronage and the So-Called „Mairobert Corpus" (1774–1777), in: Thomas Biskup/Ben Marschke/Andreas Pečar/Damien Tricoire (Hg.), Enlightenment at Court. Patrons, Philosophes, and Reformers in Eighteenth-Century Europe, Liverpool 2022, S. 97–133.

Ders., Diderot, a Moderate *philosophe*? The Defence of the Ancient Constitution of the Realm from the *Encyclopédie* to Maupeou's Revolution (to be published in a special issue of *History of European Ideas* edited by Nicholas Mithen).

Ders., Que furent les Lumières coloniales ?, in: Ralph Ludwig (Hg.), L'actualité des Lumières dans les Caraïbes (erscheint demnächst).

DERS., La cité de Dieu des patriotes. La pensée théocratique des Lumières et les origines religieuses de la Révolution française, in: French Historical Studies 46/3 (2023) (erscheint demnächst).

DERS./ Hasse HÄMÄLÄINEN, Sense and Sensibility. Scholastic Moral Philosophy and the Origins of the Enlightenment Man of Feeling (Manuskript).

Randolph TRUMBACH, Modern Prostitution and Gender in *Fanny Hill.* Libertine and Domesticated Fantasy, in: George Sebastian ROUSSEAU/Roy PORTER (Hg.), Sexual Underworlds of the Enlightenment, Chapel Hill 1988, S. 69–85.

DERS., Sex and the Gender Revolution, Bd. 1: Heterosexuality and the Third Gender in Enlightenment London, Chicago 1998.

Richard TUCK, Natural Rights Theories. Their Origin and Development, Cambridge 1979.

Ernest Lee TUVESON, The Importance of Shaftesbury, in: Journal of English Literary History 20, 4 (1953), S. 267–299.

Nicholas TYACKE, Anti-Calvinists. The Rise of English Arminianism c. 1590–1640, Oxford 1987.

Jo VAN CAUTER/Laura REDIEHS, Spiritualism and Rationalism in Dutch Collegiant Thought, Lias 40, 2 (2013), S. 105–175.

Richard VAN DÜLMEN, Die Gesellschaft der Aufklärer. Zur bürgerlichen Emanzipation und aufklärerischen Kultur in Deutschland, Frankfurt a. M. 1986.

Martin VAN GELDEREN/Quentin SKINNER (Hg.), Republicanism and Constitutionalism in Early Modern Europe. A Shared European Heritage, 2 Bde., Cambridge 2002.

Dale K. VAN KLEY, The Religious Origins of the French Revolution, New Haven/London 1996.

DERS., Conclusion: The Varieties of Enlightened Experience, in: William J. BULMAN/Robert G. INGRAM (Hg.), God in the Enlightenment, Oxford 2016, S. 278–316.

DERS., Reform Catholicism and the International Suppression of the Jesuits, 1554–1791, New Haven 2018.

Theodoor Marius VAN LEEUWEN (Hg.), Arminius, Arminianism, and Europe: Jacobus Arminius (1559/60–1609), Leiden 2009.

Devin J. VARTIJA, The Color of Equality. Race and Common Humanity on Enlightenment Thought, Philadelphia 2021.

Franco VENTURI, Settecento riformatore, 6 Bde., Turin 1969–1990.

Diego VENTURINO, L'historiographie révolutionnaire française et les Lumières, de Paul Buchez à Albert Sorel. Suivi d'un appendice sur les usages de l'expression „siècle des Lumières" (XVIIIe-XXe siècles), in: Giuseppe RICUPERATI (Hg.), Historiographie et usages des Lumières, Berlin 2002, S. 21–84.

Gijs VERSTEEGEN, Continuity and Change in Courtly and Enlightenment Discourse on Education in Spain. Gaspar Melchor de Jovellanos and the Moral Regeneration of the Nobility, in: Thomas BISKUP/Ben MARSCHKE/Andreas PEČAR/Damien TRICOIRE (Hg.), Enlightenment at Court. Patrons, Philosophes, and Reformers in Eighteenth-Century Europe, Liverpool 2022, S. 281–297.

Alain VIALA, Naissance de l'écrivain. Sociologie de la littérature à l'âge classique, Paris 1985.

Anthony VIDIER, Claude-Nicolas Ledoux, Basel 1988.

Rudolf VIERHAUS (Hg.), Wissenschaften im Zeitalter der Aufklärung, Göttingen 1985.

Felix Vogel, Empfindsamkeitsarchitektur: der *Hameau de la Reine* in Versailles, Diss., Freiburg (Schweiz), 2017.

Ders., Aufklärung: Der *Hameau de la Reine* als inszenierter Rückzugsort im Ancien Régime, in: Architese (2019), S. 68–69.

Christopher Voigt, Der englische Deismus in Deutschland, Tübingen 2003.

Michel Vovelle, Religion et Révolution. La déchristianisation de l'an II, Paris 1976.

Ricarda Vulpius, Civilizing Strategies and the Beginning of Colonial Policy in the Eighteenth-Century Russian Empire, in: Damien Tricoire (Hg.), Enlightened Colonialism. Civilization Narratives and Imperial Politics in the Age of Reason, Cham 2017, S. 113–132.

Henry Vyverberg, Historical Pessimism in the French Enlightenment, Cambridge, Mass. 1958.

Peter Wagner, The Discourse on Sex – or Sex as Discourse. Eighteenth-Century Medical and Paramedical Erotica, in: George Sebastian Rousseau/Roy Porter (Hg.), Sexual Underworlds of the Enlightenment, Chapel Hill 1988, S. 46–68.

Andre Wakefield, Disordered Police State. German Cameralism as Science and Practice, Chicago 2009.

Joseph Waligore, The Piety of the English Deists. Their Personal Relationship with an Active God, in: Intellectual History Review 22, 2 (2012), S. 181–197.

Johannes Wallmann, Der Pietismus, Stuttgart 2019.

Kenneth R. Weinstein, Atheism and Enlightenment in the Political Philosophy of Pierre Bayle, Cambridge 1992.

Paul W. Werth, The Tsar's Foreign Faiths. Toleration and the Fate of Religious Freedom in Imperial Russia, Oxford 2014.

Richard Whatmore, Rousseau and the Représentants. The Politics of the *Lettres écrites de la montagne*, in: Modern Intellectual History 3, 3 (2006), S. 385–413.

Alexander Wiehart-Howaldt, Essenz, Perfektion, Existenz. Zur Rationalität und dem systematischen Ort der leibnizschen Theologia naturalis, Stuttgart 1996.

Jeffrey Wigelsworth, Deism in Enlightenment England. Theology, Politics and the Newtonian Public Science, Manchester 2009.

Sean Wilentz, No Property in Man. Slavery and Antislavery at the Nation's Founding, Cambridge 2019.

David Williams, Condorcet and the Abolition of Slavery in the French colonies, in: Susan Manning/Peter France (Hg.), Enlightenment and Emancipation, Lewisburg 2006, S. 15–29.

Arthur M. Wilson, Diderot, New York 1972.

Robert Wokler, Perfectible Apes in Decadent Cultures. Rousseau's Anthropology Revisited, in: Daedalus. American Academy of Arts and Sciences 107, 3 (1978), S. 107–134.

Ders., Projecting the Enlightenment, in: John Horton/Susan Mendus (Hg.), After MacIntyre. Critical Perspectives on the Work of Alasdair Macintyre, Notre Dame, Ind., 1994, S. 108–127.

Larry Wolff, Inventing Eastern Europe. The Map of Civilization on the Mind of the Enlightenment, Stanford 2010.

Hans Wolpe, Raynal et sa machine de guerre. L'*Histoire des deux Indes* et ses perfectionnements, Stanford 1957.

Helena Woodard, African-British Writings in the Eighteenth Century. The Politics of Race and Reason, Westport 1999.

David Wootton, John Locke, Socinian or Natural Law Theorist, in: James E. Crimmins (Hg.), Religion, Secularization and Political Thought. Hobbes to J. S. Mill, London 1989, S. 39–67.

Johnson Kent Wright, A Classical Republican in Eighteenth-Century France. The Political Thought of Mably, Stanford 1997.

Audra Jo Yoder, Tea Time in Romanov Russia. A Cultural History, 1616–1917, PhD Diss. University of North Carolina, 2016.

Holger Zaunstöck, Gelehrte Gesellschaften im Jahrhundert der Aufklärung. Strukturuntersuchungen zum mitteldeutschen Raum, Stuttgart 2002.

Holger Zaunstöck/Markus Meumann (Hg.), Sozietäten, Netzwerke, Kommunikation. Neue Forschungen zur Vergesellschaftung im Jahrhundert der Aufklärung, Tübingen 2003.

Judith P. Zinsser/Julie Candler Hayes, The Marquise as Philosophe, in: dies., Emilie du Châtelet: Rewriting Enlightenment Philosophy and Science, Oxford 2006, S. 24–31.

Personenregister

V

W

Z